国家高端智库综合开发研究院（中国·深圳）出品

China's Financial
Center Index（CFCI 16）
Zooms in Xuzhou

中国金融中心指数（CFCI）报告（第十六期）

走进徐州

彭晓钊 著

中国经济出版社
CHINA ECONOMIC PUBLISHING HOUSE
北 京

图书在版编目（CIP）数据

中国金融中心指数（CFCI）报告．第 16 期，走进徐州 / 彭晓钊著．-- 北京：中国经济出版社，2025. 6.
-- ISBN 978-7-5136-8151-3

Ⅰ．①F832

中国国家版本馆 CIP 数据核字第 2025UZ7342 号

责任编辑　赵静宜
责任印制　李　伟
封面设计　久品轩

出版发行　中国经济出版社
印 刷 者　涿州市京南印刷厂
经 销 者　各地新华书店
开　　本　710mm×1000mm　1/16
印　　张　21. 5
字　　数　330 字
版　　次　2025 年 6 月第 1 版
印　　次　2025 年 6 月第 1 次
定　　价　99. 00 元
广告经营许可证　京西工商广字第 8179 号

中国经济出版社 **网址** http：//epc. sinopec. com/epc/ **社址** 北京市东城区安定门外大街 58 号 **邮编** 100011
本版图书如存在印装质量问题，请与本社销售中心联系调换（联系电话：010-57512564）

报告摘要

中国金融中心指数(以下简称“CFCI”)构建了一套适应我国金融中心发展特点的竞争力评价体系①,旨在跟踪研究我国金融中心发展状况,为相关决策部门提供政策优化的参考依据,为社会各界提供我国金融中心建设的前沿观察窗口。首期 CFCI 于 2009 年发布,其后每年更新一次。

第 16 期 CFCI 在继承往期金融产业绩效、金融机构实力、金融市场规模和金融生态环境的 4 级评价基础上,做出了两项优化调整。一方面,优化调整了金融产业绩效评价维度项下的指标项,本期围绕金融“五篇大文章”角度,从科技金融、绿色金融、普惠金融、养老金融和数字金融 5 个方面新增 10 项指标。另一方面,本期新增徐州和泉州两个城市,将 CFCI 评价的金融中心城市数量扩充至 38 个。

以下是本期核心观点摘要:

1. 综合竞争力排名

见表 0.1。

表 0.1　第 16 期中国金融中心综合竞争力 TOP 10②

城市	CFCI 16		CFCI 15		变化	
	得分	排名	得分	排名	得分	排名
上海	323.82	1	312.36	1	▲11.46	—
北京	275.85	2	264.48	2	▲11.37	—
深圳	177.06	3	181.39	3	▼4.33	—

① 详见附录“中国金融中心指数评价方法”。

② 本书表格中的部分得分计算时采用四舍五入。

续表

城市	CFCI 16		CFCI 15		变化	
	得分	排名	得分	排名	得分	排名
广州	83.98	4	85.13	4	▼1.15	—
杭州	77.69	5	76.83	5	▲0.86	—
成都	66.53	6	65.80	6	▲0.73	—
南京	62.82	7	62.03	8	▲0.79	▲1
重庆	61.93	8	62.58	7	▼0.65	▼1
天津	58.12	9	58.71	9	▼0.59	—
武汉	57.64	10	55.14	11	▲2.50	▲1

- 综合竞争力 TOP 10 分别是上海、北京、深圳、广州、杭州、成都、南京、重庆、天津和武汉。
- 综合竞争力长期保持领先地位的城市中,南京、重庆以及武汉、苏州的排名位次发生对调,其他前十城市均维持不变。
- 本期 38 个金融中心中有 13 个中心实现了不同程度的得分增长,23 个中心的综合竞争力得分出现小幅减少。
- 三大全国性金融中心牢牢巩固自身金融中心综合竞争力全国前三地位,但综合得分增长出现分化,上海、北京依然保持较高增长势头,深圳本期得分负增长后较前两者的分差再次扩大。
- 除沪京深外,35 个区域金融中心中得分增长前三城市分别是郑州、武汉和温州,三者分别较上期增长 5.89 分、2.50 分和 1.21 分,大幅领先同期其他区域金融中心。
- 区域金融中心综合竞争力分层明显,西安、宁波、济南、长沙、福州、合肥、大连、厦门、青岛和无锡综合得分十分接近,这 10 个邻近排名城市间的平均分差仅 1%,存在追赶综合竞争力领先城市的潜力,未来它们之间的排名变动将随时发生。
- 其他 16 个综合竞争力得分不足 40 分的区域金融中心,金融中心综合竞争力还存在或多或少的薄弱环节,其面临的区域金融中心竞争发展环境更为激烈,未来需要加大金融中心建设的资源投入和支持力度,方能有追赶排名领先城市的机会。

2. 金融产业绩效排名

● 根据产业经济乘数理论,金融产业对城市发展的推动力主要依赖自身直接产出以及掌控的金融资源。本期 CFCI 优化了金融产业绩效的评价框架,在“产出带动水平”“业务发展水平”基础上新增“服务实体质效”评价维度,围绕金融“五篇大文章”反映金融高质量发展。

● 本期金融产业绩效 TOP 10 依次是北京、上海、深圳、杭州、广州、成都、南京、苏州、重庆和武汉(见表 0.2)。

表 0.2 第 16 期 CFCI 金融产业绩效 TOP 10

城市	CFCI 16		CFCI 15		变化	
	得分	排名	得分	排名	得分	排名
北京	272.97	1	278.08	1	▼5.11	—
上海	248.54	2	271.26	2	▼22.72	—
深圳	181.54	3	204.65	3	▼23.11	—
杭州	126.44	4	125.67	5	▲0.77	▲1
广州	119.79	5	130.27	4	▼10.48	▼1
成都	105.10	6	101.40	7	▲3.70	▲1
南京	105.07	7	103.04	6	▲2.03	▼1
苏州	96.00	8	93.30	9	▲2.70	▲1
重庆	92.45	9	98.28	8	▼5.83	▼1
武汉	82.97	10	74.47	15	▲8.50	▲5

● 近年来,国内多数金融中心城市的金融从业人员数量出现减少,本期多数城市的金融产业绩效得分受此影响出现较大幅度回落,其中 26 个城市分项得分出现负增长,仅 10 个城市得分实现正增长。

● 分项前十排名中武汉排名提升 5 个名次,再次跻身分项榜单前十行列,上期分项前十成员天津,本期下降 1 个名次,排在第 11 位。

● 本期得分增长前三城市分别是郑州、武汉和成都,分别较上期增长 13.03 分、8.50 分和 3.70 分。在国内多数城市出现行业从业人员大幅减少的背景下,郑州和武汉的金融从业人员总量不减反增,带动分项评分上升;成都则在自身存贷款余额、保费收入、证券交易量等主要金融业务指标规模保持增长的情况下,实现分项得分快速增长。

● 2023年,38个金融中心城市的金融业增加值总和达到6.5万亿元,占当年全国金融业增加值的比重达到了64.6%,较上一年比重提高0.8个百分点,再创历史新高。

3. 金融机构实力排名

● 金融机构的集聚对于推动金融创新和城市金融业的发展起到支撑性作用,城市金融机构综合实力很大程度上反映了城市金融竞争力。

● 本期金融机构实力TOP 10依次是北京、上海、深圳、天津、杭州、广州、重庆、成都、南京和武汉(见表0.3)。

表0.3 第16期CFCI金融机构实力TOP 10

城市	CFCI 16		CFCI 15		变化	
	得分	排名	得分	排名	得分	排名
北京	525.58	1	488.87	1	▲36.71	—
上海	334.25	2	323.98	2	▲10.27	—
深圳	265.44	3	259.22	3	▲6.22	—
天津	60.99	4	60.48	4	▲0.51	—
杭州	60.17	5	59.78	5	▲0.39	—
广州	57.96	6	56.96	6	▲1.00	—
重庆	50.89	7	50.96	7	▼0.07	—
成都	43.24	8	41.46	8	▲1.78	—
南京	41.13	9	39.08	9	▲2.05	—
武汉	37.67	10	37.88	10	▼0.21	—

● 本期金融机构实力分项排名格局十分稳定,仅4个城市排名发生小幅变动。

● 本期仅7个城市的金融机构实力得分出现减少,29个城市相应得分均实现正增长,表明国内主要金融中心城市的金融机构发展呈现显著复苏态势。

● 国内金融机构资源向排名领先金融中心加速集聚的趋势更加明显。排名越靠前的城市,其得分增长越显著,本期金融机构实力分项排名前三的北京、上海和深圳，仍是本期该分项得分增长最快的前三城市。

● 38 个金融中心的金融机构资源集聚度较上一年进一步提升。截至 2023 年底，38 个金融中心城市的金融机构总资产规模达到 365 万亿元，约占当年全国的 80%。

● 除京沪深外，杭州、广州和天津表现相对突出，持牌金融机构门类最为齐全，11 项大类中均只缺少 1 类牌照。

4. 金融市场规模排名

● 金融市场的规模和交易活跃程度是吸引和汇聚金融交易者、金融机构和金融人才的重要因素，对于提升城市金融辐射力起着至关重要的作用。

● 本期金融市场规模 TOP 10 依次是上海、深圳、北京、郑州、大连、广州、杭州、苏州、武汉和成都（见表 0.4）。

表 0.4　第 16 期 CFCI 金融市场规模 TOP 10

城市	CFCI 16		CFCI 15		变化	
	得分	排名	得分	排名	得分	排名
上海	500. 90	1	456. 39	1	▲44. 51	—
深圳	99. 15	2	110. 73	2	▼11. 58	—
北京	52. 66	3	53. 25	3	▼0. 59	—
郑州	43. 28	4	33. 87	5	▲9. 41	▲1
大连	37. 29	5	40. 33	4	▼3. 04	▼1
广州	26. 89	6	25. 03	6	▲1. 86	—
杭州	18. 26	7	16. 96	8	▲1. 30	▲1
苏州	17. 31	8	18. 08	7	▼0. 77	▼1
武汉	14. 48	9	14. 29	10	▲0. 19	▲1
成都	11. 92	10	14. 69	9	▼2. 77	▼1

● 本期分项排名前十城市的名单没有发生变化。排名前六城市均是国内少数几个具备全国性金融市场的城市，仅郑州和大连分项排名发生互换，其他城市排名维持不变。除此之外，杭州、苏州、武汉等上榜城市则主要凭借在资本市场利用以及区域股权交易市场方面的突出表现继续

保持十强地位。

● 受国内资本市场整体 IPO 发行节奏放缓等因素影响,本期 19 个城市的资本市场利用水平得分有所减少。本期得分增长最多的前三城市是上海、郑州和广州,分别较上期增长了 44.51 分、9.41 分和 1.86 分。其中,上海得分增长主要在于全国货币市场和债券市场的交易量大幅攀升,郑州和广州得分增长则主要依靠商品期货交易市场的增长。

● 京沪深在上市公司数量和规模方面继续保持遥遥领先地位。2023 年,北京、上海、深圳分别拥有境内上市公司 469 家、436 家和 419 家,是仅有的国内 A 股上市公司数量突破 400 家的 3 个城市。

● 除京沪深外,35 个区域金融中心中,杭州、苏州在资本市场利用方面表现继续亮眼。2023 年,杭州和苏州全年新增 IPO 上市公司数分别达到 14 家和 20 家,年末 A 股上市公司数分别达到 225 家和 215 家,各项指标分别排名全国第 4 和第 5,仅次于三大全国性金融中心。

5. 金融生态环境排名

● 城市金融业发展与城市社会经济发展的各个方面息息相关,相关外部环境统称为金融生态环境,是城市金融竞争力的解释性因素。CFCI 评价体系中,金融生态环境主要通过金融人才环境、商业环境以及国际化程度来衡量,是对金融中心发展潜力和发展后劲的反映。

● 本期金融生态环境排行榜 TOP 10 依次是北京、上海、深圳、广州、成都、杭州、武汉、南京、重庆和苏州(见表 0.5)。

表 0.5 第 16 期 CFCI 金融生态环境 TOP 10

城市	CFCI 16		CFCI 15		变化	
	得分	排名	得分	排名	得分	排名
北京	197.92	1	188.45	1	▲9.47	—
上海	197.45	2	183.27	2	▲14.18	—
深圳	142.23	3	131.75	4	▲10.48	▲1
广州	141.74	4	138.77	3	▲2.97	▼1
成都	114.94	5	115.00	5	▼0.06	—
杭州	112.65	6	111.53	6	▲1.12	—
武汉	103.62	7	101.62	8	▲2.00	▲1

续表

城市	CFCI 16		CFCI 15		变化	
	得分	排名	得分	排名	得分	排名
南京	102.45	8	102.58	7	▼0.13	▼1
重庆	99.73	9	97.17	9	▲2.56	—
苏州	94.77	10	94.27	11	▲0.50	▲1

● 榜单前十格局相对稳定，成员名单与上期基本一致，本期苏州重新跻身前十，上期前十成员青岛则下滑1个名次至第11位。

● 本期国内多数城市金融生态环境得分增长明显。23个金融中心城市分项得分实现正增长，仅13个城市得分出现小幅减少。其中，得分增长最显著的3个城市是上海、深圳和北京，分别较上期增长了14.18分、10.48分和9.47分。

● 2023年是我国三年新冠疫情防控过去后全面恢复对外开放的一年，受此利好，国际化程度高、外向型经济占比高的城市，如上海、深圳、北京、海口等，此前受疫情管制等影响较大的经济外向度类和国际化相关指标均开始恢复转暖，带动自身金融生态环境分项得分实现大幅增长。

● 值得注意的是，地方政府债务等相关风险指标有重新上升趋势。本期38个城市中，仅泉州、徐州和温州3个城市的地方政府负债率、地方政府债务率以及地方债券违约率相关指标均实现改善，其他35个城市在三项指标上出现了不同程度的指标上升。

6. 金融中心走进徐州

● 徐州古时称彭城、涿郡、下邳、东楚，历史上一直是我国贯通南北的交通枢纽、黄淮地区重要的商贸集散地、抵御外侮的坚固屏障，对区域经贸流通、人文交流、文明发展起到了举足轻重的作用，奠定了其在淮海经济区经济与文化中心的重要地位。

● 近年来，徐州依托自身作为淮海经济区中心城市的地位，持续增强金融业在服务产业高质量发展、促进区域经济发展协调上的引领带动作用，有力提升了自身金融中心的区域影响力和作用。

● 徐州作为金融中心建设的后起之秀，其金融业展现出了快速发展态势。自 2017 年以来,徐州金融业增加值年均增速达到 8.9%,增速分别高于同期江苏省及全国平均水平 1.6 个百分点和 3.4 个百分点,也高于同期 CFCI 区域金融中心平均水平 2.7 个百分点。

- 截至 2023 年底,徐州的金融业增加值、存款余额、贷款余额、保费收入、融资规模等关键指标,在淮海经济区总量中占比为 1/5 左右。

- 展望未来,徐州有望在淮海经济区大发展背景下,作为淮海经济区产业资本融通枢纽、数字供应链金融创新高地、绿色与转型金融先行区、金融生态示范样板和金融功能性服务基地,成为区域金融资源集聚、金融功能特色突出、服务实体经济畅通有力的区域性金融中心城市,为高质量建设淮海经济区中心城市,全力推动中国式现代化徐州新实践提供关键支撑。

目录
CONTENTS

上篇　中国金融中心评价报告

下篇 徐州金融中心发展报告

上篇
中国金融中心评价报告

第 1 章　中国金融中心竞争力评价

1.1　综合竞争力

1. 综合竞争力整体排名

见图 1.1.1。

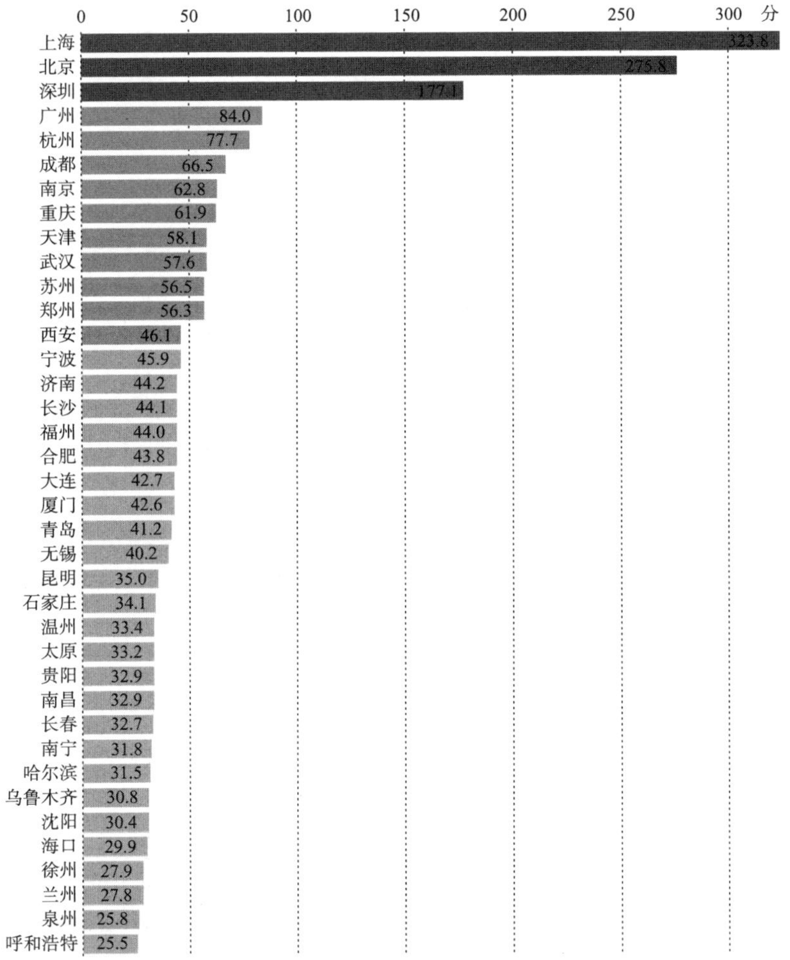

图 1.1.1　第 16 期 CFCI 综合竞争力得分

本期CFCI评价样本扩展至38个城市,新增徐州和泉州2个城市。本期38个金融中心城市综合竞争力排名依次是:上海、北京、深圳、广州、杭州、成都、南京、重庆、天津、武汉、苏州、郑州、西安、宁波、济南、长沙、福州、合肥、大连、厦门、青岛、无锡、昆明、石家庄、温州、太原、贵阳、南昌、长春、南宁、哈尔滨、乌鲁木齐、沈阳、海口、徐州、兰州、泉州和呼和浩特(见表1.1.1)。

表1.1.1 第16期CFCI综合竞争力排行榜

城市	CFCI 16		CFCI 15		变化	
	得分	排名	得分	排名	得分	排名
上海	323.82	1	312.36	1	▲11.47	—
北京	275.85	2	264.48	2	▲11.37	—
深圳	177.06	3	181.39	3	▼4.34	—
广州	83.98	4	85.13	4	▼1.15	—
杭州	77.69	5	76.83	5	▲0.87	—
成都	66.53	6	65.80	6	▲0.73	—
南京	62.82	7	62.03	8	▲0.79	▲1
重庆	61.93	8	62.58	7	▼0.65	▼1
天津	58.12	9	58.71	9	▼0.59	—
武汉	57.64	10	55.14	11	▲2.50	▲1
苏州	56.50	11	55.71	10	▲0.79	▼1
郑州	56.31	12	50.43	12	▲5.89	—
西安	46.09	13	49.48	13	▼3.39	—
宁波	45.86	14	45.14	16	▲0.72	▲2
济南	44.19	15	43.58	20	▲0.61	▲5
长沙	44.12	16	46.65	14	▼2.54	▼2
福州	44.03	17	44.84	19	▼0.81	▲2
合肥	43.84	18	43.58	21	▲0.26	▲3
大连	42.74	19	45.03	17	▼2.29	▼2
厦门	42.61	20	44.88	18	▼2.27	▼2
青岛	41.16	21	45.15	15	▼3.99	▼6
无锡	40.22	22	39.41	22	▲0.81	—
昆明	35.04	23	36.14	26	▼1.10	▲3
石家庄	34.08	24	38.42	24	▼4.34	—

续表

城市	CFCI 16		CFCI 15		变化	
	得分	排名	得分	排名	得分	排名
温州	33.41	25	32.20	33	▲1.21	▲8
太原	33.23	26	38.96	23	▼5.73	▼3
贵阳	32.92	27	33.41	30	▼0.49	▲3
南昌	32.89	28	37.45	25	▼4.56	▼3
长春	32.66	29	33.52	29	▼0.86	—
南宁	31.79	30	35.96	27	▼4.17	▼3
哈尔滨	31.46	31	32.45	32	▼1.00	▲1
乌鲁木齐	30.81	32	32.61	31	▼1.80	▼1
沈阳	30.40	33	34.91	28	▼4.51	▼5
海口	29.94	34	31.69	34	▼1.75	—
徐州	27.85	35	—	—	新	新
兰州	27.79	36	30.48	35	▼2.69	▼1
泉州	25.77	37	—	—	新	新
呼和浩特	25.49	38	27.40	36	▼1.91	▼2

2. 综合竞争力排名变化情况

· 本期整体排名有较大变化，在排除因评价指标体系调整带来的影响后，38 个金融中心中有 23 个城市排名发生变动①。

· 本期排名上升幅度最大的是温州，较上期提升 8 个名次，上升至榜单第 25 位。本期排名降幅最大的是青岛，较上期下跌了 6 个名次，排名第 21。

3. 综合竞争力得分变化情况

· 本期 38 个金融中心中有 13 个中心实现了不同程度的得分增长，23 个中心的综合竞争力得分出现小幅减少。

· 综合竞争力长期保持领先地位的城市中，南京、重庆以及武汉、苏州

① 因本期 CFCI 指标评价体系做了部分调整优化，为了保持前后结果可比性，按照新指标体系重新对上期结果进行回溯调整，有关上期得分和排名结果可能会与此前发布的报告不一致，请以本期公布结果为准。

的排名位次发生对调,其他前十城市均维持不变。

· 三大全国性金融中心牢牢巩固自身金融中心综合竞争力全国前三地位,但综合得分增长出现分化,上海、北京依然保持较高增长势头,深圳本期得分负增长后较前两者的分差再次扩大。

· 本期区域金融中心中得分增长前三城市分别是郑州、武汉和温州,三者分别较上期增长 5.89 分、2.50 分和 1.21 分,大幅领先同期其他区域金融中心。

· 广州、杭州在除京沪深外 35 个区域金融中心中的综合竞争力优势显著,两者较其他区域金融中心的得分领先优势已经扩大到 10 分以上。

· 成都基本稳固住自身国内区域金融中心前六的地位,与南京、重庆间的分差领先优势已经呈现稳步扩大之势。

· 南京和重庆,武汉和苏州,这两组城市的综合竞争力水平分差变化微小,整体处于你追我赶、竞相更替的局面。

· 得益于期货交易市场交易提振,本期郑州综合得分有较大增长,综合竞争力得分迅速上升至与武汉、苏州相近水平,与苏州的分差已经缩小至毫厘之间。

· 区域金融中心综合竞争力分层明显,西安、宁波、济南、长沙、福州、合肥、大连、厦门、青岛和无锡综合得分十分接近,这 10 个邻近排名城市间的平均分差仅 1%,存在追赶综合竞争力领先城市的潜力,未来它们之间的排名变动将随时发生。

· 16 个综合竞争力得分不足 40 分的区域金融中心,金融中心综合竞争力还存在或多或少的薄弱环节,其面临的区域金融中心竞争发展环境更为激烈,未来需要加大金融中心建设的资源投入和支持力度,方能有实现追赶排名领先城市的机会。

1.2 金融产业绩效

根据产业经济乘数理论,金融产业对城市发展的推动力主要依赖自身直接产出以及掌控的金融资源。本期 CFCI 优化了金融产业绩效的评价框架,在“产出带动水平”“业务发展水平”基础上新增“服务实体质效”评价维度,围绕金融“五篇大文章”反映金融高质量发展。

1. 金融产业绩效分项排名

如图 1.2.1 和表 1.2.1 所示。

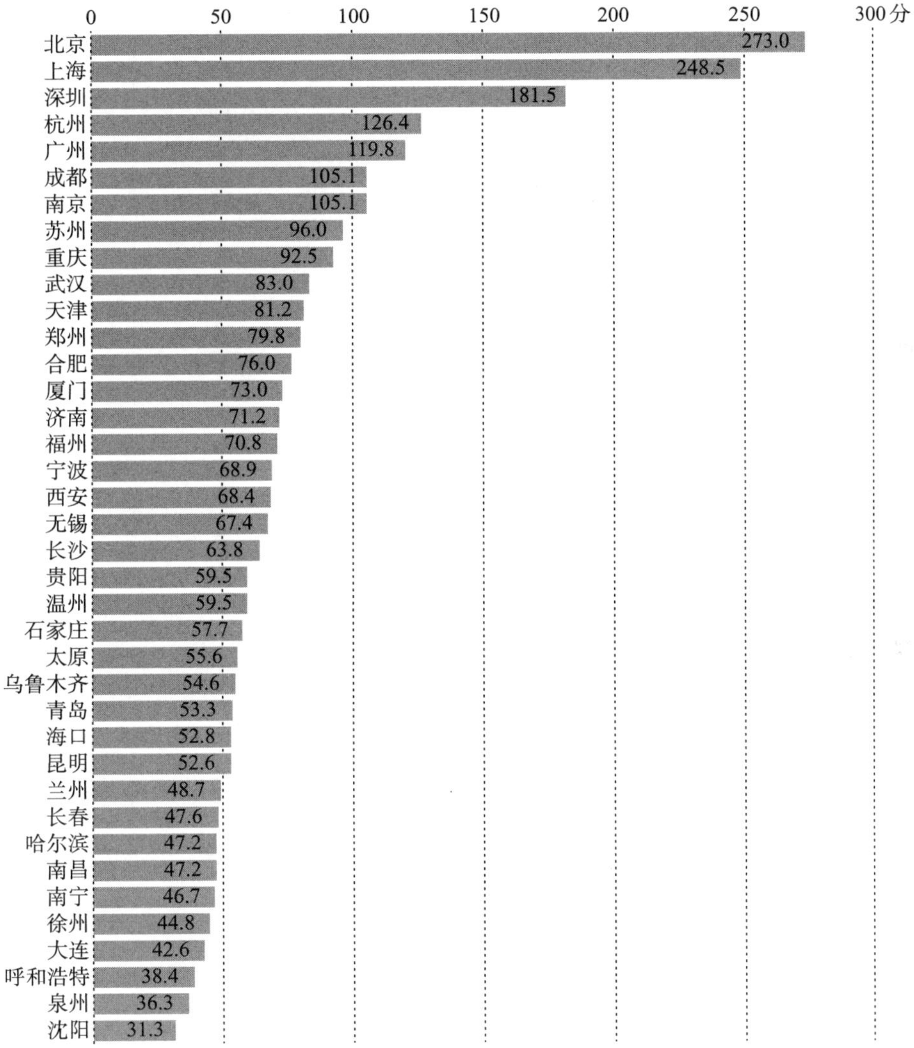

图 1.2.1　第 16 期 CFCI 金融产业绩效排名

本期 38 个金融中心城市金融产业绩效分项排名分别是:北京、上海、深圳、杭州、广州、成都、南京、苏州、重庆、武汉、天津、郑州、合肥、厦门、济南、福州、宁波、西安、无锡、长沙、贵阳、温州、石家庄、太原、乌鲁木齐、青岛、海口、昆明、兰州、长春、哈尔滨、南昌、南宁、徐州、大连、呼和浩特、泉州和沈阳。

表 1.2.1 第 16 期 CFCI 金融产业绩效排名与得分变化

城市	CFCI 16		CFCI 15		变化	
	得分	排名	得分	排名	得分	排名
北京	272.97	1	278.08	1	▼5.11	—
上海	248.54	2	271.26	2	▼22.72	—
深圳	181.54	3	204.65	3	▼23.11	—
杭州	126.44	4	125.67	5	▲0.77	▲1
广州	119.79	5	130.27	4	▼10.48	▼1
成都	105.10	6	101.40	7	▲3.70	▲1
南京	105.07	7	103.04	6	▲2.03	▼1
苏州	96.00	8	93.30	9	▲2.70	▲1
重庆	92.45	9	98.28	8	▼5.83	▼1
武汉	82.97	10	74.47	15	▲8.50	▲5
天津	81.23	11	83.23	10	▼1.99	▼1
郑州	79.81	12	66.78	22	▲13.03	▲10
合肥	76.02	13	76.21	14	▼0.20	▲1
厦门	73.05	14	81.96	12	▼8.91	▼2
济南	71.25	15	69.21	19	▲2.04	▲4
福州	70.80	16	71.13	18	▼0.32	▲2
宁波	68.91	17	68.73	20	▲0.18	▲3
西安	68.41	18	82.55	11	▼14.13	▼7
无锡	67.40	19	66.53	23	▲0.87	▲4
长沙	63.78	20	72.61	17	▼8.83	▼3
贵阳	59.50	21	64.18	27	▼4.68	▲6
温州	59.45	22	58.84	30	▲0.62	▲8
石家庄	57.68	23	73.22	16	▼15.54	▼7
太原	55.62	24	80.90	13	▼25.28	▼11
乌鲁木齐	54.63	25	64.26	25	▼9.63	—
青岛	53.30	26	67.62	21	▼14.32	▼5
海口	52.76	27	65.74	24	▼12.99	▼3
昆明	52.59	28	56.11	31	▼3.51	▲3
兰州	48.71	29	59.45	29	▼10.74	—

续表

城市	CFCI 16		CFCI 15		变化	
	得分	排名	得分	排名	得分	排名
长春	47.62	30	54.74	32	▼7.12	▲2
哈尔滨	47.22	31	50.06	34	▼2.84	▲3
南昌	47.21	32	63.92	28	▼16.71	▼4
南宁	46.70	33	64.24	26	▼17.54	▼7
徐州	44.82	34	—	—	新	新
大连	42.65	35	51.67	33	▼9.02	▼2
呼和浩特	38.38	36	49.30	36	▼10.92	—
泉州	36.31	37	—	—	新	新
沈阳	31.35	38	49.38	35	▼18.03	▼3

2. 金融产业绩效排名得分变化情况

· 本期金融产业绩效排名格局变化较大，15 个城市分项排名上升，15 个城市排名下降，6 个城市排名不变。其中，分项排名上升最显著的前三城市是郑州、温州和贵阳，分别上升 10 名、8 名和 6 名，国内排名分列第 12 名、第 22 名和第 21 名。

· 分项前十排名中，北京、上海和深圳排位维持与上期一致，分列前三；武汉排名提升 5 个名次，再次跻身分项榜单前十行列；上期分项前十成员天津，本期下降 1 个名次，排在第 11 位。

· 近年来，国内多数金融中心城市的金融从业人员数量出现减少，本期多数城市的金融产业绩效得分受此影响出现较大幅度回落，其中 26 个城市分项得分出现负增长，仅 10 个城市得分实现正增长。

· 本期得分增长前三城市分别是郑州、武汉和成都，分别较上期增长 13.03 分、8.50 分和 3.70 分。在国内多数城市出现行业从业人员大幅减少的背景下，郑州和武汉的金融从业人员总量不减反增，带动分项评分上升；成都则在自身存贷款余额、保费收入、证券交易量等主要金融业务指标规模保持增长的情况下，实现分项得分快速增长。

3. 金融产业绩效具体指标表现

· 2023 年是全面贯彻党的二十大精神的开局之年,是我国三年新冠疫情防控转换后经济恢复发展的一年,金融中心对区域经济社会发展的稳增长作用更加凸显。2023 年,38 个金融中心城市的金融业增加值总和达到 6.5 万亿元,占当年全国金融业增加值的比重达到了 64.6%,比重较上一年提高 0.8 个百分点,再创历史新高(见图 1.2.2)。

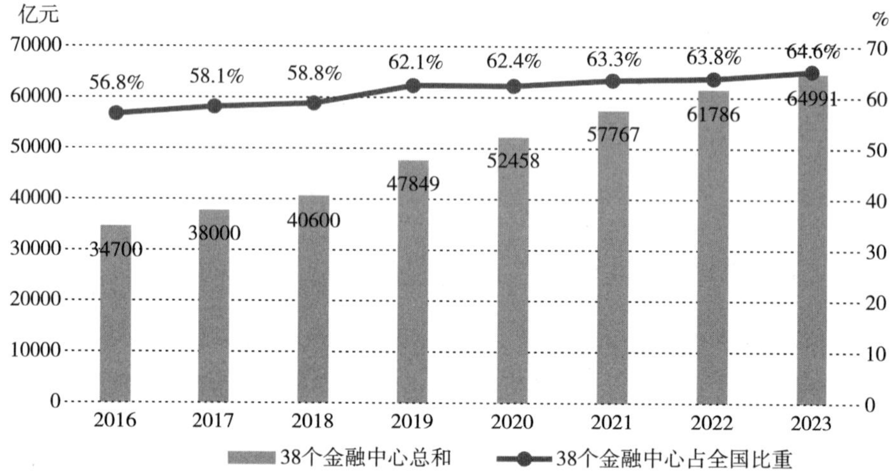

图 1.2.2　38 个金融中心金融业增加值总和占全国比重

· 38 个金融中心城市中仅 13 个城市金融业增速低于同期 GDP 增速,其余城市金融业增速均大幅高于 GDP 增长,对拉动本地经济增长做出了有力贡献。其中,无锡、苏州、南京的 2023 年金融业对本地 GDP 增长贡献作用显著,三者金融业增速较各自 GDP 增速分别领先 7.5 个、6.9 个和 5.4 个百分点(见图 1.2.3)。

· 金融业作为 38 个金融中心城市的支柱产业地位更加凸显。2023 年,38 个金融中心城市的金融业增加值占 GDP 比重指标均值达到了 10.7%,较上年均值提高了 0.1 个百分点。其中,北京、上海、深圳、乌鲁木齐 4 个金融中心城市的金融业比重均超过了 15%,另有 17 个金融中心城市的比重超过 10%,其余 17 个金融中心城市的比重均介于 5%~10%(见图 1.2.4)。

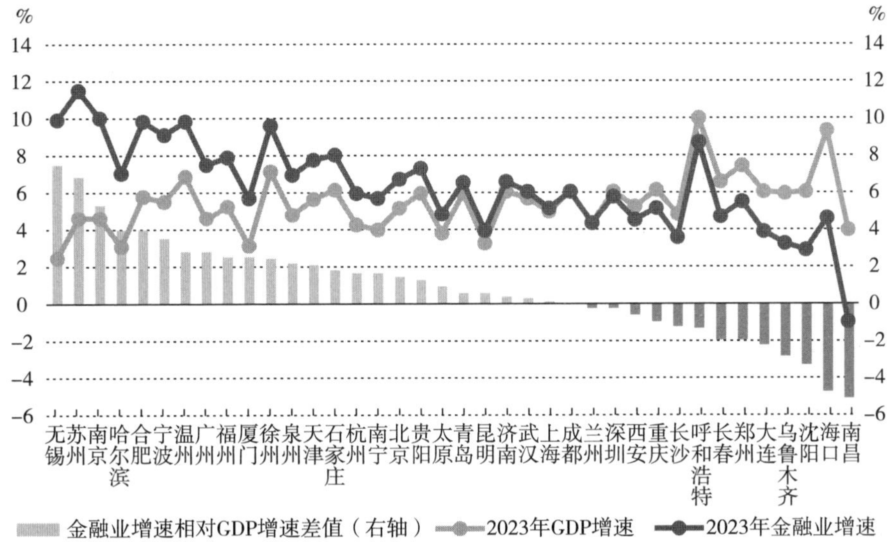

图 1.2.3　38 个金融中心金融业增加值增速与 GDP 增速对比

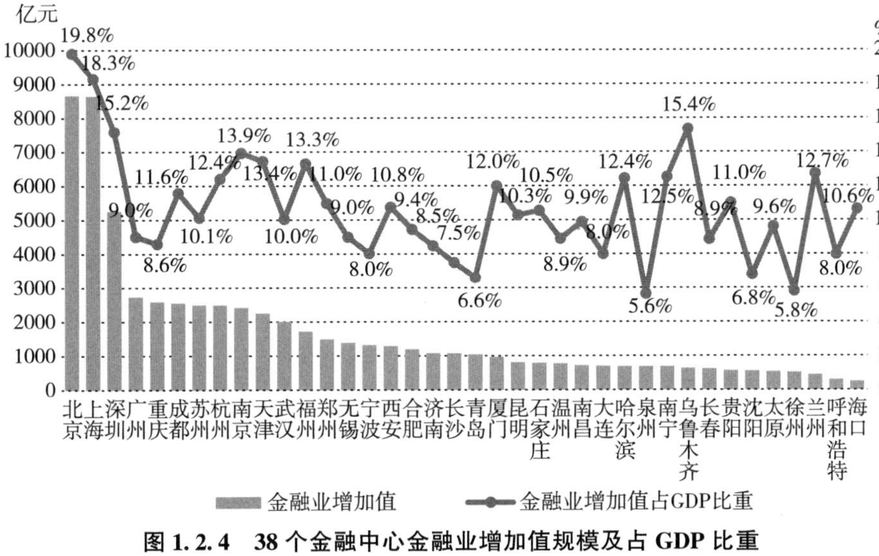

图 1.2.4　38 个金融中心金融业增加值规模及占 GDP 比重

· 具体城市来看，京沪深金融产业规模整体保持遥遥领先优势。2023 年，北京和上海是国内金融业增加值逼近万亿元大关的仅有的两个城市，分别达到了 8663 亿元和 8647 亿元；深圳金融业增加值达到了 5253 亿元，较其他区域金融中心的规模领先优势明显。

· 值得注意的是，多数金融中心城市的金融从业人员规模出现缩减。

本期24个金融中心城市的近三年金融从业人员平均增速出现负增长,其中沈阳、呼和浩特、南宁、天津、西安和青岛6个城市的2022年金融从业人员较三年前年均减少了10%以上。从金融从业人员绝对规模上看,郑州、成都、合肥三者金融从业人员增长规模最大,均较三年前增长了2万人以上;相对来说,天津和北京近三年减少的从业人员数最显著,两者均减少了将近6万人(见图1.2.5)。

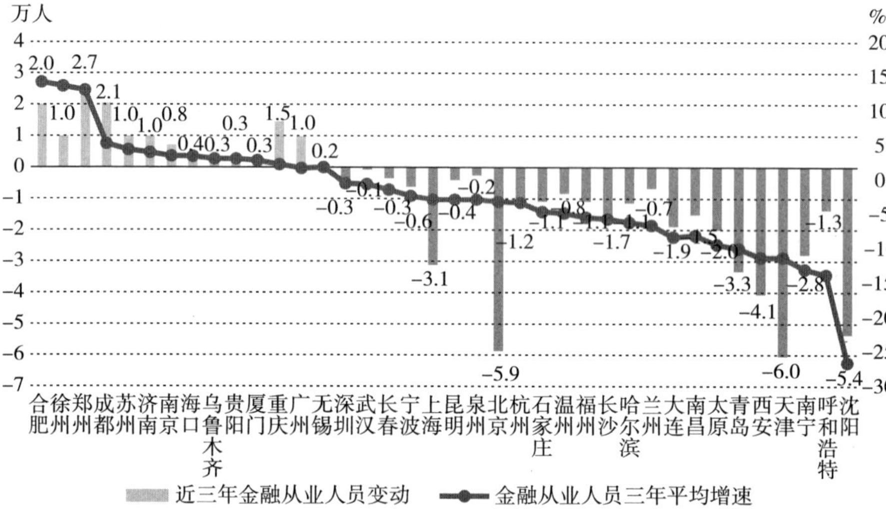

图1.2.5 38个金融中心近三年金融从业人员增长变化

1.3 金融机构实力

金融机构的集聚对于推动金融创新和城市金融业的发展起到支撑性作用,城市金融机构综合实力很大程度上反映了城市金融竞争力。CFCI评价体系主要从银行、保险、证券以及地方金融组织四个方面评估各金融中心的法人金融机构实力。

1. 金融机构实力整体排名

本期38个金融中心城市金融机构实力分项排名依次是北京、上海、深圳、天津、杭州、广州、重庆、成都、南京、武汉、福州、宁波、西安、长沙、苏州、郑州、长春、济南、大连、合肥、青岛、哈尔滨、石家庄、厦门、沈阳、无锡、南昌、南宁、昆明、太原、贵阳、温州、乌鲁木齐、海口、泉州、兰州、呼和浩特和徐州（见图 1. 3. 1 和表 1. 3. 1）。

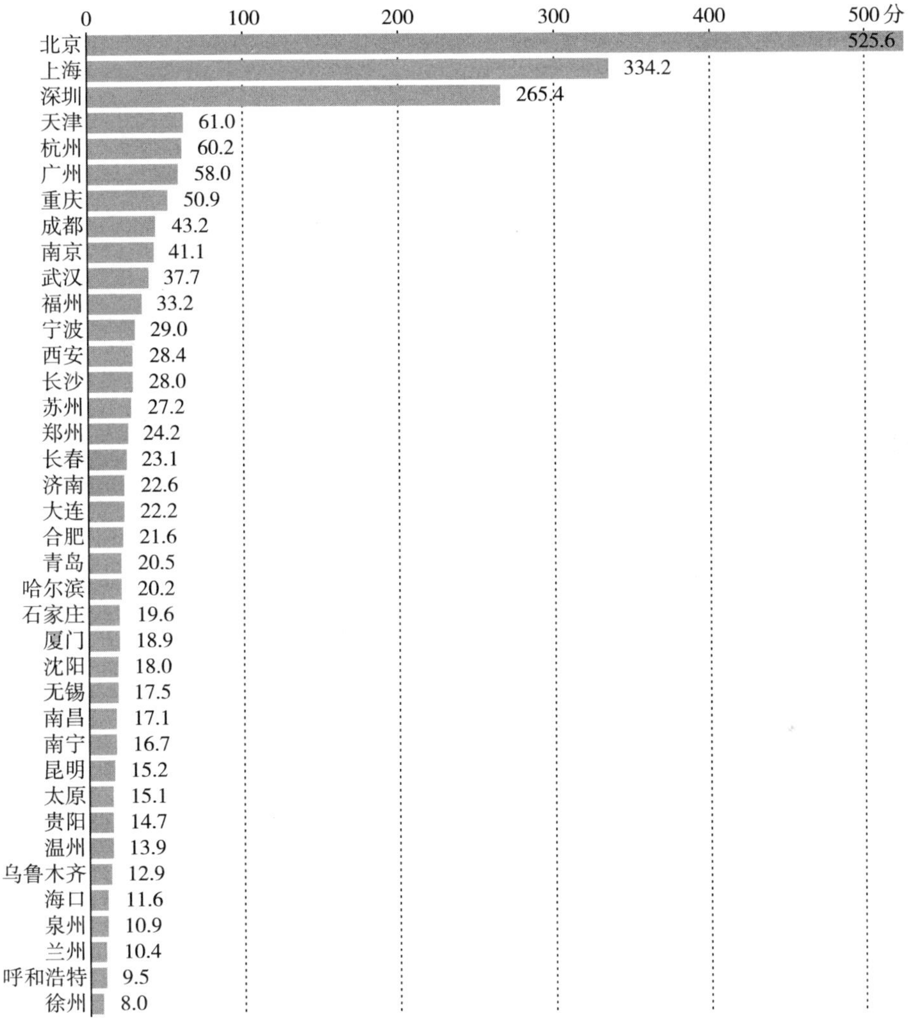

图 1. 3. 1　第 16 期 CFCI 金融机构实力分项排名

表 1. 3. 1　第 16 期 CFCI 金融机构实力排名与得分变化

城市	CFCI 16		CFCI 15		变化	
	得分	排名	得分	排名	得分	排名
北京	525. 58	1	488. 87	1	▲36. 71	—
上海	334. 25	2	323. 98	2	▲10. 26	—

续表

城市	CFCI 16		CFCI 15		变化	
	得分	排名	得分	排名	得分	排名
深圳	265.44	3	259.22	3	▲6.21	—
天津	60.99	4	60.48	4	▲0.50	—
杭州	60.17	5	59.78	5	▲0.39	—
广州	57.96	6	56.96	6	▲1.00	—
重庆	50.89	7	50.96	7	▼0.07	—
成都	43.24	8	41.46	8	▲1.78	—
南京	41.13	9	39.08	9	▲2.06	—
武汉	37.67	10	37.88	10	▼0.22	—
福州	33.15	11	32.10	11	▲1.05	—
宁波	29.01	12	28.74	13	▲0.27	▲1
西安	28.36	13	29.17	12	▼0.81	▼1
长沙	27.99	14	27.41	14	▲0.58	—
苏州	27.18	15	26.46	15	▲0.72	—
郑州	24.19	16	24.01	16	▲0.18	—
长春	23.12	17	23.08	17	▲0.04	—
济南	22.59	18	22.39	18	▲0.20	—
大连	22.16	19	22.13	19	▲0.03	—
合肥	21.56	20	21.03	20	▲0.53	—
青岛	20.51	21	20.27	21	▲0.24	—
哈尔滨	20.22	22	20.24	22	▼0.02	—
石家庄	19.56	23	19.52	23	▲0.04	—
厦门	18.88	24	18.91	24	▼0.03	—
沈阳	17.96	25	17.76	25	▲0.20	—
无锡	17.53	26	17.37	26	▲0.16	—
南昌	17.14	27	17.13	27	▲0.01	—
南宁	16.74	28	16.36	28	▲0.38	—
昆明	15.17	29	14.79	29	▲0.38	—
太原	15.05	30	14.62	30	▲0.43	—
贵阳	14.66	31	14.61	31	▲0.05	—
温州	13.94	32	13.69	32	▲0.25	—
乌鲁木齐	12.87	33	12.93	33	▼0.06	—

续表

城市	CFCI 16		CFCI 15		变化	
	得分	排名	得分	排名	得分	排名
海口	11.63	34	11.68	34	▼0.05	—
泉州	10.88	35	—	—	新	新
兰州	10.39	36	10.36	35	▲0.03	▼1
呼和浩特	9.48	37	9.48	36	—	▼1
徐州	8.00	38	—	—	新	新

2. 金融机构实力分项排名得分变化情况

· 金融机构实力分项排名格局十分稳定，本期 32 个城市的分项排名维持不变，仅 4 个城市排名发生小幅变动。其中，宁波和西安排名位次互换，分别排在第 12 位和第 13 位；受评价城市扩容影响，兰州和呼和浩特均下滑 1 个名次，分别排在第 36 位和第 37 位。

· 本期仅 7 个城市的金融机构实力得分出现减少，29 个城市相应得分均实现正增长，表明国内主要金融中心城市的金融机构发展呈现显著复苏态势。

· 排名越靠前的城市，其得分增长反而越显著，表明国内金融机构资源向排名领先金融中心加速集聚的趋势更加明显。本期金融机构实力分项排名前三的北京、上海和深圳，仍是本期该分项得分增长最快的前三城市。分项排名前 20%城市的该项得分增长总和为 56.79 分，与此形成鲜明对比的是，分项排名后 80%城市的得分增长总和为 6.64 分，差距十分明显。

3. 金融机构实力具体分项指标表现

· 38 个金融中心的金融机构资源集聚度较上一年进一步提升。截至 2023 年底，38 个金融中心城市的金融机构总资产规模达到 365 万亿元，约占当年全国的 80%。其中，银行业机构总资产约占全国总量的 77%，保险业机构总资产占全国的 95%，证券业机构总资产约占全国的 97%（见图 1.3.2）。

· 38 个金融中心城市，三大全国性金融中心实力最强。其中，北京、上海的法人金融机构数量最接近，分别都超过了 250 家；相对京沪，深圳法人机构数量和规模实力还有较大差距。

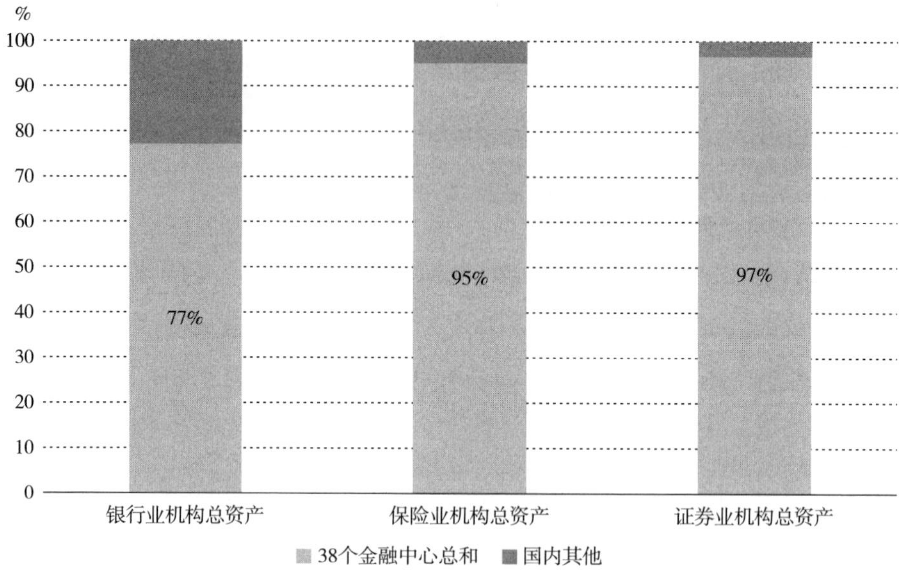

图 1.3.2　38 个金融中心金融机构资产规模全国占比

· 截至 2023 年底,除京沪深外 35 个区域金融中心中,杭州、广州和天津表现相对突出,持牌金融机构门类最为齐全,11 项大类中均只缺少 1 类牌照。2023 年三者的各类法人金融机构数量分别达到了 43 家、38 家和 33 家,法人金融机构整体实力处于第一发展梯队(见表 1.3.2)。

表 1.3.2　法人金融机构实力排名前十城市概况　　单位:家

法人机构类型	北京	上海	深圳	杭州	广州	天津	济南	南京	重庆	成都
商业银行	22	26	9	11	3	7	9	9	4	4
信托公司	11	7	2	4	3	2	1	2	2	2
财务公司	74	22	9	7	10	5	11	3	3	4
汽车金融	7	7	0	1	1	2	1	0	1	0
消费金融	4	3	1	1	1	1	0	1	3	2
证券公司	18	19	17	3	4	1	1	2	1	4
证券公司专项业务子公司	3	15	5	2	1	0	0	0	0	0
公募基金	22	67	32	1	3	1	0	0	2	1
期货机构	20	36	14	10	7	6	2	6	4	3
保险公司	56	42	21	3	5	7	3	3	5	4

续表

法人机构类型	北京	上海	深圳	杭州	广州	天津	济南	南京	重庆	成都
保险资管公司	17	9	5	0	0	1	0	0	0	0
合计	254	253	115	43	38	33	28	26	25	24

· 北京法人商业银行规模实力表现一枝独秀。作为国家中央机构总部的主要集聚地，北京集中了多数国有大型商业银行和全国性股份银行的法人机构，其 2023 年总资产规模首次突破 200 万亿元大关。上海本地法人商业银行数量最多，达到 26 个，总资产规模首次突破 30 万亿元。深圳凭借招商银行、平安银行等品牌大机构，整体资产规模达到了 18.1 万亿元，排名全国第 3。福州凭借兴业银行 1 家，成为全国第 4 个本地法人商业银行资产总规模达到 10 万亿元的城市，仅次于北京、上海和深圳（见图 1.3.3）。

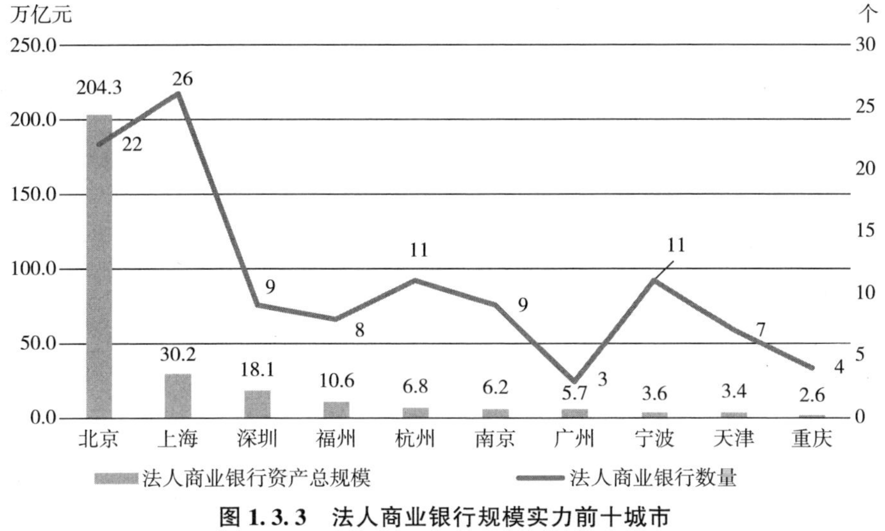

图 1.3.3　法人商业银行规模实力前十城市

· 深圳法人证券公司实力继续扩大领先优势。深圳拥有 17 家法人证券公司，机构数量虽然少于上海但整体规模实力排名全国第 1。截至 2023 年底，深圳法人证券公司资产总规模达到了 3.59 万亿元，规模较上一年增长 10%左右。除京沪深外，南京表现相对突出，虽然仅有 2 家法人证券公司，但凭借华泰证券行业龙头机构，2023 年末总资产规模达到近万亿元大关（见图 1.3.4）。

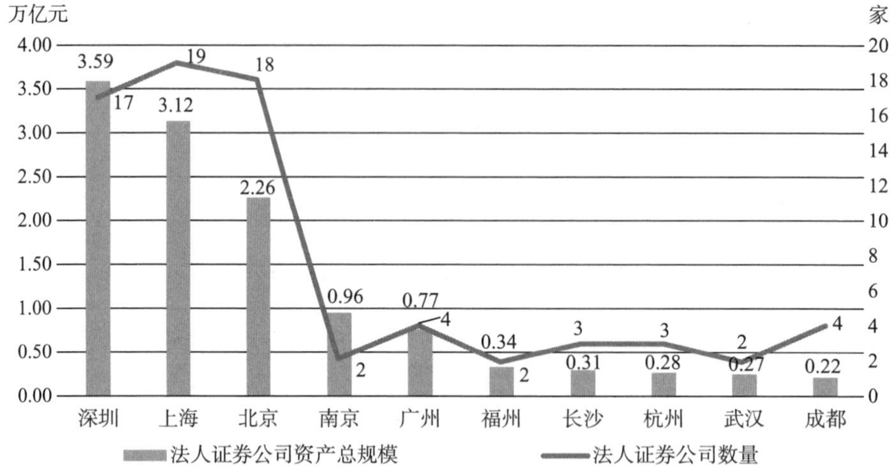

图 1.3.4　法人证券公司规模实力前十城市

· 上海的公募基金规模实力整体最强。2023 年底,上海公募基金管理机构数量达到了 67 家,几乎占到全国总数的一半,较上年增加了 2 家机构,成为国内首个公募基金资产管理规模突破 10 万亿元的城市。深圳表现仅次于上海,2023 年法人公募基金数达到了 32 家,管理的资产规模达到 7.11 万亿元。值得一提的是,天津仅靠 1 家法人公募基金管理机构资产管理规模就超过了万亿元,排名全国第 4(见图 1.3.5)。

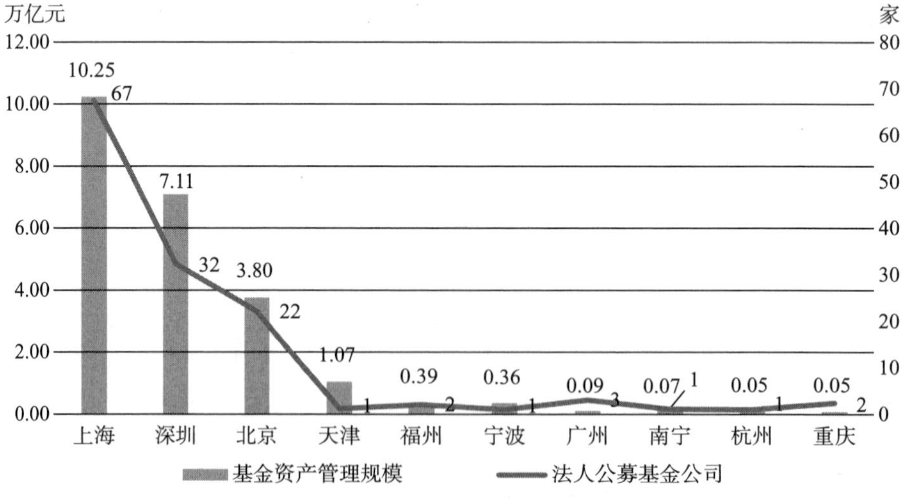

图 1.3.5　法人公募基金资产管理规模前十城市

· 在法人保险公司规模实力方面,保险行业体现出的“马太效应”更为明显。截至 2023 年底,北京、上海、深圳 3 个城市的法人保险公司总数与资产总规模分别占全国总量的 62%、85%。北京拥有多达 56 家法人保险公司(不含保险资管),总资产规模达到 13. 85 万亿元;深圳法人保险公司数量虽只有上海的一半,但整体规模实力要强于上海,2023 年机构总资产规模达到 6. 37 万亿元(见图 1. 3. 6)。

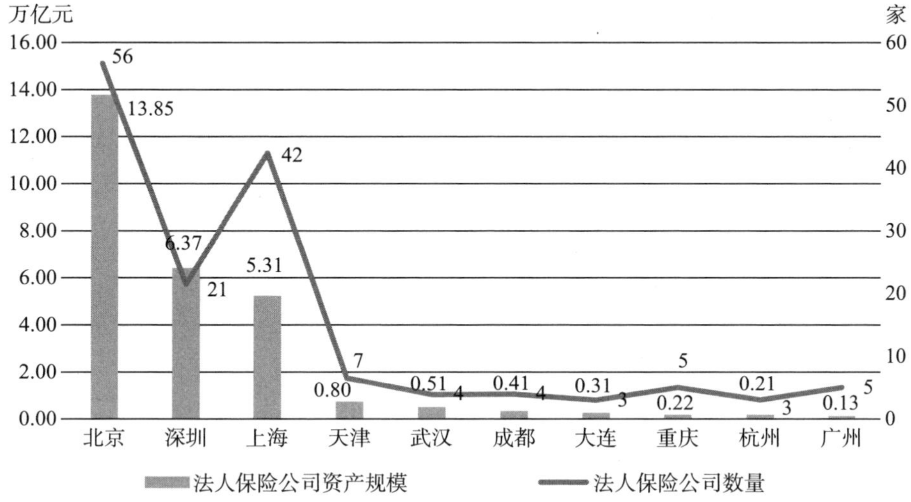

图 1. 3. 6　法人保险公司规模实力前十城市

1. 4　金融市场规模

金融市场的规模和交易活跃程度是吸引和汇聚金融交易者、金融机构和金融人才的重要因素,对于提升城市金融辐射力起着至关重要作用。CFCI 评价体系主要从货币市场、股票市场、债券市场、黄金外汇及衍生品市场、资本市场利用等维度评估各金融中心发展情况。

1. 金融市场规模整体排名

本期 38 个金融中心城市金融市场规模分项排名依次是上海、深圳、北京、郑州、大连、广州、杭州、苏州、武汉、成都、宁波、南京、重庆、合肥、无锡、长沙、西安、南昌、青岛、天津、石家庄、厦门、济南、福州、哈尔滨、南宁、沈阳、太原、乌鲁木齐、昆明、温州、贵阳、长春、兰州、徐州、海口、泉州和呼和浩特(见图 1. 4. 1 和表 1. 4. 1)。

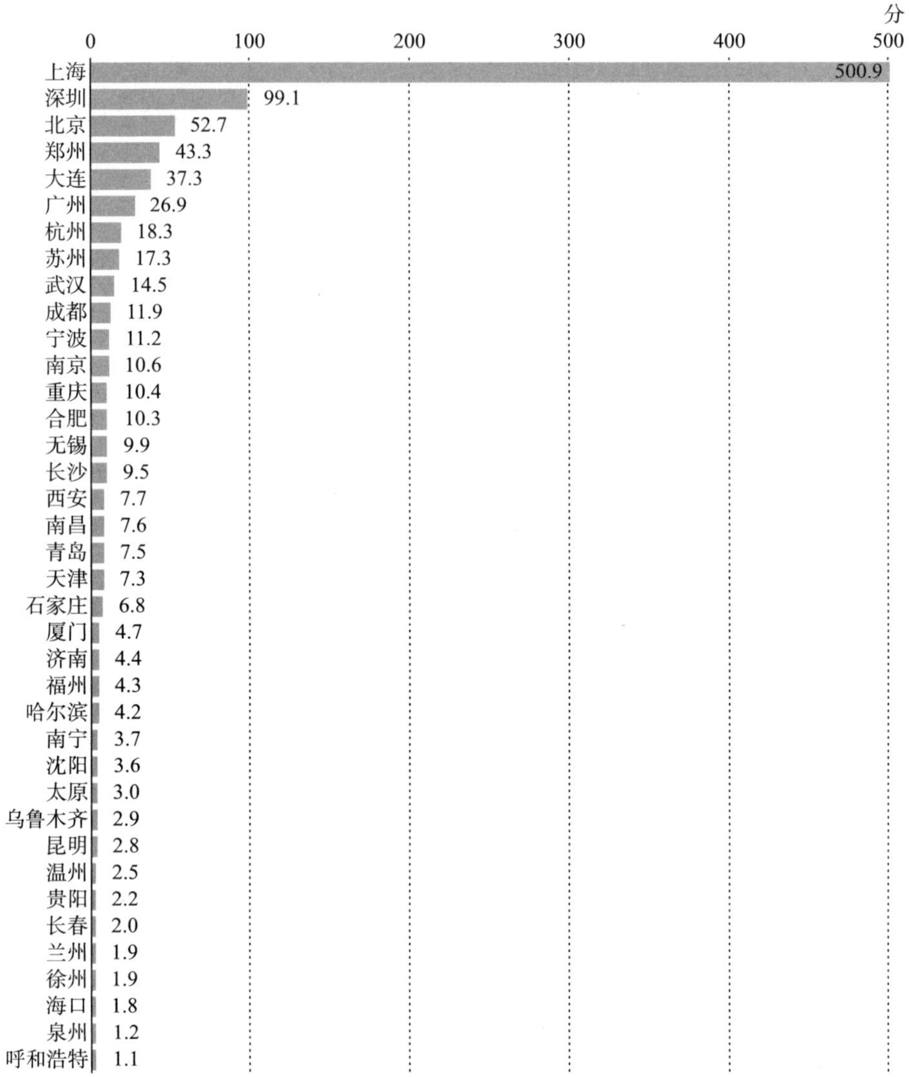

图 1.4.1　第 16 期 CFCI 金融市场规模排名

表 1.4.1　第 16 期 CFCI 金融市场规模排名与得分变化

城市	CFCI 16		CFCI 15		变化	
	得分	排名	得分	排名	得分	排名
上海	500. 90	1	456. 39	1	▲44. 51	—
深圳	99. 15	2	110. 73	2	▼11. 58	—
北京	52. 66	3	53. 25	3	▼0. 59	—

续表

城市	CFCI 16		CFCI 15		变化	
	得分	排名	得分	排名	得分	排名
郑州	43. 28	4	33. 87	5	▲9. 40	▲1
大连	37. 29	5	40. 33	4	▼3. 04	▼1
广州	26. 89	6	25. 03	6	▲1. 86	—
杭州	18. 26	7	16. 96	8	▲1. 30	▲1
苏州	17. 31	8	18. 08	7	▼0. 77	▼1
武汉	14. 48	9	14. 29	10	▲0. 20	▲1
成都	11. 92	10	14. 69	9	▼2. 77	▼1
宁波	11. 21	11	11. 36	12	▼0. 15	▲1
南京	10. 60	12	11. 69	11	▼1. 10	▼1
重庆	10. 38	13	9. 47	13	▲0. 91	—
合肥	10. 29	14	9. 26	14	▲1. 03	—
无锡	9. 87	15	8. 60	16	▲1. 27	▲1
长沙	9. 53	16	9. 22	15	▲0. 30	▼1
西安	7. 66	17	7. 74	18	▼0. 08	▲1
南昌	7. 65	18	6. 67	21	▲0. 98	▲3
青岛	7. 53	19	7. 73	19	▼0. 20	—
天津	7. 31	20	8. 34	17	▼1. 03	▼3
石家庄	6. 80	21	7. 24	20	▼0. 43	▼1
厦门	4. 71	22	5. 11	23	▼0. 40	▲1
济南	4. 37	23	3. 27	29	▲1. 10	▲6
福州	4. 33	24	5. 51	22	▼1. 18	▼2
哈尔滨	4. 15	25	4. 42	25	▼0. 27	—
南宁	3. 73	26	3. 59	26	▲0. 14	—
沈阳	3. 57	27	4. 60	24	▼1. 03	▼3
太原	3. 04	28	1. 94	33	▲1. 11	▲5
乌鲁木齐	2. 90	29	3. 47	28	▼0. 57	▼1
昆明	2. 81	30	2. 73	30	▲0. 08	—
温州	2. 47	31	3. 59	27	▼1. 12	▼4
贵阳	2. 24	32	2. 09	32	▲0. 15	—
长春	2. 03	33	1. 87	34	▲0. 16	▲1
兰州	1. 93	34	1. 55	35	▲0. 38	▲1

续表

城市	CFCI 16		CFCI 15		变化	
	得分	排名	得分	排名	得分	排名
徐州	1.87	35	—	—	新	新
海口	1.78	36	2.13	31	▼0.35	▼5
泉州	1.22	37	—	—	新	新
呼和浩特	1.12	38	1.24	36	▼ 0.12	▼ 2

2. 金融市场规模分项排名得分变化情况

· 受国内资本市场整体 IPO 发行节奏放缓等因素影响,本期部分城市资本市场利用水平得分有所减少。其中,17 个金融中心城市的金融市场规模得分实现正增长,较上期多了 4 个城市;另外,19 个城市得分出现小幅减少。

· 本期得分增长最多的前三城市是上海、郑州和广州,分别较上期增长了 44.51 分、9.40 分和 1.86 分。其中,上海得分增长主要在于全国货币市场和债券市场的交易量大幅攀升,郑州和广州得分增长则主要依靠商品期货交易市场的增长。

· 本期排名上升的城市有 12 个,排名下降的城市有 13 个。其中,排名上升幅度最大的是济南,提升 6 个名次,本期排名全国第 23 位;排名下降幅度最大的是海口,下滑 5 个名次,排名第 36 位。

· 本期分项排名前十城市的名单没有发生变化。前六城市均是国内少数几个具备全国性金融市场的城市,仅郑州和大连分项排名发生互换,其他城市排名维持不变。除此之外,杭州、苏州、武汉等上榜城市则主要凭借在资本市场利用以及区域股权交易市场方面的突出表现继续保持十强地位。

3. 金融市场规模具体指标表现

· 上海作为全国金融市场的中心地位十分稳固,本期分项得分超过了其他 37 个金融中心城市的得分总和,并实现了将近 10% 的得分增长。目前,上海集聚了包括货币市场、股票市场、债券市场、黄金市场、外汇市场、衍生品市场等在内的几乎所有全国性金融市场。

· 本期深圳金融市场规模分项得分较上期出现了减少,主要原因在于 2023 年深交所的股票发行筹资规模以及债券交易规模等指标出现了降低。2023 年,深交所全年股票发行筹资额 4351 亿元,较上年下降 28%,交易所债券市场现券交易额 10.8 万亿元,较上年下降 33%。

· 2023 年,北京证券交易所年末上市公司数达到 239 家,交易所上市公司总市值达到 4496 亿元,较上年翻了一番。不过,“新三板”市场挂牌总量继续减少,年末市场挂牌公司家数进一步缩减至 6241 家,较上年末减少 339 家,缩减数量继续收窄。

· 郑州、大连的商品期货交易规模表现不一。2023 年,郑州的商品期货交易额达到了 128.23 万亿元,较上年增长 32.5%,同期大连的商品期货交易规模为 113.4 万亿元,较上年减少了 8.2%。两者的一升一降,带来的是金融市场分项排名互换,本期郑州分项排名超过大连排名第 4 位。

· 2023 年,国内 A 股市场上市发行节奏显著放缓。沪深交易所全年首发上市公司 236 家,较上年减少 146 家;股票 IPO 发行筹资额 3418 亿元,较上年减少 2286 亿元。年末 A 股上市公司总数达到 5346 家(含北交所),交易所上市公司总市值 77.8 万亿元。其中,38 个金融中心合计拥有 A 股市场上市公司 3511 家,占全国总量的 66%,全年新增 A 股市场首发上市公司 197 家,约占当年全国总量的 63%,全年股票市场融资总和达到 7921 亿元,约占全国总量的 73%。

· 京沪深在上市公司数量和规模方面继续保持遥遥领先地位。2023 年,北京、上海、深圳分别拥有境内上市公司 469 家、436 家和 419 家,是国内 A 股上市公司数量突破 400 家的 3 个城市(见图 1.4.2)。

· 其他 35 个区域金融中心中,杭州、苏州在资本市场利用方面表现继续亮眼。2023 年,杭州和苏州全年新增 IPO 上市公司数分别达到 14 家和 20 家,年末 A 股上市公司数分别达到 225 家和 215 家,各项指标分别排名全国第 4 和第 5,仅次于三大全国性金融中心。

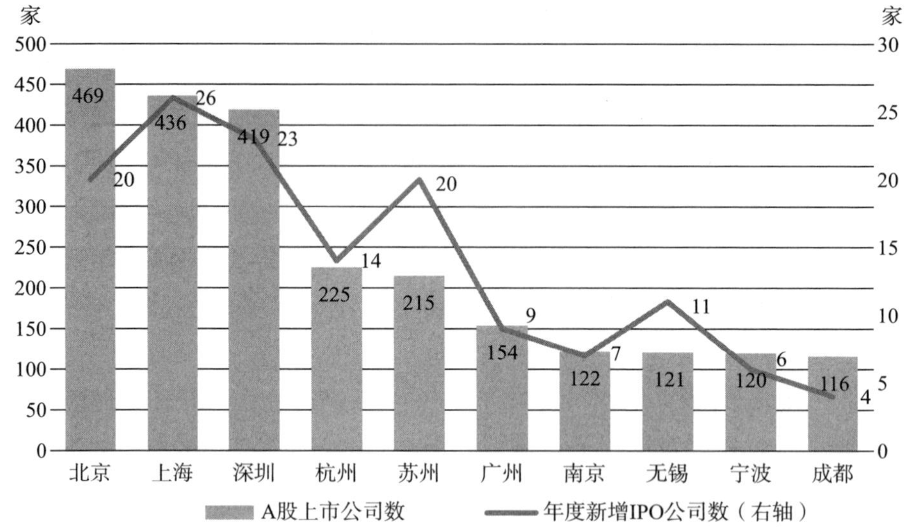

图 1.4.2　A 股市场上市公司数前十金融中心

1.5　金融生态环境

城市金融业发展与城市社会经济发展的各个方面息息相关,相关外部环境统称为金融生态环境,是城市金融竞争力的解释性因素。CFCI 评价体系中,金融生态环境主要通过金融人才环境、商业环境以及国际化程度来衡量,是对金融中心发展潜力和发展后劲的反映。

1. 金融生态环境整体排名

本期 38 个金融中心城市金融生态环境分项排名依次是北京、上海、深圳、广州、成都、杭州、武汉、南京、重庆、苏州、青岛、西安、郑州、济南、天津、厦门、长沙、宁波、昆明、大连、沈阳、合肥、无锡、福州、南宁、太原、南昌、温州、徐州、长春、贵阳、泉州、海口、呼和浩特、哈尔滨、乌鲁木齐、石家庄和兰州(见图 1.5.1 和表 1.5.1)。

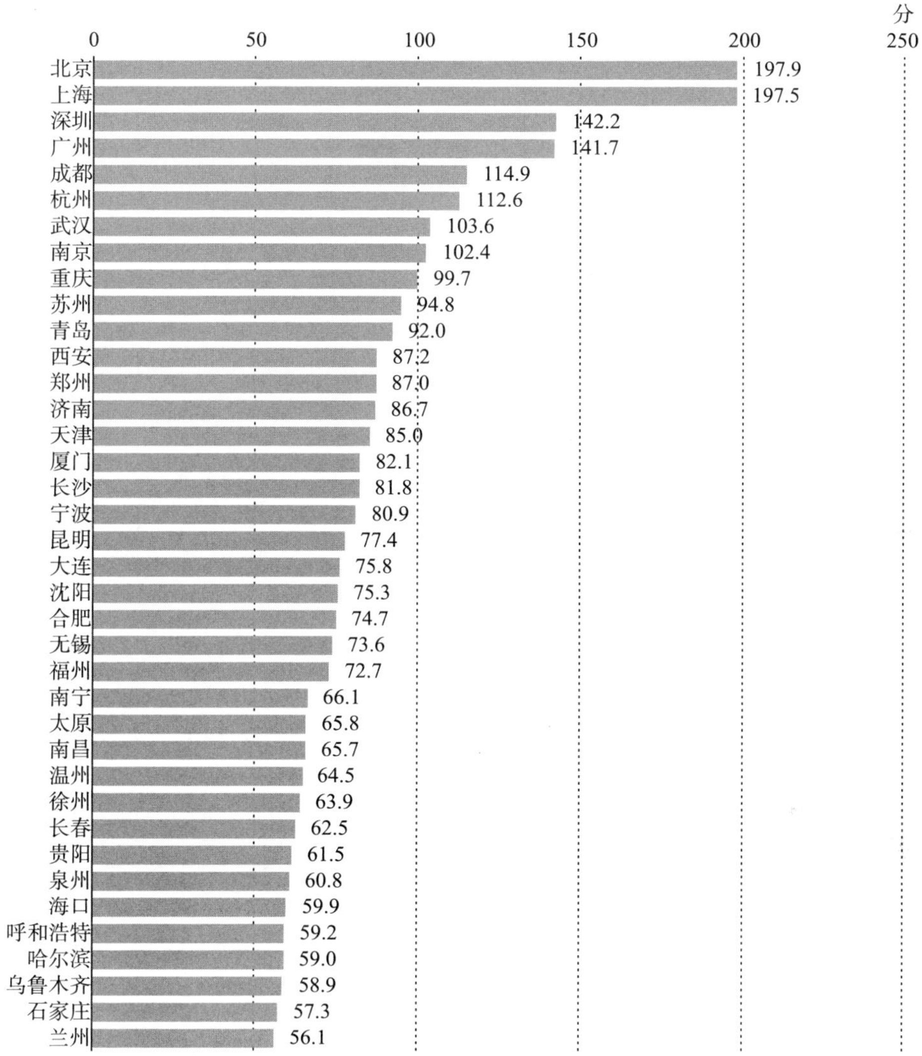

图 1.5.1　第 16 期 CFCI 金融生态环境分项排名

表 1.5.1　第 16 期 CFCI 金融生态环境排名及得分变化

城市	CFCI 16		CFCI 15		变化	
	得分	排名	得分	排名	得分	排名
北京	197.92	1	188.45	1	▲9.47	—
上海	197.45	2	183.27	2	▲14.18	—
深圳	142.23	3	131.75	4	▲10.49	▲1
广州	141.74	4	138.77	3	▲2.97	▼1

续表

城市	CFCI 16		CFCI 15		变化	
	得分	排名	得分	排名	得分	排名
成都	114.94	5	115.00	5	▼0.06	—
杭州	112.65	6	111.53	6	▲1.11	—
武汉	103.62	7	101.62	8	▲2.00	▲1
南京	102.45	8	102.58	7	▼0.14	▼1
重庆	99.73	9	97.17	9	▲2.56	—
苏州	94.77	10	94.27	11	▲0.50	▲1
青岛	92.02	11	94.39	10	▼2.37	▼1
西安	87.20	12	85.81	13	▲1.39	▲1
郑州	87.00	13	85.37	14	▲1.63	▲1
济南	86.72	14	87.68	12	▼0.96	▼2
天津	85.05	15	85.03	15	▲0.01	—
厦门	82.07	16	82.04	17	▲0.03	▲1
长沙	81.82	17	84.65	16	▼2.83	▼1
宁波	80.87	18	78.01	19	▲2.86	▲1
昆明	77.40	19	79.06	18	▼1.67	▼1
大连	75.84	20	72.93	23	▲2.91	▲3
沈阳	75.33	21	74.95	22	▲0.37	▲1
合肥	74.71	22	75.14	21	▼0.44	▼1
无锡	73.59	23	72.50	24	▲1.09	▲1
福州	72.69	24	76.06	20	▼3.37	▼4
南宁	66.11	25	66.29	26	▼0.17	▲1
太原	65.77	26	65.62	27	▲0.15	▲1
南昌	65.66	27	68.94	25	▼3.29	▼2
温州	64.46	28	58.77	32	▲5.69	▲4
徐州	63.91	29	—	—	新	新
长春	62.52	30	58.79	30	▲3.73	—
贵阳	61.48	31	58.79	31	▲2.69	—
泉州	60.79	32	—	—	新	新
海口	59.93	33	53.12	36	▲6.82	▲3
呼和浩特	59.21	34	55.67	35	▲3.54	▲1
哈尔滨	58.99	35	60.04	28	▼1.05	▼7

续表

城市	CFCI 16		CFCI 15		变化	
	得分	排名	得分	排名	得分	排名
乌鲁木齐	58.95	36	55.76	34	▲3.19	▼2
石家庄	57.28	37	59.34	29	▼2.06	▼8
兰州	56.13	38	56.92	33	▼0.79	▼5

2. 金融生态环境分项排名得分变化情况

· 榜单前十格局相对稳定，成员名单与上期基本一致，本期苏州重新跻身前十，上期前十成员青岛则下滑 1 个名次至第 11 位。

· 本期 38 个金融中心中 15 个城市排名上升，8 个城市排名维持不变，13 个城市排名下降。其中，排名上升幅度最大的是温州，本期上升 4 个名次，排在第 28 位；排名降幅最显著的是石家庄，较上期下滑 8 个名次，排在第 37 位。

· 本期国内多数城市金融生态环境得分增长明显。23 个金融中心城市分项得分实现正增长，仅 13 个中心得分出现小幅减少。其中，得分增长最显著的 3 个城市是上海、深圳和北京，分别较上期增长了 14.18 分、10.49 分和 9.47 分。

3. 金融生态环境分项具体指标表现

· 2023 年是我国三年新冠疫情防控过去后全面恢复对外开放的一年，受此利好，国际化程度高、外向型经济占比高的城市，如上海、深圳、北京、海口等，此前受疫情管制等影响较大的经济外向度类和国际化相关指标均开始恢复转暖，带动自身金融生态环境分项得分实现大幅增长。

· 北京和上海的金融生态环境依然保持最优，两者在金融人才环境、商业环境和国际化程度方面，均是全国前三水平。其中，北京的金融人才环境和商业环境全国第 1，上海在国际化程度方面保持全国第 1。

· 金融人才环境仍是制约深圳金融生态环境整体改善的最大短板，该分项深圳排第 24 名，较上期上升 5 名，仍然受教育、医疗等公共服务资源不足以及房价过高等因素影响。

·2023 年,上海、深圳、北京在国际化水平相关指标方面改善明显;在国际旅游外汇收入方面,沪深京全年分别实现 61.9 亿美元、37.9 亿美元和 16.6 亿美元,较上一年分别增长 260%、689%和 277%;在接待入境游客方面,三者分别达到 365 万人次、714 万人次和 117 万人次,同比分别增长 482%、1196%和 385%。

·除沪深京外,35 个区域金融中心中,广州金融生态环境表现一枝独秀,得分远超其他区域金融中心水平。本期广州金融生态环境分项排名第 4,其中金融人才环境排名第 2、金融商业环境和国际化程度均排名第 4。

·成都、杭州、武汉和南京的金融生态环境表现较为接近,四者分项得分均突破了百分大关。其中,武汉金融人才环境排名第 4,成都金融商业环境排名第 5,南京金融人才环境排名第 5,杭州国际化程度排名第 6,4 个城市各有相对优势方面。

·值得注意的是,地方政府债务等相关风险指标有重新上升趋势。本期 38 个城市中,仅泉州、徐州和温州 3 个城市的地方政府负债率、地方政府债务率以及地方债券违约率相关指标均实现改善,其他 35 个城市在三项指标上出现了不同程度的指标上升。

第 2 章　全国性金融中心评价

2.1　总体评价

按照 CFCI 分类方法，上海、北京和深圳拥有全国性金融交易市场，本地法人机构业务覆盖全国，具备调配全国金融资源功能，金融辐射力和影响力遥遥领先于国内其他金融中心城市，是全国性金融中心。

1. 综合竞争力表现

如表 2. 1. 1 和图 2. 1. 1 所示。

表 2. 1. 1　全国性金融中心在 CFCI 16 中的评价结果

城市	综合竞争力		金融产业绩效		金融机构实力		金融市场规模		金融生态环境	
	得分	排名	得分	排名	得分	排名	得分	排名	得分	排名
上海	323. 82	1	248. 54	2	334. 25	2	500. 90	1	197. 45	2
北京	275. 85	2	272. 97	1	525. 58	1	52. 66	3	197. 92	1
深圳	177. 06	3	181. 54	3	265. 44	3	99. 15	2	142. 23	3

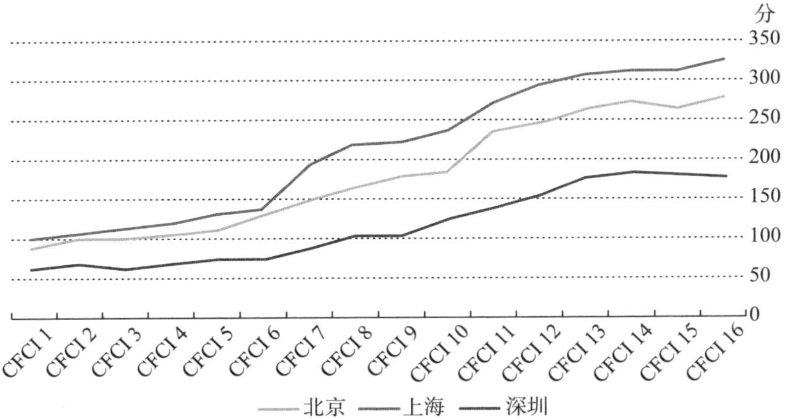

图 2. 1. 1　全国性金融中心综合竞争力得分历期变化

·与其他 35 个区域金融中心平均水平相比,上海、北京和深圳这 3 个全国性金融中心仍然保持绝对领先地位,沪、京、深三者综合竞争力优势十分明显,且呈现逐渐拉大趋势。

·从近几期全国性金融中心综合竞争力得分来看,上海的领先优势正在进一步扩大,而深圳受自身行政区域规模和经济体量较小限制,金融中心竞争力追赶上海和北京的步伐相对缓慢,差距有逐渐拉大的趋势。

2. 金融产业绩效分项表现

·北京、上海、深圳近两期中金融产业绩效得分均连续下滑,主要原因是三年疫情防控带来影响仍未完全消退,导致各自金融产业增速放缓、金融从业人员规模冲高回落。本期北京金融产业绩效 272. 97 分,领先上海的优势进一步扩大,继续排名全国第 1。深圳金融产业绩效得分 180. 6 分,排名全国第 3,较北京、上海的分差有所拉大(见图 2. 1. 2)。

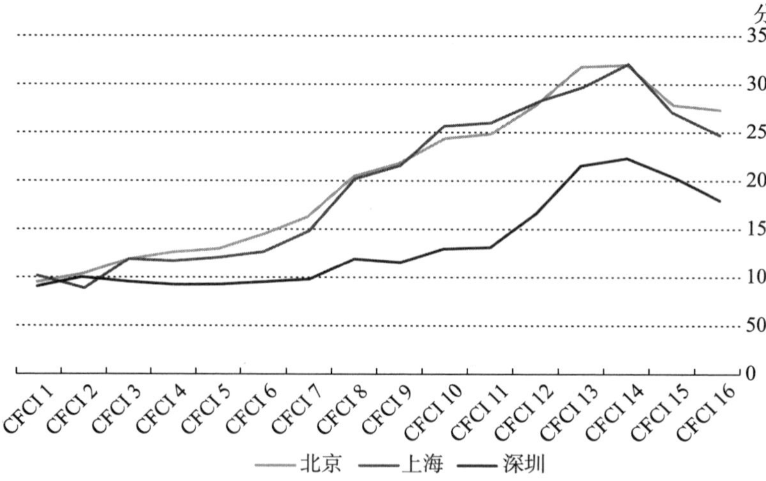

图 2. 1. 2　全国性金融中心产业绩效得分历期变化

3. 金融机构实力分项表现

·北京作为绝大多数全国性金融机构总部的所在地,金融机构综合实力保持大幅领先优势,本期得分 525. 58 分。上海和深圳本期金融机构实力分项分别较上期上升 3. 17%和 2. 4%,增幅小于北京,两者与北京之间的分项差距进一步拉大，如图 2.1.3 所示。

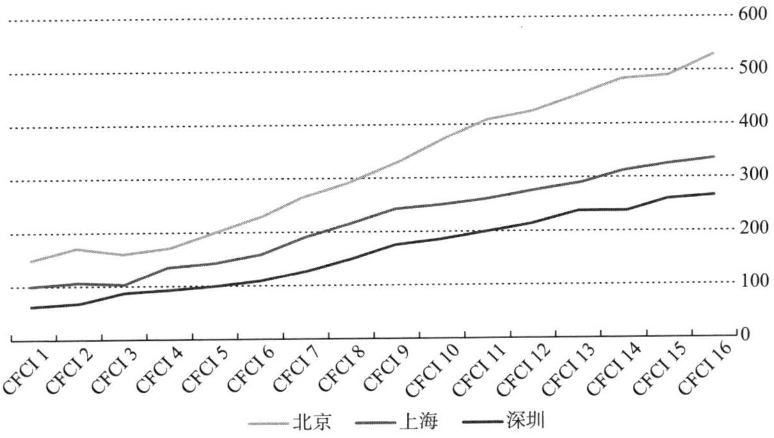

图 2.1.3　全国性金融中心金融机构实力得分历期变化

4. 金融市场规模分项表现

· 上海几乎集中了国内所有的全国性交易市场，金融市场规模得分遥遥领先于深圳和北京，分项排名稳居全国第 1。本期得益于 2023 年全国货币市场和债券市场交易量的放大，上海的金融市场规模分项得分较上期增长 9.75%，领先深圳、北京的分差优势进一步扩大，如图 2.1.4 所示。

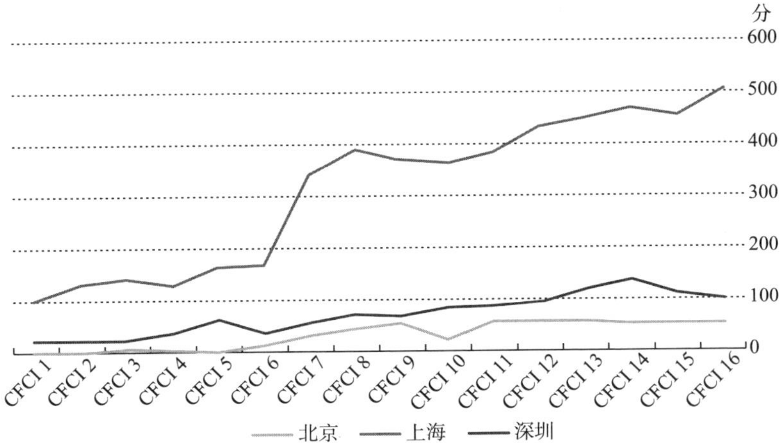

图 2.1.4　全国性金融中心金融市场规模得分历期变化

5. 金融生态环境分项表现

·北京、上海、深圳金融生态环境整体表现优越,分列全国前三位。北京和上海之间分差不大,近5年来两者几乎处于并驾齐驱的地位。相对北京和上海,深圳表现出一定的比较劣势,但本期得分涨幅较为明显,全国排名也从上一期的第4名上升到第3名,如图2.1.5所示。

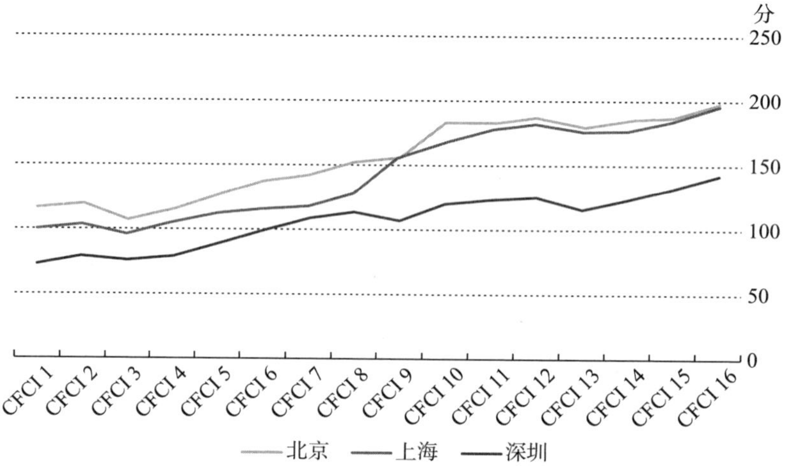

图2.1.5　全国性金融中心金融生态环境得分历期变化

2.2　上海金融中心评价

上海是国家中心城市、超大城市,也是中国最大的经济城市,国际经济、金融、贸易、航运、科技创新中心,首批沿海开放城市之一。上海地处长江入海口,是长江经济带的龙头城市、G60科创走廊核心城市。上海是近代中国金融业的重要发祥地,随着我国经济金融改革开放深化,建设上海国际金融中心逐步上升为重要的国家战略。

1. 上海金融中心综合竞争力表现

自首期进入CFCI榜单以来,上海金融中心综合竞争实力一直稳居全国第1。根据第16期CFCI评价结果,上海金融中心综合竞争力得分323.8分,较上期增长11.47分(见图2.2.1)。

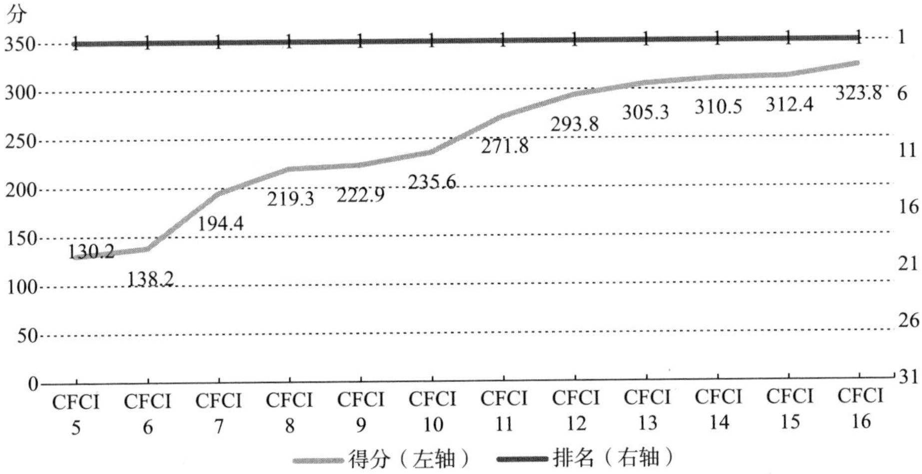

图 2.2.1　上海金融中心综合竞争力历次得分与排名

在本期 CFCI 指标评价方面，上海金融机构实力、金融市场规模、金融生态环境得分均有所增长，分别较上期上升 3.17%、9.75%、7.74%，全国排名保持不变。但与此同时，上海金融产业绩效得分较上期出现下滑，下滑幅度达到 8.38%，排名仍为第 2 名，如表 2.2.1 所示。

表 2.2.1　上海在 CFCI 16 中评价结果

评价分类	CFCI 16 得分	同比上期	得分增幅/%	CFCI 16 排名	排名变化
金融产业绩效	248.54	−22.72	−8.38	2	0
金融机构实力	334.25	10.26	3.17	2	0
金融市场规模	500.90	44.51	9.75	1	0
金融生态环境	197.45	14.18	7.74	2	0
金融人才环境	11.78	0.74	6.67	3	0
金融商业环境	15.13	1.12	7.96	2	0
国际化环境	16.80	1.29	8.31	1	0

2. 上海金融中心金融产业绩效表现

在金融产业规模绩效方面，上海金融业增加值得分具备一定比较优势，高于全国金融中心的平均水平，如图 2.2.2 所示。

· 2023 年，上海金融业实现增加值 8646.9 亿元，三年平均增长率达到

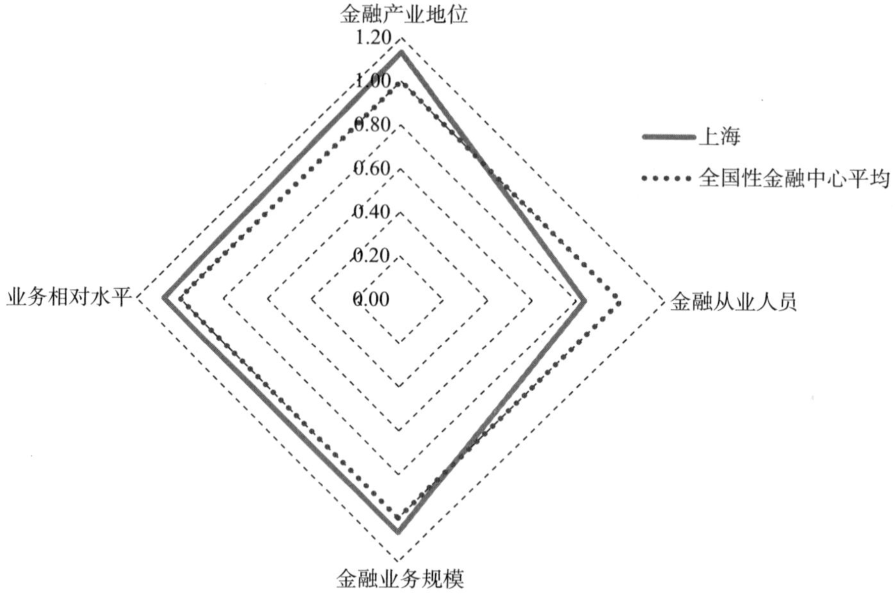

图 2. 2. 2　上海金融产业绩效与全国性金融中心平均水平的比较

6. 0%,增速略超过北京;金融业增加值占地方生产总值的比重达到 18. 3%,仅次于北京的 19. 8%,指标排名全国第 2。

· 2022 年上海金融从业人员数量达到 34. 8 万人,三年平均增长率为 −2. 8%,金融从业人员总量出现减少。

· 截至 2023 年底,上海金融机构本外币存贷余额与北京基本相当,但相对深圳规模优势明显。

· 与北京、深圳相比,上海保险深度和保险密度指标不具备优势,其中 2023 年保险深度为 5. 2%,保险密度人均为 9933 元,远低于北京。

在服务实体质效方面,上海养老金融、科技金融得分具备一定比较优势,高于全国金融中心的平均水平,如图 2. 2. 3 所示。

· 在养老金融方面,2024 年上半年,上海企业年金职工开户渗透率达到 24. 2%,明显高于北京的 15. 3%和深圳的 15. 4%。

· 在科技金融方面,上海科创企业年均上市融资与 GDP 之比达到 1. 51%,明显高于北京的 1. 08%和深圳的 0. 95%,优势明显。得益于科创板的设立,2021—2023 年,上海科创企业在 A 股市场年均融资额达到 711. 25 亿元,明显高于北京的 470. 49 亿元和深圳的 336. 06 亿元。

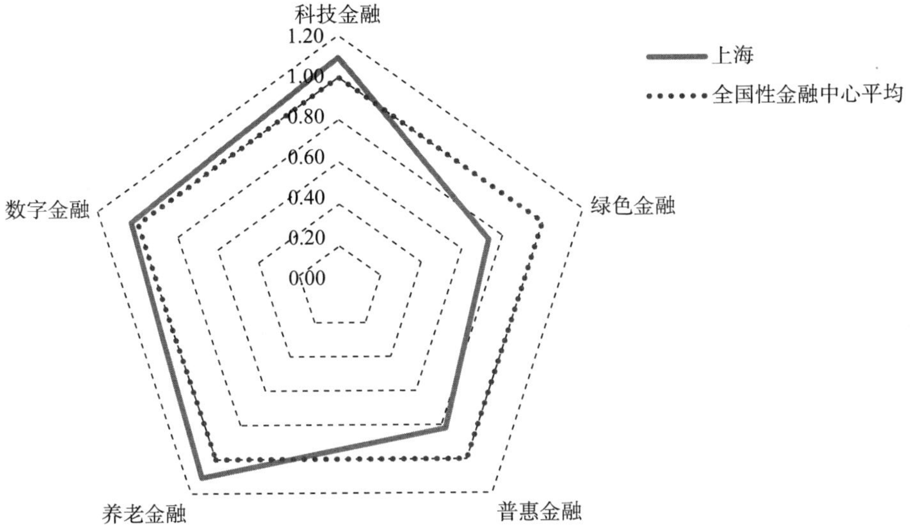

图 2. 2. 3　上海金融中心服务实体质效与全国性金融中心平均水平的比较

· 在数字金融方面,上海金融科技企业数达到 217 家,次于北京的 290 家,金融科技创新监管试点项目数为 27 个项目,与北京持平,不具备明显优势。

· 在绿色金融和普惠金融方面,上海表现不及北京和深圳,主要体现在绿色贷款余额与 GDP 之比、绿色债券余额与 GDP 之比、普惠小微贷款企业获贷率等指标与北京均有或多或少的差距。

3. 上海金融中心金融机构实力表现

在金融机构实力方面,上海仅在证券类机构发展方面具有较强的比较优势,在银行类机构、保险类机构和地方金融组织方面均处于劣势地位,如图 2. 2. 4 所示。

· 截至 2023 年底,上海拥有 19 家本地法人证券类机构,数量超过深圳和北京,但本地法人证券机构资产总规模达到 3. 12 万亿元,略低于深圳;证券营业部数量为 787 个,证券公司专项业务子公司有 15 家,均超过深圳和北京。

· 上海拥有全国最多的公募基金公司,数量达到 67 家,相当于北京的 3 倍或深圳的 2 倍;资产管理规模超过 10 万亿元,远超北京或深圳。此外,上

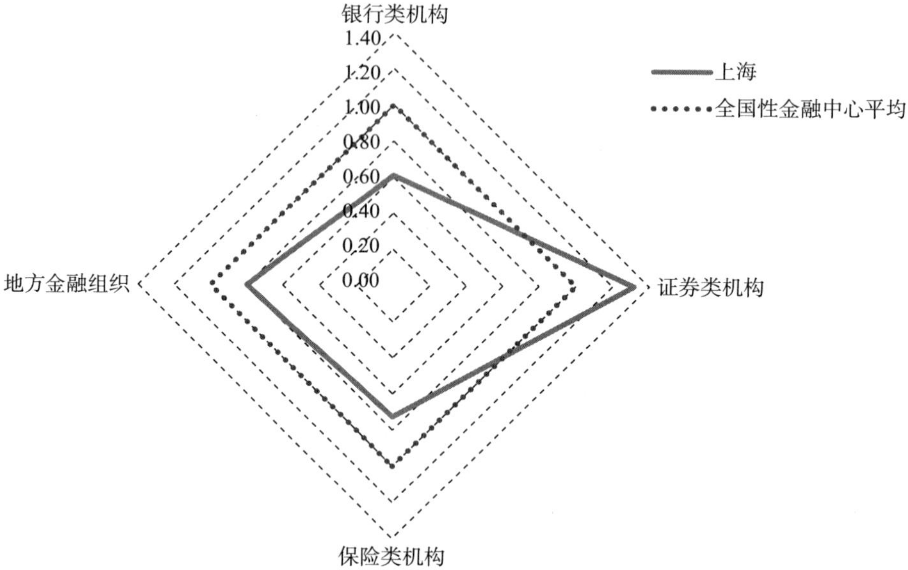

图 2.2.4 上海金融机构实力与全国性金融中心平均水平的比较

海期货公司数量、私募基金管理人数量和私募基金数量均位于全国第 1。

· 上海拥有 42 家本地法人保险公司,仅次于北京;法人保险公司资产总额为 5.3 万亿元,低于北京和深圳。

4. 上海金融中心金融市场规模表现

在金融市场规模方面,上海依托健全的货币市场,股票市场,银行间债券市场,交易所债券市场,黄金、外汇及衍生品市场,在各方面均领先于北京和深圳,如图 2.2.5 所示。

· 在股票市场方面,截至 2023 年底,上海证券交易所上市公司数量达到 2263 家,上市公司总市值达到 46.31 万亿元,同期深圳证券交易所上市公司总市值仅为 31 万亿元。上海通过股票市场发行筹资额 6067.62 亿元,高于深圳的 4351 亿元。

· 在资本市场利用方面,截至 2023 年底,上海本地 A 股上市公司数为 436 家,低于北京的 469 家;“新三板”挂牌公司数量排名全国性金融中心第 2,达到 430 家;年度新增 26 家 IPO 公司。

· 在区域要素市场方面,上海区域股权市场挂牌公司数为 3279 家,高于

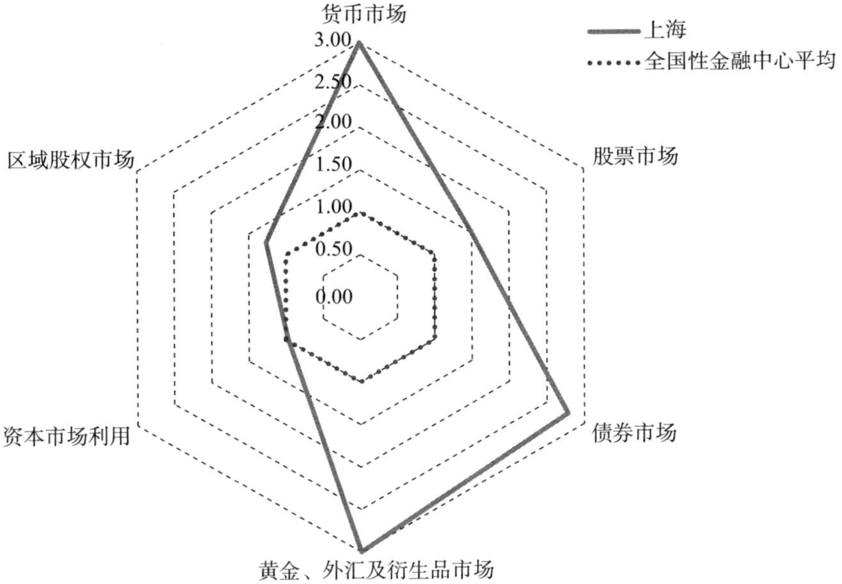

图 2.2.5　上海金融市场规模与全国性金融中心平均水平的比较

北京、低于深圳。

5. 上海金融中心金融生态环境表现

在金融生态环境方面,上海在全国排名第 2 位,在金融人才环境和金融商业环境两个方面均有显著比较优势,如图 2.2.6 和图 2.2.7 所示。

· 上海在教育环境、医疗卫生、城市环境和生活质量方面竞争力优势明显。其中,上海 2023 年有 83.1 万名普通高等学校在校学生,普通高等学校数量和“双一流”高校数分别达到 69 家和 13 家,尽管不及北京,但在全国仍属于一流水平。

· 在医疗卫生方面,上海 2023 年每万人拥有医院病床数为 62.9 张,高于北京和深圳。

· 在城市环境方面,上海 2023 年空气优良率、每百万人城市轨道交通里程、日航班次数等指标均位于全国前列。

· 在生活质量方面,上海金融从业人员平均年薪为全国最高水平,达到 43.7 万元,但住宅房价收入比在全国也处于较高水平。

· 在商业环境方面,上海经济基础较好,但专业服务及政策环境方面的

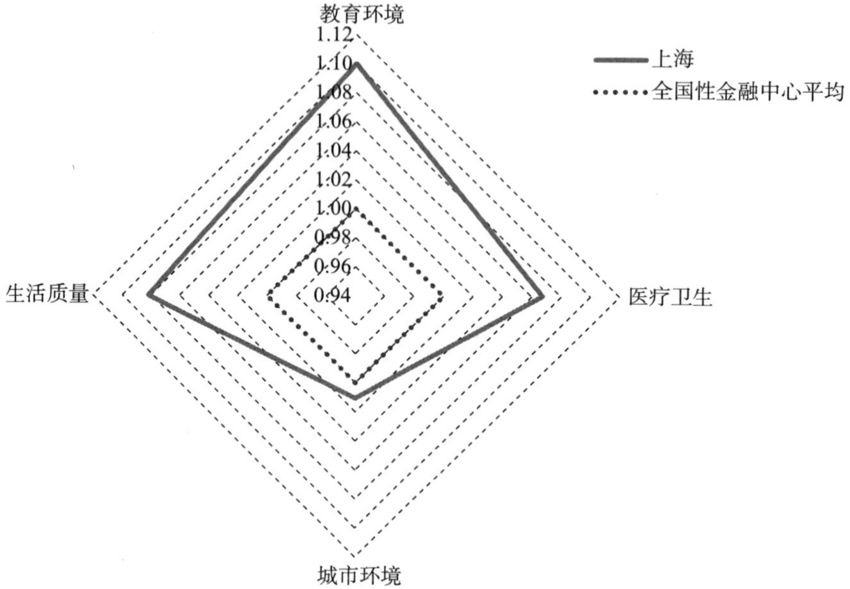

图 2.2.6　上海金融人才环境与全国性金融中心平均水平的比较

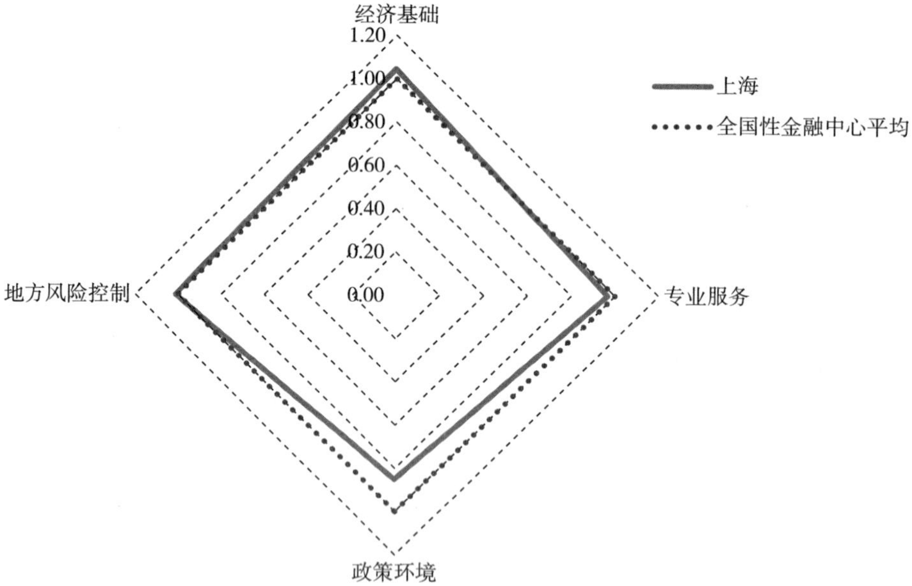

图 2.2.7　上海金融商业环境与全国性金融中心平均水平的比较

优势则相对不明显。其中,2023 年上海地区生产总值排名全国第 1,人均地区生产总值也相对较高。

· 在专业服务方面,上海尽管在执业律师数、注册会计师(CPA)数、专业保险中介机构数量等方面位居全国前列,但与北京相比还存在较大差距。

· 国际化环境也是上海的重要优势,上海在机构国际化、经济外向度和国际影响力方面均名列全国前茅。

2.3 北京金融中心评价

北京是国家金融管理中心,集聚国家金融管理部门、大型金融机构总部、国际金融机构和国际金融组织、各类行业金融协会和重要金融基础设施。"十四五"时期,北京提出要发挥作为国际科技创新中心和国家金融管理中心叠加优势,着力发展与首都"四个中心"功能定位相适应的现代化数字金融体系,构建金融科技创新中心。

1. 北京金融中心综合竞争力表现

自首期进入 CFCI 榜单以来,北京金融中心综合竞争实力仅次于上海,排名一直位于全国第 2。根据第 16 期 CFCI 评价结果,北京金融中心综合竞争力得分为 275.8 分,较上期增长 11.3 分(见图 2.3.1)。

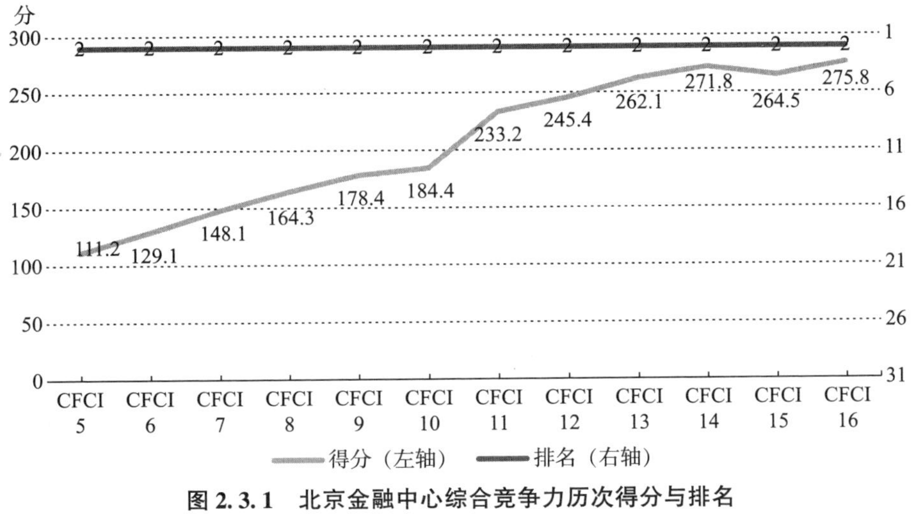

图 2.3.1 北京金融中心综合竞争力历次得分与排名

在本期 CFCI 指标评价方面,北京金融产业绩效、金融机构实力、金融市场规模和金融生态环境得分有增有减，但全国排名均保持不变，其中金融机构实力得分增长 7.51%，金融生态环境得分增长 5.02%，金融市场规模得分下滑 1.12%，金融产业绩效得分下滑 1.84%（见表 2.3.1）。

表 2.3.1　北京在 CFCI 16 中评价结果

评价分类	CFCI 16 得分	同比上期	得分增幅/%	CFCI 16 排名	排名变化
金融产业绩效	272.97	-5.11	-1.84	1	0
金融机构实力	525.58	36.71	7.51	1	0
金融市场规模	52.66	-0.59	-1.12	3	0
金融生态环境	197.92	9.47	5.02	1	0
金融人才环境	13.49	0.30	2.27	1	0
金融商业环境	16.19	1.26	8.45	1	0
国际化环境	14.13	0.53	3.93	2	0

2. 北京金融中心金融产业绩效表现

在金融产业绩效方面，北京金融业增加值、金融从业人员、金融业务规模以及业务相对水平具备一定优势，高于全国性金融中心的平均水平，如图 2.3.2 所示。

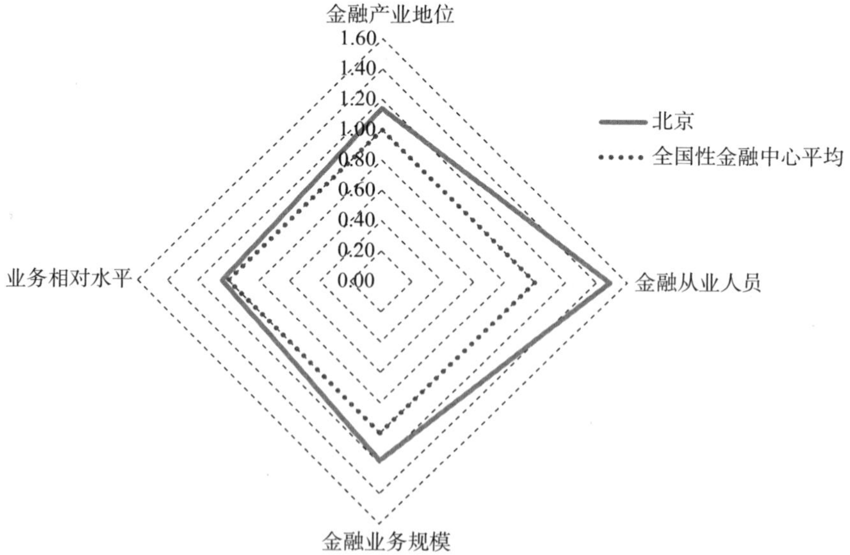

图 2.3.2　北京金融产业绩效与全国性金融中心平均水平的比较

·2023 年,北京金融业实现增加值 8663.1 亿元,超过上海,在全国排名第 1,金融业增加值三年平均增长率达到 5.9%,不及上海和深圳。北京金融业增加值占地方生产总值的 19.8%,超过上海和深圳。

·2022 年北京金融从业人员数量达到 58.6 万人,远超过上海和深圳,但金融从业人员三年平均增长率为-3.1%,金融从业人员呈减少趋势,且人员减少速度快于上海和深圳。

·截至 2023 年底,北京金融机构本外币存款余额为 246430 亿元,排名全国第 1;本外币贷款余额为 110836 亿元,排名全国第 2。

·2023 年北京保险密度达到 14661 元/人,为全国最高;保险深度为 7.3%,明显高于上海和深圳。

在金融服务实体质效方面,北京绿色金融表现尤为突出,明显高于全国金融中心的平均水平,数字金融业有一定优势,如图 2.3.3 所示。

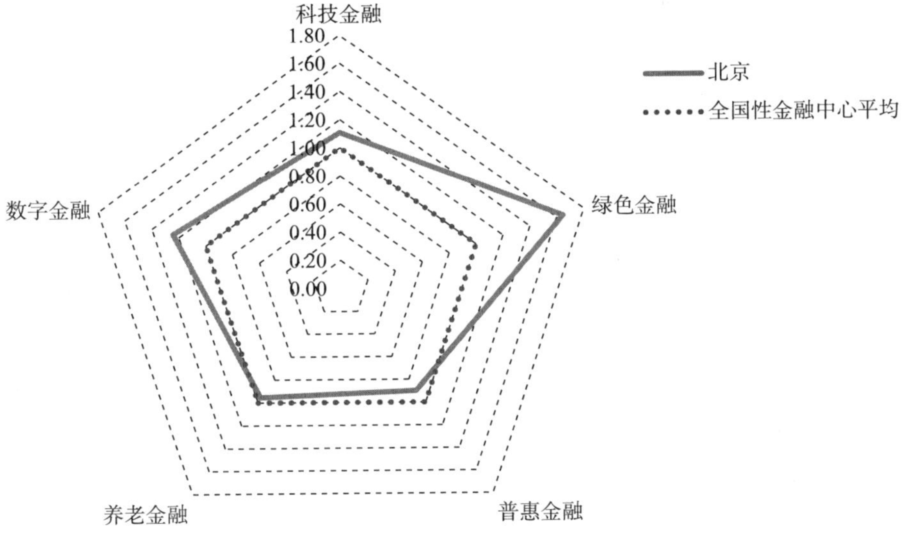

图 2.3.3　北京金融服务实体质效与全国性金融中心平均水平的比较

·2023 年,北京绿色贷款余额与 GDP 之比、绿色债券余额与 GDP 之比分别达到 43.6%、12.04%,均远高于上海和深圳。

·在数字金融方面,北京同样表现突出,金融科技企业数达到 290 家,为全国第 1;金融科技创新监管试点项目数为 27 个,排名全国第 1。

·在科技金融方面,北京私募股权年均融资额与 GDP 之比高达 6.97%,

高于上海和深圳,位列全国第 1。2023 年,北京私募股权融资额达到 2276.98 亿元,略少于上海,但仍为深圳的 2 倍以上。

· 在养老金融方面,北京基本养老保险渗透率高达 90.7%,明显高于深圳和上海,但企业年金职工开户渗透率(15.3%),与上海差距明显。

3. 北京金融中心金融机构实力表现

在金融机构实力方面,北京银行类机构和保险类机构发展具有较强的比较优势,而证券类机构和地方金融组织发展则处于相对劣势地位,如图 2.3.4 所示。

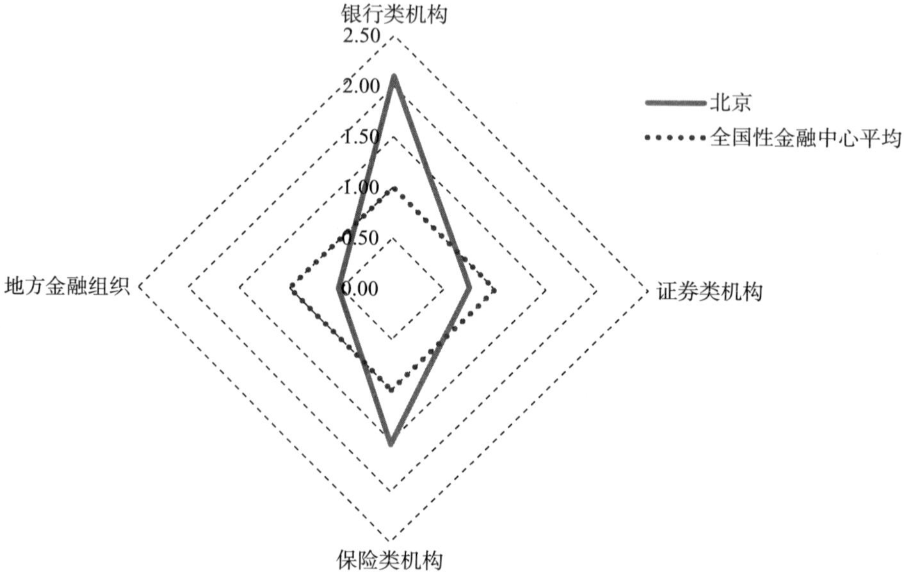

图 2.3.4 北京金融机构实力与全国性金融中心平均水平的比较

· 与上海相比,北京本地法人商业银行数量相对较少,截至 2023 年底,北京拥有 22 家本地法人商业银行,资产总规模达到 20.42 万亿元,不及上海的 30.2 万亿元,但北京商业银行支行数量超过上海和深圳。

· 北京拥有全国最多的信托公司、财务公司和消费金融公司,2023 年分别达到 11 家、74 家和 4 家。

· 截至 2023 年底,北京拥有 56 家本地法人保险公司,保险公司资产规模达到 13.84 万亿元,无论在保险公司数量还是保险公司资产总额方面均远远超过上海和深圳。

·北京地方性金融机构数量与上海和深圳相比相差较大,截至 2023 年上半年,北京仅有融资租赁机构 174 家,商业保理机构 57 家,远低于上海和深圳。

4. 北京金融中心金融市场规模表现

如图 2.3.5 所示。

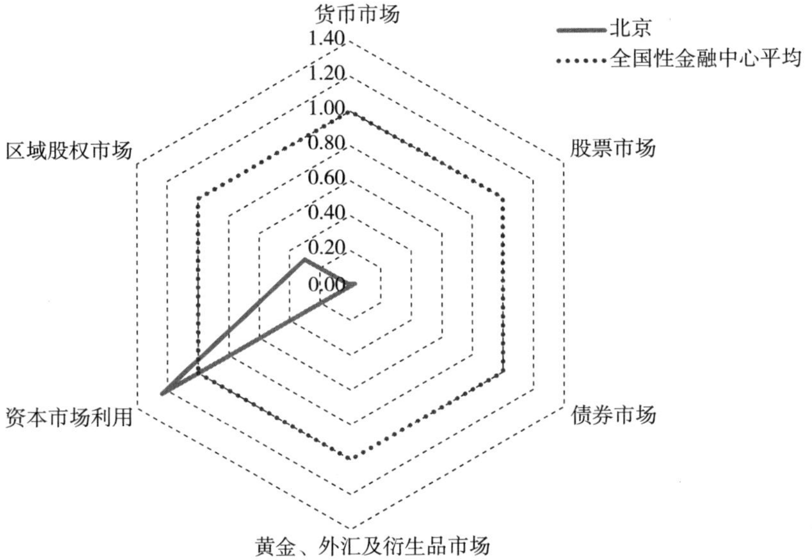

图 2.3.5　北京金融市场规模与全国性金融中心平均水平的比较

在金融市场规模方面,北京仅在资本市场利用方面具备一定优势。

·在资本市场利用方面,截至 2023 年底,北京本地 A 股上市公司数达到 469 家,"新三板"挂牌公司数 777 家,均居全国首位。2023 年北京年度新增股票融资 1678.7 亿元,A 股市场累积融资额达到 40813.1 亿元,均居全国首位。

·北京证券交易所于 2021 年 9 月 3 日正式注册成立,截至 2023 年底共有上市公司 239 家,上市公司总市值为 4496 亿元,股票市场成交金额为 7272 亿元。由于成立时间较晚,且主要服务创新型中小企业,北京证券交易所与上海证券交易所和深圳证券交易所在市场规模方面还存在较大差距。

5. 北京金融中心金融生态环境表现

在金融生态环境方面,北京得分全国排名第1,在金融人才环境和金融商业环境两个方面均有显著比较优势,如图2.3.6和图2.3.7所示。

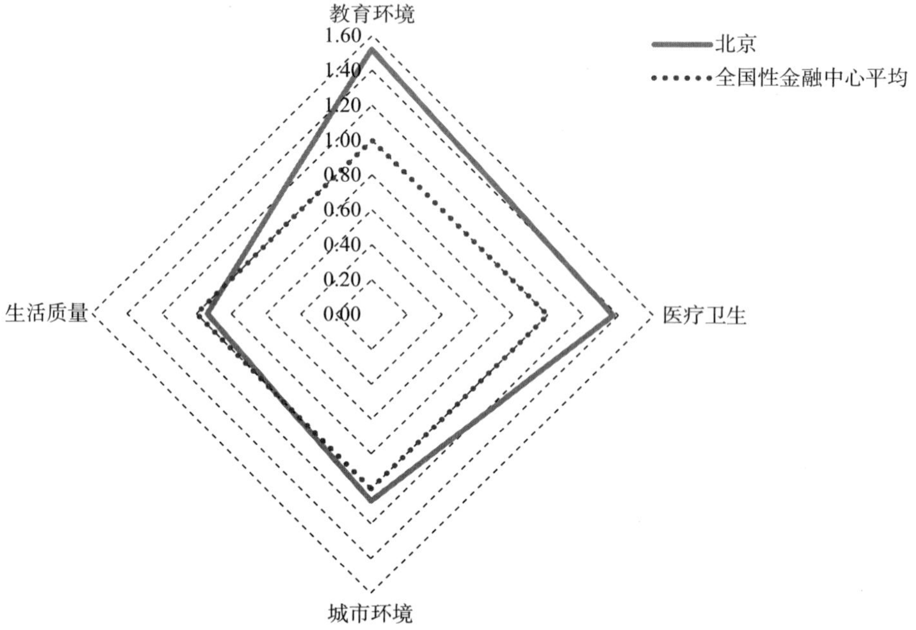

图2.3.6 北京金融人才环境与全国性金融中心平均水平的比较

· 北京在教育环境、医疗卫生、城市环境方面竞争力优势明显。其中,北京2023年有107.3万名普通高等学校在校学生,普通高等学校数量和"双一流"高校数分别达到92家和34家,位列全国第1。

· 在医疗卫生方面,截至2023年底,北京拥有17家具备器官移植资质的医院,远高于其他城市;北京每万人拥有医院病床数为59.9张,略低于上海,但高于深圳。

· 在城市环境方面,北京人均公园绿地面积为16.9平方米,超过上海和深圳。每百万人城市轨道交通里程达到41.5公里,高于上海和深圳。

· 在生活质量方面,北京2022年金融从业人员年均薪酬低于上海和深圳。

· 在商业环境方面,北京的主要优势体现在专业服务领域。截至2022

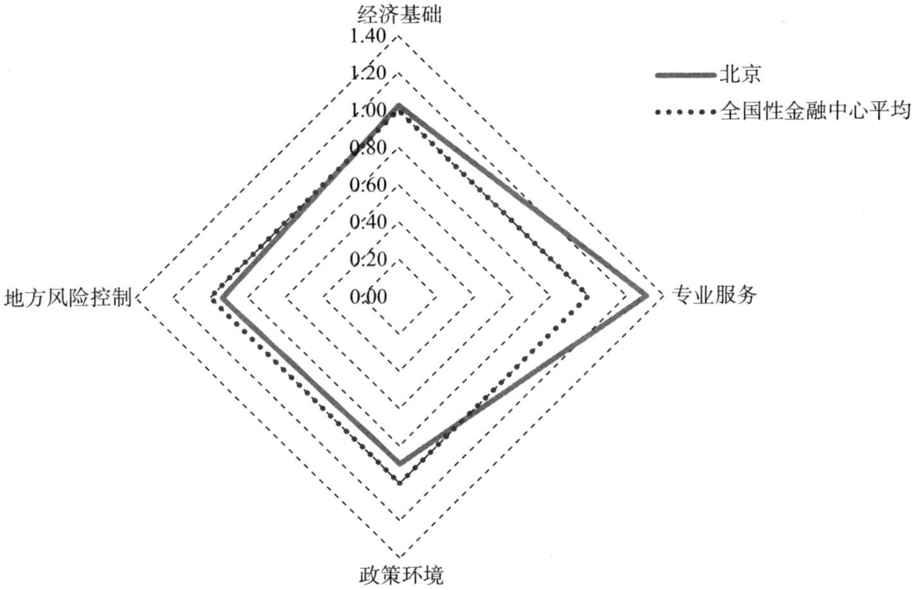

图 2.3.7　北京金融商业环境与全国性金融中心平均水平的比较

年上半年,北京共有执业律师 41396 人;截至 2022 年底,注册会计师(CPA)有 8612 人;截至 2024 年上半年,专业保险中介机构数为 1152 家,均高于上海和深圳。

· 北京经济基础较好,2023 年实现地区生产总值 43761 亿元,排名全国第 2。

· 在国际化环境方面,北京外资金融机构营业性机构数少于上海但远超过深圳;在经济外向度方面,北京与上海的差距正逐渐减小。

2.4　深圳金融中心评价

改革开放 40 多年以来,深圳发展成为具有重要影响力的全国性金融中心,深圳金融业已成为全市支柱产业,金融综合实力不断提升,金融组织体系更加健全,金融市场规模显著增强。“十四五”时期,深圳提出要着力打造全球创新资本形成中心、全球金融科技中心、全球可持续金融中心、国际财富管理中心,助力深圳建设有影响力的全球金融创新中心。

1. 深圳金融中心综合竞争力表现

自首期进入 CFCI 榜单以来,深圳金融中心综合竞争力快速提升,不断拉开了与其他区域性金融中心的距离,但与上海、北京金融中心的综合竞争力仍有较大差距。根据第 16 期 CFCI 评价结果,深圳金融中心综合竞争力得分 177. 1 分,较上期下降 4. 3 分,综合竞争力排名全国第 3(见图 2. 4. 1)。

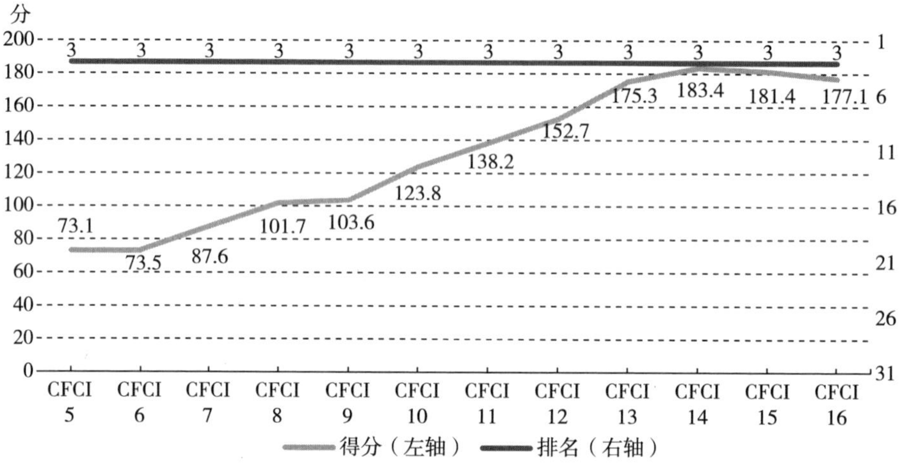

图 2. 4. 1 深圳金融中心综合竞争力历次得分与排名

在本期 CFCI 指标评价方面,深圳金融产业绩效、金融机构实力、金融市场规模和金融生态环境得分有增有减,其中金融机构实力得分小幅上涨 2. 40%,金融生态环境得分上涨 7. 96%;金融产业绩效得分下滑 11. 75%,金融市场规模得分下滑 16. 17%,均降幅不小,除金融生态环境得分提高 1 位外,其他分项排名与上期保持一致(见表 2. 4. 1)。

表 2. 4. 1 深圳在 CFCI 16 中评价结果

评价分类	CFCI 16 得分	同比上期	得分增幅/%	CFCI 16 排名	排名变化
金融产业绩效	180. 60	-24. 05	-11. 75	3	0
金融机构实力	265. 44	6. 21	2. 40	3	0
金融市场规模	124. 99	-24. 10	-16. 17	2	0
金融生态环境	142. 23	10. 49	7. 96	3	1
金融人才环境	8. 07	0. 55	7. 38	24	5
金融商业环境	15. 01	1. 00	7. 15	3	0

续表

评价分类		CFCI 16 得分	同比上期	得分增幅/%	CFCI 16 排名	排名变化
	国际化环境	8. 40	0. 77	10. 02	3	0

2. 深圳金融中心金融产业绩效表现

在金融产业规模方面，深圳在金融业增加值、金融从业人员、金融业务规模和业务相对水平各方面发展均落后于上海和北京，如图 2. 4. 2 所示。

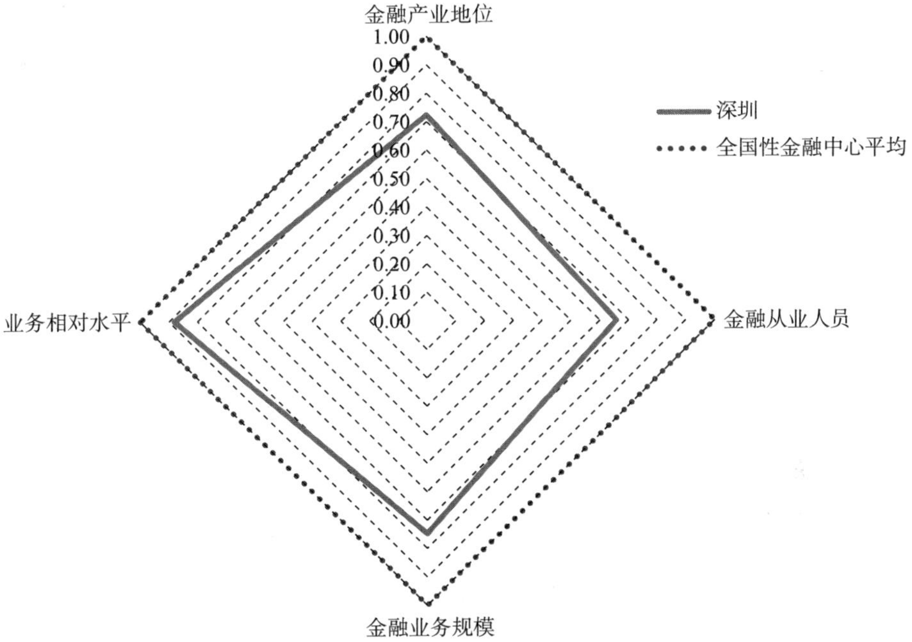

图 2. 4. 2　深圳金融产业绩效与全国性金融中心平均水平的比较

· 2023 年深圳金融业实现增加值 5253. 5 亿元，仅为同期上海金融业增加值的 60%，金融业增加值三年平均增长率为 7. 2%，高于北京和上海。深圳金融业增加值占地方生产总值的 15. 2%，为三大全国性金融中心最低。

· 2022 年深圳金融从业人员数量达到 23. 5 万人，尽管数量上远低于上海和北京，但金融从业人员三年平均增长率为−0. 4%，而北京、上海金融从业人员三年平均增长率分别为−3. 1%、−2. 8%，表明深圳金融行业发展成长性相对更好。

·截至 2023 年底,深圳金融机构本外币存、贷款余额均不及上海和北京,在全国性金融中心中排名第 3。

·2022 年深圳保险密度和保险深度略高于上海,但与北京相比还有较大差距。

在金融服务实体质效方面,深圳在普惠金融方面表现尤为突出,明显高于全国金融中心的平均水平,如图 2.4.3 所示。

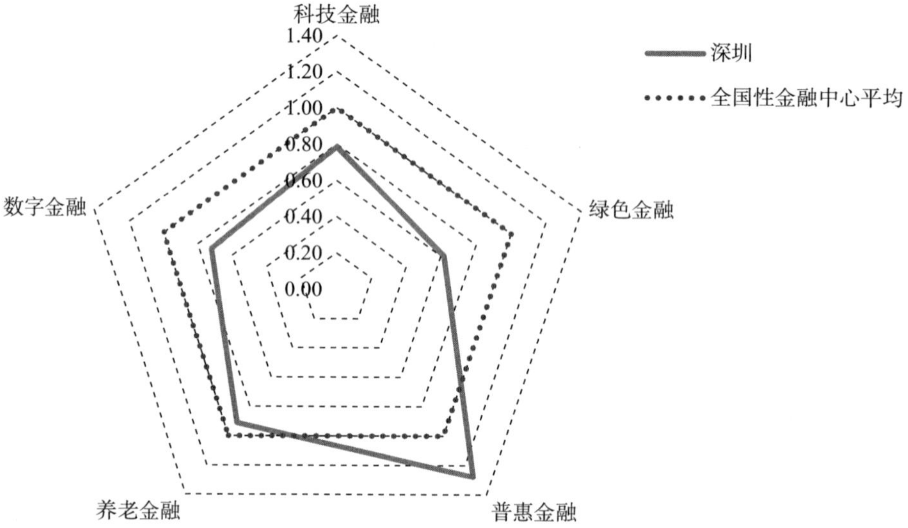

图 2.4.3　深圳金融服务实体质效与全国性金融中心平均水平的比较

·2023 年,深圳普惠小微企业贷款与 GDP 之比、普惠小微贷款企业获贷率分别达到 48.8%和 40.0%,明显高于北京、上海,在全国也仅次于温州、杭州,体现了深圳作为民营经济发展重地的底色。

·在数字金融方面,深圳金融科技企业数为 190 家,金融科技创新监管试点项目数为 10 项,均少于北京、上海,但仍远远高于全国平均水平。

·在科技金融方面,深圳私募股权年均融资额与 GDP 之比为 4.52%,低于北京和上海,表现一般;深圳科创企业年均上市融资与 GDP 之比为 0.97%,低于北京和深圳,但远远高于区域性中心的平均水平(0.21%)。

·在绿色金融方面,深圳绿色贷款余额与 GDP 之比、绿色债券余额与 GDP 之比分别达到 26.3%、2.77%,均低于上海和北京,在 38 个金融中心城市中也表现一般。

· 在养老金融方面,深圳基本养老保险渗透率为 81%,高于上海;企业年金职工开户渗透率为 15.4%,与上海差距明显。

3. 深圳金融中心金融机构实力表现

在金融机构实力方面,深圳仅在地方金融组织发展方面具备一定优势,而银行类机构和保险类机构的发展则是重要短板,如图 2.4.4 所示。

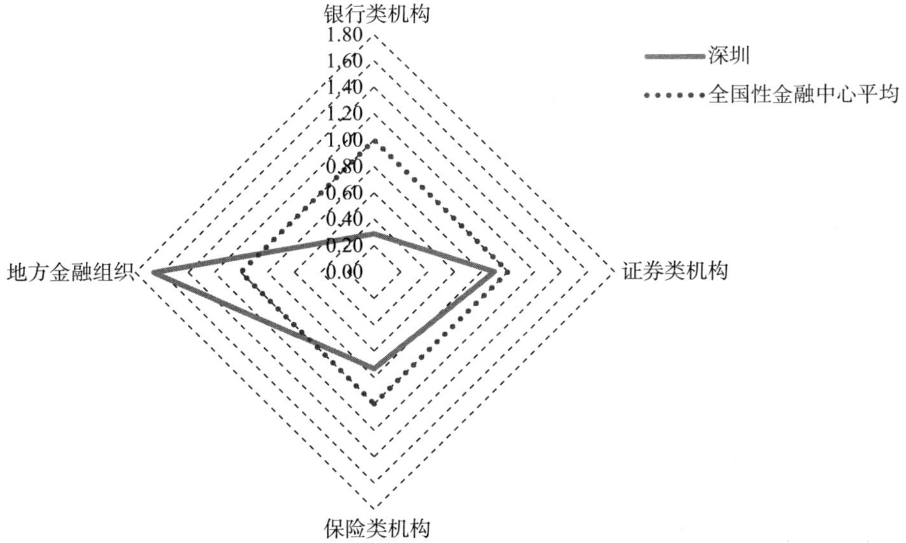

图 2.4.4　深圳金融机构实力与全国性金融中心平均水平的比较

· 截至 2023 年上半年,深圳融资租赁和融资担保机构数量位居全国前列,其中融资租赁机构数达到 2020 家,商业保险机构数达到 3609 家,远远超过上海和北京。

· 截至 2023 年底,深圳拥有 17 家本地法人证券公司,与北京、上海相差不大,本地法人证券公司资产总额达到 35936 亿元,高于上海和北京,但证券营业部数量少于上海和北京。此外,深圳在公募基金数量方面已超过北京,但与上海还有一定差距。

· 银行类机构是深圳金融业发展的相对短板,截至 2023 年底,深圳拥有 9 家本地法人商业银行,资产规模超过 18.08 万亿元,无论在数量上还是在资产规模上均与上海、北京存在较大差距。深圳信托公司、财务公司等其他信贷类机构数量也远低于北京和上海。

·在保险类机构方面,截至2023年底,尽管深圳只有21家法人保险公司、5家保险资管公司,但资产规模达到6.37万亿元,超过上海,仅次于北京。

4. 深圳金融中心金融市场规模表现

在金融市场规模方面,深圳在股票市场和区域股权市场发展方面具备一定优势,如图2.4.5所示。

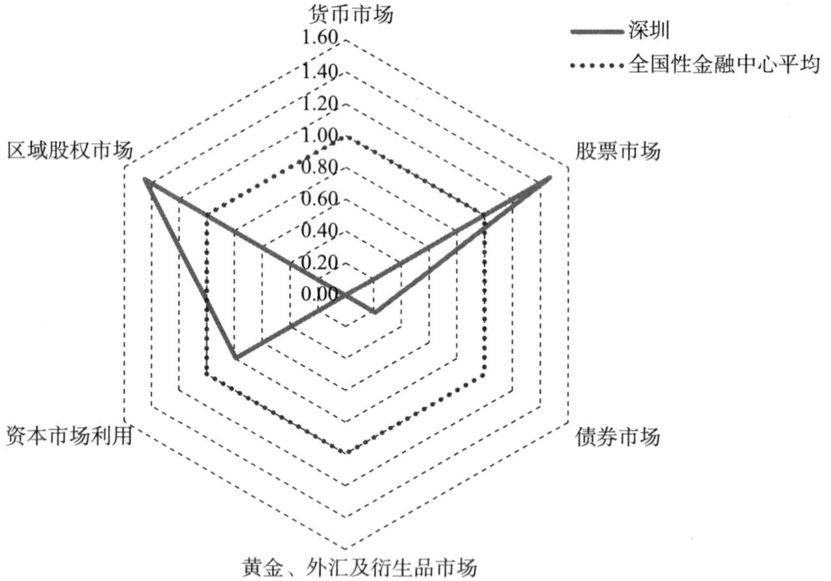

图2.4.5　深圳金融市场规模与全国性金融中心平均水平的比较

·在股权市场方面,截至2023年底,深圳证券交易所上市公司数量达到844家,超过上海和北京,但交易所上市公司市值水平低于上海。2023年深圳证券交易所债券市场现券交易额为12.28万亿元,高于北交所和上交所。

·在区域要素市场方面,截至2023年上半年,深圳区域股权市场拥有挂牌公司7089家,远高于北京和上海。

·在资本市场利用方面,2023年深圳本地A股上市公司数为419家,“新三板”挂牌公司数为318家,与北京和上海相比还有一定差距。

5. 深圳金融中心金融生态环境表现

在金融生态环境方面，深圳在全国排名第 3 位，相比上一期进步 1 位，但与北京和上海相比，金融人才环境和金融商业环境还有一定差距，如图 2.4.6 和图 2.4.7 所示。

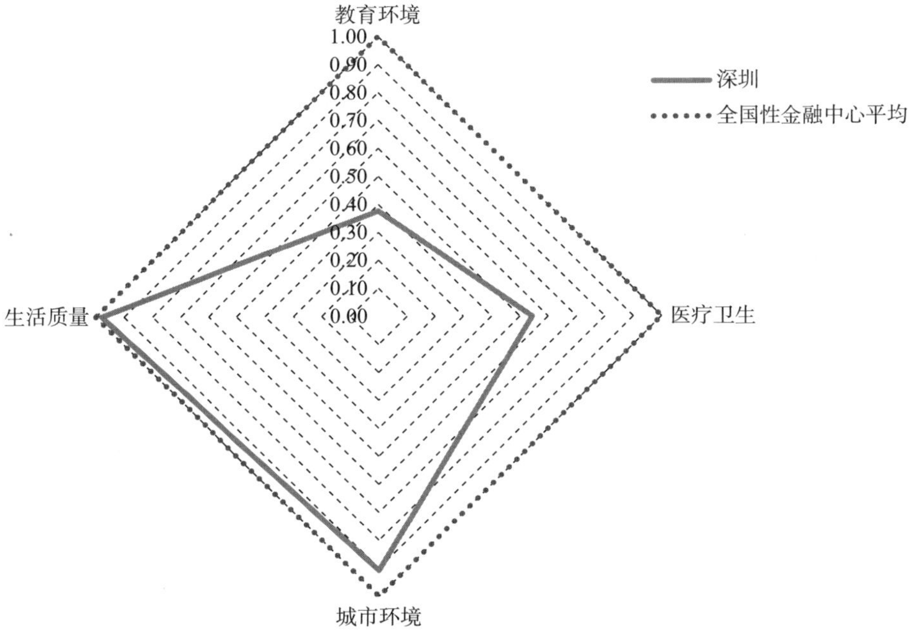

图 2.4.6　深圳金融人才环境与全国性金融中心平均水平的比较

· 在人才环境方面，与上海和北京相比，深圳教育环境和医疗卫生短板突出，截至 2023 年底，深圳普通高等学校在校学生数仅为 16.1 万人，普通高等学校数量和“双一流”高校数分别只有 10 家和 1 家。2022 年深圳每万人拥有医院病床数为 36.4 张，远低于北京和上海。但深圳在空气质量优良率、城市交通健康指数等方面优于上海和北京。

· 在商业环境方面，深圳政策环境及地方风险控制具备一定优势。其中，2023 年深圳地方政府负债率和地方政府债务率分别为 8.8% 和 74%，均低于上海和北京。

· 专业服务发展是深圳的短板，2022 年上半年执业律师数为 19996 人，2022 年注册会计师（CPA）为 3655 人，远低于上海和北京，但专业保险中介机构发展较好,2024 年上半年深圳专业保险中介机构数为 816 家,在全国仅次于北京。

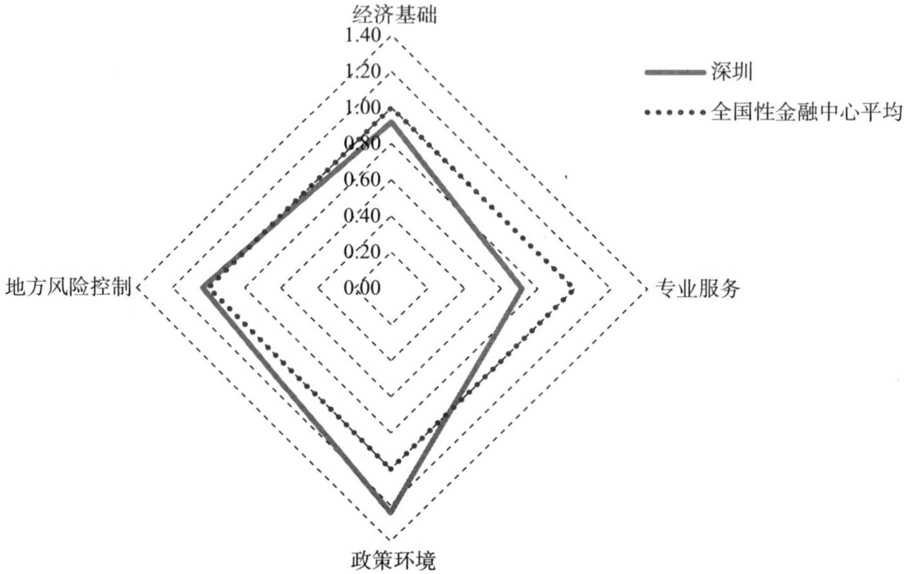

图 2.4.7　深圳金融商业环境与全国性金融中心平均水平的比较

· 在国际化环境方面,深圳与上海、北京还存在一定差距。不过,随着三年疫情防控阶段转换,深圳重新开始发挥自身作为外向型经济城市同国际地区联通的优势,2023 年以来,其国际旅游外汇收入、接待入境游客人次较上一年分别增长 689%和 1196%。

第 3 章　东北地区金融中心评价

3.1　总体评价

东北地区由黑龙江、辽宁和吉林 3 个省份组成，总面积 79 万平方公里，地区边境线与俄罗斯、朝鲜相接，且邻近韩国，东北地区是我国知名的重工业制造基地、农业生产基地。地区内有 4 个城市提出了明确的金融中心定位，分别是长春市、大连市、哈尔滨市和沈阳市。

1. 综合竞争力表现

如表 3.1.1 所示。

表 3.1.1　东北地区金融中心在 CFCI 16 中的评价结果

城市	综合竞争力		金融产业绩效		金融机构实力		金融市场规模		金融生态环境	
	得分	排名	得分	排名	得分	排名	得分	排名	得分	排名
大连	42.74	19	42.65	35	22.16	19	37.29	5	75.84	20
长春	32.66	29	47.62	30	23.12	17	2.03	33	62.52	30
哈尔滨	31.46	31	47.22	32	20.22	22	4.15	25	58.99	35
沈阳	30.40	33	31.35	38	17.96	25	3.57	27	75.33	21

· 东北地区金融中心的综合竞争力整体落后于全国平均水平，本期 4 个金融中心的综合竞争力得分全部低于 35 个区域金融中心平均值，且呈现分差逐渐拉大的趋势（见图 3.1.1）。

· 大连金融中心在东北地区排名第 1，在全国排名第 19，本期综合竞争力得分为 42.74，较上期下降 2.29 分，排名下降 2 位，与 35 个区域金融中心

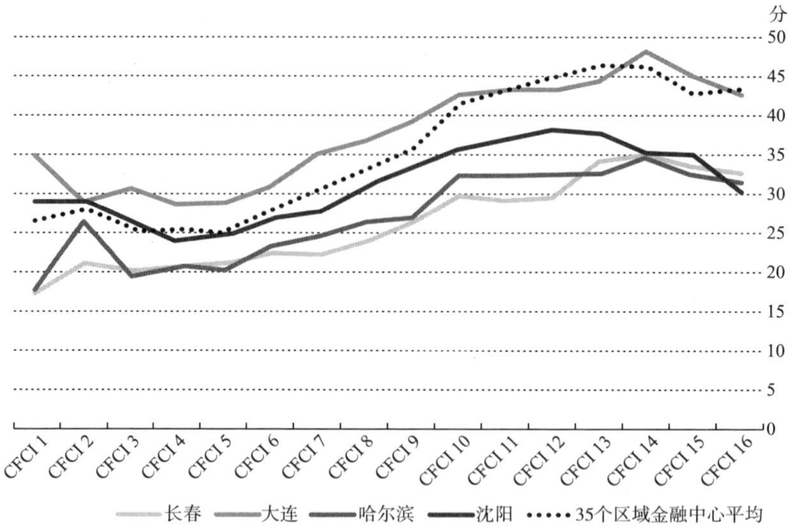

图 3.1.1　东北区域金融中心历期 CFCI 综合竞争力得分

平均得分相比,由上期的高出 2.29 分下滑到低于 0.4 分。

· 长春金融中心在东北区域排名第 2,在全国排名第 29,较上期排名持平,本期综合竞争力得分 32.66,较上期下滑 0.86 分。

· 哈尔滨金融中心在东北区域排名第 3,在全国排名第 31,较上期排名上升 1 位,本期综合竞争力得分 31.46,较上期下滑 1 分。

· 沈阳金融中心在东北区域排名第 4,在全国排名第 33,较上期排名大幅下滑 5 位,本期综合竞争力得分 30.4 分,较上期大幅下滑 4.51 分。

2. 金融产业绩效分项表现

· 东北区域各中心的金融产业绩效本期得分走势趋同,4 个金融中心城市得分均呈现较快下滑趋势,且区域整体得分下滑趋势要显著快于 35 个区域金融中心平均水平(见图 3.1.2)。

· 哈尔滨本期金融产业绩效得分下降 2.84 分,排名东北地区第 2、全国第 32,较上一期上升 2 位。2023 年,哈尔滨金融业增加值占 GDP 的比重达 12.2%,明显高于区域内其他城市,同时,金融业增加值三年平均增速达到 3.6%,排名第 2。

· 大连本期金融产业绩效得分较上期大幅下滑 9.02 分,全国排名第

35,较上一期下滑2位,东北区域排名第3。2023年,大连金融业增加值近三年平均增速为3.6%,在区域内排名第2。

· 沈阳本期金融产业绩效得分大幅下滑18.03分,东北区域排名最后,全国排名下滑3位,排名第38。2023年,沈阳金融业增加值仅为551.1亿元,在本区域处于最低水平,金融业增加值占GDP比重也明显低于区域内其他中心城市。

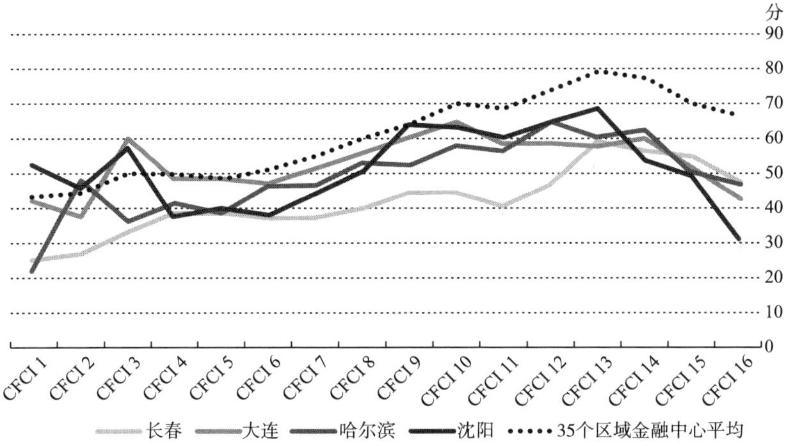

图3.1.2　东北区域金融中心历期金融产业绩效得分

3. 金融机构实力分项表现

· 东北地区4个金融中心的金融机构实力评价得分均低于35个区域金融中心的平均水平(见图3.1.3)。

· 大连本期金融机构实力评价得分22.16分,较上一期上升0.03,排名区域第2位、全国第19位,与上期持平。

· 沈阳本期金融机构实力得分小幅上升,在东北区域已连续多期排名倒数第一,分项排名全国第25,与上期持平。

· 长春本期金融机构实力评价得分23.12分,较上一期上升0.04,排名区域第1位、全国第17位,与上期持平。

· 哈尔滨本期金融机构实力得分小幅下降,排名区域第3位、全国第22位,与上期持平。

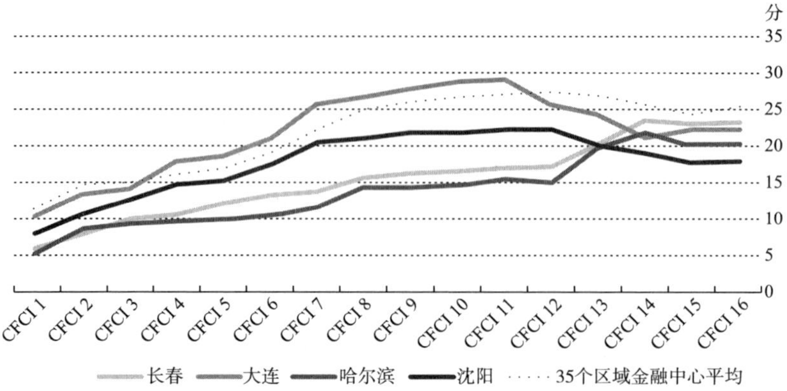

图 3.1.3　东北区域金融中心历期金融机构实力得分

4. 金融市场规模分项表现

· 大连拥有大连商品期货交易所,是国内少数几个具有全国性金融市场的区域金融中心。2023 年,大连商品期货市场成交额达到 113.4 万亿元,较 2022 年出现下滑(见图 3.1.4)。

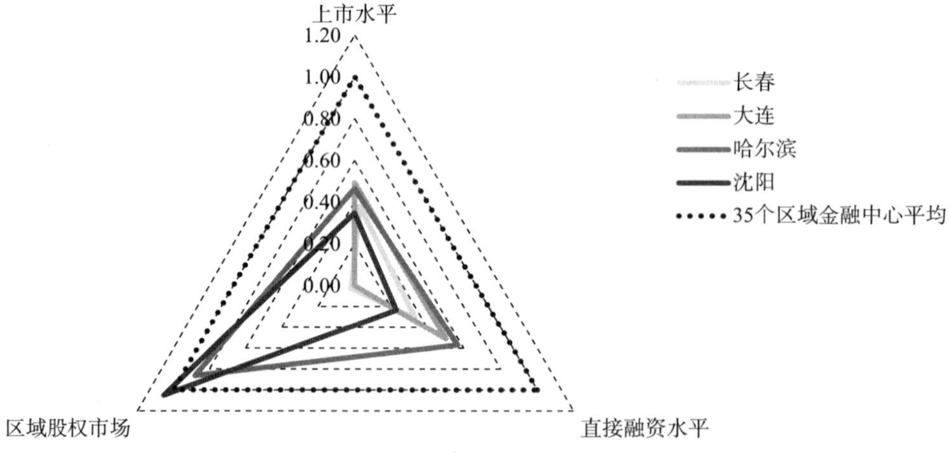

图 3.1.4　东北区域金融中心资本市场利用水平对比

· 在资本市场利用方面,东北区域的 4 个金融中心在上市水平和直接融资水平分项得分明显低于全国 35 个区域金融中心平均水平,在区域股权市场方面,沈阳和哈尔滨与全国 35 个区域金融中心平均水平接近。

· 4 个东北金融中心城市的上市公司数量相差无几,均在 30 家左右,同期 35 个区域金融中心城市上市公司数量的平均值为 47 家。

· 2023 年,大连新增了 2 家境内上市公司,在东北区域金融中心城市中排名第 1,大连年度新增股票融资规模 22.2 亿元,不及哈尔滨的 56.1 亿元。

5. 金融生态环境分项表现

· 东北地区金融生态环境得分整体处于明显的分化态势,沈阳和大连得分接近,且相对接近 35 个区域金融中心城市平均水平,哈尔滨和长春得分较为接近,但与 35 个区域金融中心城市平均水平相比已出现明显差距(见图 3.1.5)。

· 沈阳本期金融生态环境得分小幅增加 0.37 分,排名提升 1 名至全国第 21 位。

· 大连本期金融生态环境得分相比上一期提升 2.91 分,但排名上升 3 位,居全国第 20 位。

· 哈尔滨和长春的本期金融生态环境得分与 35 个区域金融中心平均水平的差距十分明显,长春和哈尔滨的本期金融生态环境得分分别排名全国第 30 位和第 35 位。

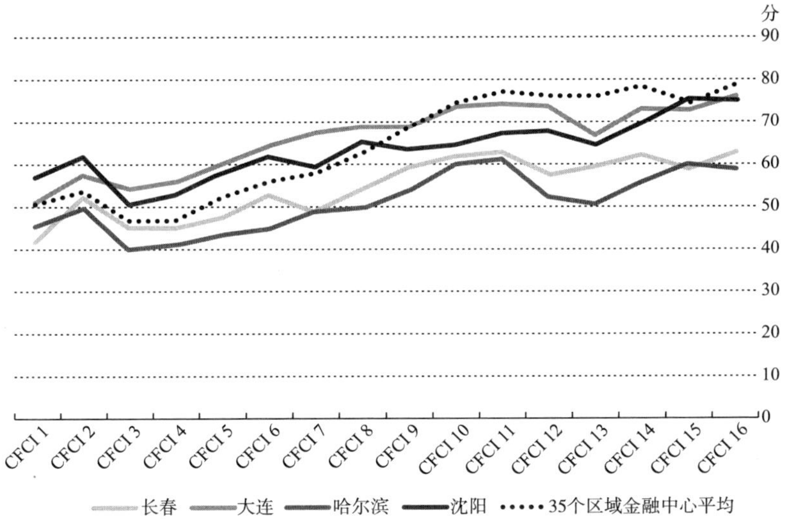

图 3.1.5　东北区域金融中心历期金融生态环境得分

3.2 大连金融中心评价

大连是辽宁省副省级市、计划单列市,位于我国辽宁省辽东半岛南端,地处黄渤海之滨,背依中国东北腹地,与山东半岛隔海相望,是中国东部沿海重要的经济、贸易、港口、工业、旅游城市。2009年,大连市印发《大连区域性金融中心建设规划(2009—2030年)》,提出要建设区域性金融中心。

1. 大连金融中心综合竞争力表现

从往期得分与排名来看,大连金融中心综合竞争力得分保持稳中有进的态势,但全国排名却整体处于下降趋势,尤其是近两期下滑明显,已从第14期的第14名下滑到本期的第19名。究其原因,大连近年来金融业发展增速与其他区域金融中心相比较慢,本期大连综合竞争力得分绝对值相比上一期出现下滑,排名也下滑2位(见表3.2.1和图3.2.1)。

2023年,大连市金融业实现增加值700.2亿元,增长3.82%,占地方生产总值比重为8%。年度新增股票融资额22.2亿元,年末本外币存款余额达到19886亿元,本外币贷款余额达到14405亿元,全年保费收入451亿元,年末保险深度达到5.2%,保险密度达到人均5985元(常住人口统计口径)。

表3.2.1 大连在CFCI 16中的评价结果

评价分类	CFCI 16得分	同比上期	得分增幅/%	CFCI 16排名	排名变化
金融产业绩效	42.65	-9.02	-17.46	35	-2
金融机构实力	22.16	0.03	0.14	19	0
金融市场规模	37.29	-3.04	-7.54	5	-1
金融生态环境	75.84	2.91	3.99	20	3
金融人才环境	8.22	0.14	1.67	21	2
金融商业环境	6.67	1.00	17.64	24	2
国际化环境	1.90	-0.49	-20.59	16	-5

在本期CFCI指标评价方面,大连在金融机构实力和金融生态环境方面得分有所增长,其中金融机构实力得分增长0.14%,排名不变,金融生态环境得分增长3.99%,排名上升3位。大连在金融产业绩效和金融市场规模

方面得分下滑,尤其是金融产业绩效得分下滑 17.46%,排名下降 2 位,金融市场规模得分较上一期下滑 7.54%,排名下降 1 位,如表 3.2.1 所示。

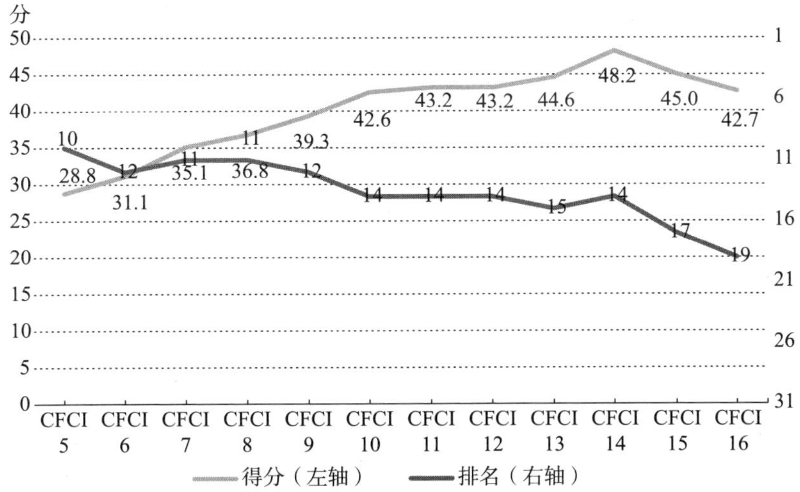

图 3.2.1　大连金融中心综合竞争力历次得分与排名

2. 大连金融中心金融产业绩效表现

在金融产业绩效方面,大连保费收入在东北区域具有一定优势,如图 3.2.2 所示。

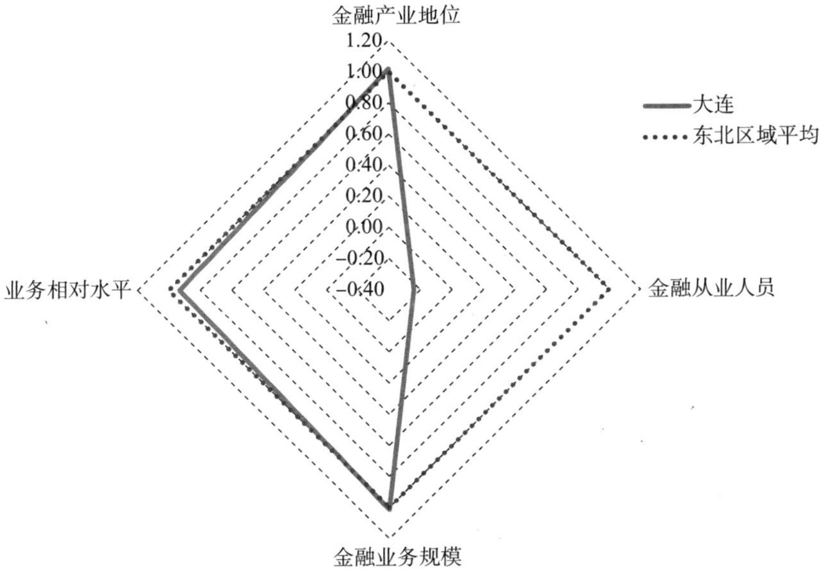

图 3.2.2　大连金融产业绩效同东北地区区域平均水平的比较

·2023 年,大连保费收入 451 亿元,保险密度达到 5985 元/人,在东北区域内位列第 1。

·2022 年,大连金融从业人员数量 6.4 万人,三年平均增长率为 -8.2%。

·2023 年,大连金融业增加值为 700.2 亿元,占地区生产总值的比重为 8%,占比在区域内仅高于沈阳。

在金融服务实体质效方面,大连数字金融得分具备一定比较优势,高于全国性金融中心平均水平,如图 3.2.3 所示。

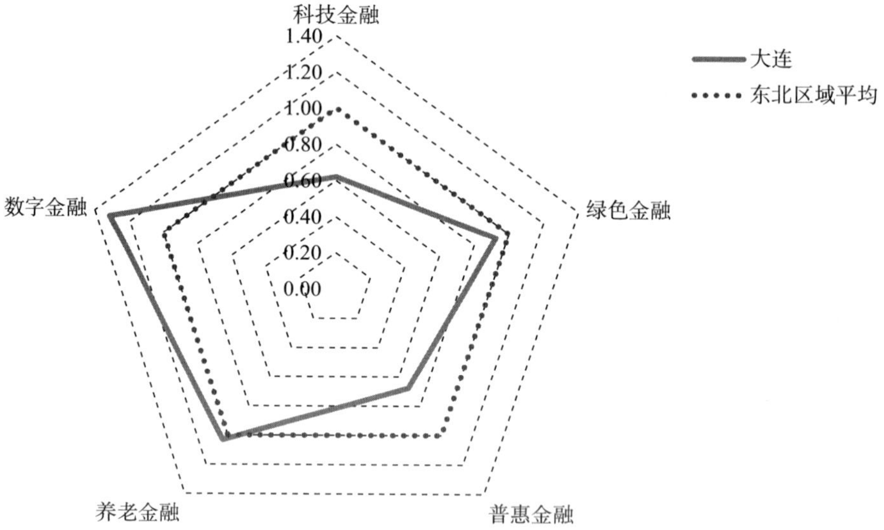

图 3.2.3　大连金融服务实体质效与全国性金融中心平均水平的比较

·数字金融方面,大连金融科技企业数为 6 家,金融科技创新监管试点项目有 47 项,均居区域第 1 位。

·养老金融方面,大连 2023 年基本养老保险渗透率为 69.0%,居区域第 1 位,2024 年上半年企业年金职工开户渗透率为 7.8%,区域内仅次于沈阳。

·科技金融方面,大连科创企业年均上市融资与 GDP 之比仅为 0.09%,私募股权年均融资额与 GDP 之比为 0.41%,均落后于区域内其他城市。

·绿色金融方面,大连绿色贷款余额与 GDP 之比仅略高于哈尔滨,绿色债券余额与 GDP 之比仅略高于沈阳。

·普惠金融方面,大连普惠小微企业贷款与 GDP 之比、普惠小微贷款企业获贷率等指标均低于区域内其他城市。

3. 大连金融中心金融机构实力表现

在金融机构实力方面,大连保险类机构发展远远领先于区域平均水平,地方金融组织实力也处于领先地位,如图3.2.4所示。

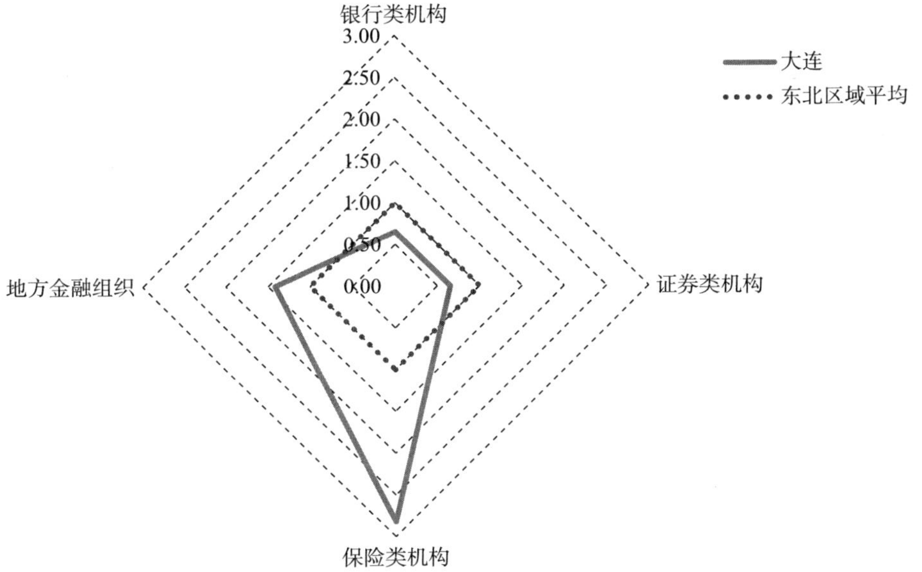

图3.2.4　大连金融机构实力与东北地区区域平均水平的比较

· 大连拥有3家本地法人保险公司,是东北区域金融中心城市中总数量最多的,2023年本地法人保险公司资产规模达到3088亿元,远远高于区域内其他城市。

· 大连的地方金融组织发展良好,截至2023年上半年,大连小额贷款、融资担保机构数量均位居区域前列,分别达到65家和90家,尤其是融资担保机构,比哈尔滨的3倍还多。

· 证券类机构方面,2023年,大连私募基金管理人数量仅次于沈阳,私募基金数量位列区域第1。

· 银行类机构是大连金融机构发展的短板。截至2023年底,大连仅有2家本地法人商业银行,商业银行资产总额及分支数量在区域也明显不及区域内其他城市。

4. 大连金融中心金融市场规模表现

在金融市场规模方面,大连在38个城市中排名第5位,东北地区排名第1位。大连商品交易所是经国务院批准的四家期货交易所之一,也是中国东北地区唯一的期货交易所。2023年,大连商品期货市场交易额为113.4万亿元,如图3.2.5所示。

在资本市场利用方面,2023年大连本地A股上市公司数量为29家,新三板挂牌公司数量为56家,分别在东北区域排名第3和第1;本地A股市场累积融资额达到1411.7亿元,高于区域其他3个城市。

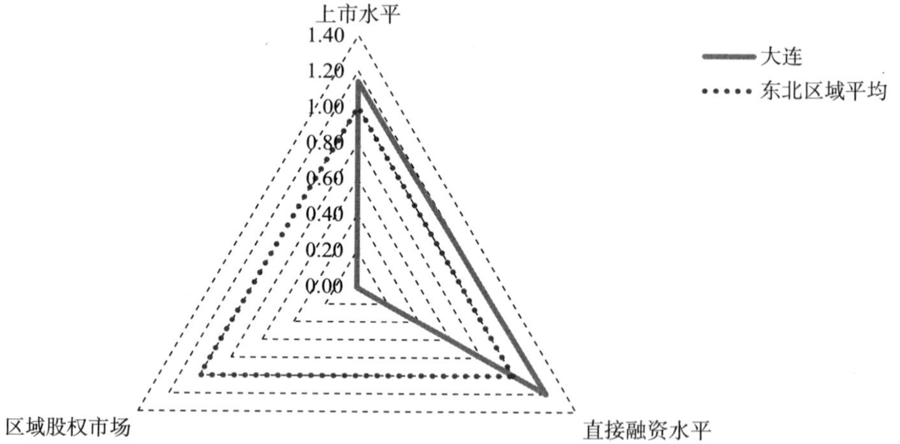

图3.2.5 大连金融市场规模与全国性金融中心平均水平的比较

5. 大连金融中心金融生态环境表现

在金融生态环境方面,大连在38个城市中排名第20位,在东北地区排名第1位,在城市环境、经济基础、政策环境及国际化程度方面具有优势,如图3.2.6至图3.2.8所示。

· 大连城市环境分项表现突出。2023年,大连百万人城市轨道交通里程达到34.5公里,远高于区域内其他城市;空气质量优良率达到87.4%,处于区域第2位。

· 大连经济基础分项排名区域第1。2023年,大连地区生产总值8753亿元,人均地区生产总值116102元,均位列区域第1。地区生产总值增速

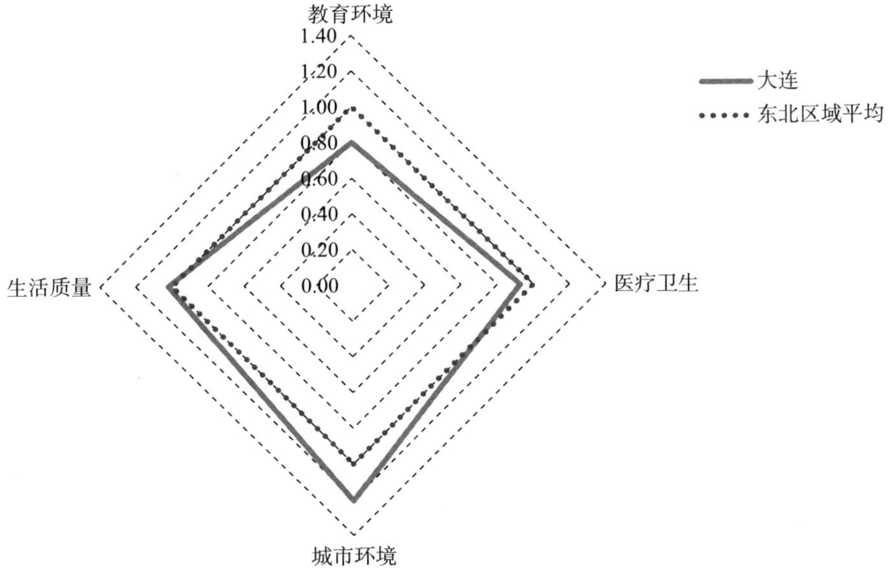

图 3.2.6　大连金融人才环境与东北地区区域平均水平的比较

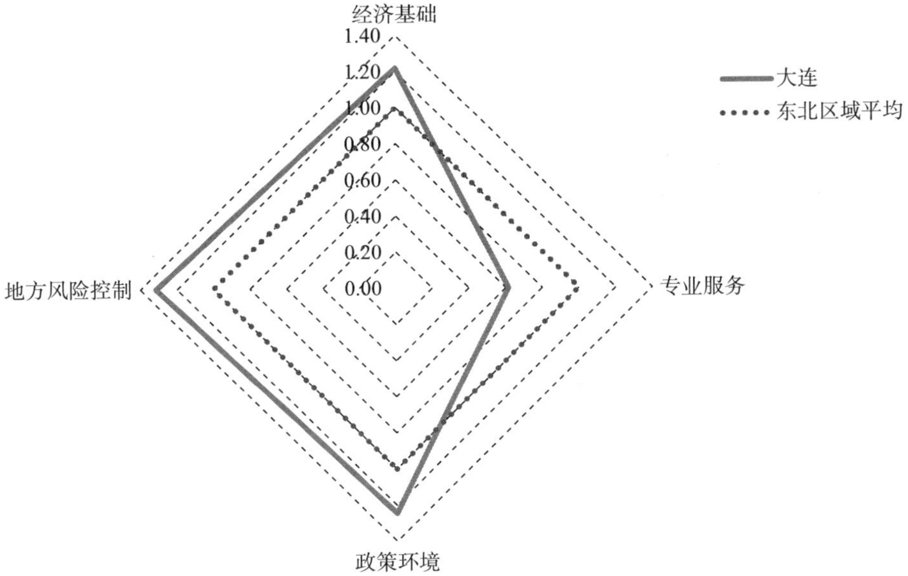

图 3.2.7　大连金融商业环境与东北地区区域平均水平的比较

为 6.0%。

· 在政策环境方面，大连 2023 年金融业发展促进政策支持力度达到 3.8 分，高于区域内其他城市，产业政策友好度达到 1.1 分，稍低于长春。

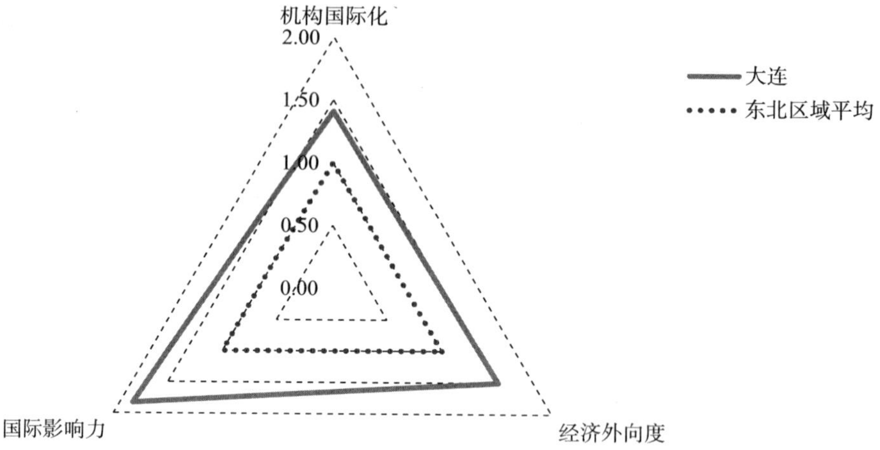

图 3.2.8　大连金融国际化程度与东北地区区域平均水平的比较

· 大连在东北地区国际化发展较早,在机构国际化、国际影响力和经济外向度等展现国际化程度方面,均领先于区域其他城市。

· 2023 年,大连外资金融机构营业性机构有 19 家,仅次于沈阳,区域排名第 2;2020 年大连外资金融机构驻华代表处有 5 家,远高于区域其他城市。

· 2023 年,大连当年实际利用外资总额为 9.7 亿美元,仅次于沈阳,进出口总额为 295.7 亿美元,大幅领先于区域其他城市。

· 大连国际航班联通城市数量为 15 个,与哈尔滨和沈阳数量相同。

· 大连是区域内唯一入选全球金融中心指数(GFCI)的城市,在第 35 期 GFCI 的综合得分为 685 分。

3.3　沈阳金融中心评价

沈阳是辽宁省省会、副省级城市、特大城市、沈阳都市圈核心城市,是东北地区重要的中心城市、先进装备制造业基地和国家历史文化名城。2005 年 8 月,辽宁省委和沈阳市政府在《关于进一步扩大对外开放的实施意见》中明确指出:“沈阳金融商贸开发区要大力发展现代服务业,形成产业积聚,成为东北地区的金融中心。”

1. 沈阳金融中心综合竞争力表现

从往期得分与排名来看,沈阳金融中心综合竞争力得分呈现先升后降态势,在全国排名也不断下降。当前国内金融中心整体处于“不进则退”的竞争态势,沈阳等东北区域金融中心发展整体下降现象较为突出。本期沈阳综合竞争力得分下降4.51分,排名全国第33位(见图3.3.1)。

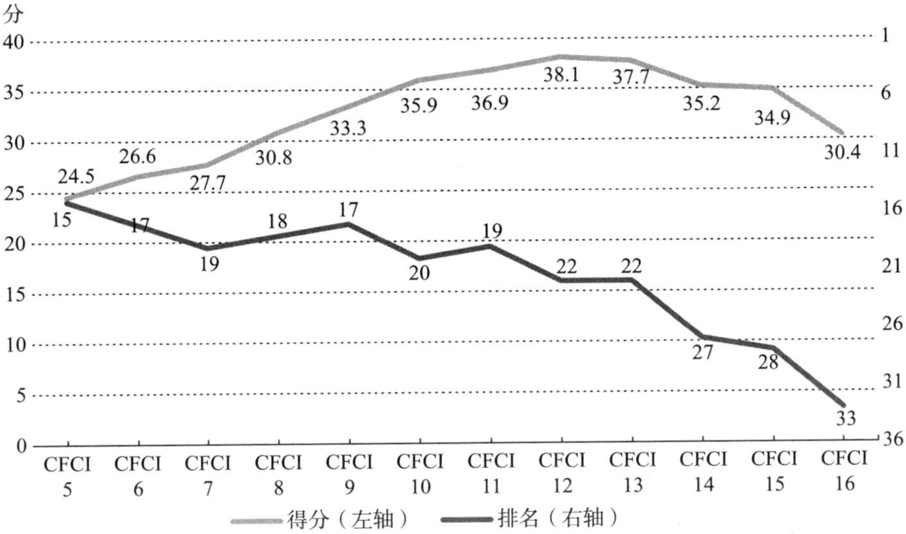

图3.3.1　沈阳金融中心综合竞争力历次得分与排名

2023年,沈阳市金融业实现增加值551.1亿元,同比增长2.87%,占地方生产总值的比重为6.8%;年度新增股票融资额为56.1亿元,年末本外币存款余额达到21843亿元,本外币贷款余额达到20333亿元;全年保费收入达488亿元;年末保险深度达到6.0%,保险密度达到人均5302元(常住人口统计口径)。

在本期CFCI指标评价方面,沈阳在金融机构实力和金融生态环境的得分有所增长,其中金融机构实力得分增长1.10%,金融生态环境得分增长0.50%,金融机构实力排名不变,金融生态环境排名上升1位。沈阳金融产业绩效得分下降18.03分,排名下降3位;金融市场规模得分下滑22.38%,排名下降3名,如表3.3.1所示。

表 3.3.1 沈阳在 CFCI 16 中的评价结果

评价分类	CFCI 16 得分	同比上期	得分增幅/%	CFCI 16 排名	排名变化
金融产业绩效	31.35	−18.03	−36.51	38	−3
金融机构实力	17.96	0.20	1.10	25	0
金融市场规模	3.57	−1.03	−22.38	27	−3
金融生态环境	75.33	0.37	0.50	21	1
金融人才环境	8.62	−0.05	−0.58	13	−1
金融商业环境	6.64	0.68	11.38	26	−1
国际化环境	1.42	−0.55	−27.73	23	−8

2. 沈阳金融中心金融产业绩效表现

在金融产业绩效方面,沈阳金融业务规模和业务相对水平处于区域平均水平之上,如图 3.3.2 所示。

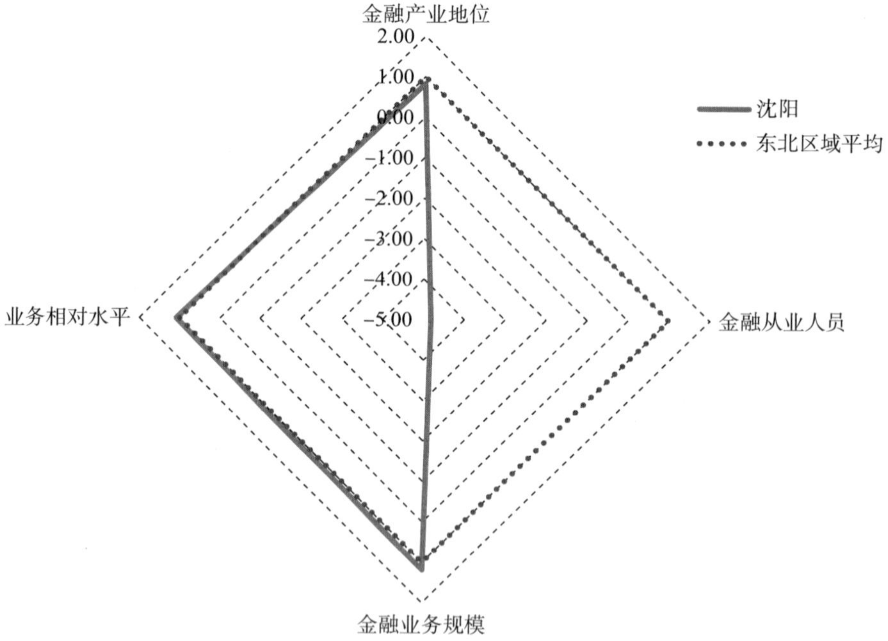

图 3.3.2 沈阳金融产业绩效与东北地区区域平均水平的比较

· 2023 年,沈阳金融机构本外币存、贷款余额均位列区域内城市第 1,其中,金融机构本外币存款余额为 21843 亿元,本外币贷款余额为 20333 亿元。

·2023 年,沈阳本地证券交易量在全国占比 0.6%,高于区域内其他城市。

·2023 年,沈阳金融业增加值仅有 551.1 亿元,2023 年金融业从业人员数量为 3.49 万人,均不及区域内其他城市。

在金融服务实体质效方面,沈阳在科技金融方面表现尤为突出,明显高于全国性金融中心平均水平,如图 3.3.3 所示。

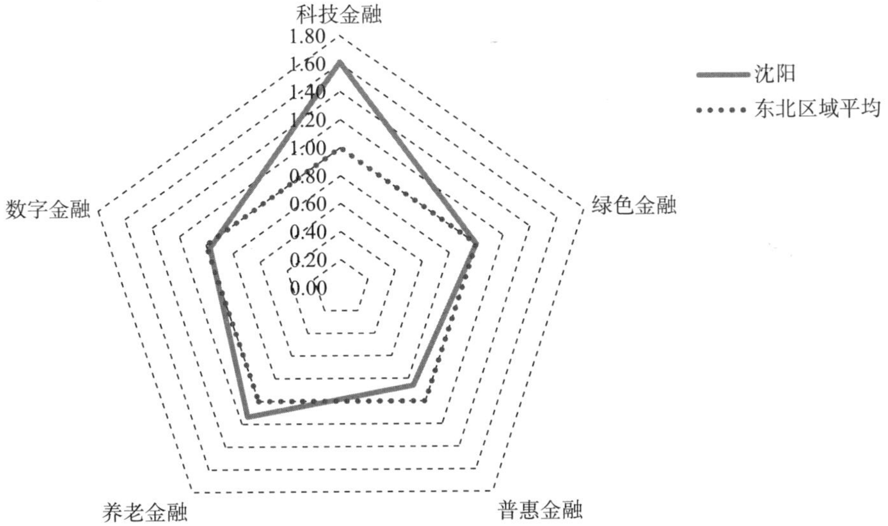

图 3.3.3　沈阳金融服务实体质效与全国性金融中心平均水平的比较

·在科技金融方面,沈阳私募股权年均融资额与 GDP 之比为 0.52%,仅低于哈尔滨;科创企业年均上市融资与 GDP 之比为 0.5%,高于区域内其他城市以及区域性金融中心的平均水平(0.21%)。

·在普惠金融方面,2023 年,沈阳普惠小微企业贷款与 GDP 之比、普惠小微贷款企业获贷率分别为 14.5%、8.9%,仅高于大连。

·在数字金融方面,沈阳金融科技企业数为 4 家,低于大连,高于长春和哈尔滨;金融科技创新监管试点项目数为 3 项,少于大连,与长春和哈尔滨并列。

·在绿色金融方面,沈阳绿色贷款余额与 GDP 之比达 22.9%,位居区域内第 1;绿色债券余额与 GDP 之比为 0.43%,居区域内最末。

·在养老金融方面,沈阳基本养老保险渗透率为 61.5%,仅次于大连,与长春并列;企业年金职工开户渗透率 11.4%,位居区域内第 1。

3. 沈阳金融中心金融机构实力表现

在金融机构实力方面,沈阳仅在证券类机构实力单项略高于区域平均水平,在银行类机构、保险类机构和地方金融组织方面均处于劣势地位,如图 3.3.4 所示。

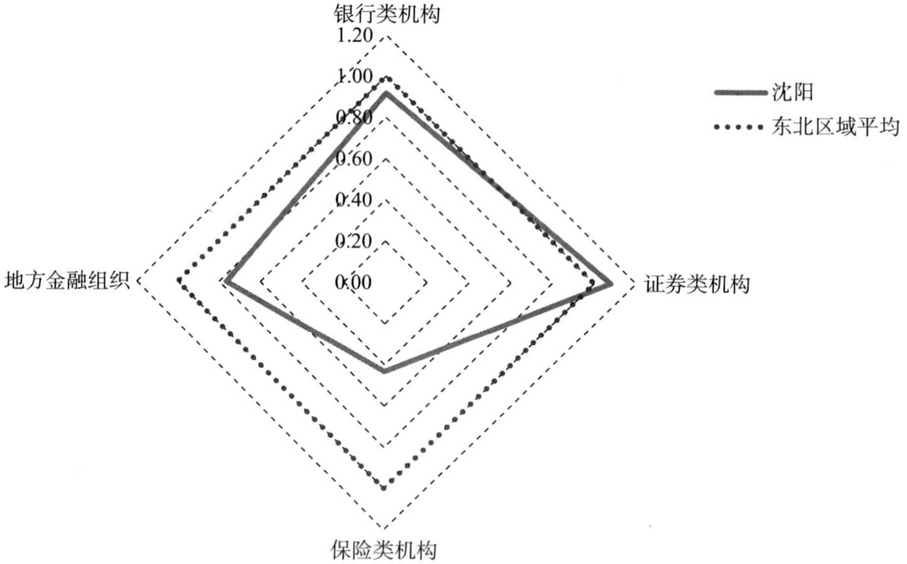

图 3.3.4 沈阳金融机构实力与东北地区区域平均水平的比较

· 沈阳拥有 2 家本地法人证券公司,证券公司资产总规模为 146 亿元,位列区域第 3;但沈阳市辖内的证券公司营业部数量达到 90 个,高于区域内其他 3 个城市。

· 截至 2023 年上半年,沈阳小额贷款机构数量和融资担保机构数量分别为 51 家和 33 家,均位列区域第 3。

· 尽管沈阳只有 5 家本地法人商业银行,不及哈尔滨和长春,但本地法人商业银行资产总规模达到 1.34 万亿元,处于区域内首位,位于沈阳的盛京银行总资产已破万亿元。

4. 沈阳金融中心金融生态环境表现

在金融生态环境方面,沈阳在 38 个城市中排名第 21 位,相比上一期提升 1 位，排名区域第 2 位。尤其是在医疗卫生、城市环境、专业服务及政策环境方面具有优势，如图 3.3.5 和图 3.3.6 所示。

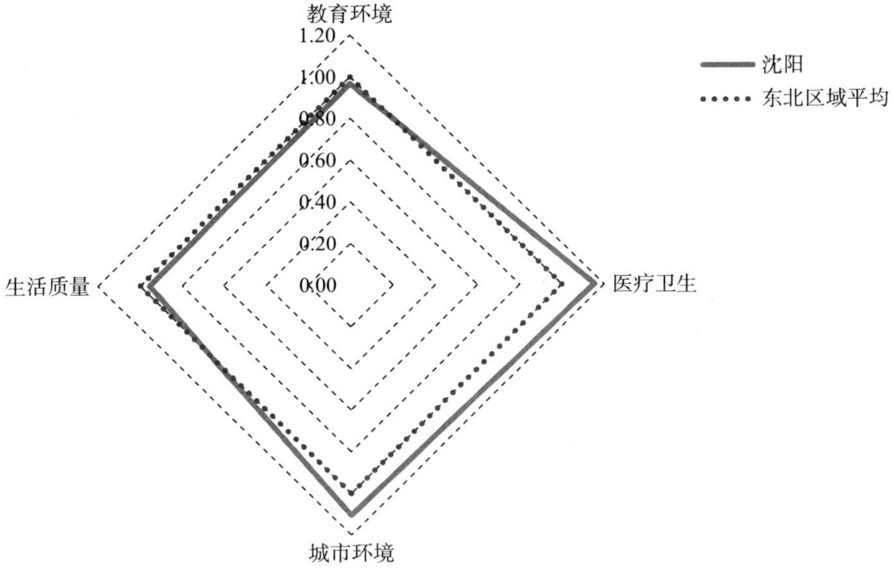

图 3.3.5　沈阳金融人才环境与东北地区区域平均水平的比较

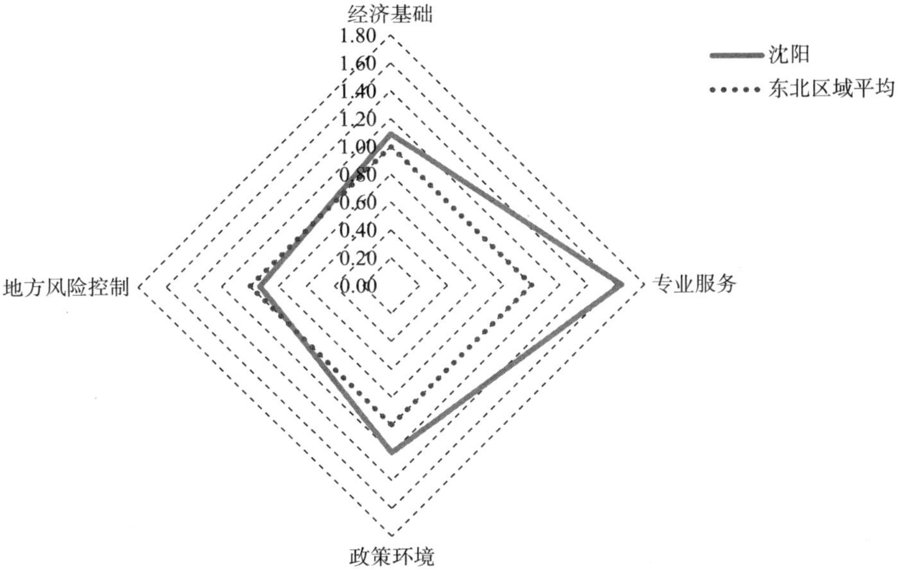

图 3.3.6　沈阳金融商业环境与东北地区区域平均水平的比较

· 沈阳在城市环境方面表现突出。沈阳人均公园绿地面积为 7.9 平方米,高于区域内其他城市;2023 年,沈阳每百万人城市轨道交通里程数仅次于大连,排名区域第 2。

· 在医疗卫生方面,2023 年,沈阳每万人拥有医院病床数为 860.4 张,每万人拥有执业医师数为 40.5 人,均居区域内第 1;沈阳具备器官移植资质的医院有 3 个,也高于区域内其他城市。

· 沈阳专业服务领域优势突出,2023 年上半年执业律师有 6484 人,远高于区域内其他城市;2024 年上半年专业保险中介机构数量达到 618 家,位列区域第 1。

· 在国际化程度方面,沈阳拥有区域内最多的外资金融机构营业数,达到 27 家;2023 年实际利用外资总额高达 12.1 亿美元,远高于区域内其他城市。

3.4 哈尔滨金融中心评价

哈尔滨地处东北亚中心位置,被誉为欧亚大陆桥的明珠,是黑龙江省省会,中国东北部的政治、经济、文化中心,我国著名的历史文化名城和旅游城市,素有“天鹅项下的珍珠”之美称。2008 年,哈尔滨市政府出台了《哈尔滨市关于进一步促进金融业发展的若干意见》,提出将用 10 年至 15 年时间把哈尔滨建设成为“金融机构集聚、金融市场发达、金融信息灵敏、金融设施先进、金融服务高效的立足黑龙江、面向东北亚的区域性金融中心”。

1. 哈尔滨金融中心综合竞争力表现

哈尔滨金融中心全国排名本期虽上升 1 位,但从往期排名来看,整体处于下滑趋势,原因在于东北地区金融中心城市近年来整体发展速度落后于国内其他区域金融中心。本期哈尔滨综合竞争力得分下降 1 分,排名全国第 31 名,如图 3.4.1 所示。

2023 年,哈尔滨市金融业实现增加值 693.5 亿元,同比增长 2.87%,占地方生产总值的 12.4%。年末本外币存款余额达到 18559 亿元,本外币贷款余额达到 15130 亿元;全年保费收入 402 亿元;年末保险深度达到 7.2%,保险密度达到人均 4067 元(常住人口统计口径)。

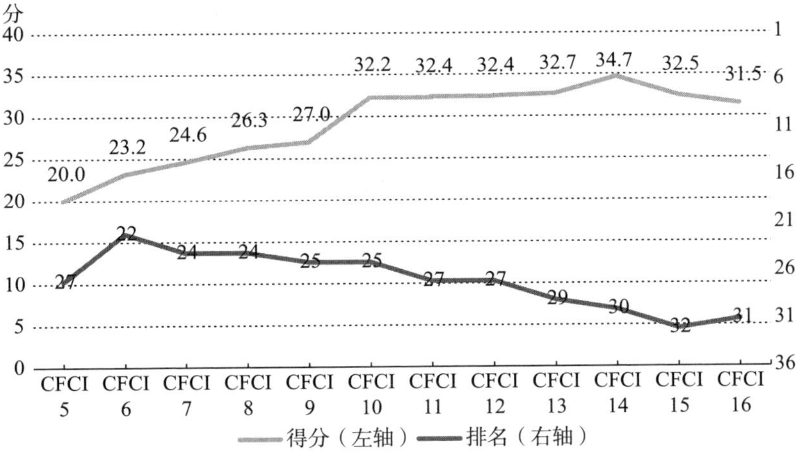

图 3.4.1　哈尔滨金融中心综合竞争力历次得分与排名

在本期 CFCI 评价方面，哈尔滨金融产业绩效、金融机构实力、金融市场规模、金融生态环境得分均呈现不同程度的下降，分别下降 5.66%、0.11%、6.11%、1.75%，金融产业绩效排名上升 3 位，金融生态环境排名下滑 7 位，金融机构实力和金融市场规模排名不变（见表 3.4.1）。

表 3.4.1　哈尔滨在 CFCI 16 中的评价结果

评价分类	CFCI 16 得分	同比上期	得分增幅/%	CFCI 16 排名	排名变化
金融产业绩效	47.22	-2.84	-5.66	31	3
金融机构实力	20.22	-0.02	-0.11	22	0
金融市场规模	4.15	-0.27	-6.11	25	0
金融生态环境	58.99	-1.05	-1.75	35	-7
金融人才环境	8.33	0.16	1.98	19	1
金融商业环境	3.87	-0.50	-11.49	38	-6
国际化环境	0.86	0.11	14.30	28	0

2. 哈尔滨金融中心金融产业绩效表现

在金融产业绩效方面，哈尔滨金融业增加值和业务相对水平处于区域平均水平之上，如图 3.4.2 所示。

· 金融业务规模表现相对突出，2023 年，哈尔滨市金融业占地方生产总值

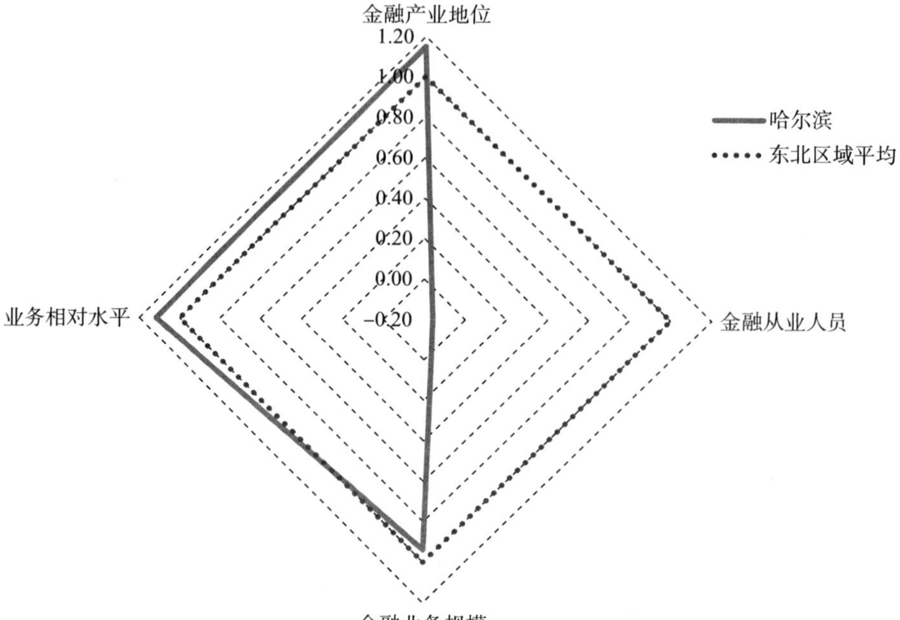

图 3.4.2　哈尔滨金融产业绩效与东北地区区域平均水平的比较

比值的排名居区域内第 1,金融业增加值三年增速为 3.6%,排名区域第 2 位。

· 尽管 2023 年哈尔滨金融机构本外币存贷款余额在区域内排名垫底,但其与地方生产总值的比重却位列区域第 1。此外,哈尔滨保险深度高达 7.2%,远高于区域内其他城市。

· 相比之下,金融从业人员是哈尔滨金融产业绩效发展的短板,2022 年金融业从业人员数量为 5.4 万人,三年平均增长率为-6.1%。

在金融服务实体质效方面,哈尔滨在普惠金融方面表现相对突出,如图 3.4.3 所示。

· 在普惠金融方面,2023 年,哈尔滨普惠小微企业贷款与 GDP 之比与普惠小微贷款企业获贷率分别为 19.7%、9.6%,仅次于长春。

· 在科技金融方面,哈尔滨私募股权年均融资额与 GDP 之比为 0.77%,排名区域第 1;科创企业年均上市融资与 GDP 之比为 0.1%,仅略高于大连。

· 在数字金融方面,哈尔滨金融科技企业数为 2,低于大连与沈阳;金融科技创新监管试点项目数为 3 项,少于大连,与长春和沈阳并列。

· 在绿色金融方面,哈尔滨绿色贷款余额与 GDP 之比达 18.9%,居区域

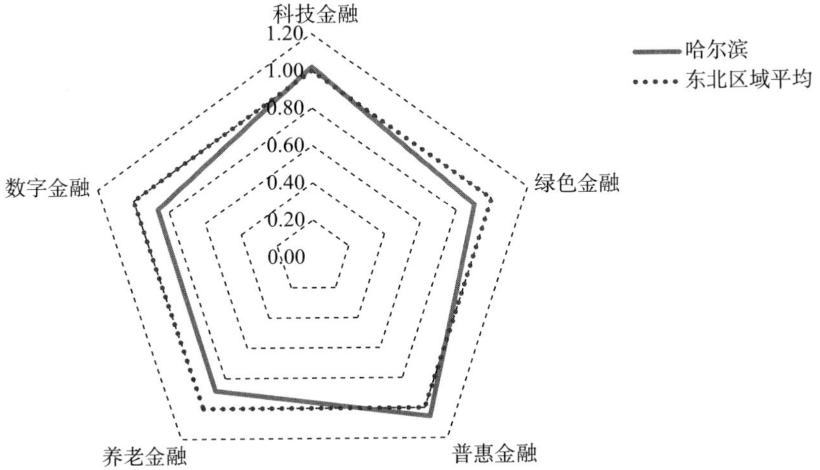

图 3.4.3　哈尔滨金融服务实体质效与全国性金融中心平均水平的比较

最末;绿色债券余额与 GDP 之比为 0.7%,仅次于长春。

· 在养老金融方面,哈尔滨基本养老保险渗透率为 55.9%,居区域最末;企业年金职工开户渗透率为 7.3%,仅高于长春。

3. 哈尔滨金融中心金融机构实力表现

在金融机构实力方面,哈尔滨仅在银行类机构实力方面高于区域平均水平,在证券类机构、保险类机构和地方金融组织方面均处于劣势,如图 3.4.4 所示。

· 在银行类机构方面,哈尔滨拥有 12 家本地法人商业银行,为区域内本地法人商业银行数量最多的城市,商业银行资产总规模达到 11495 亿元,商业银行支行数量仅次于沈阳。

· 在证券类机构方面,哈尔滨拥有 1 家本地法人证券公司,证券公司资产总规模为 320 亿元;哈尔滨证券公司营业部数量为 70 个,在区域内排名第 3。

· 在地方金融组织方面,哈尔滨表现一般,2023 年上半年,哈尔滨小额贷款机构数量 58 家,仅次于大连,但融资租赁、融资担保和商业保理机构数量均排名靠后。

· 保险类机构是哈尔滨金融业发展的短板,2023 年仅有 1 家本地法人保险机构,是区域内数量最少的金融中心城市。

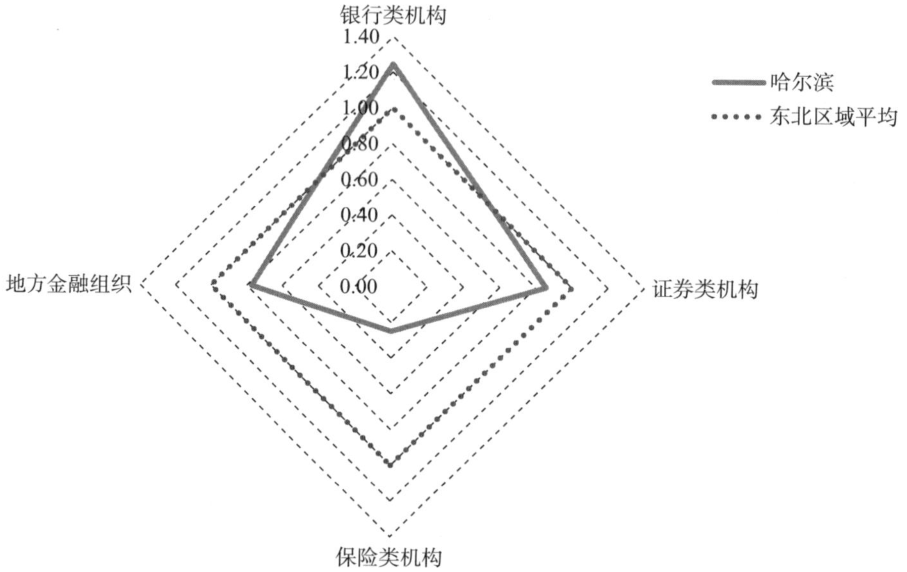

图 3.4.4 哈尔滨金融机构实力与东北地区区域平均水平的比较

4. 哈尔滨金融中心金融生态环境表现

在金融生态环境方面,哈尔滨在 38 个城市中排名第 35 位,在东北地区排名最末,仅在教育环境领域具备一定优势,如图 3.4.5 和图 3.4.6 所示。

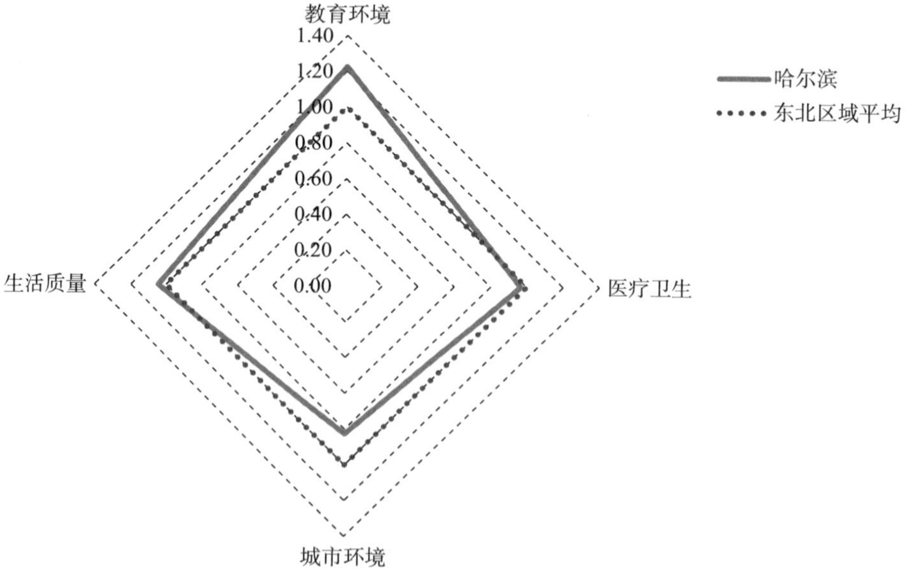

图 3.4.5 哈尔滨金融人才环境与东北地区区域平均水平的比较

· 在教育环境方面，哈尔滨拥有区域内最多的普通高校在校学生，2023 年达到 83.4 万人，远高于区域内其他城市；普通高等学校数量及“双一流”大学数量也均位列区域第 1。

· 在生活质量方面，哈尔滨 2023 年住宅房价收入比为 6.56，为区域内最低，城镇居民家庭人均消费支出也明显低于区域内其他城市。

· 在医疗卫生方面，哈尔滨表现相对较好，2023 年每万人拥有医院病床数为 84 张，排名区域第 1。

· 城市环境是哈尔滨发展的短板，哈尔滨人均公园绿地面积为 5.5 平方米，低于区域其他城市；2023 年空气优良率高于区域内其他城市，每百万人城市轨道交通里程仅为 10.1 公里，远低于区域内其他城市。

· 在国际化程度方面，哈尔滨无论是外资金融机构数量还是经济外向度，均在区域内处于劣势水平。

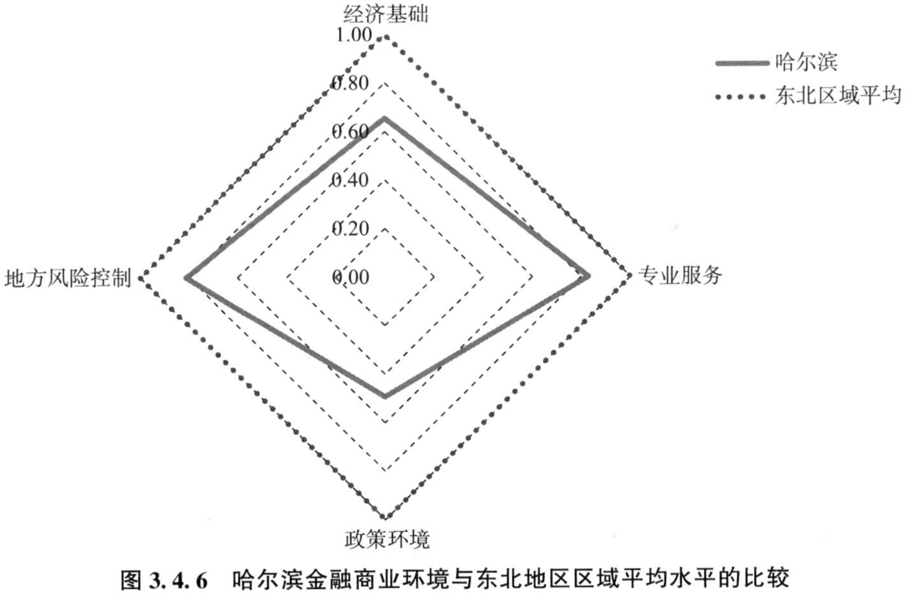

图 3.4.6　哈尔滨金融商业环境与东北地区区域平均水平的比较

第4章　北部沿海地区金融中心评价

4.1　总体评价

本期中国金融中心指数评价北部沿海地区包括天津市、河北省、山东省。天津、河北和山东均毗邻渤海。天津市素有“九河下梢”“河海要冲”之称，是中国北方最大的港口城市；河北省东与天津市毗连，东南衔山东省；山东省是北方经济强省，GDP 在全国排名前列。北部沿海地区内有 4 个城市纳入本期中国金融中心指数评价，分别是天津市、石家庄市、济南市和青岛市。

1. 综合竞争力表现

如表 4.1.1 所示。

表 4.1.1　北部沿海地区金融中心在 CFCI 16 中的评价结果

城市	综合竞争力		金融产业绩效		金融机构实力		金融市场规模		金融生态环境	
	得分	排名	得分	排名	得分	排名	得分	排名	得分	排名
天津	58.12	9	81.23	11	60.99	4	7.31	20	85.05	15
济南	44.19	15	71.25	15	22.59	18	4.37	23	86.72	14
青岛	41.16	21	53.30	26	20.51	21	7.53	19	92.02	11
石家庄	34.08	24	57.68	23	19.56	23	6.80	21	57.28	37

· 北部沿海地区金融中心的综合竞争力整体水平差异明显，天津市处于全国领先水平，济南、青岛略高于全国平均水平，石家庄则落后于全国平均水平。

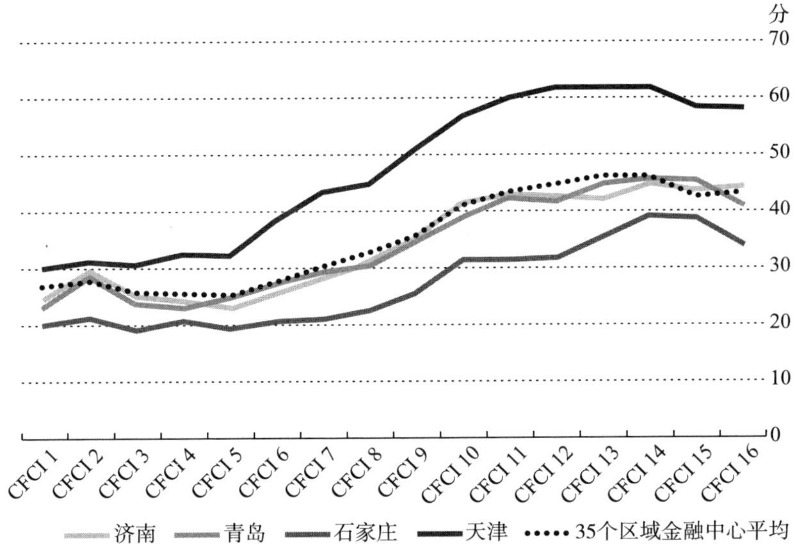

图 4.1.1　北部沿海地区金融中心历期 CFCI 综合竞争力得分

· 天津金融中心在北部沿海地区排名第 1，在全国排名第 9，排名与上期持平；本期综合竞争力得分 58.12，较上期下降 0.59 分。

· 济南金融中心在北部沿海地区排名第 2，在全国排名第 15，较上期上升 5 位；本期综合竞争力得分 44.19，较上期增长 0.61 分。

· 青岛金融中心在北部沿海地区排名第 3，在全国排名第 21，较上期下降 6 位；本期综合竞争力得分 41.16，较上期减少 3.99 分。

· 石家庄金融中心在北部沿海地区排名第 4，在全国排名第 24，排名不变；本期综合竞争力得分 34.08，较上期下降 4.34 分。

2. 金融产业绩效分项表现

· 本期北部沿海地区各中心城市金融产业绩效得分除济南外，均有所下降。

· 天津金融产业绩效得分下降 1.99 分，分项排名在北部沿海地区为第 1、全国第 11，已经被武汉赶超。天津市金融业增加值三年平均增长率为 3.7%，落后于其他北部沿海地区；2023 年金融机构本外币存款余额和本外币贷款余额分别为 44521 亿元、44765 亿元，远高于其他北部沿海地区金融中心。

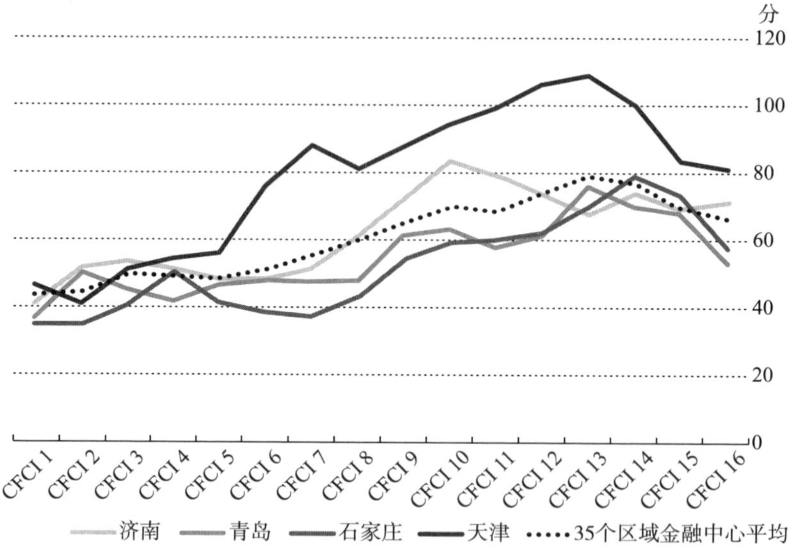

图 4.1.2　北部沿海地区金融中心历期金融产业绩效得分

· 济南金融产业绩效得分上升 2.04 分,分项排名在北部沿海地区为第 2、全国第 15。济南金融业增加值三年平均增长率为 7.2%,为北部沿海地区金融中心第 2;金融从业人员三年平均增长率为 4.0%,高于区域内其他城市。

· 青岛、石家庄金融产业绩效得分接近,青岛金融产业绩效得分下降 14.32 分,排名在北部沿海地区为第 3 名,在全国为第 26 名;石家庄金融产业绩效得分下降 15.54 分,排名在北部沿海地区为第 3 名,在全国为第 23 名。

3. 金融机构实力分项表现

· 天津金融机构实力得分远远领先于其他北部沿海地区,济南、青岛、石家庄金融机构实力评价得分均小幅下降,但接近全国平均水平。天津金融机构实力得分 60.99 分,同比上升 0.5 分,排名全国第 4 位,与上期持平;济南、青岛、石家庄金融机构实力得分接近,分别排名全国第 18 名、第 21 名和第 23 名(见图 4.1.3)。

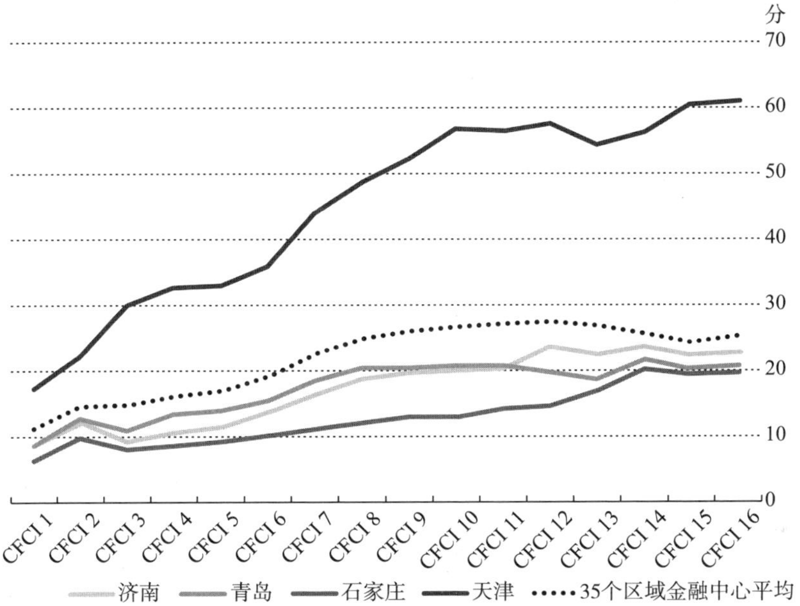

图 4.1.3　北部沿海地区金融中心历期金融机构实力得分

4. 金融市场规模分项表现

· 本期北部沿海地区金融中心金融市场表现均低于全国平均水平，青岛、天津、石家庄、济南分别排第 19 名、第 20 名、第 21 名、第 23 名。

· 天津本地 A 股市场累计融资额为 3299. 2 亿元，遥遥领先于其他北部沿海地区金融中心。

· 济南、天津 2023 年新三板挂牌公司数表现突出，济南新三板挂牌公司数为 95 家，天津新三板挂牌公司数为 123 家。

· 青岛区域股权市场方面在北部沿海地区中表现突出，区域股权市场拥有的挂牌公司数为 2217 家；石家庄市场筹资金额为 153. 9 亿元，在北部沿海地区中表现突出。

5. 金融生态环境分项表现

如图 4. 1. 4 所示。

· 济南、青岛、石家庄本期金融生态环境得分均出现下降，天津本期金融生态环境得分略有上升，济南、青岛、天津得分高于全国平均水平。

·石家庄金融生态环境得分57.28分,较上期下降2.06分,本期在全国排第37名,排名下降8名。

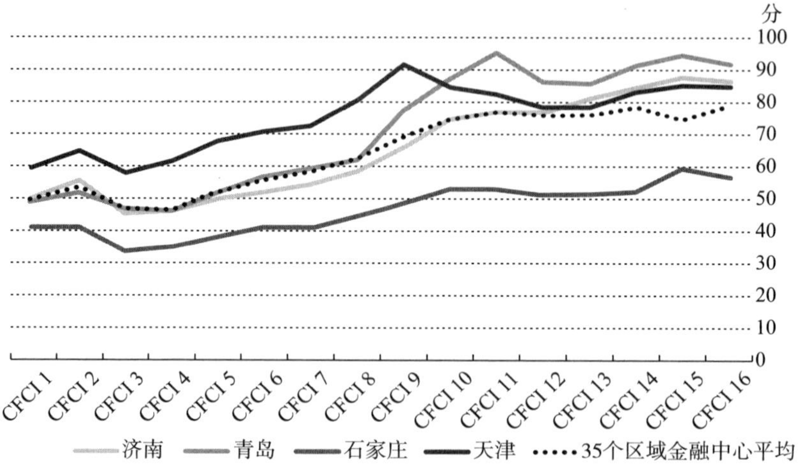

图4.1.4 北部沿海地区金融中心历期金融生态环境得分

4.2 天津金融中心评价

天津是中国四大直辖市之一,地处华北平原北部沿海部,海河流域下游,东邻渤海,西靠首都北京。天津凭借优越的地理位置和交通条件,成为连接国内外、联系南北方、沟通东西部的重要枢纽,是中国北方最大的港口城市。

1. 天津金融中心综合竞争力表现

从往期得分与排名来看,天津金融中心综合竞争力得分与排名存在背离,近几期以来,得分呈现下降趋势,排名趋于稳定。究其原因,天津金融业增长缓慢,增速趋于稳定,如图4.2.1所示。

本期CFCI天津综合竞争力得分下降0.59分,排名第9,连续四期保持同一水平。本期天津在金融产业绩效和金融市场规模方面排名有所下滑,分别较上期下滑1位和3位,金融机构实力和生态环境方面维持不变。相对来说,金融机构实力和金融产业绩效是天津金融中心综合竞争力的比较优势所在(见表4.2.1)。

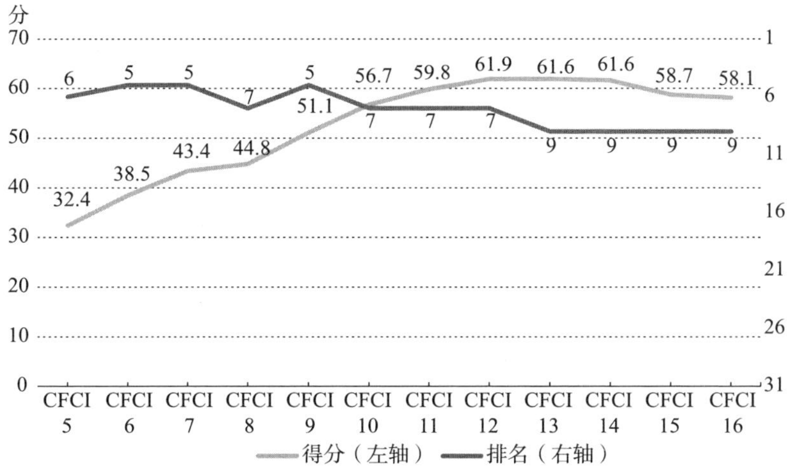

图 4.2.1　天津金融中心综合竞争力历次得分与排名

表 4.2.1　天津在 CFCI 16 中的评价结果

评价分类	CFCI 16 得分	同比上期	得分增幅/%	CFCI 16 排名	排名变化
金融产业绩效	81.23	-1.99	-2.40	11	-1
金融机构实力	60.99	0.50	0.83	4	0
金融市场规模	7.31	-1.03	-12.38	20	-3
金融生态环境	85.05	0.01	0.02	15	0
金融人才环境	8.01	-0.50	-5.85	25	-10
金融商业环境	7.05	0.50	7.62	20	1
国际化环境	3.77	0	0.05	7	0

2. 天津金融中心金融产业绩效表现

在金融产业绩效方面，天津金融业增加值和金融业务规模在北部沿海地区具有优势，如图 4.2.2 所示。

· 2023 年，天津金融业增加值为 2249.8 亿元，为北部沿海地区金融中心第 1，是区域其他金融中心同期数值的 2 倍以上；金融业增加值三年平均增长率为 3.7%。

· 2022 年，天津金融从业人员总数为 13.8 万人，为北部沿海地区金融中心第 1；金融从业人员三年平均增长率为-11.3%，差于区域其他金融中心。

· 2023 年，天津金融机构本外币存款余额为 44521 亿元，金融机构本外

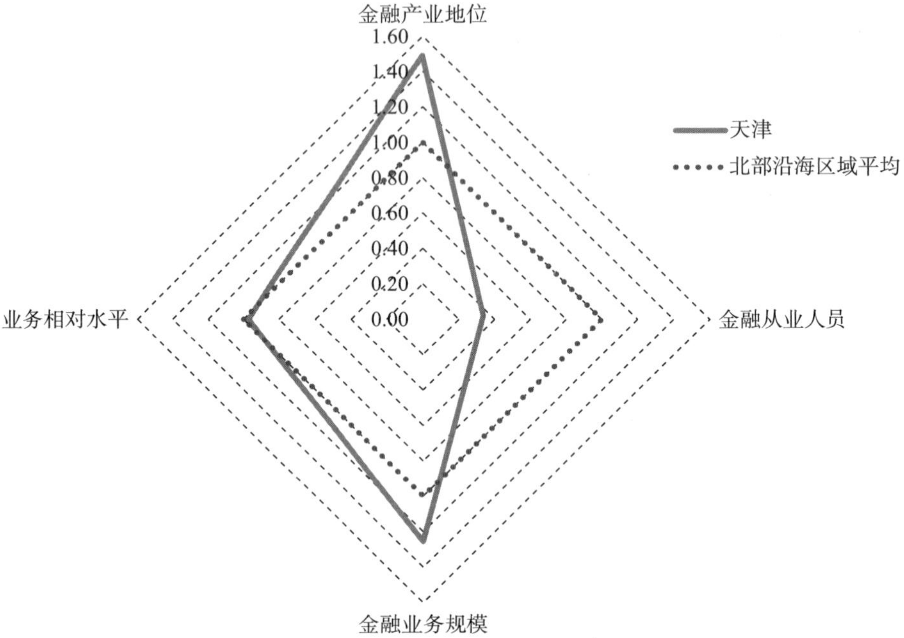

图 4.2.2　天津金融产业绩效同北部沿海地区平均水平的比较

币贷款余额为 44765 亿元,均为北部沿海地区金融中心第 1。

在金融服务实体质效方面,天津在科技金融、绿色金融、普惠金融、数字金融方面表现相对突出,如图 4.2.3 所示。

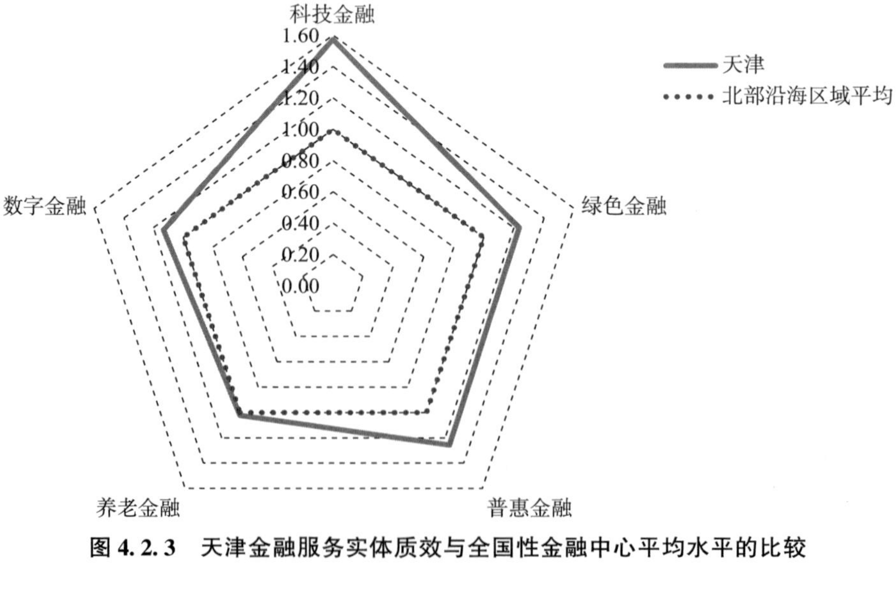

图 4.2.3　天津金融服务实体质效与全国性金融中心平均水平的比较

· 在科技金融方面，天津私募股权年均融资额与 GDP 之比和科创企业年均上市融资与 GDP 之比分别为 1.21%、0.39%，均排名区域第 1。

· 在绿色金融方面，天津绿色贷款余额与 GDP 之比达 35.0%，绿色债券余额与 GDP 之比为 2.56%，均排名区域第 1。

· 在普惠金融方面，2023 年，天津普惠小微企业贷款与 GDP 之比和普惠小微贷款企业获贷率分别为 22.8%、21.5%，均排名区域第 1。

· 在数字金融方面，天津金融科技企业数为 26 家，远高于区域内其他城市；金融科技创新监管试点项目数为 2 项，少于区域内其他城市。

· 在养老金融方面，天津基本养老保险渗透与企业年金职工开户渗透率分别为 73.2%、7.3%，均排名区域第 3。

3. 天津金融中心金融机构实力表现

在金融机构实力方面，天津金融机构实力在北部沿海地区中远远领先于区域平均水平，如图 4.2.4 所示。

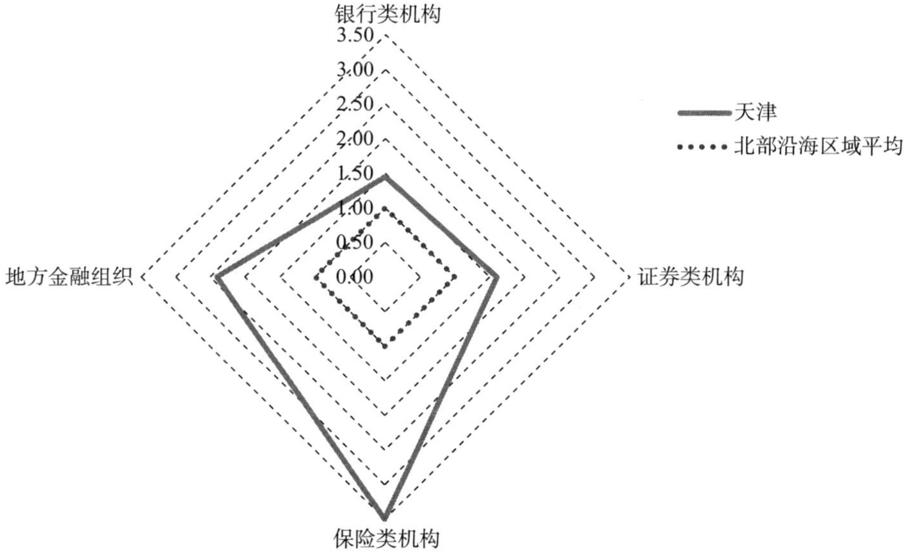

图 4.2.4　天津金融机构实力与北部沿海地区平均水平的比较

· 天津拥有本地法人商业银行 7 家，少于济南和石家庄；2023 年本地法人商业银行资产总规模为 33977 亿元，商业银行支行数量为 2120 家，均为区域内第 1。

·天津拥有本地法人保险公司7家,2023年本地法人保险公司资产规模为8005亿元,规模实力仅次于北京、深圳和上海。

·天津的小额贷款机构数量、融资租赁机构数量、商业保理机构数量均为区域内第1位。

4. 天津金融中心金融市场规模表现

在金融市场规模方面,天津在北部沿海地区中处于领先水平,如图4.2.5所示。

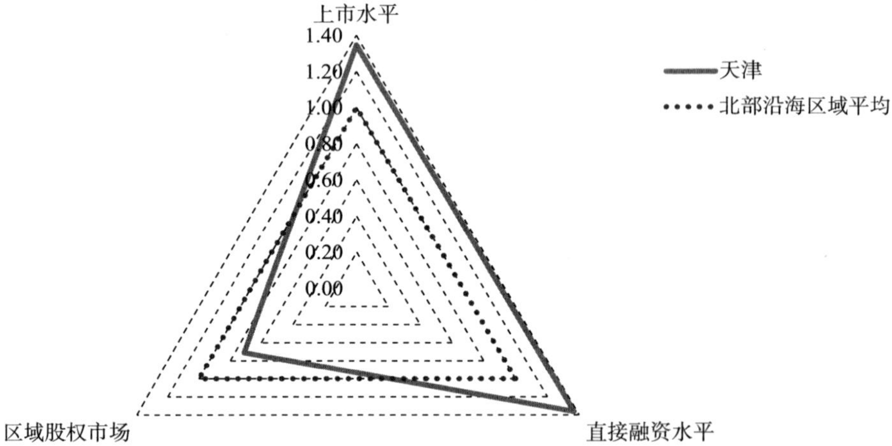

图4.2.5 天津金融市场规模与北部沿海地区平均水平的比较

·2023年天津本地A股上市公司数为71家,新三板挂牌公司数为123家,均为区域内第1;新增IPO公司数为3家,仅次于济南。

·2023年天津本地A股市场累计融资额为3299.2亿元,为区域内第1。

5. 天津金融中心金融生态环境表现

在金融生态环境方面,天津教育环境、城市环境、国际化程度方面优势相对明显,如图4.2.6、图4.2.7和图4.2.8所示。

·2023年天津普通高等学校在校学生数为74.2万人,普通高等学校数为57所,"双一流"高校数为6家,均位居区域内第1。

·天津人均公园绿地面积为8.3平方米,每百万人城市轨道交通里程为22.4公里,分别位居区域内第3和第2。

· 2023 年天津每万人拥有医院病床数为 48.9 张，落后于区域内其他城市。

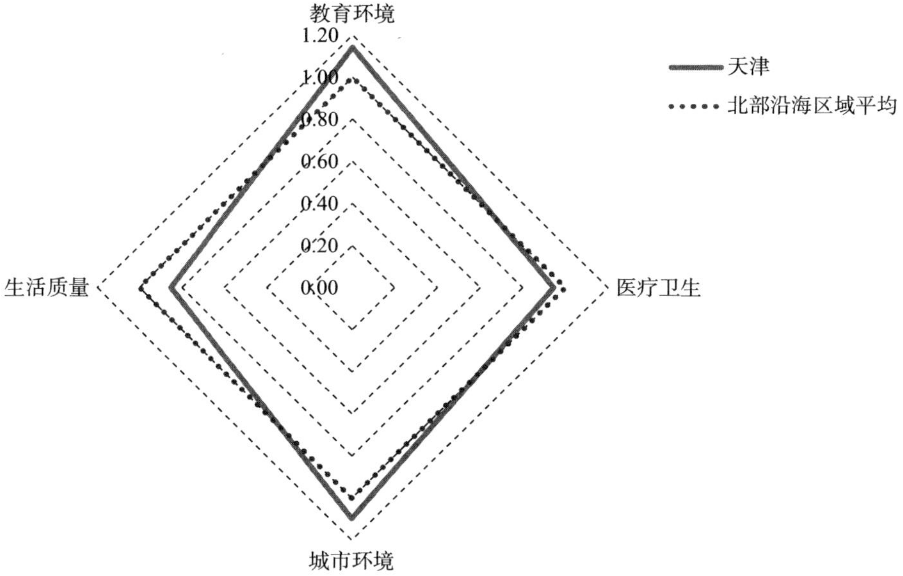

图 4.2.6　天津金融人才环境与北部沿海地区平均水平的比较

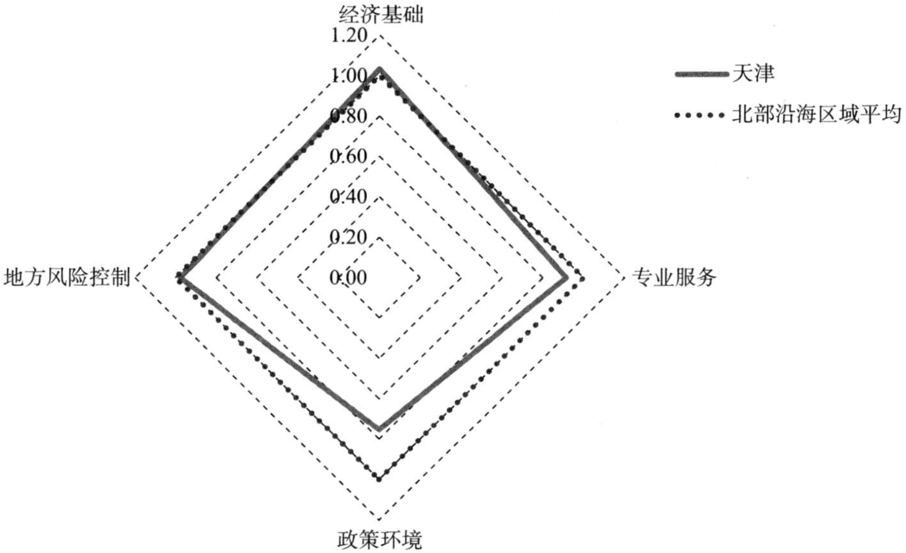

图 4.2.7　天津金融商业环境与北部沿海地区平均水平的比较

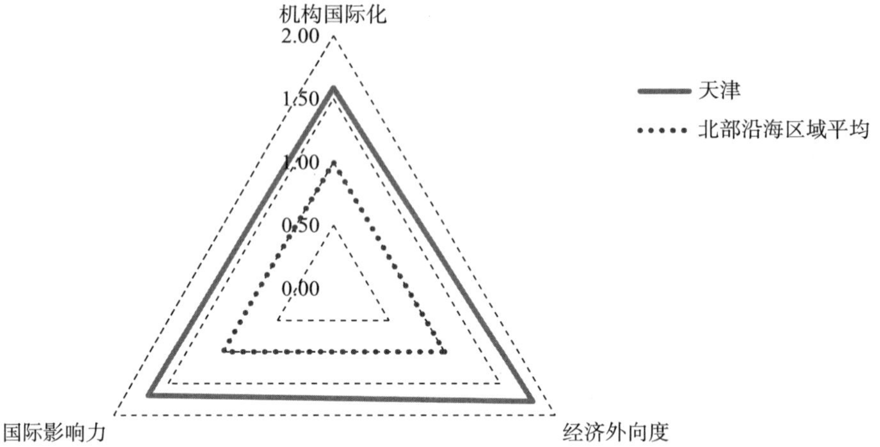

图 4.2.8　天津金融国际化程度与北部沿海地区平均水平的比较

· 天津拥有外资金融机构营业性机构 44 家,为区域内第 1。

· 2023 年天津当年实际利用外资总额为 57.8 亿美元,排名区域第 1;进出口总额为 1224.5 亿美元,为区域内第 2,略少于青岛。

4.3　济南金融中心评价

济南位于山东省的中部,南依泰山,北跨黄河。济南是中国东部沿海经济文化大省——山东省的省会,全省政治、经济、文化、科技、教育和金融中心,重要的交通枢纽。济南市早在"十一五"金融业发展规划中就提出,"经过 5 年努力,将济南建设成为与区域中心城市相适应,在全国占有重要地位的区域金融中心"。

1. 济南金融中心综合竞争力表现

从往期得分与排名来看,济南金融中心综合竞争力得分整体呈现上升趋势,综合竞争实力在区域内仅次于天津。根据第 16 期 CFCI 评价结果,济南金融中心综合竞争力得分为 44.19 分,较上期增长 0.6 分,排名上升 5 位,居全国第 15,如图 4.3.1 所示。

2023 年,济南市金融业实现增加值 1081.7 亿元,同比增长 6.5%,占地方生产总值比重为 8.5%。年度新增股票融资额 143.4 亿元,年末本外币存

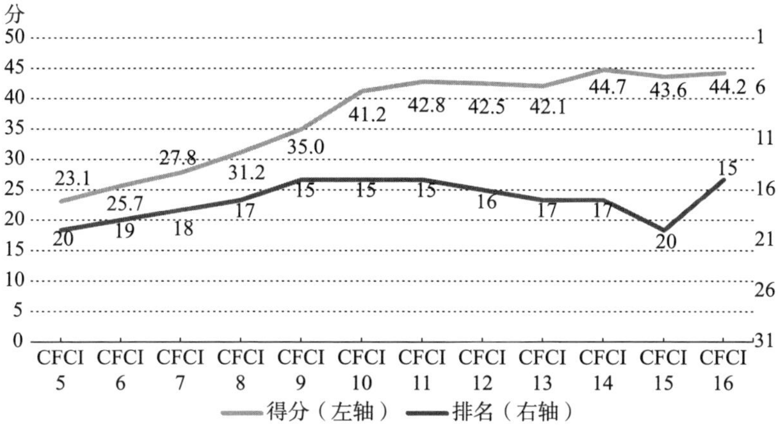

图 4.3.1　济南金融中心综合竞争力历次得分与排名

款余额达到 27953 亿元，本外币贷款余额达到 28757 亿元，全年保费收入为 695 亿元，年末保险深度达到 5.4%。

在本期 CFCI 指标评价方面，济南在金融产业绩效、金融机构实力、金融市场规模方面得分分别增长了 2.94%、0.90%、33.55%，金融产业绩效排名上升 4 位，金融市场规模排名上升 6 位，金融机构实力排名不变。金融生态环境得分下降 1.10%，排名下滑了 2 位（见表 4.3.1）。

表 4.3.1　济南在 CFCI 16 中的评价结果

评价分类	CFCI 16 得分	同比上期	得分增幅/%	CFCI 16 排名	排名变化
金融产业绩效	71.25	2.04	2.94	15	4
金融机构实力	22.59	0.20	0.90	18	0
金融市场规模	4.37	1.10	33.55	23	6
金融生态环境	86.72	-0.96	-1.10	14	-2
金融人才环境	8.61	0.02	0.25	14	-1
金融商业环境	9.13	-0.02	-0.21	11	-1
国际化环境	1.46	-0.22	-12.82	21	-1

2. 济南金融中心金融产业绩效表现

在金融产业绩效方面，济南金融从业人员比较具有优势，业务相对水平和金融业务规模处在北部沿海地区平均水平，如图 4.3.2 所示。

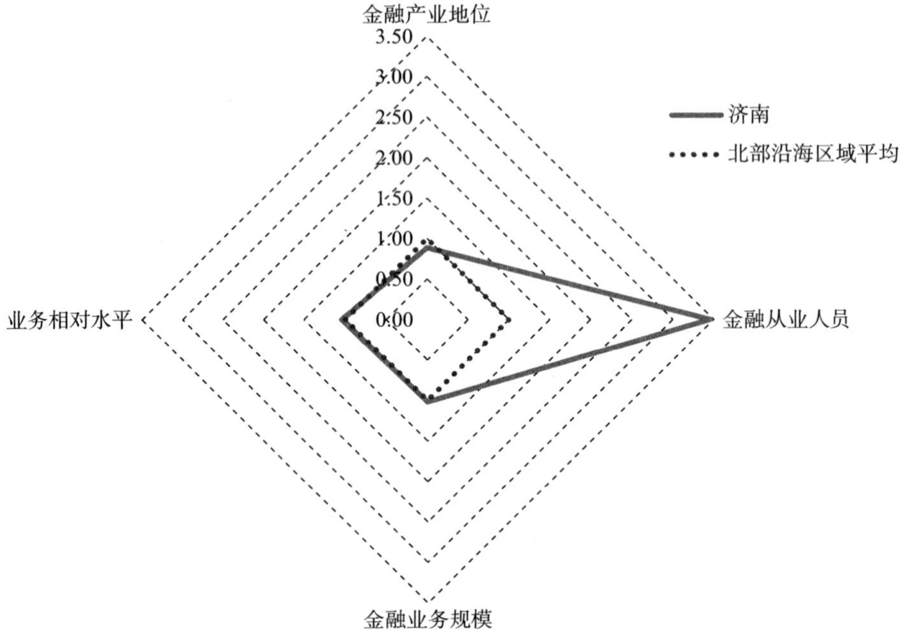

图 4.3.2 济南金融产业规模绩效与北部沿海地区平均水平的比较

· 2022 年,济南金融从业人员总数为 9.1 万人;金融从业人员三年平均增长率为 4.0%,增速排名区域内第 1。

· 2023 年,济南金融业增加值超越青岛,在区域内仅次于天津;金融业增加值三年平均增长率为 7.2%,为区域内第 2,略低于石家庄。

· 2023 年,济南金融机构本外币存款余额在区域内仅次于天津,金融机构本外币贷款余额排名区域第 3。

· 2023 年,济南保险密度达到人均 7363 元(常住人口统计口径),居区域内第 1。

在金融服务实体质效方面,济南在数字金融方面表现尤为突出,明显高于全国金融中心的平均水平,如图 4.3.3 所示。

· 在数字金融方面,济南金融科技企业数为 7 家,金融科技创新监管试点项目数为 11 项,项目数量远高于区域内其他城市,在全国排名第 6,仅次于北京、上海、广州、重庆和成都。

· 在普惠金融方面,2023 年,济南普惠小微企业贷款与 GDP 之比为 19.1%,居区域内第 3,普惠小微贷款企业获贷率为 15.8%,仅次于天津。

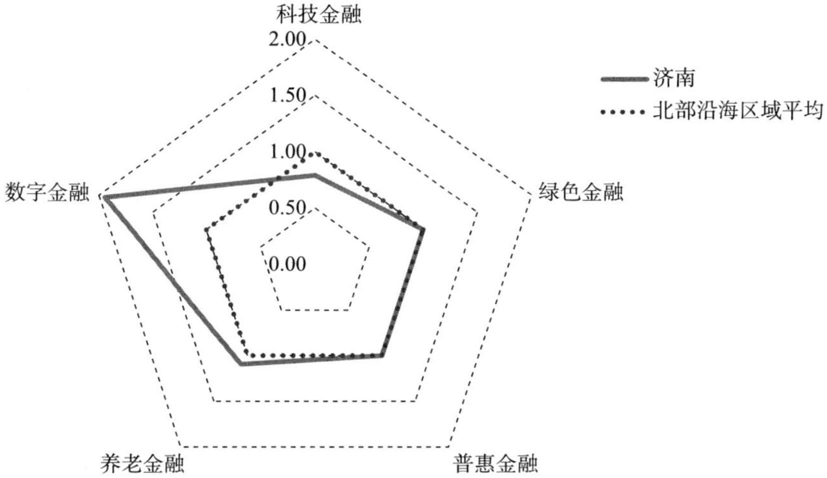

图 4.3.3　济南金融服务实体质效与全国性金融中心平均水平的比较

· 在绿色金融方面，济南绿色贷款余额与 GDP 之比和绿色债券余额与 GDP 之比分别为 27.8%、2.29%，均居区域内第 2。

· 在养老金融方面，济南基本养老保险渗透率为 81.5%，在区域内仅略低于青岛；企业年金职工开户渗透率为 11.8%，居区域第 1。

· 在科技金融方面，济南私募股权年均融资额与 GDP 之比为 0.68%，居区域最末；科创企业年均上市融资与 GDP 之比为 0.16%，低于天津，排名区域第 2。

专栏 4.3.1　济南持续推动数字金融发展

近年来，济南大力实施数字经济引领战略，在数字金融发展方面采取了一系列举措，并取得了显著成效。

加强政策引导与规划。济南市政府印发《济南市推动数据要素市场化配置改革加快数字经济发展行动方案（2024—2025 年）》（以下简称《行动方案》），明确济南将打造数据要素市场化配置改革的示范城市和数字先锋城市；发布了《济南市人民政府关于加快推进金融科技发展的实施意见》，明确提出以科技创新引领金融领域技术突破与场景拓展，推动金融科技产业在济南集聚和健康发展。围绕数字济南建设“1+4+N”工作体系，积极抢抓全球金融科技加速发展的重要机遇，引导金融机构充分运用现代科技成果创新金融产品、经营模式、业务流程。

创新推进数字人民币试点。创新数字人民币试点获批以来，济南扎实开展数字人民币试点,交通出行、政企收费、财政资金、缴税退税等 16 个大类场景全部实现数字人民币结算无缝嵌入,落地山东省首家数字人民币就医全渠道支付场景、山东省首笔数字人民币科创金融贷款业务。截至 2023 年末,济南共开立数字人民币钱包 264.34 万个,交易额 74.24 亿元,明显高于同批次试点城市。

探索数字金融服务新模式。济南整合金融、财政、工信、大数据、行政审批等部门资源,建设为全市公共数据助力融资服务的综合平台——“泉融通”平台,推动要素一网集成、服务一网通办。截至 2024 年 7 月,平台已入驻金融机构 106 家,上架金融产品及服务 371 款,办理新增贷款 173.60 亿元,推出数据产品 342 款,实现 26 款产品线上“即申即批、即批即得”。同时“泉融通”平台作为济南市公共数据授权运营试点,紧紧围绕金融机构数据需求,不断丰富数据产品及服务体系,其中“泉融通—齐鲁科创贷”“泉融 e 贷”“泉融 e 租”“泉融通—莱商科 e 贷”“泉融云链”“泉融保函”等多款公共数据线上产品正在陆续上线。

3. 济南金融中心金融机构实力表现

在金融机构实力方面,济南金融机构实力在北部沿海地区中落后于天津,略优于青岛、石家庄,与北部区域平均水平接近,如图 4.3.4 所示。

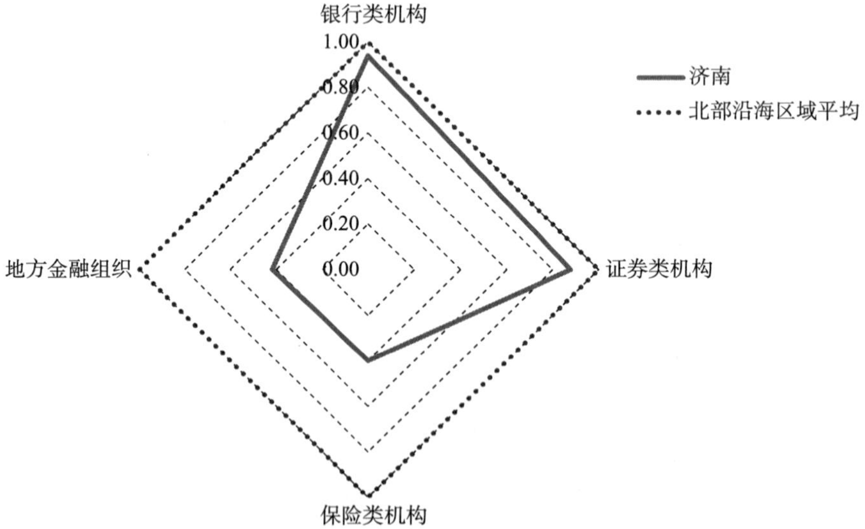

图 4.3.4　济南金融机构实力与北部沿海地区平均水平的比较

·2023 年济南拥有本地法人商业银行 9 家;本地法人商业银行资产总规模为 22515 亿元,是青岛的 2 倍,石家庄的 4 倍。

·2023 年济南本地法人证券公司资产总规模为 1957 亿元,期货公司资产规模为 373 亿元,均区域内第 1,远远超出区域内其他城市。

·济南拥有本地法人保险公司 3 家,2023 年本地法人保险公司资产规模为 263 亿元。

4. 济南金融中心金融市场规模表现

在金融市场规模方面,济南在区域股权市场方面劣势明显,如图 4.3.5 所示。

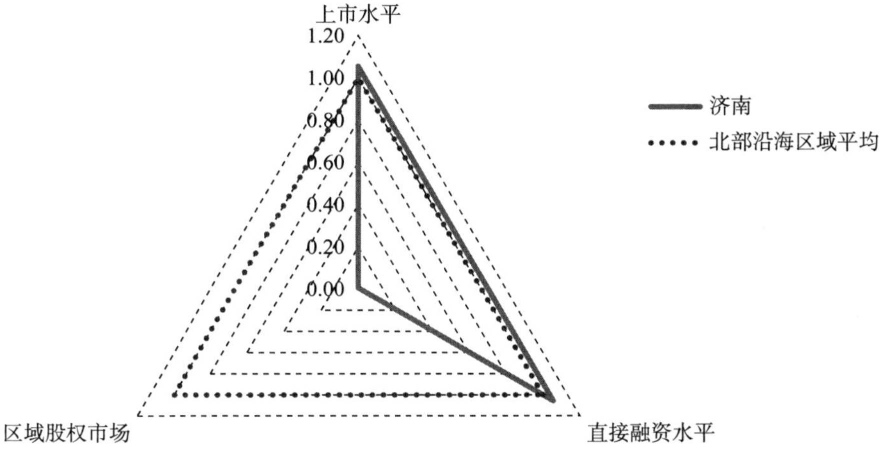

图 4.3.5 济南金融市场规模与北部沿海地区平均水平的比较

·2023 年济南本地 A 股上市公司数为 47 家,新三板挂牌公司数为 98 家;2023 年新增 IPO 公司数为 4 家。

·济南本地年度新增股票融资规模为 143.4 亿元,本地 A 股市场累计融资额为 1570.2 亿元。

5. 济南金融中心金融生态环境表现

在金融生态环境方面,济南医疗卫生、政策环境方面优势明显,国际化程度稍显不足,如图 4.3.6、图 4.3.7 和图 4.3.8 所示。

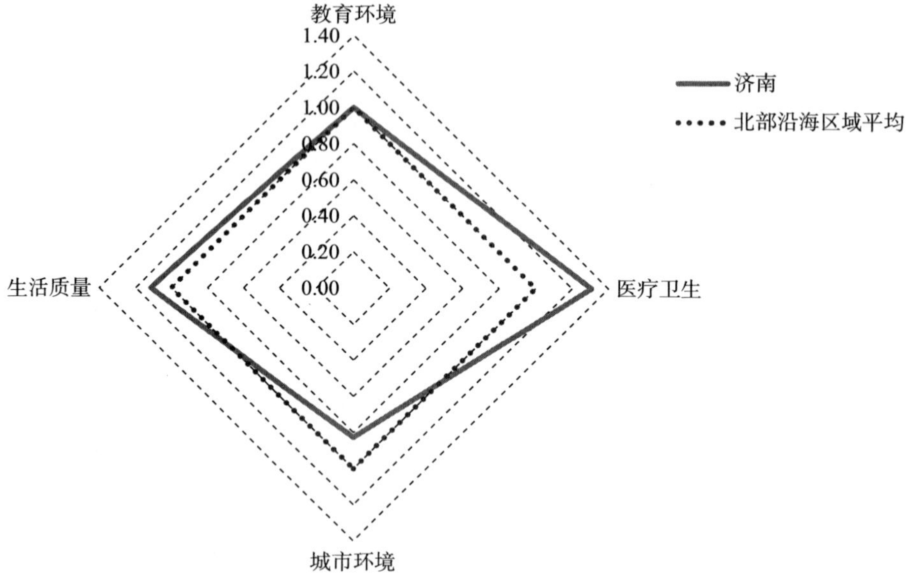

图 4.3.6　济南金融人才环境与北部沿海地区平均水平的比较

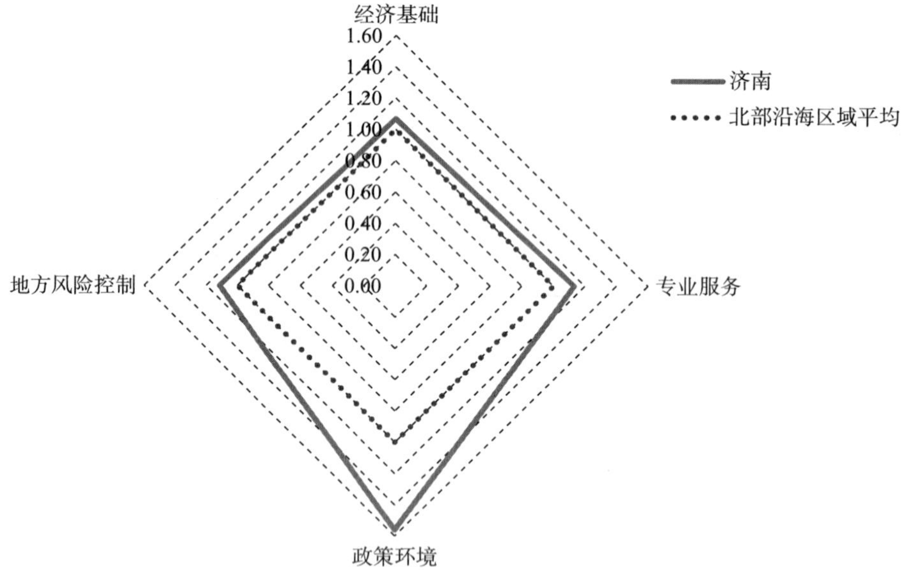

图 4.3.7　济南金融商业环境与北部沿海地区平均水平的比较

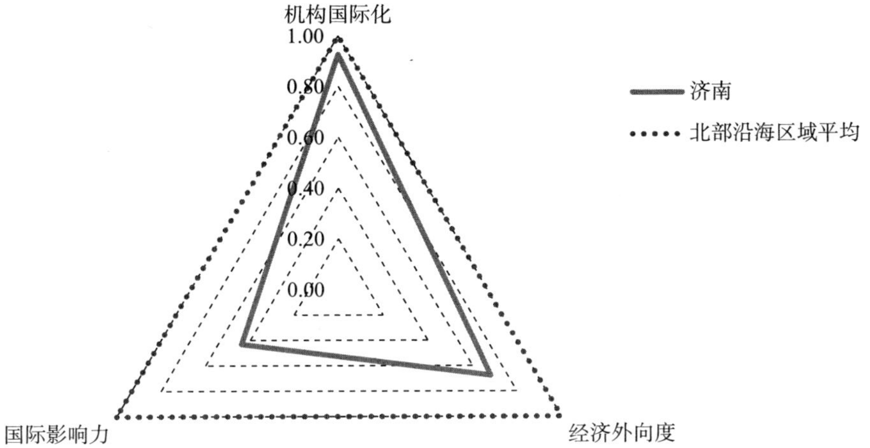

图 4. 3. 8　济南金融国际化程度与北部沿海地区平均水平的比较

· 2023 年济南每万人拥有医院病床数为 75. 2 张，每万人拥有执业医师数为 49. 8 人，均为区域内第 1。

· 2023 年济南金融业发展促进政策支持力度居区域内第 1。

· 2023 年济南地方风险控制能力较好，银行业不良贷款率为 0. 67%，为区域内最低。

· 2023 年济南当年实际利用外资总额为 24. 8 亿美元，不及天津的 1/2。

4. 4　青岛金融中心评价

青岛市位于山东半岛南端，是中国重要的经济中心城市和沿海开放城市，是国家级历史文化名城和风景旅游、度假胜地。青岛在 2004 年就提出建设区域性金融中心。

1. 青岛金融中心综合竞争力表现

如图 4. 4. 1 所示。

根据第 16 期 CFCI 评价结果，青岛综合竞争力得分为 41. 16 分，较上期下降 3. 39 分，综合竞争力排名下降 6 位，居全国第 21 位。近年来金融从业人员大幅下降是综合竞争力下降的主要原因之一。

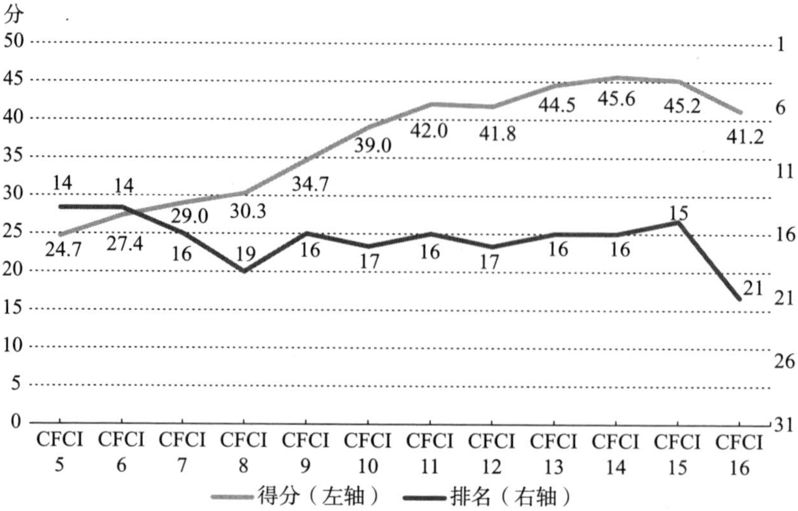

图 4.4.1　青岛金融中心综合竞争力历次得分与排名

本期 CFCI 中,青岛在金融机构实力得分上实现小幅增长,得分增长 1.19%,但排名不变;金融产业绩效得分出现较大幅度下降,排名下降 5 位;金融市场规模和金融生态环境得分小幅下降,金融市场规模排名不变,金融生态环境排名下降 1 位(见表 4.4.1)。

表 4.4.1　青岛在 CFCI 16 中的评价结果

评价分类	CFCI 16 得分	同比上期	得分增幅/%	CFCI 16 排名	排名变化
金融产业绩效	53.30	-14.32	-21.18	26	-5
金融机构实力	20.51	0.24	1.19	21	0
金融市场规模	7.53	-0.20	-2.53	19	0
金融生态环境	92.02	-2.37	-2.52	11	-1
金融人才环境	8.24	-0.10	-1.17	20	-3
金融商业环境	9.15	0.19	2.12	10	2
国际化环境	2.98	-0.62	-17.16	10	-2

2. 青岛金融中心金融产业绩效表现

在金融产业绩效方面,青岛表现相对不佳,如图 4.4.2 所示。

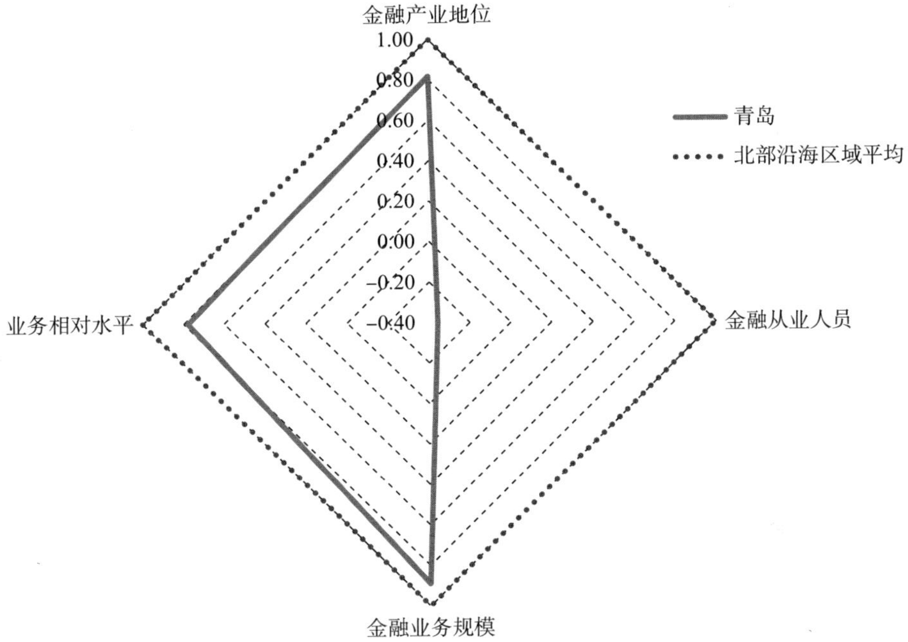

图 4.4.2　青岛金融产业绩效与北部沿海地区平均水平的比较

· 2023 年青岛金融业增加值为 1040. 9 亿元,金融业增加值三年平均增长率为-6. 5%,排名区域内第 3。

· 2022 年青岛金融从业人员总数为 8. 8 万人,金融从业人员三年平均增长率为 12. 5%。

· 2023 年青岛金融机构本外币存款余额为 27114 亿元,居区域第 3;金融机构本外币贷款余额为 30147 亿元,居区域第 2。

· 2023 年青岛保费收入为 541 亿元,保险深度为 3. 4%,保险密度为 5215 元/人,均居区域最末。

在金融服务实体质效方面,青岛在养老金融方面表现优于区域平均水平,如图 4. 4. 3 所示。

· 在养老金融方面,青岛基本养老保险渗透为 81. 8%,排名区域第 1。企业年金职工开户渗透率为 11. 2%,排名区域第 2。

· 在科技金融方面,青岛私募股权年均融资额与 GDP 之比和科创企业年均上市融资与 GDP 之比分别为 0. 87% 、0. 12%,均排名区域第 3。

· 在绿色金融方面,青岛绿色贷款余额与 GDP 之比达 27. 8%,排名区域

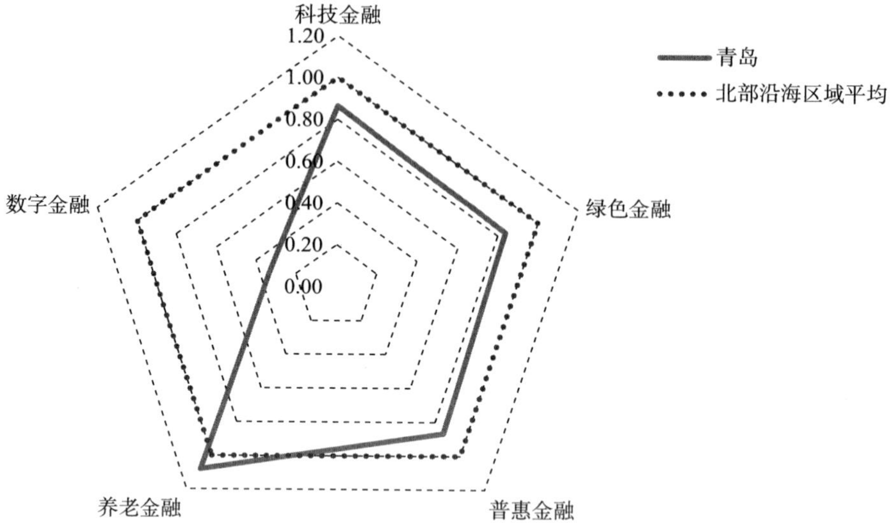

图 4.4.3　青岛金融服务实体质效与全国性金融中心平均水平的比较

第 3;绿色债券余额与 GDP 之比为 1.10%,排名区域最末。

·在普惠金融方面,2023 年,青岛普惠小微企业贷款与 GDP 之比为 17.9%,排名区域最末;普惠小微贷款企业获贷率为 13.2%,排名区域第 3。

·在数字金融方面,青岛金融科技企业数为 10 家,排名区域第 2;金融科技创新监管试点项目数为 0 项。

3. 青岛金融中心金融机构实力表现

在金融机构实力方面,青岛在证券类机构方面优于区域平均水平,如图 4.4.4 所示。

·2023 年青岛拥有本地法人证券公司 2 家,为区域内第 1,本地法人证券公司资产总规模为 585 亿元。

·2023 年青岛私募基金管理人有 365 家,私募基金数量 2469 只,均为区域内第 1。

·2023 年青岛拥有本地法人商业银行 2 家,为区域内最少。

·2023 年青岛本地法人保险公司有 1 家,本地法人保险公司资产规模为 28 亿元,大幅落后于区域平均水平。

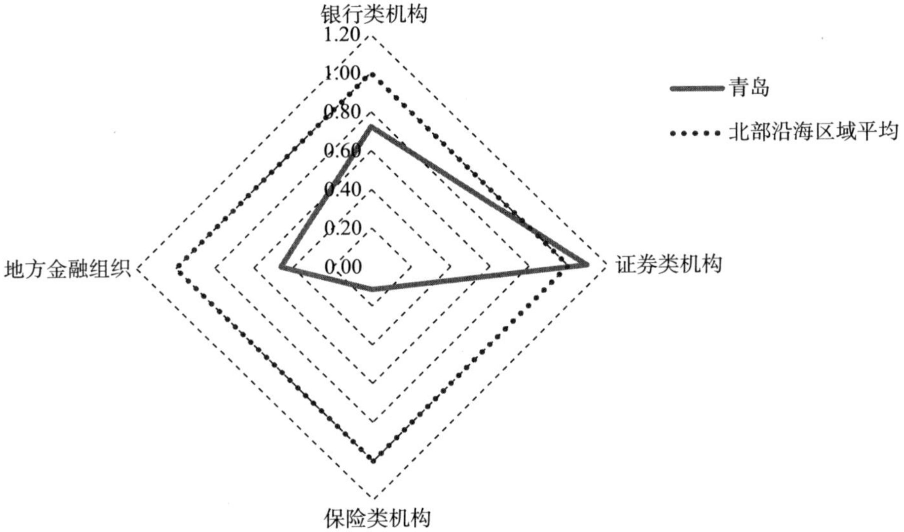

图 4.4.4　青岛金融机构实力与北部沿海地区平均水平的比较

4. 青岛金融中心金融市场规模表现

在金融市场规模方面,青岛在上市水平和区域股权市场方面在北部沿海地区中处于领先水平,如图 4.4.5 所示。

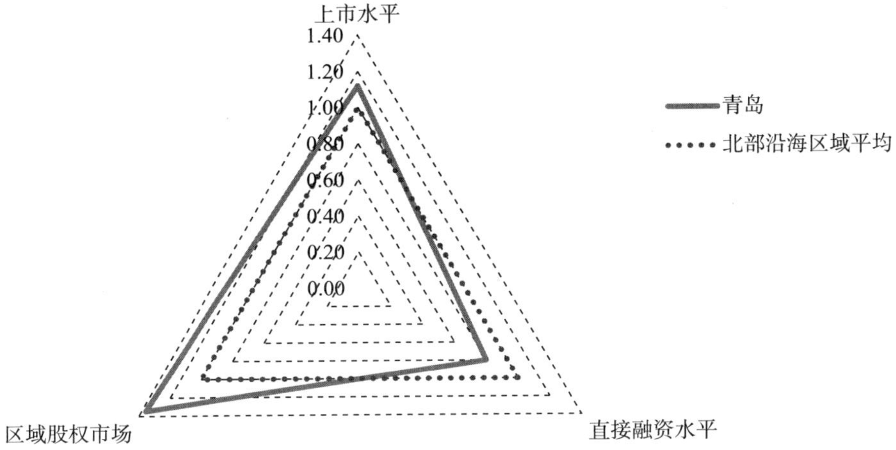

图 4.4.5　青岛金融市场规模与北部沿海地区平均水平的比较

· 2023 年青岛本地 A 股上市公司数为 65 家,新增 A 股上市公司 2 家,新三板挂牌公司数为 64 家;区域股权市场拥有的挂牌公司数为 2217 家,为区域内第 1。

5. 青岛金融中心金融生态环境表现

在金融生态环境方面,青岛金融生态环境整体优于区域平均,在城市环境、地方风险控制和国际化程度方面优势明显,如图 4.4.6、图 4.4.7 和图 4.4.8 所示。

· 2023 年青岛空气质量优良率为 82.2%,每百万人城市轨道交通里程为 31.5 公里,日航班次数为 465 个,均为区域内第 1。

· 2023 年青岛地方政府负债率为 39.6%,地方政府债务率为 467%,均为区域内最低;近 3 年无违约债券余额,为区域内最好。

· 青岛拥有外资金融机构营业性机构 29 家,为区域内第 2。

· 2023 年青岛当年实际利用外资总额为 37.5 亿美元。进出口总额为 1339.2 亿美元,为区域内第 1。

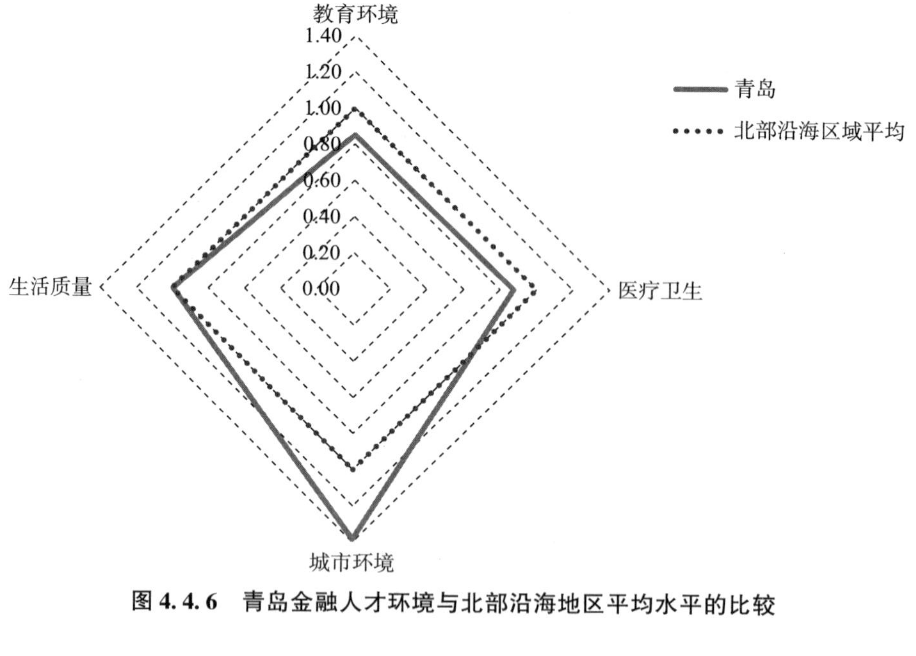

图 4.4.6 青岛金融人才环境与北部沿海地区平均水平的比较

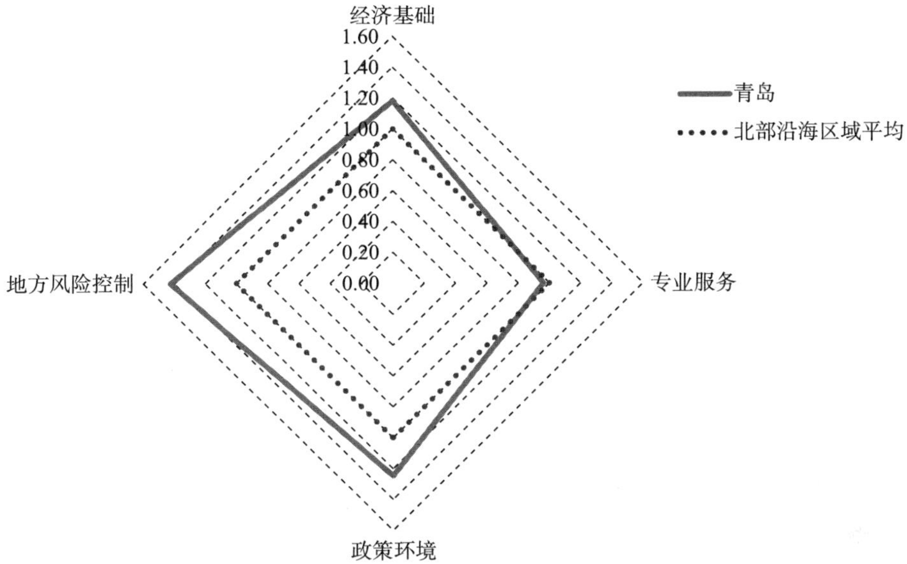

图 4.4.7　青岛金融商业环境与北部沿海地区平均水平的比较

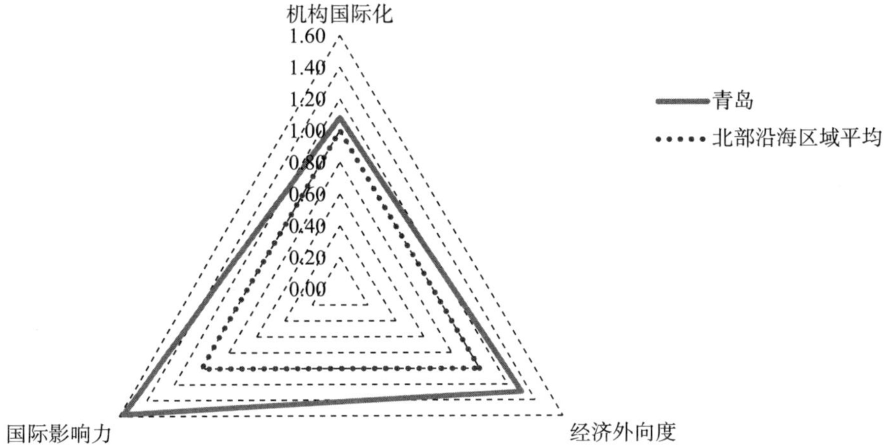

图 4.4.8　青岛金融国际化程度与北部沿海地区平均水平的比较

第 5 章　东部沿海地区金融中心评价

5.1　总体评价

本期中国金融中心指数评价东部沿海地区包括江苏省和浙江省。江苏省、浙江省位于长江三角洲地区，与上海、安徽共同构成长江三角洲城市群；江苏、浙江也是全国经济强省，2023 年 GDP 排名分别居全国第 2 和第 4。地区内有 7 个城市纳入本期中国金融中心指数评价，分别是杭州市、南京市、宁波市、苏州市、温州市、无锡市和徐州市。

1. 综合竞争力表现

如表 5. 1. 1 和图 5. 1. 1 所示。

表 5. 1. 1　东部沿海地区金融中心在 CFCI 16 中的评价结果

城市	综合竞争力		金融产业绩效		金融机构实力		金融市场规模		金融生态环境	
	得分	排名	得分	排名	得分	排名	得分	排名	得分	排名
杭州	77. 69	5	126. 44	4	60. 17	5	18. 26	7	112. 65	6
南京	62. 82	7	105. 07	7	41. 13	9	10. 60	12	102. 45	8
苏州	56. 50	11	96. 00	8	27. 18	15	17. 31	8	94. 77	10
宁波	45. 86	14	68. 91	17	29. 01	12	11. 21	11	80. 87	18
温州	33. 41	25	59. 45	22	13. 94	32	2. 47	31	64. 46	28
无锡	40. 22	22	67. 40	19	17. 53	26	9. 87	15	73. 59	23
徐州	27. 85	35	44. 82	34	8. 00	38	1. 87	35	63. 91	29

· 东部沿海地区金融中心综合竞争力整体水平差异明显，杭州、南京、苏州长期处于领先水平，宁波在近两期超过全国平均水平，无锡、温州排名

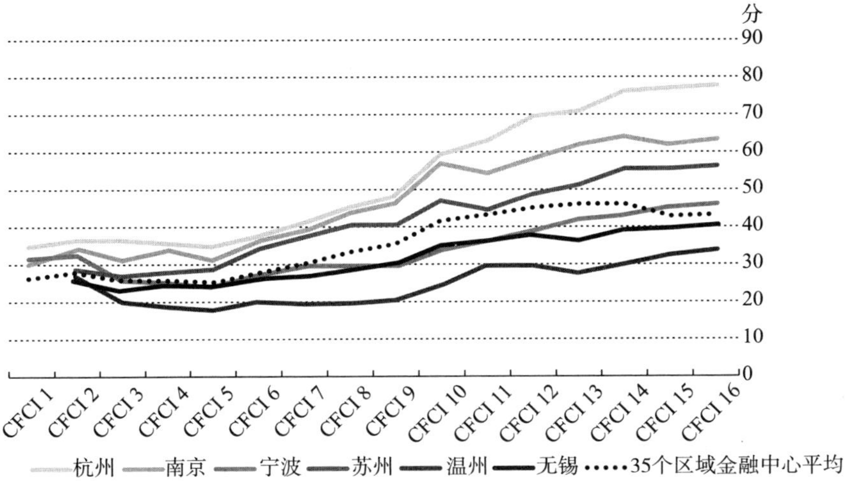

图 5.1.1 东部沿海地区金融中心历期 CFCI 综合竞争力得分

相对靠后。苏州、杭州金融中心综合竞争力得分增速明显快于温州、无锡，差距有所扩大。

· 杭州金融中心在东部沿海地区排名第 1，在全国排名第 5，排名与上期持平。

· 南京金融中心在东部沿海地区排名第 2，在全国排名第 7，排名较上期提升一位。

· 苏州金融中心在东部沿海地区排名第 3，在全国排名第 11，排名较上期下降一位。

· 宁波金融中心在东部沿海地区排名第 4，在全国排名第 14，本期排名上升 3 名；本期综合竞争力得分 45.86，较上期增长 0.72 分。

2. 金融产业绩效分项表现

如表 5.1.1 和图 5.1.2 所示。

· 本期东部沿海地区各中心的金融产业绩效得分均保持增长，除与上期持平的南京和新进的徐州外，各中心本项排名较上期均有所上升。

· 本期苏州和南京得分提升程度区域领先，金融产业绩效得分分别上升 2.7 分和 2.04 分，金融产业绩效排名分别居全国第 8 位和第 7 位，苏州上升 1 位。

·本期温州金融产业绩效得分位居全国第 22,排名和得分分别较上期上升 9 位和 0.62 分。

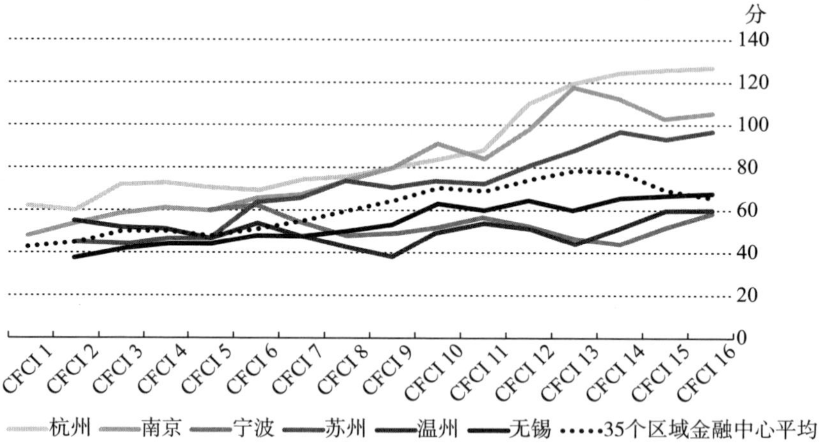

图 5.1.2　东部沿海地区金融中心历期金融产业绩效得分

3. 金融机构实力分项表现

如表 5.1.1 和图 5.1.3 所示。

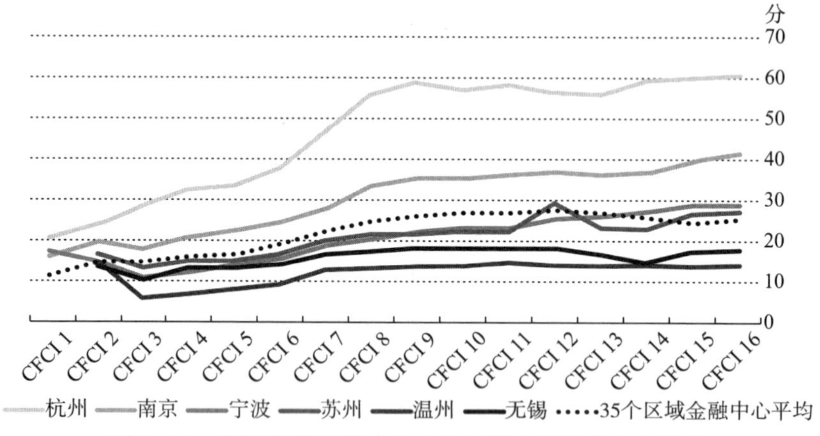

图 5.1.3　东部沿海地区金融中心历期金融机构实力得分

·本期东部沿海地区 6 个金融中心的金融机构实力评价得分均有所上升,其中宁波较上期提升 1 位,位列全国第 12。

·杭州金融机构实力领跑东部沿海地区,其本项得分较区域内其他中心已拉开较大差距,本期得分 60.17 分,同比上升 0.39 分,相较于区域内排名第2的南京高出将近20分，排名全国第5位。

·宁波金融机构实力得分29.01分，同比上升0.27分，排名全国第12位，较上期上升1位，是本期区域内唯一实现该项排名上升的城市。

4. 金融市场规模分项表现

如表5.1.1和图5.1.4所示。

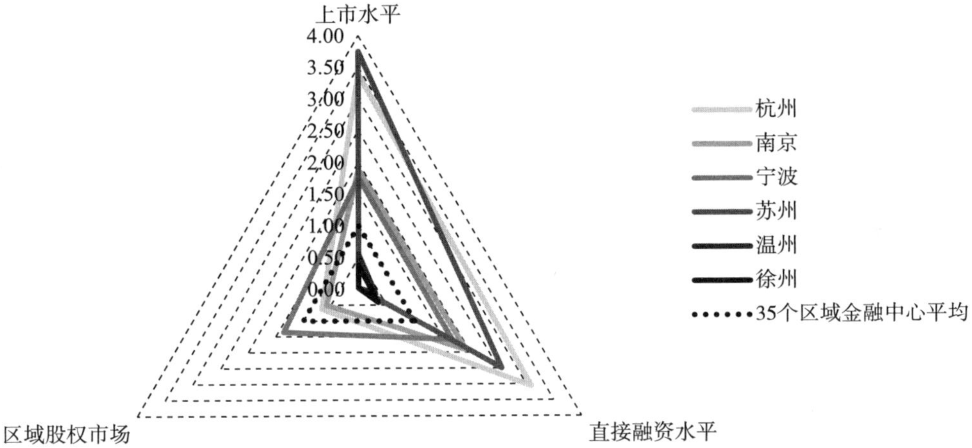

图5.1.4　东部沿海地区各金融中心的金融市场规模分项对比

·本期东部沿海地区各金融中心的金融市场规模得分评价中，杭州和无锡实现得分上升，分别较上期增加1.3分和1.27分，达到18.26分和9.87分，位列全国第7和第15，均较上期上升1位。

·温州金融中心的金融市场规模得分本期为2.47分，较上期下降1.12分，排名全国第31位，较上期下降4位。

5. 金融生态环境分项表现

如表5.1.1和图5.1.5所示。

·在本期金融生态环境评价中，区域内除南京外的所有金融中心城市均实现得分上升，其中上升幅度最大的是温州，其本期本项评分为64.46分，较上期上升5.69分，位列全国第28，较上期提升4位。

·苏州、宁波和无锡除保持得分增长外，排名均较上期提升1位，分别位列全国第10、第18和第23。

· 南京本期金融生态环境得分有所下滑,得分为 102.45 分,较上期轻微下滑 0.38 分,排名全国第 8 位,与上期持平。

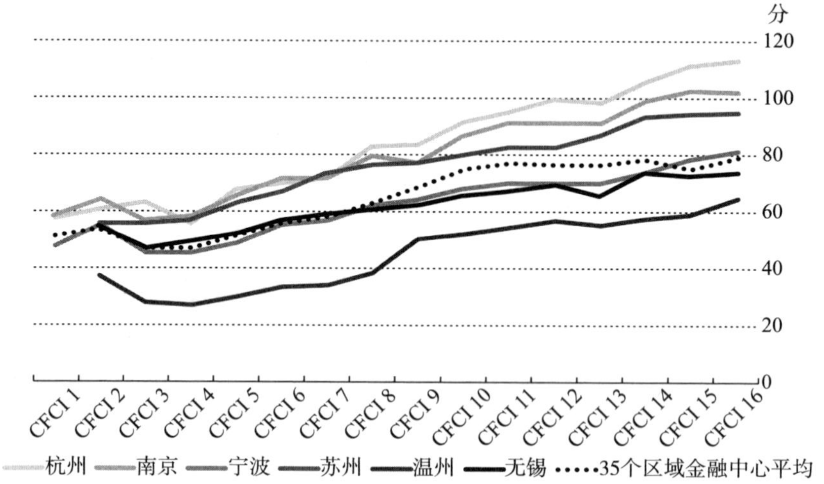

图 5.1.5　东部沿海地区金融中心历期金融生态环境得分

5.2　杭州金融中心评价

杭州是浙江省省会,长江三角洲中心城市之一;是首批国家历史文化名城,中国著名的七大古都之一,以“东南名郡”著称于世;因风景秀丽,素有“人间天堂”的美誉。2023 年杭州成功举办亚运会,同年 GDP 突破 2 万亿元大关,成为全球第 8 个经济总量突破 2 万亿元的城市,金融业增加值达到 2490 亿元,持续推进国际金融科技中心和新兴金融中心建设。

1. 杭州金融中心综合竞争力表现

如图 5.2.1 和表 5.2.1 所示。

从往期得分与排名来看,杭州金融中心综合竞争力得分稳步上升,排名较为稳定稍有波动,当前已连续 5 期位列全国第 5,在东部沿海区域位列第 1。在本期评价中,杭州综合竞争力评分达到 77.7 分,较上期增加 0.87 分。

杭州本期的 4 个分项评分皆有上升,金融产业绩效、金融机构实力、金融市场规模和金融生态环境分别上升 0.77 分、0.39 分、1.30 分和 1.11 分,分列全国第 4 位、第 5 位、第 7 位、第 6 位，其中金融产业绩效和金融市场规模分别较上期提升 1 位。

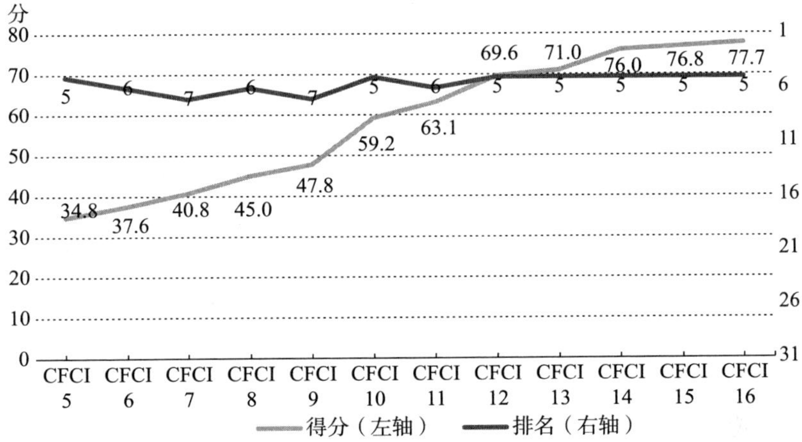

图 5.2.1　杭州金融中心综合竞争力历次得分与排名

表 5.2.1　杭州在 CFCI 16 中的评价结果

评价分类	CFCI 16 得分	同比上期	得分增幅/%	CFCI 16 排名	排名变化
金融产业绩效	126.44	0.77	0.61	4	1
金融机构实力	60.17	0.39	0.66	5	0
金融市场规模	18.26	1.30	7.67	7	1
金融生态环境	112.65	1.11	1.00	6	0
金融人才环境	10.15	0.55	5.78	8	0
金融商业环境	10.18	-0.24	-2.32	8	-2
国际化环境	4.62	-0.07	-1.40	5	0

2. 杭州金融中心金融产业绩效表现

在金融产业绩效方面，杭州金融业务规模和业务相对水平在东部沿海地区具有优势，如图 5.2.2 所示。

· 2023 年，杭州金融业增加值 2490.0 亿元，同比增长 7.7%，位列全国第 8 位。

· 2022 年，杭州金融从业人员总数 11.5 万人，为区域内第 1。

· 2023 年，金融机构本外币存、贷款余额分别为 77589 亿元和 68642 亿元,均居全国城市第 5 位和区域第 1 位。

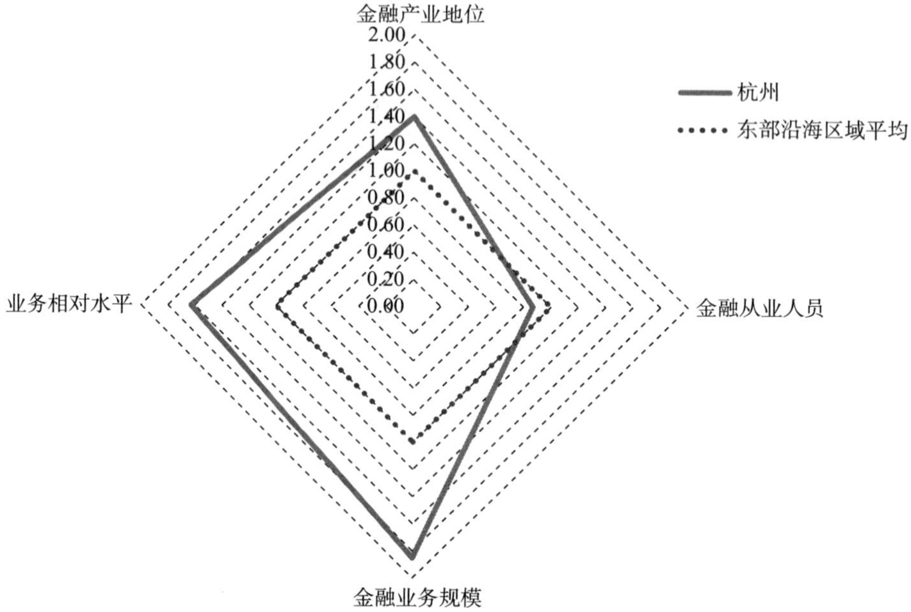

图 5.2.2　杭州金融产业绩效与东部沿海地区平均水平的比较

3. 杭州金融中心金融服务实体质效实力表现

在金融服务实体质效实力方面,杭州金融服务实体相对水平在东部沿海地区具有优势,如图 5.2.3 所示。

· 杭州金融服务实体质效整体高于区域平均,整体位列全国第 4,其中普惠金融、科技金融和数字金融优势突出,分项得分分别位列全国第 1、第 4 和第 4,其中数字金融在区域内优势最为突出。

· 截至目前,杭州拥有 82 家金融科技企业,且辖内有 11 个金融科技创新监管试点项目,均为区域内第 1 位,国际金融科技中心建设如火如荼。

· 2023 年杭州普惠小微企业贷款和私募股权融资额分别达到 11784 亿元和 1030.96 亿元,分别位居全国第 1 和第 4,均位居区域内第 1。

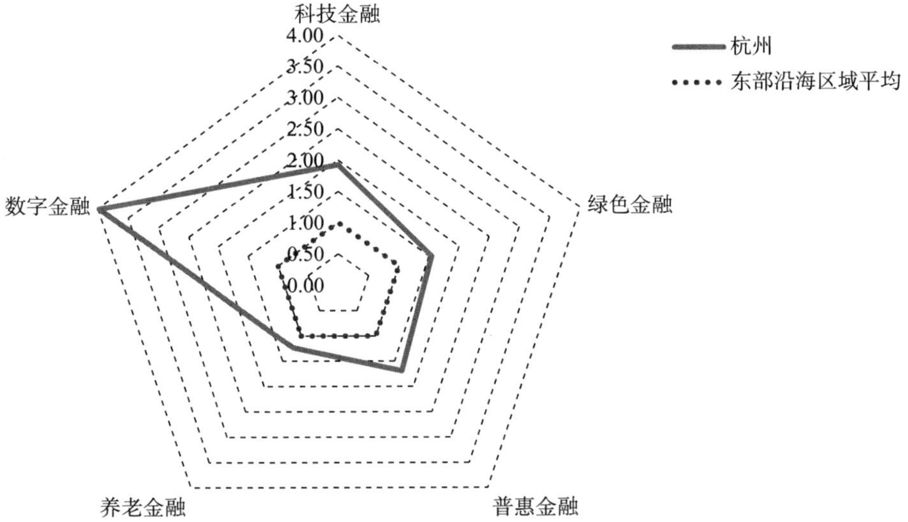

图 5.2.3　杭州金融服务实体质效与东部沿海地区平均水平的比较

专栏 5.2.1　杭州金融科技创新监管试点成效突出

2020 年 4 月,央行宣布扩大金融科技创新监管试点至上海市、重庆市、深圳市、河北雄安新区、杭州市、苏州市。2020 年 8 月杭州暨成功推动第一批 4 个项目进入金融科技创新监管试点,随后在 2021 年 5 月推动第二批 4 个项目进入试点,2024 年 3 月推动第三批 1 个项目进入试点,2024 年 7 月成功推动第四批 2 个项目进入试点,截至目前已有 6 个项目成功完成试点测试。杭州结合自身互联网、数字产业优势等特点,重点攻坚风控、核验、绿色金融、科技金融和普惠金融等发展痛点,进一步提升了金融业界所提供服务的质量和水平,扩大了服务范围并提升了服务便捷性,优化了风险控制措施并提高了风险处理水平,使金融能够更好地服务更广泛的市场主体。

专表 5.2.1　杭州金融科技创新监管试点项目

序号	项目名称	应用类型	申请机构
1	“亿亩田”——基于卫星遥感和人工智能技术的智能化农村	金融服务	浙江网商银行股份有限公司
2	基于可信身份认证的智能银行服务	金融服务	杭州银行股份有限公司
3	基于商贸物流供应链的风控平台	科技产品	传化公路港物流有限公司

续表

序号	项目名称	应用类型	申请机构
4	基于知识图谱的风控产品	科技产品	传化支付有限公司
5	基于人工智能的信用卡安全申领服务	金融服务	中国建设银行股份有限公司杭州分行
6	基于区块链技术的权益保护系统	科技产品	杭州海康威视数字技术股份有限公司
7	基于隐私计算技术的数据核验系统	科技产品	中国农业银行股份有限公司浙江省分行
8	基于人工智能的辅助风控产品	科技产品	中国工商银行有限公司浙江省分行
9	基于隐私计算技术的资金流水核验服务	金融服务	杭州征信有限公司
10	基于大数据技术的科技型小微企业融资服务	金融服务	中国建设银行股份有限公司杭州分行
11	基于大数据技术的小微企业融资服务	金融服务	中钞信用卡产业发展有限公司杭州区块链技术研究院

4. 杭州金融中心金融机构实力表现

在金融机构实力方面,杭州金融机构实力大幅领先东部沿海区域其他城市,其中保险类机构和证券类机构实力优势尤为突出,如图 5.2.4 所示。

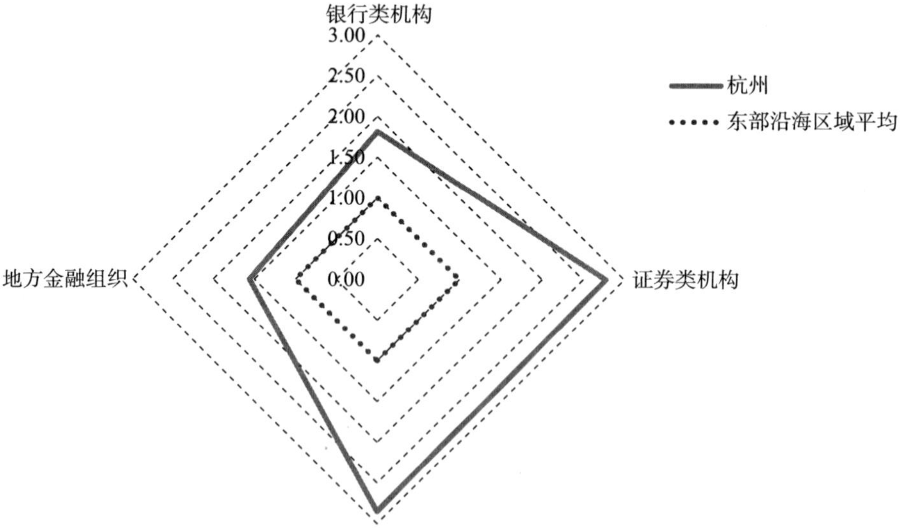

图 5.2.4 杭州金融机构实力与东部沿海地区平均水平的比较

· 杭州法人商业银行的优势在于资产规模较大，2023 年总资产规模达到 67979 亿元，领先于区域内其他金融中心；商业银行支行数量达到 1706 家，居于区域首位。

· 截至目前，杭州共有证券类法人机构 16 家，其中法人证券公司 3 家、期货公司 10 家、证券公司专项业务子公司 2 家、法人公募机构 1 家，除公募数量和规模外，杭州皆领先于区域内其他城市。截至 2024 年上半年，已备案登记私募基金管理人 1257 家，产品数量达到 9148 个，是区域内其他城市的数倍之多。

· 杭州拥有本地法人保险公司 3 家，拥有本地法人保险公司资产规模 2095 亿元，均为区域内第 1 位。

5. 杭州金融中心金融市场规模表现

在金融市场规模方面，杭州上市水平在东部沿海地区中处于领先水平，如图 5. 2. 5 所示。

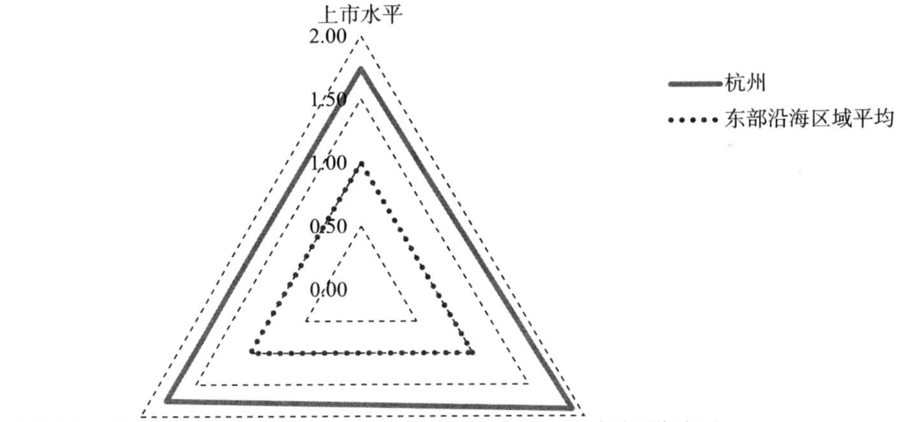

图 5. 2. 5　杭州金融市场规模与东部沿海地区平均水平的比较

· 杭州缺少全国性金融市场，但在资本市场利用水平方面表现优异。2023 年，杭州本地 A 股上市公司数 225 家，居区域内第 1，全年新增 A 股上市公司数 14 家，为区域内第 2 位；杭州累计境内股票市场融资规模 5642. 63 亿元，为区域内第 1 位。

6. 杭州金融中心金融生态环境表现

在金融生态环境方面,杭州在专业服务和国际化程度方面优势明显,如图 5. 2. 6、图 5. 2. 7 和图 5. 2. 8 所示。

· 截至 2024 年上半年,杭州拥有 396 家专业保险中介机构,位居区域内第 2。

· 2023 年杭州每万人拥有医院病床 75. 87 张,为区域内第 1 位;每万人拥有执业医师 50. 31 人,为区域内第 1 位。

· 杭州拥有外资金融机构营业性机构 38 家,区域内仅次于南京。

· 2023 年,杭州当年实际利用 FDI 总额为 88. 3 亿美元,为区域内第 1。

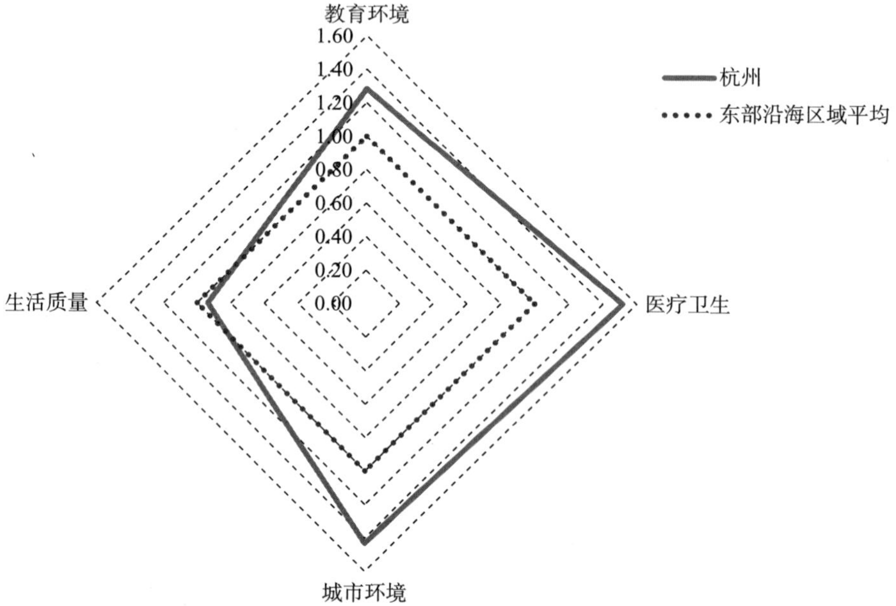

图 5. 2. 6　杭州金融人才环境与东部沿海地区平均水平的比较

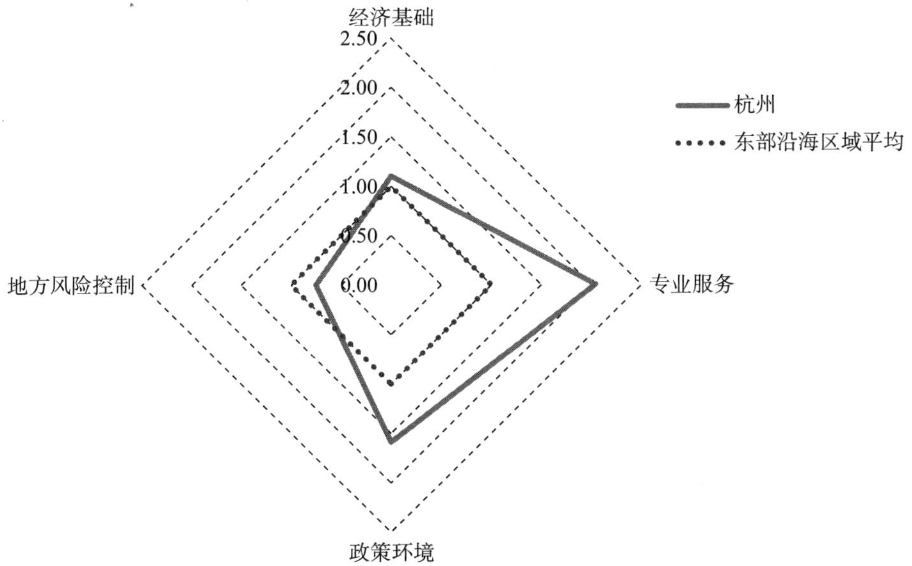

图 5.2.7　杭州金融商业环境与东部沿海地区平均水平的比较

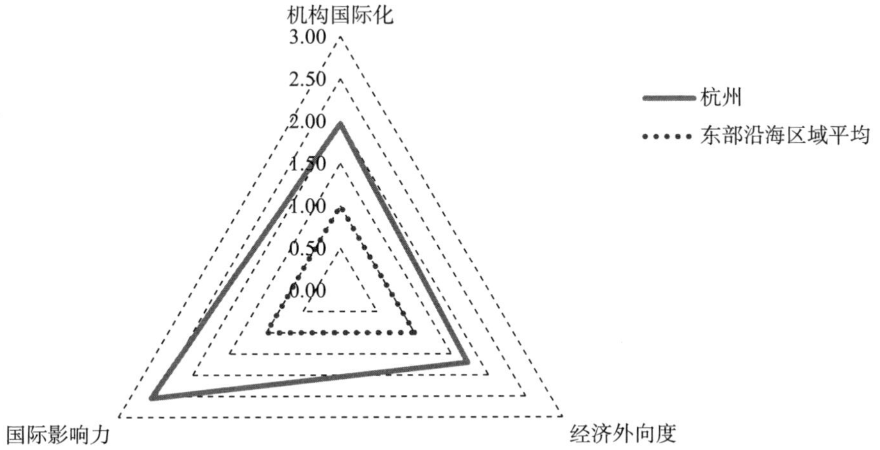

图 5.2.8　杭州金融国际化程度与东部沿海地区平均水平的比较

5.3　南京金融中心评价

南京是江苏省省会，地处中国东部、长江下游，濒江近海，是长三角辐射带动中西部地区发展的重要国家门户城市，长期以来都是中国南方的政治、经济、文化中心之一。2023 年南京 GDP 达到 17421.4 亿元，位居区域内第

3。南京"十四五"规划中提出,努力把南京建设成为南京都市圈金融要素配置的重要枢纽,上海国际金融中心是辐射带动区域金融一体化发展的重要战略支点,基本建成具有持续创新能力、专业特色和国际化特征的重要金融中心,2023 年成功获批国家级科创金融改革试验区。

1. 南京金融中心综合竞争力表现

如图 5. 3. 1 和表 5. 3. 1 所示。

近 10 年来,南京的综合竞争力得分几乎翻倍,本期综合竞争力得分达到 62. 8 分。从往期得分与排名来看,南京金融中心综合竞争力得分基本处于稳步上升趋势,在东部沿海地区中排名仅次于杭州,在全国排名稳步提升至第 7 名,金融中心竞争优势凸显。

本期 CFCI 南京综合竞争力排名全国第 7,较上期上升 1 名。南京在金融产业绩效和金融机构实力的得分上均实现增长,金融市场规模和金融生态环境得分有所下降。

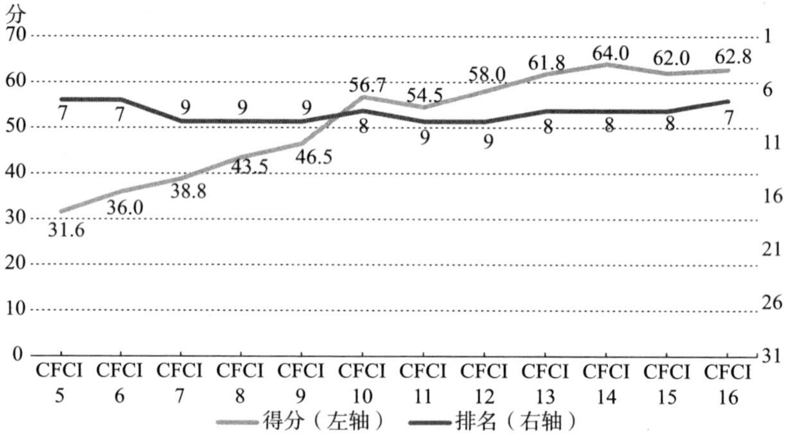

图 5. 3. 1　南京金融中心综合竞争力历次得分与排名

表 5. 3. 1　南京在 CFCI 16 中的评价结果

评价分类	CFCI 16 得分	同比上期	得分增幅/%	CFCI 16 排名	排名变化
金融产业绩效	105. 07	2. 03	1. 97	7	-1
金融机构实力	41. 13	2. 06	5. 26	9	0
金融市场规模	10. 60	-1. 10	-9. 38	12	-1
金融生态环境	102. 45	-0. 14	-0. 13	8	-1

续表

评价分类	CFCI 16 得分	同比上期	得分增幅/%	CFCI 16 排名	排名变化
金融人才环境	10.61	0.41	4.06	5	0
金融商业环境	8.46	-0.52	-5.76	13	-2
国际化环境	3.61	0.07	2.05	8	1

2. 南京金融中心金融产业绩效表现

在金融产业绩效方面,南京金融业增加值、金融业务规模和业务相对水平在东部沿海地区具有优势,如图5.3.2所示。

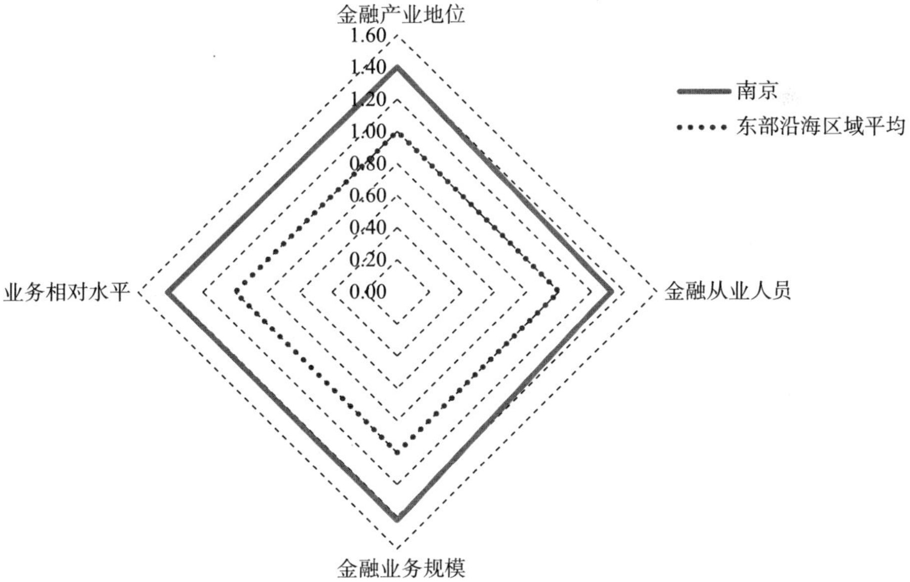

图5.3.2 南京金融产业绩效与东部沿海地区平均水平的比较

· 2023年,南京金融业增加值2425.75亿元,为区域内第3,与第2名苏州仅有约24亿元的差距;2023年金融业同比增长10%,为区域内增速最高的城市;金融业占GDP的比重达到13.92%,为区域内金融业占GDP比重最高的城市,高于杭州(12.41%)和苏州(10.13%)。

· 2023年,南京金融机构本外币存款余额54280亿元,金融机构本外币贷款余额54338亿元,均为区域内第2。

3. 南京金融中心金融服务实体质效表现

在金融服务实体质效方面,南京在绿色金融领域方面有明显优势,在数字金融和科技金融领域处于区域平均水平,如图 5.3.3 所示。

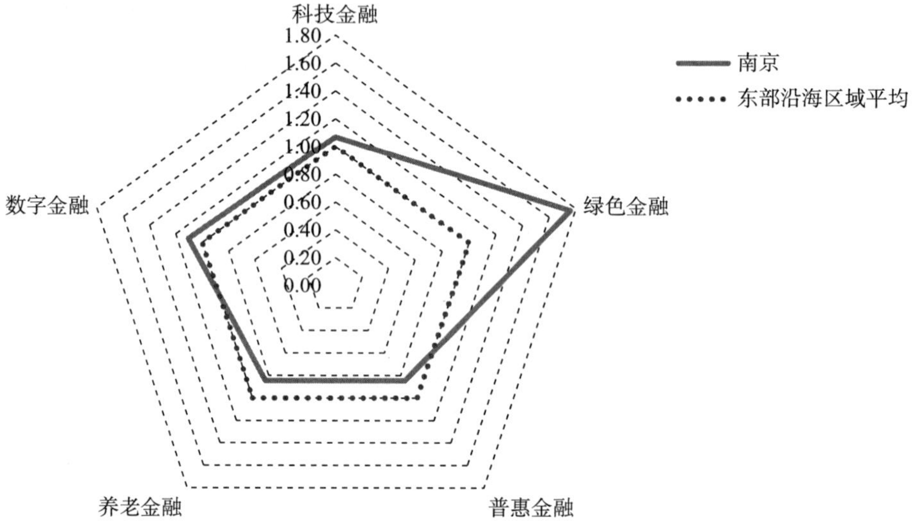

图 5.3.3 南京金融服务实体质效同东部沿海地区平均水平的比较

· 截至 2023 年第三季度,南京的绿色贷款余额达到 8087 亿元,为区域内第 2 位;截至 2023 年底,南京的绿色债券余额达到 498.32 亿元,为区域内第 1 位。

· 2023 年南京的私募股权融资余额仅有 292.11 亿元,在区域内排名第 4 位,优于宁波和温州。

· 南京近三年科创企业在 A 股市场的年均融资仅有 69.64 亿元,位列区域第 4 位,大幅落后于苏州(246.47 亿元)和杭州(143.73 亿元)。

· 2023 年南京普惠小微企业贷款余额为 5442 亿元,仅占全省的 16.74%,余额规模位居区域第 5,仅优于无锡(3280 亿元)。

4. 南京金融中心金融机构实力表现

在金融机构实力方面,南京在银行、证券、保险类机构方面有明显优势,如图 5.3.4 所示。

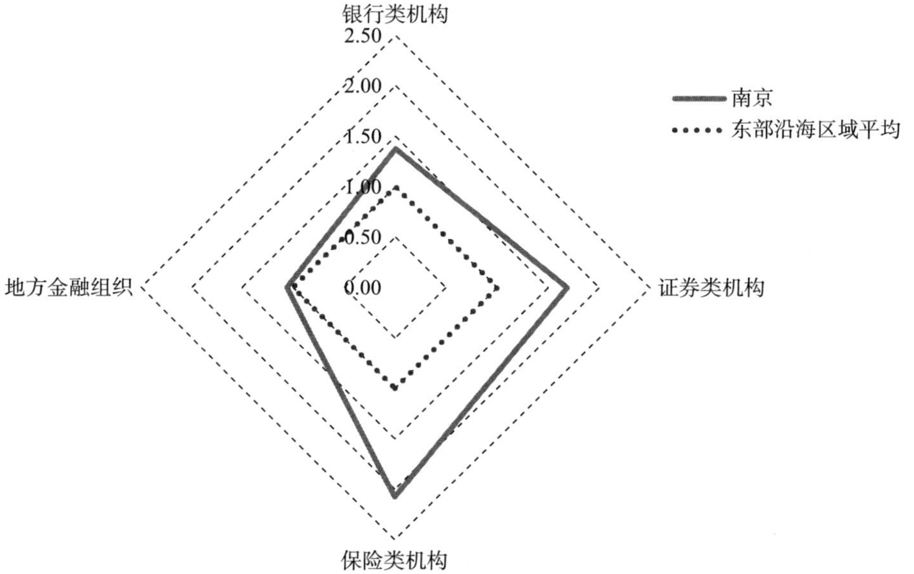

图 5.3.4　南京金融机构实力与东部沿海地区平均水平的比较

· 南京拥有本地法人商业银行 9 家；2023 年本地法人商业银行资产总规模为 6.15 万亿元，为区域内第 2 位，与第 1 位杭州一同领先数倍于区域内其他城市。

· 南京拥有本地证券类法人机构 10 家，包括 2 家证券公司、2 家信托公司、6 家期货公司；2023 年本地法人证券公司资产总规模 9640.16 亿元，为区域内第 1 位，是第 2 位杭州的 3 倍以上。

· 南京拥有本地法人保险公司 3 家，2023 年总资产规模合计达到 1257 亿元，为区域内第 2 位。

5. 南京金融中心金融市场规模表现

在金融市场规模方面，南京区域股权市场方面在东部沿海地区中处于领先水平，如图 5.3.5 所示。

· 截至 2023 年，南京本地 A 股上市公司数达到 122 家，新三板挂牌公司数达到 108 家，处于区域内平均水平。

· 2023 年，南京新增境内股票融资规模 169.9 亿元，位居区域第 5，仅优于温州（18.8 亿元）；累计股票融资规模达到 4725 亿元，位居区域第 2。

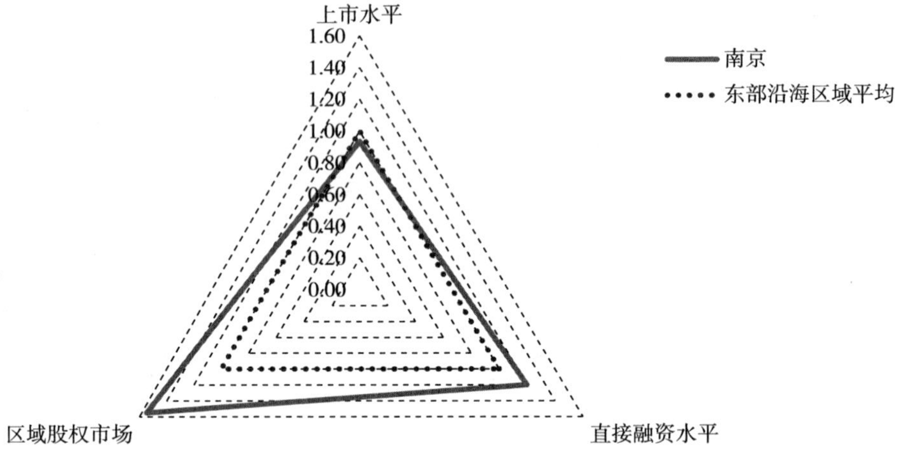

图 5.3.5　南京金融市场规模与东部沿海地区平均水平的比较

6. 南京金融中心金融生态环境表现

在金融生态环境方面,南京在教育环境、城市环境、专业服务和机构国际化方面在东部沿海地区具有优势,如图 5.3.6、图 5.3.7 和图 5.3.8 所示。

· 截至 2024 年上半年,南京普通高等学校数达到 51 所,“双一流”高校数量为 13 所,均为区域内第 1 位,其中“双一流”高校数量大幅领先区域内其他城市,是第 2 位杭州(2 所)的 6 倍以上。

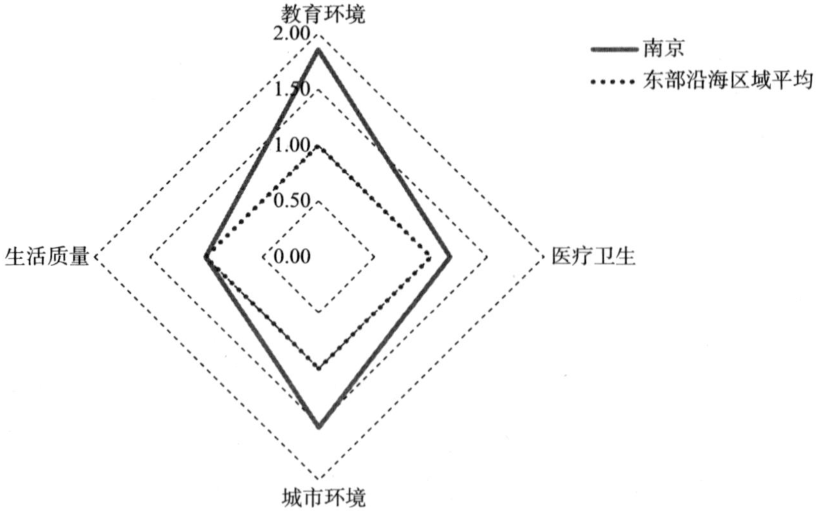

图 5.3.6　南京金融人才环境与东部沿海地区平均水平的比较

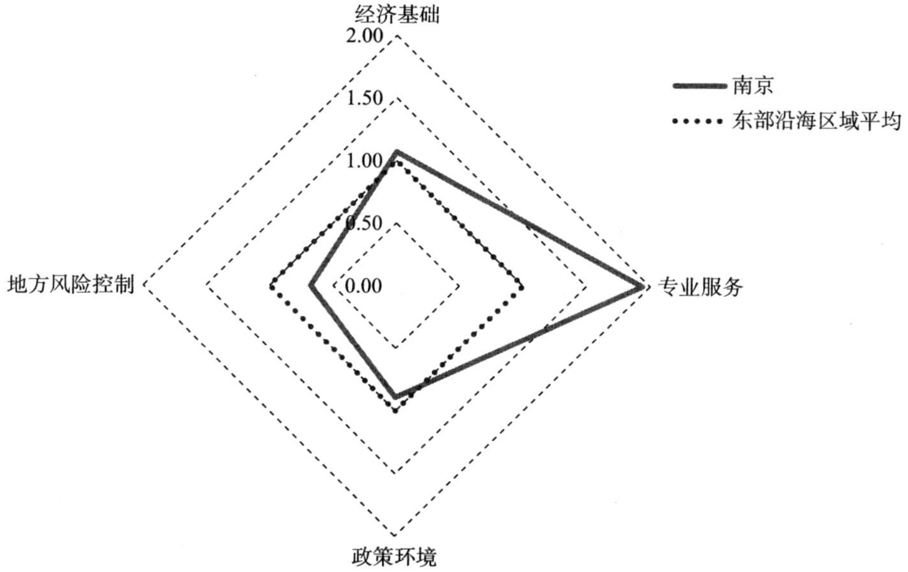

图 5.3.7　南京金融商业环境与东部沿海地区平均水平的比较

· 2023 年，南京公园绿地面积达到 11326 万平方米，居区域内第 2 位；城市轨道交通运行里程数达到 476.4 公里，为区域内第 2 位，比上年同期增加约 11 公里，是区域内当年度运行里程增加的 3 个城市之一。

· 截至 2024 年上半年，南京专业保险机构数量达到 516 家，为区域内第 1 位。

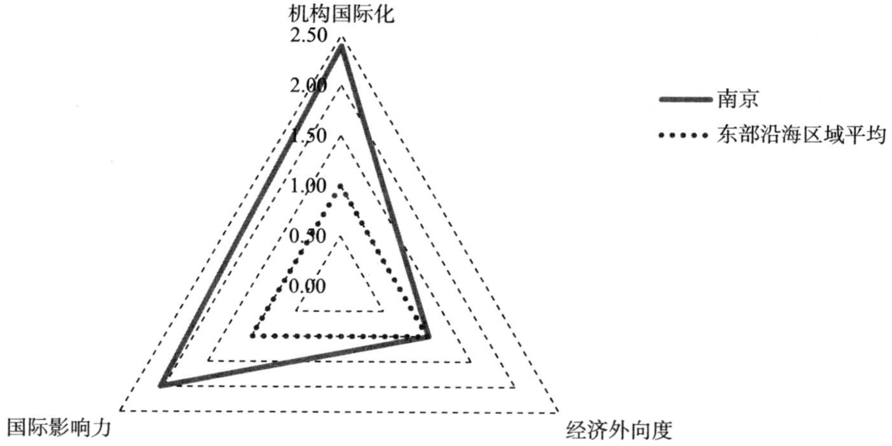

图 5.3.8　南京金融国际化程度与东部沿海地区平均水平的比较

·南京拥有各类外资金融机构营业性机构 46 家,金融机构国际化水平为区域第 1。

·南京整体国际影响力高于区域平均水平,2023 年国际旅游收入、接待入境游客次数和国际航班连通城市分别达到 2.34 亿美元、11.62 万人次和 23 个城市,分别位居区域内第 3、第 3 和第 2。

5.4 苏州金融中心评价

苏州为江苏省辖地级市、特大城市,位于长江三角洲中部、江苏省东南部,东傍上海,南接浙江。苏州是首批国家历史文化名城之一,是中国私家园林的代表,有"人间天堂"的美誉。2023 年苏州 GDP 达到 24653 亿元,为区域内第 1 位。苏州在金融业"十二五"发展规划中提出"建设'对接上海、服务苏州、延伸辐射'的苏州区域金融中心"。

1. 苏州金融中心综合竞争力表现

从往期得分与排名来看,苏州金融中心综合竞争力得分稳步上升,仅在 CFCI 11 期中出现下滑;苏州金融中心综合竞争力排名存在波动,整体维持在 10~13 名。近 10 年来,苏州的综合竞争力得分接近翻倍,上升了 27.8 分,在本期中综合竞争力得分为 56.5 分,如图 5.4.1 所示。

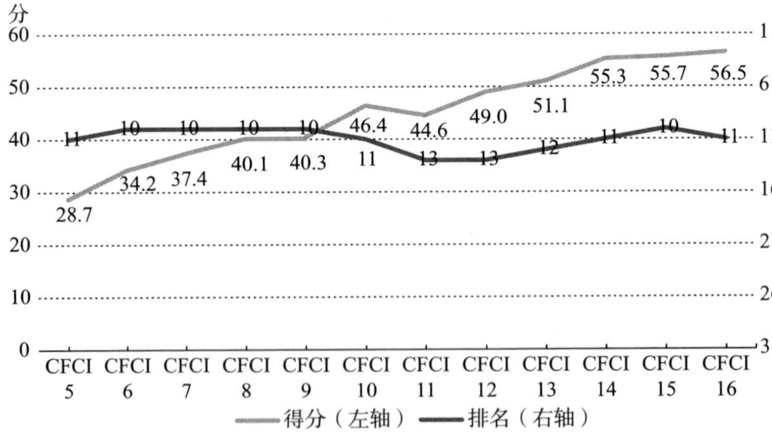

图 5.4.1 苏州金融中心综合竞争力历次得分与排名

本期苏州 CFCI 综合竞争力得分上升 0.79 分,排名第 11 位,较上期下降 1 位。苏州在金融产业绩效、金融机构实力和金融生态环境方面得分实现增长,金融市场规模得分和国际化环境得分有所下降(见表 5.4.1)。

表 5.4.1　苏州在 CFCI 16 中的评价结果

评价分类	CFCI 16 得分	同比上期	得分增幅/%	CFCI 16 排名	排名变化
金融产业绩效	96.00	2.70	2.90	8	1
金融机构实力	27.18	0.72	2.73	15	0
金融市场规模	17.31	-0.77	-4.28	8	-1
金融生态环境	94.77	0.50	0.53	10	1
金融人才环境	7.37	0.08	1.14	30	0
金融商业环境	10.25	0.17	1.65	7	0
国际化环境	3.36	-0.14	-3.97	9	1

2. 苏州金融中心金融产业绩效表现

在金融产业绩效方面,苏州的金融产业地位、金融从业人员和金融业务规模在东部沿海地区具有优势,如图 5.4.2 所示。

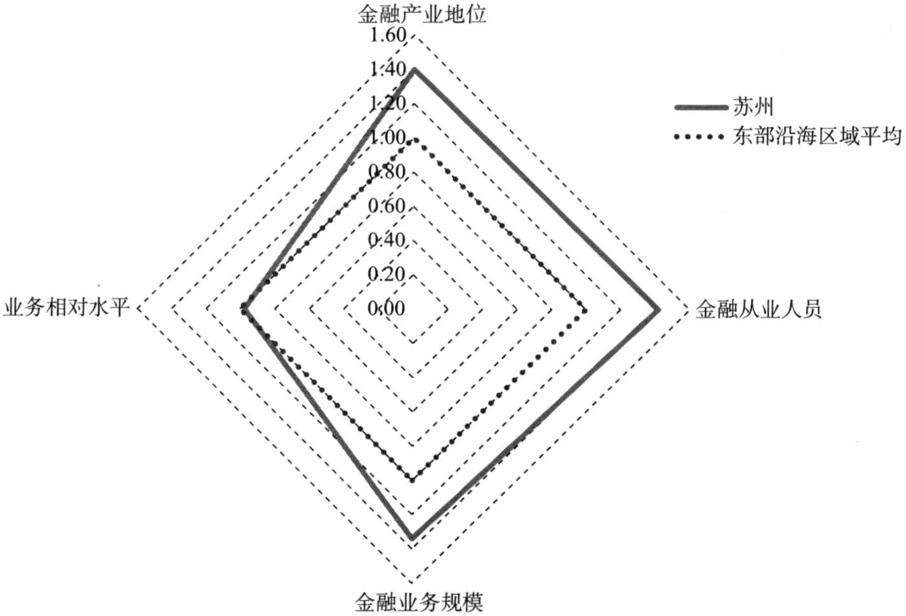

图 5.4.2　苏州金融产业绩效与东部沿海地区平均水平的比较

·2023 年,苏州金融业增加值为 2497.70 亿元,为东部沿海地区金融中心第 2,与杭州接近;金融业占 GDP 的比重达到 10.13%,列区域内第 3 位;金融业增加值三年平均增长率为 9.17%,为区域内最优水平。

·2022 年,苏州金融从业人员总数为 8.1 万人,为区域内第 3 位;金融从业人员三年平均增长率为 4.43%,为区域内第 2 位。

·2023 年,苏州金融机构本外币存款余额为 53638.50 亿元,金融机构本外币贷款余额为 52589.90 亿元,仅次于区域内省会城市,与第 2 位的南京差距小于 5%。

3. 苏州金融中心金融服务实体质效表现

在金融服务实体质效方面,苏州在科技金融和数字金融领域有领先优势,在绿色金融方面趋于区域平均水平,如图 5.4.3 所示。

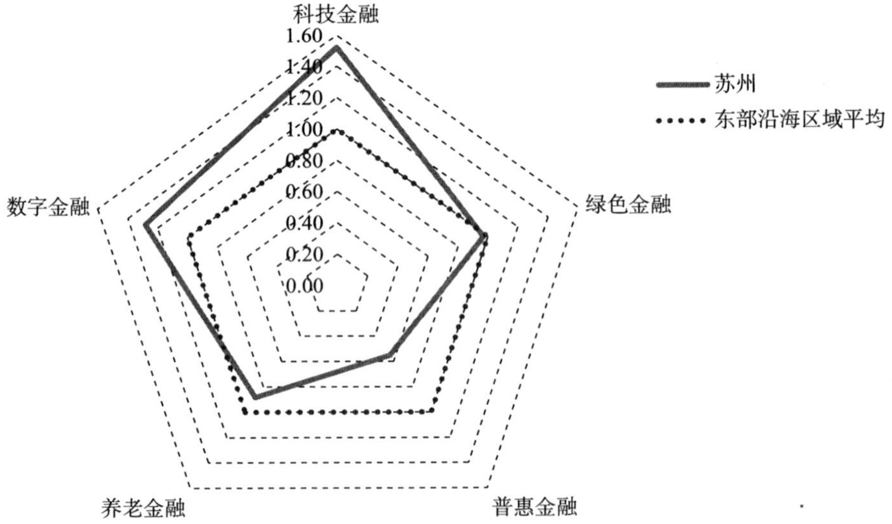

图 5.4.3　苏州金融服务实体质效与东部沿海地区平均水平的比较

·2023 年苏州的私募股权融资额达到 592.02 亿元,位居区域内第 2。

·截至 2024 年上半年,苏州共有金融科技企业 14 家,为区域内第 3 位;金融科技创新监管试点项目有 6 个,位居区域第 2。

·2023 年苏州普惠小微企业贷款余额为 5512 亿元,仅占全省的 16.96%,余额规模位居区域第 4,优于南京(5442 亿元)和无锡(3280 亿元)。

4. 苏州金融中心金融机构实力表现

在金融机构实力方面,除地方金融组织外,苏州金融机构实力在东部沿海地区中略低于区域平均水平,如图 5.4.4 所示。

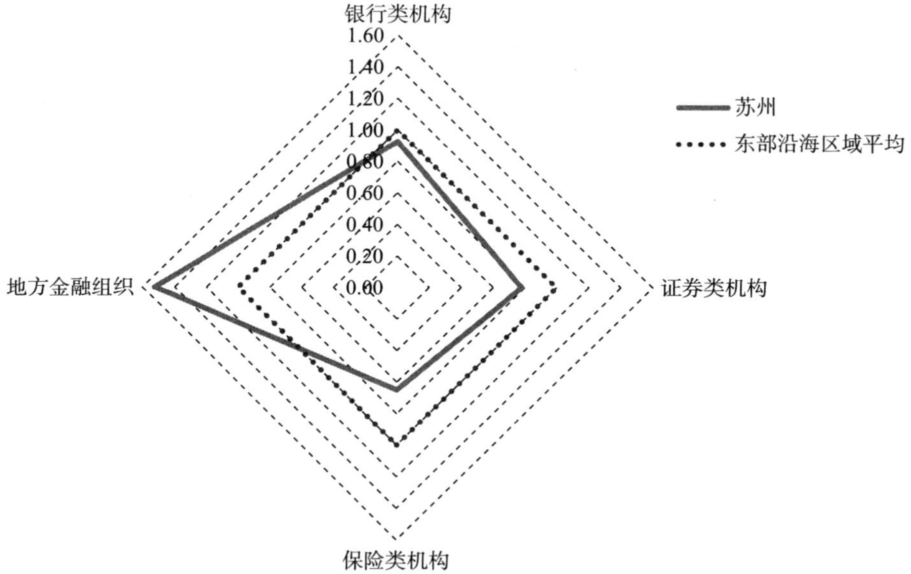

图 5.4.4　苏州金融机构实力与东部沿海地区平均水平的比较

· 苏州拥有本地法人商业银行 6 家,仅为区域内第 5 位;2023 年本地法人商业银行资产总规模为 15984 亿元,为区域内第 4 位,与杭州、南京差距明显。

· 苏州拥有本地证券类法人机构 3 家,其中证券公司 1 家、期货公司 1 家、公募基金公司 1 家;2023 年本地法人证券公司资产总规模为 1574.95 亿元,公募机构尚未开始管理资金。

· 苏州拥有本地法人保险公司 1 家;2023 年本地法人保险公司资产规模为 375 亿元。

· 截至 2023 年上半年,苏州共有小额贷款、融资租赁、融资担保和商业保理四类地方金融组织 180 家,位居区域内第 2。

5. 苏州金融中心金融市场规模表现

在金融市场规模方面,苏州上市水平和直接融资水平在东部沿海地区中处于领先水平,如图 5. 4. 5 所示。

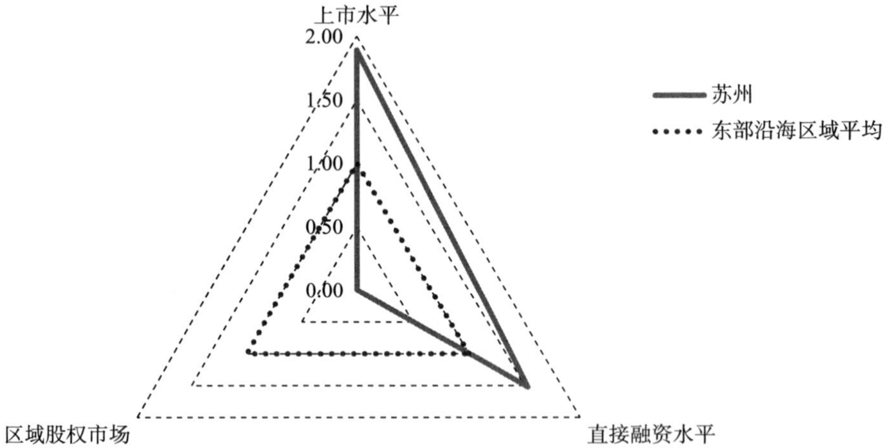

图 5. 4. 5　苏州金融市场规模与东部沿海地区平均水平的比较

· 2023 年苏州本地 A 股上市公司数达到 215 家,为区域内第 2 位,仅比排名第 1 的杭州少 10 家;2023 年新增 A 股上市公司 20 家,位居区域第 1;新三板挂牌公司数 247 家,为区域内第 1。

· 2023 年苏州新增境内股票融资规模达到 387. 8 亿元,为区域内第 2 位;累计股票市场融资规模达到 4467. 8 亿元,为区域内第 3 位。

6. 苏州金融中心金融生态环境表现

在金融生态环境方面,苏州的地方风险控制和经济外向度在东部沿海地区具有优势,如图 5. 4. 6、图 5. 4. 7 和图 5. 4. 8 所示。

· 截至 2024 年上半年,苏州拥有普通高等学校数 25 所,"双一流"高校 1 所。

· 2023 年,苏州每万人拥有执业医师数 33. 96 人,每万人拥有医院病床数 56. 34 张,仅次于区域内省会城市。

· 2023 年,苏州地方政府负债率为 12. 89%,地方政府债务率为 129. 40%,均为区域内最优水平。

· 2023 年,苏州当年实际利用外资总额为 69 亿美元,为区域内第 2;当年进出口总额为 3482. 70 亿美元,为区域内第 1,是区域内其他城市的数倍之多。

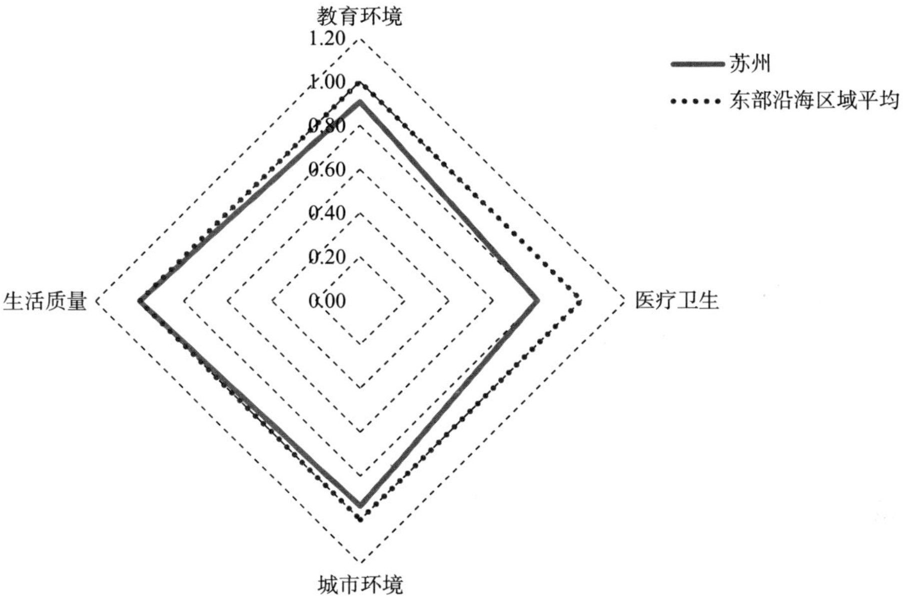

图 5.4.6　苏州金融人才环境与东部沿海地区平均水平的比较

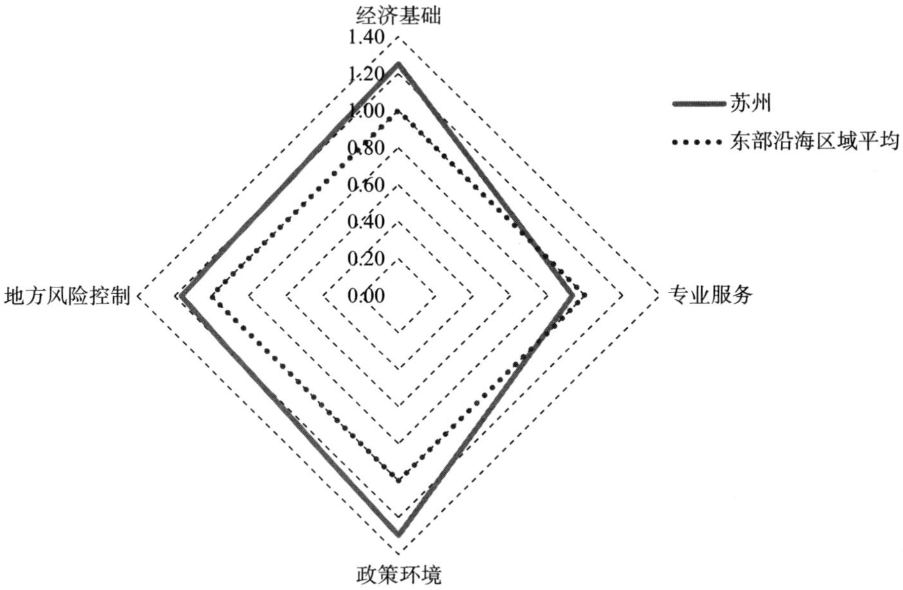

图 5.4.7　苏州金融商业环境与东部沿海地区平均水平的比较

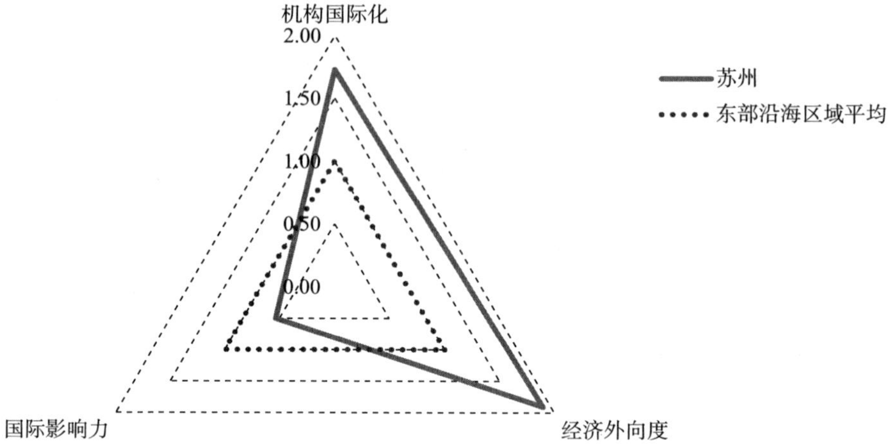

图 5.4.8　苏州金融国际化程度与东部沿海地区平均水平的比较

5.5　宁波金融中心评价

宁波是浙江省辖地级市、副省级市、计划单列市,是中国东南沿海重要的港口城市、长江三角洲南翼经济中心。宁波在 2005 年就定位建设区域金融中心,在"十四五"规划期,提出建设辐射范围广、影响力大的产业金融创新中心和区域性金融中心,面向 2035 年建设基础坚实、影响广泛、场景丰富、与实体经济深度融合的区域性、综合型金融中心,

1. 宁波金融中心综合竞争力表现

从往期得分与排名来看,宁波金融中心综合竞争力得分保持稳步上升态势,排名有所提高但存在波动,现已基本保持在全国前 20 水平。近 10 年来,宁波金融中心综合竞争力得分累计上升了 18.8 分,如图 5.5.1 所示。

本期 CFCI 宁波综合竞争力得分为 45.9 分,上升 0.72 分,排名第 13,比上期排名上升 3 名。宁波在金融产业绩效、金融机构实力和金融生态环境方面的得分均实现增长,仅金融市场规模分项得分略微下降(见表 5.5.1)。

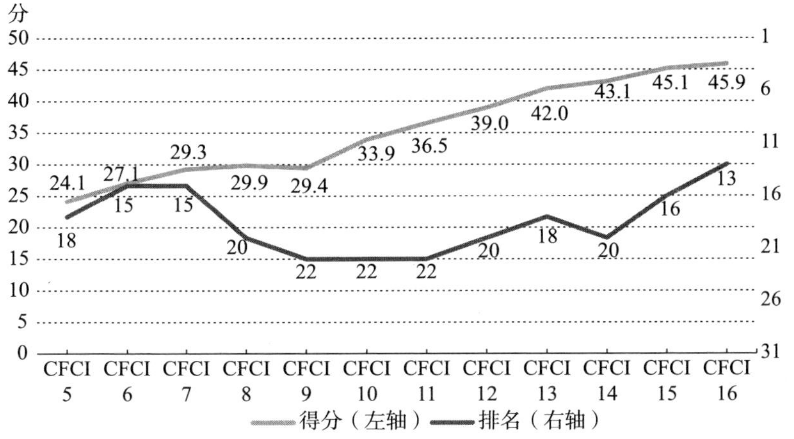

图 5.5.1　宁波金融中心综合竞争力历次得分与排名

表 5.5.1　宁波在 CFCI 16 中的评价结果

评价分类	CFCI 16 得分	同比上期	得分增幅/%	CFCI 16 排名	排名变化
金融产业绩效	68.91	0.18	0.26	17	3
金融机构实力	29.01	0.27	0.94	12	1
金融市场规模	11.21	-0.15	-1.29	11	1
金融生态环境	80.87	2.86	3.66	18	1
金融人才环境	7.36	0.37	5.35	31	1
金融商业环境	8.40	0.24	2.97	14	1
国际化环境	2.14	0.02	0.74	15	-1

2. 宁波金融中心金融产业绩效表现

在金融产业绩效方面，宁波整体表现低于东部沿海区域平均水平，如图 5.5.2 所示。

· 2023 年，宁波金融业增加值为 1320.70 亿元，金融业增加值三年平均增长率为 7.73%。

· 2022 年，宁波金融从业人员总数为 8.10 万人。三年内平均增长率为 -2.2%；金融从业人员占常住人口的比重为 0.84%，为区域第 2。

· 2023 年，宁波保险深度仅为 2.77%，保险密度为 4694.24 元/人。

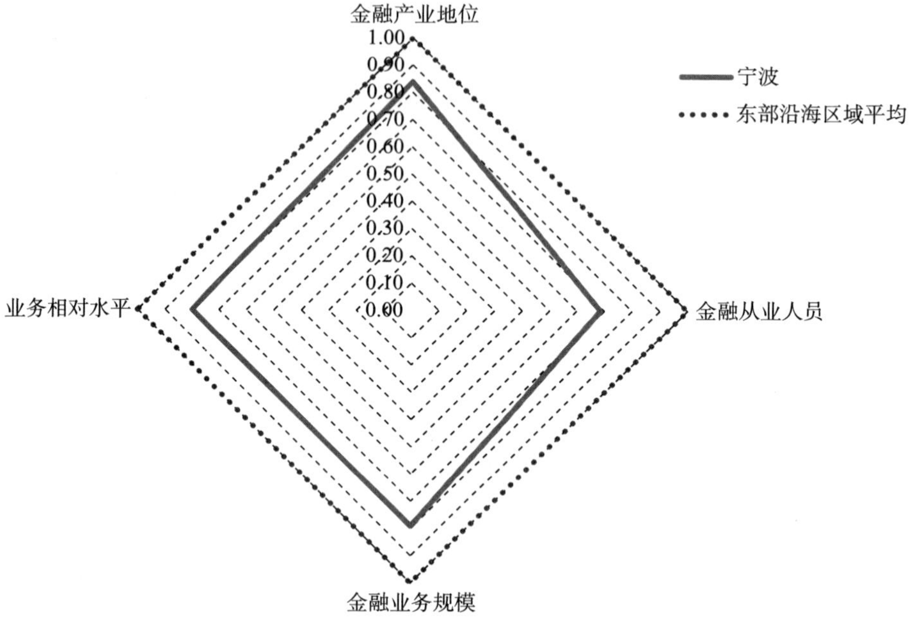

图 5.5.2　宁波金融产业绩效与东部沿海地区平均水平的比较

3. 宁波金融中心金融服务实体质效表现

在金融服务实体质效方面,宁波在普惠金融方面有领先优势,在绿色金融方面低于区域平均水平,如图 5.5.3 所示。

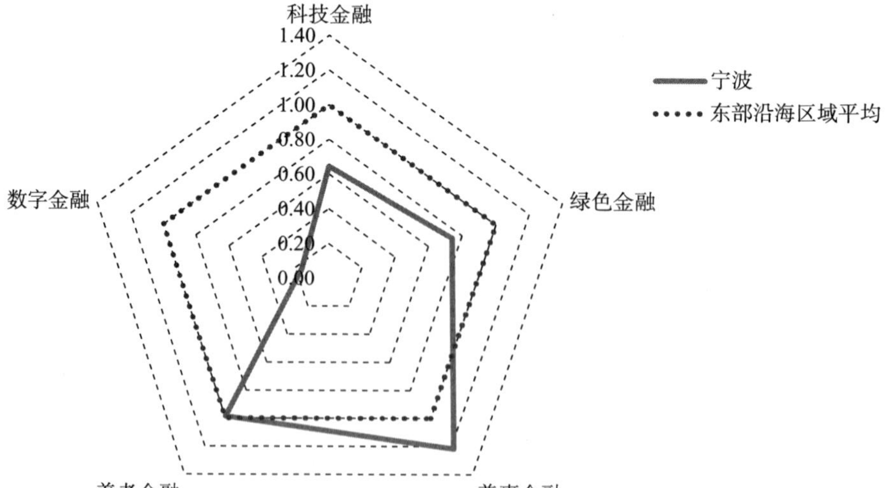

图 5.5.3　宁波金融服务实体质效与东部沿海地区平均水平的比较

· 2023年宁波普惠小微企业贷款余额为6528亿元，余额规模位居区域第2，仅次于杭州；普惠小微贷款企业获贷率达到47.09%，位居区域内第2。

· 2023年宁波的基本养老保险渗透率达到65.74%，位居区域内第2；企业年金职工开户渗透率达到5.18%，为区域内最后一位。

· 截至2024年上半年，宁波仅有6家金融科技企业，尚未有金融科技创新监管试点项目获得央行批准。

4. 宁波金融中心金融机构实力表现

在金融机构实力方面，宁波整体与东部沿海区域平均水平接近。在银行类机构方面略强于区域平均水平，证券类机构与区域水平相当，在保险类机构和地方金融组织方面略逊于区域平均水平，如图5.5.4所示。

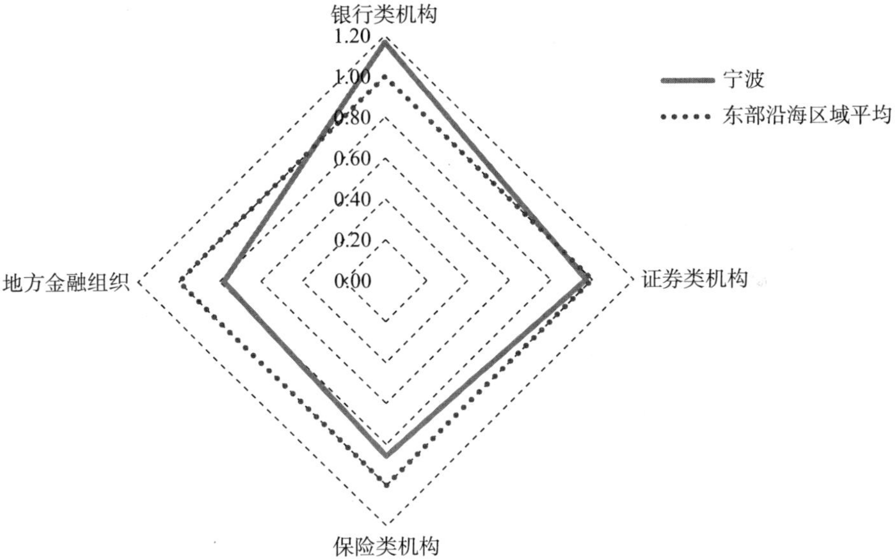

图5.5.4　宁波金融机构实力与东部沿海地区平均水平的比较

· 宁波拥有本地法人商业银行11家，为区域内第2；2023年本地法人商业银行资产总规模为36131.94亿元，为区域内第3，仅次于省会城市。

· 2024年上半年，宁波私募基金管理人620家，私募基金数量为5079只，为区域内第2，仅次于杭州。

· 2022年，宁波本地法人保险公司1家、保险资管法人1家，法人保险公司资产规模为14.42亿元，较去年有所下滑且大幅落后于区域平均水平。

5. 宁波金融中心金融市场规模表现

在金融市场规模方面,宁波的上市水平和直接融资水平处于东部沿海地区平均水平,在区域股权市场方面大幅高于区域平均水平,如图 5.5.5 所示。

· 截至 2023 年,宁波本地 A 股上市公司数达到 120 家,2023 年新增 A 股上市公司 6 家。

· 宁波区域股权市场拥有的挂牌公司数为 3707 家,为区域第 1。

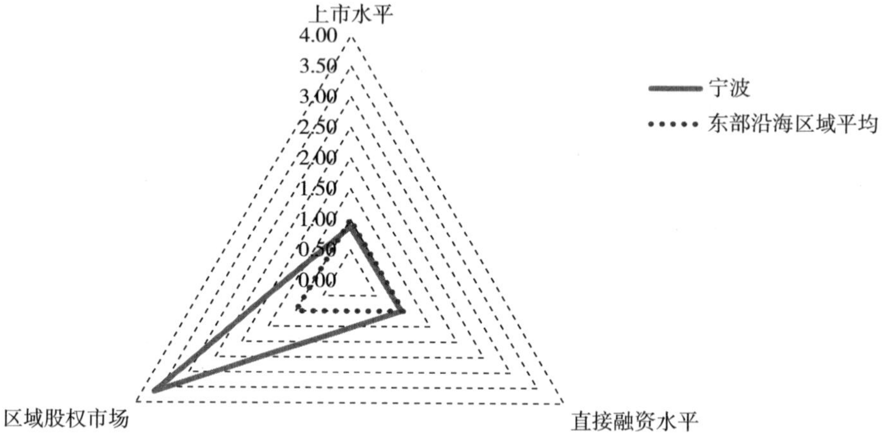

图 5.5.5 宁波金融市场规模与东部沿海地区平均水平的比较

6. 宁波金融中心金融生态环境表现

在金融生态环境方面,宁波在专业服务、机构国际化和国际化程度方面在东部沿海地区相对落后,但在经济外向度方面高出区域平均,如图 5.5.6、图 5.5.7 和图 5.5.8 所示。

· 2023 年,宁波地方政府负债率为 34.17%,地方政府债务率为 314.78%,大幅低于东部沿海地区省会城市。

· 2023 年宁波的银行业不良贷款率为 0.62%,为区域内第 3 位。

· 宁波拥有外资金融机构营业性机构 14 家。2023 年,宁波当年实际利用 FDI 总额为 46.90 亿美元,为区域内第 4 位;进出口总额达到 1817.2 亿元,为区域内第 2 位。

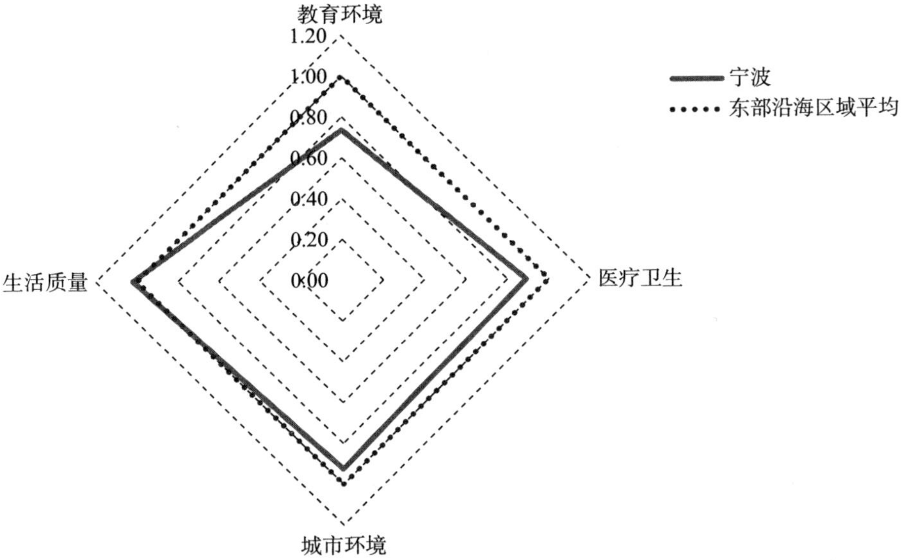

图 5.5.6　宁波金融人才环境与东部沿海地区平均水平的比较

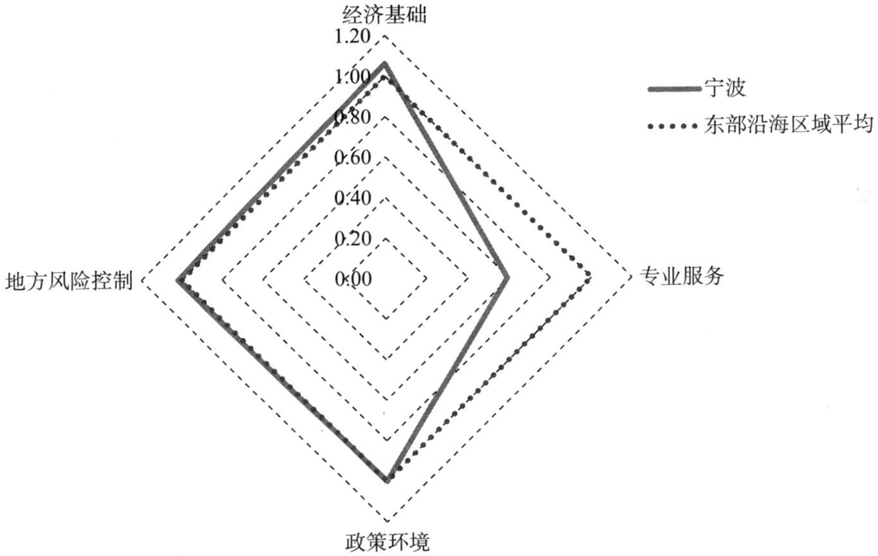

图 5.5.7　宁波金融商业环境与东部沿海地区平均水平的比较

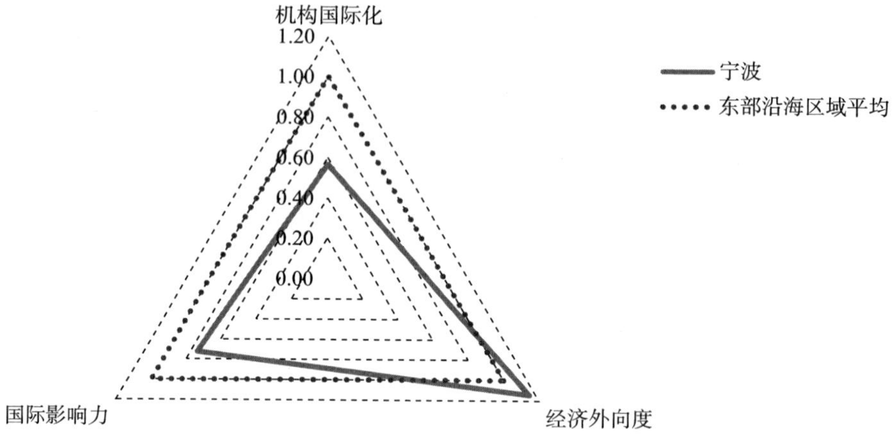

图 5.5.8　宁波金融国际化程度与东部沿海地区平均水平的比较

第6章 南部沿海地区金融中心评价

6.1 总体评价

南部沿海地区位于中国最南部，由广东、福建、海南三省组成，是我国经济发展最活跃、开放程度最高、创新能力最强的区域之一。辖内不单有珠三角和粤港澳大湾区，还设有海南自由贸易港，在国家现代化建设全局和全方位对外开放格局中占据着举足轻重的战略地位。区域内共有5个城市明确提出建设金融中心目标，除了深圳位列三大全国性金融中心之一，还有广州、福州、厦门、海口4个城市为区域性金融中心，泉州为本期新加入的样本城市。

1. 综合竞争力表现

如表6.1.1和图6.1.1所示。

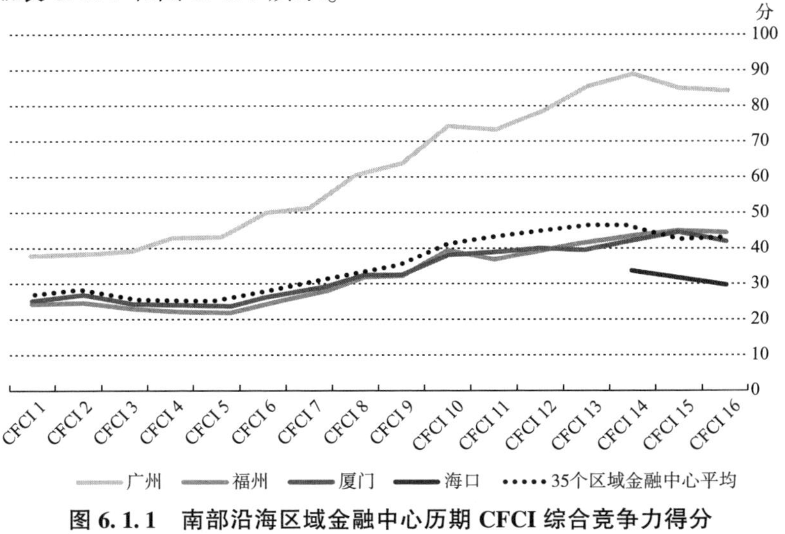

图6.1.1 南部沿海区域金融中心历期CFCI综合竞争力得分

·南部沿海地区金融中心综合竞争力与全国35个区域金融中心平均水平总体相当,其中广州金融中心综合竞争力一枝独秀,高于全国平均水平,福州、厦门、海口和全省金融中心综合竞争力低于全国平均得分,但与全国平均水平分差不大。

表 6.1.1 南部沿海区域金融中心在 CFCI 16 中的评价结果

城市	综合竞争力		金融产业绩效		金融机构实力		金融市场规模		金融生态环境	
	得分	排名	得分	排名	得分	排名	得分	排名	得分	排名
广州	83.98	4	119.79	5	57.96	6	26.89	6	141.74	4
福州	44.03	17	70.80	16	33.15	11	4.33	24	72.69	24
厦门	42.61	20	73.05	14	18.88	24	4.71	22	82.07	16
海口	29.94	34	52.76	27	11.63	34	1.78	36	59.93	33
泉州	25.77	37	36.31	37	10.88	35	1.22	37	60.79	32

·广州在南部沿海地区排名第1位、全国排名第4位,本期综合竞争力得分83.98分,与上期相比下降1.15分。

·福州在全国排名较上期上升2位,综合得分超过同区域厦门,在南部沿海地区排名第2。厦门本期综合竞争力得分较上期下降2.27分,在全国排名第20位。海口、泉州综合竞争力相对较弱,在南部沿海地区排名垫底。

2. 金融产业绩效分项表现

如表6.1.1和图6.1.2所示。

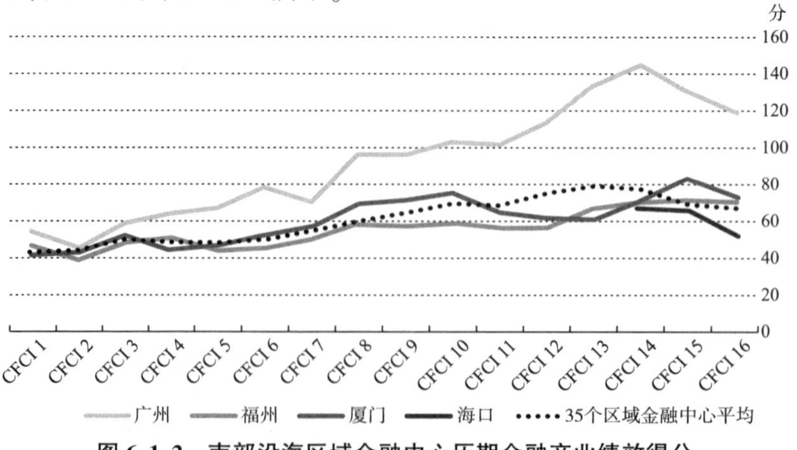

图 6.1.2 南部沿海区域金融中心历期金融产业绩效得分

· 南部沿海地区金融产业绩效得分区域内出现分化，其中广州分项得分与区域内其他城市有较大差距，福州、厦门略高于全国区域金融中心平均水平，海口和泉州低于全国平均水平，其中仅有福州未出现大幅下行趋势。

· 广州本期分项得分 119.79 分，较上期下降 10.48 分，排名南部沿海地区第 1、全国第 5，全国排名较上期下降 1 位。

· 福州分项得分与上期基本持平，本期得分 70.80 分，较上期略微下降 0.32 分，排名全国第 16 位，较上期提升 2 位。

· 厦门本期分项得分 73.05 分，较上期下降 8.91 分，排名全国第 14 位，较上期下降 2 位。

· 海口本期分项得分 52.76 分，较上期下降 12.99 分，排名全国第 27 位，较上期下降 3 位。

· 泉州分项本期得分 36.31 分，排名全国第 37 位。

3. 金融机构实力分项表现

如表 6.1.1 和图 6.1.3 所示。

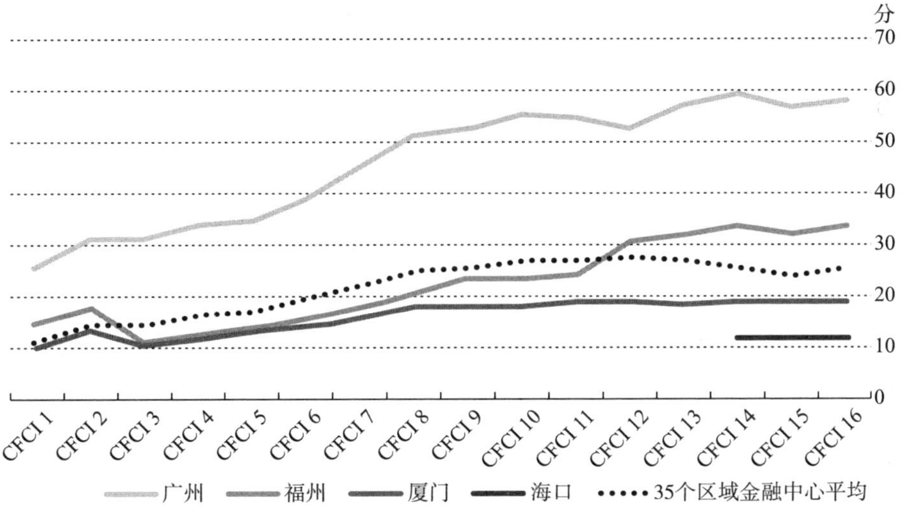

图 6.1.3　南部沿海区域金融中心历期金融机构实力得分

· 南部沿海地区金融机构实力差距较大，其中广州、福州高于 35 个区域金融中心平均水平，厦门、海口和泉州低于 35 个区域金融中心平均水平。

· 广州本期分项得分 57.96 分，较上期上升 1 分，全国排名第 6 位。

·福州本期分项得分 33. 15 分,较上期上升 1. 05 分,排名全国第 11 位。

·厦门本期分项得分 18. 88 分,较上期下降 0. 03 分,排名全国第 24 位。

·海口本期分项得分 11. 63 分,较上期下降 0. 05 分,排名全国第 34 位。

·泉州本期得分 10. 88 分,排名全国第 35 位。

4. 金融市场规模分项表现

如表 6. 1. 1 和图 6. 1. 4 所示。

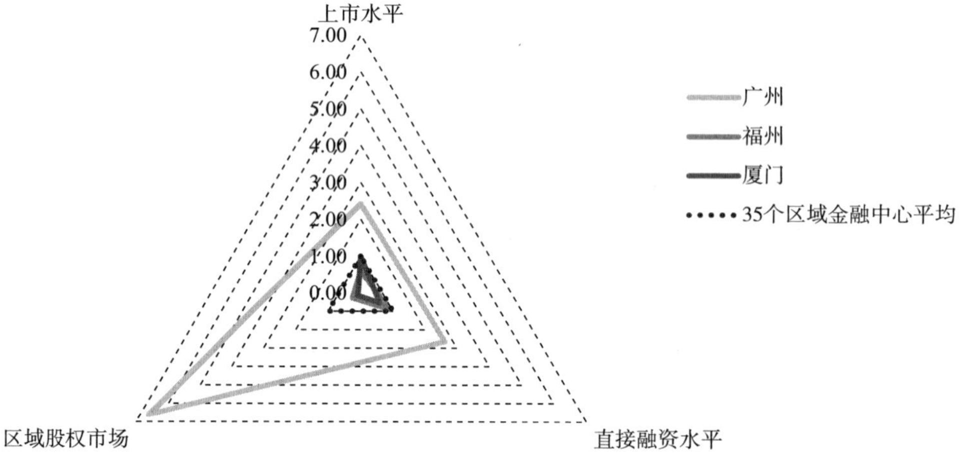

图 6. 1. 4　南部沿海区域金融中心资本市场利用水平对比

·南部沿海地区资本市场利用水平呈现两极分化,除广州分项得分高于 35 个区域金融中心平均水平外,福州、厦门、海口和泉州分项得分均低于全国平均水平。

·广州本期分项得分 26. 89 分,较上期增长 1. 86 分,排名全国第 6 位。

·福州本期分项得分 4. 33 分,较上期下降 1. 18 分,排名全国第 24 位,较上期下降 2 位。

·厦门本期分项得分 4. 71 分,较上期下降 0. 4 分,排名全国第 22 位,较上期上升 1 位。

5. 金融生态环境分项表现

如表 6. 1. 1 和图 6. 1. 5 所示。

·南部沿海地区金融生态环境得分本期出现分化,区域内只有两个城

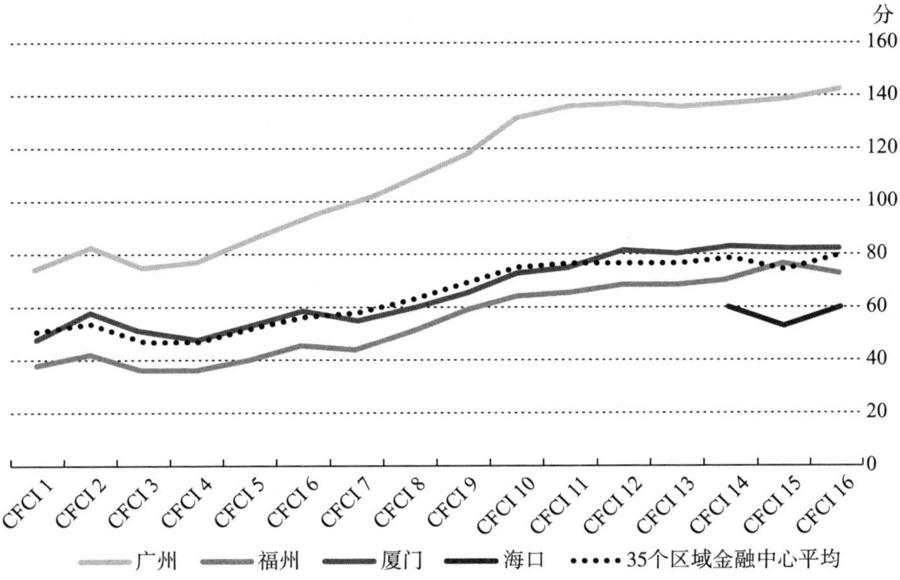

图 6.1.5　南部沿海区域金融中心历期金融生态环境得分

市与全国区域中心平均发展动态保持一致。其中,广州分项得分仍处于领先地位,与厦门分项得分高于 35 个区域金融中心平均水平;福州略低于全国平均水平;海口和泉州分项得分与全国平均水平差距较大。

6.2　广州金融中心评价

广州是广东省会、副省级城市、国家中心城市、首批沿海开放城市,地处珠江三角洲北缘,邻近港澳,面向南海,背靠华南,是中国通往世界的南大门、粤港澳大湾区的核心引擎和“一带一路”的枢纽城市。“十四五”时期,广州金融业发展总体定位为“三中心一标杆一高地”,其中“三中心”即打造财富管理中心、风险管理中心和金融资源配置中心,“一标杆”即创建数字金融标杆城市,“一高地”即建设绿色金融创新发展高地。

1. 广州金融中心综合竞争力表现

从往期得分与排名来看,广州金融中心综合竞争力得分持续稳定增长,全国排名长期保持第 4 不变,稳定处于区域金融中心发展第一梯队。值得注意的是,广州本期综合竞争力得分 84.0,较上期略降 1.1 分,是近 10 年来第 2 次出现下滑,如图 6.2.1 所示。

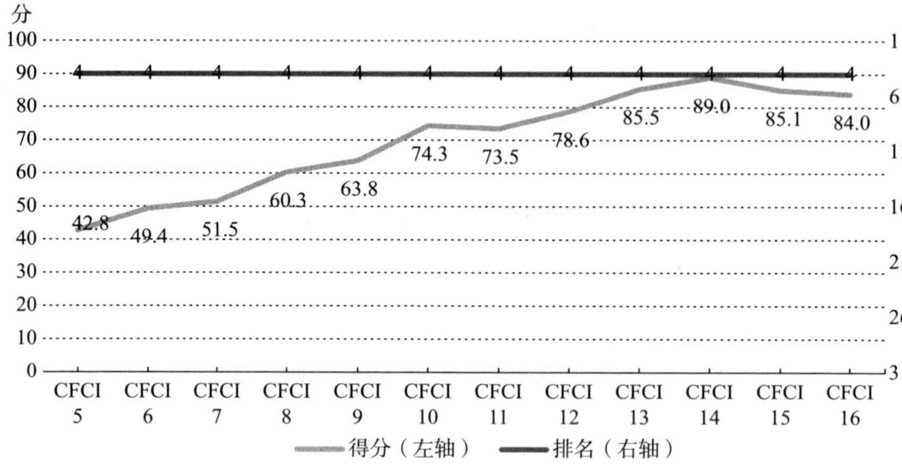

图 6.2.1　广州金融中心综合竞争力历次得分与排名

在本期 CFCI 指标评价方面,广州在金融机构实力、金融市场规模和金融生态环境的得分上均实现增长,金融产业绩效得分有所下降(见表 6.2.1)。

表 6.2.1　广州在 CFCI 16 中的评价结果

评价分类	CFCI 16 得分	同比上期	得分增幅/%	CFCI 16 排名	排名变化
金融产业绩效	119.79	-10.48	-8.04	5	-1
金融机构实力	57.96	1.00	1.76	6	0
金融市场规模	26.89	1.86	7.42	6	0
金融生态环境	141.74	2.97	2.14	4	-1
金融人才环境	12.10	0.57	4.97	2	0
金融商业环境	12.03	-0.26	-2.11	4	0
国际化环境	7.25	0.34	4.99	4	0

2. 广州金融中心金融产业绩效表现

在金融产业绩效方面,广州金融业务规模具有明显领先优势,金融从业人员、业务相对水平和金融业增加值均大幅度领先南部沿海地区平均水平,如图 6.2.2 所示。

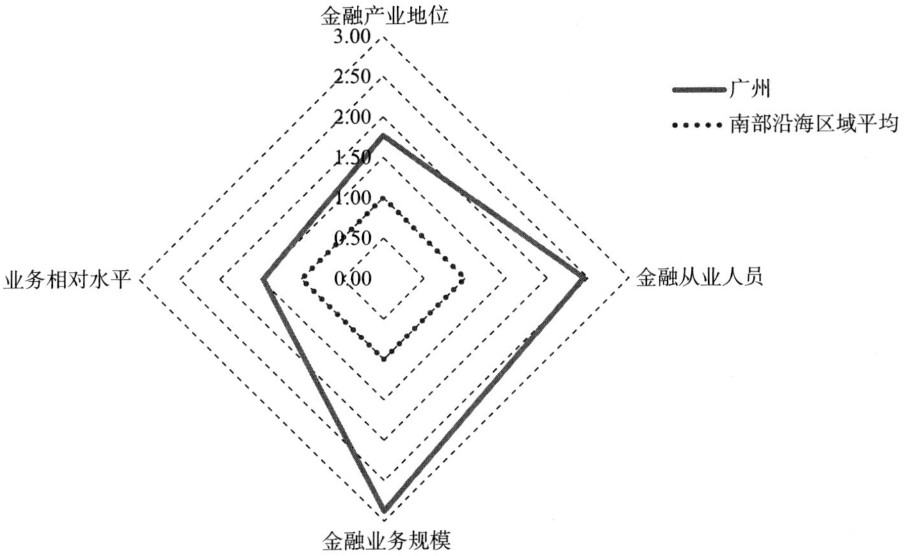

图 6.2.2　广州金融产业绩效与南部沿海地区平均水平的比较

· 2023 年广州金融业实现增加值 2736.74 亿元，近三年平均增长率为 6.67%，占 GDP 的比重达到 9.02%。

· 2022 年广州金融从业人员有 19.24 万人，近三年平均增长率为 1.83%，占常住人口的比重为 1.02%，呈现下降态势。

· 截至 2023 年底，广州本外币存款余额为 86638.33 亿元，本外币贷款余额为 76674.23 亿元，远高于其他南部沿海地区城市。

· 截至 2023 年底，广州全年保费收入为 1741.85 亿元，保险深度为 5.74%，保险密度为 9251.87 元/人，均大幅领先于区域内其他城市。

3. 广州金融中心金融服务实体质效表现

在金融服务实体质效方面，广州在科技金融、数字金融和绿色金融领域有领先优势，普惠金融趋于区域平均水平，养老金融低于区域平均水平，如图 6.2.3 所示。

· 截至 2024 年上半年，广州拥有 40 家金融科技企业，领先于区域内其他城市，有 16 个金融科技创新监管试点项目。

· 2023 年，广州的私募股权融资额达到 478.49 亿元，近三年科创企业在 A 股市场年均融资达到 72.65 亿元，是区域内其他城市的数倍。

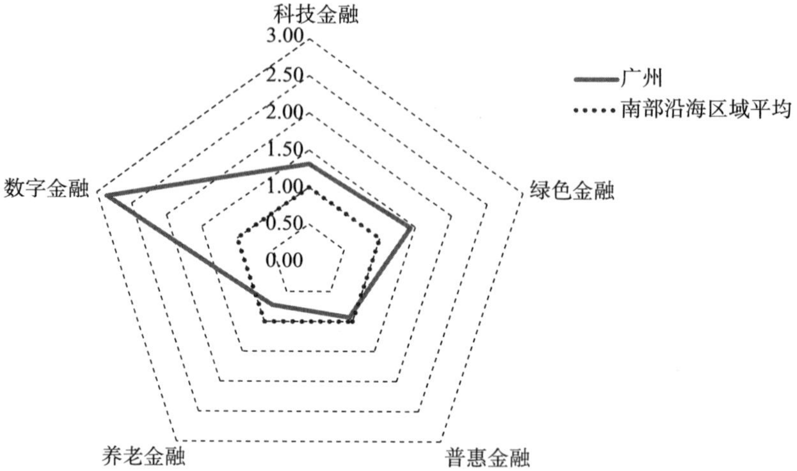

图 6.2.3　广州金融服务实体质效与南部沿海地区平均水平的比较

· 2023 年广州普惠小微企业贷款余额为 8526 亿元,虽远远高于其他城市,但与 GDP 之比仅有 28.09%,在区域中低于厦门,高于泉州。

4. 广州金融中心金融机构实力表现

在金融机构实力方面,广州银行类机构、证券类机构、保险类机构和地方金融组织实力得分远高于南部沿海地区平均水平,如图 6.2.4 所示。

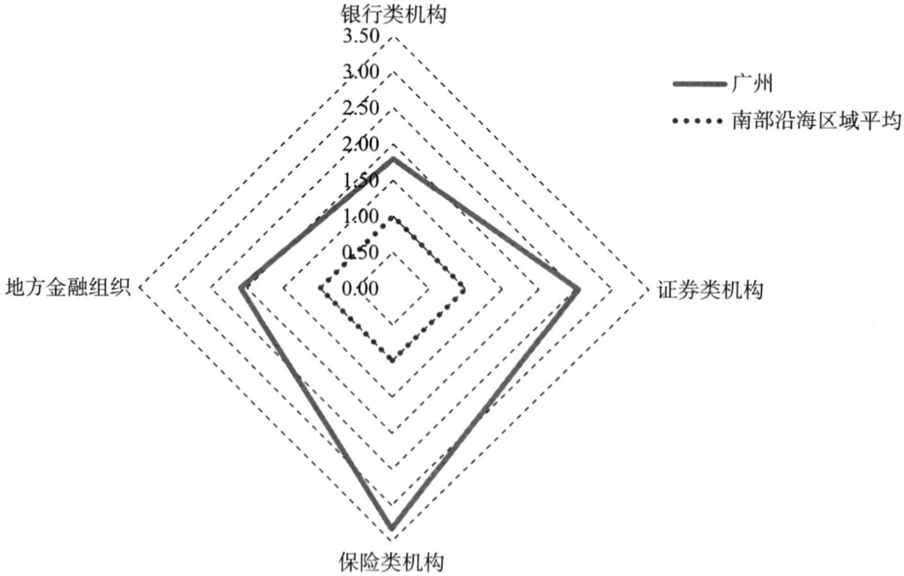

图 6.2.4　广州金融机构实力与南部沿海地区平均水平的比较

· 截至 2023 年底，广州本地法人商业银行共 3 家，资产总规模为 56552.91 亿元，法人机构数量虽为区域内最少之一，但是在资产总规模上与区域内其他城市相比有绝对的优势。

· 截至 2023 年底，广州本地法人证券公司共 4 家，资产总规模为 7680.57 亿元。截至 2023 年上半年，拥有 1 家证券公司专项业务子公司、3 家公募基金和 7 家期货公司。

· 截至 2023 年底，广州本地法人保险公司共 5 家，资产总规模为 1268.50 亿元。

5. 广州金融中心金融市场规模表现

在金融市场规模方面，广州相较于南部沿海地区其他金融中心，在上市水平、直接融资水平、区域股权市场方面都具有领先优势，如图 6.2.5 所示。

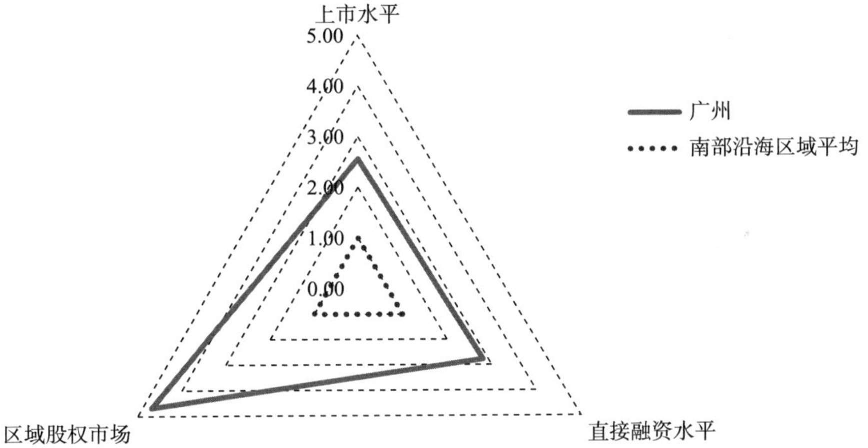

图 6.2.5　广州金融市场规模与南部沿海地区平均水平的比较

· 截至 2023 年底，广州本地 A 股上市公司有 154 家，新三板挂牌公司有 219 家，年度新增 IPO 公司有 9 家。

· 截至 2023 年底，广州 A 股市场累计融资额为 4987.79 亿元，年度新增股票融资规模为 372.57 亿元，大幅领先于区域内其他城市。

6. 广州金融中心金融生态环境表现

在金融生态环境方面，广州排名全国第 4，仅次于北京、上海和深圳，尤其是在教育环境、医疗卫生、专业服务和国际化程度等方面具有明显优势,如图 6.2.6、图 6.2.7 和 6.2.8 所示。

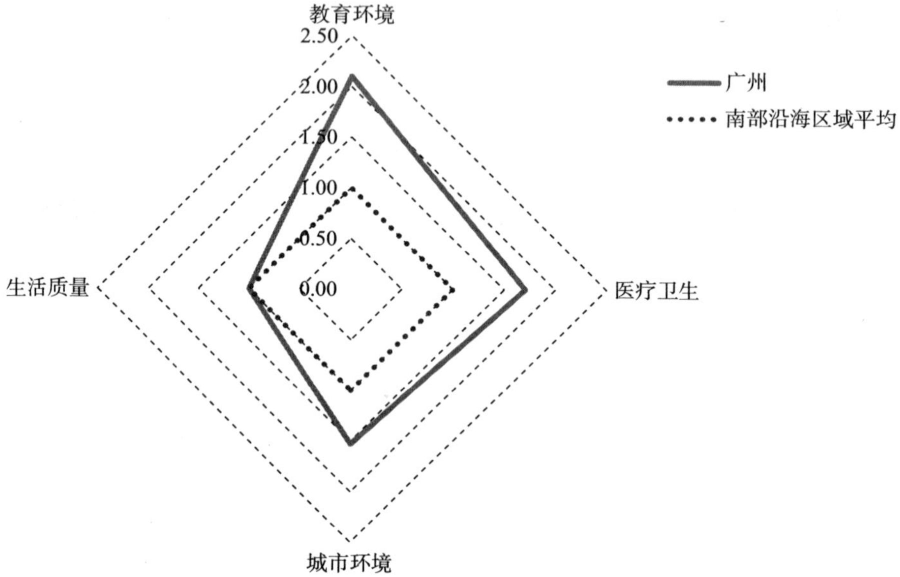

图 6.2.6　广州金融人才环境与南部沿海地区平均水平的比较

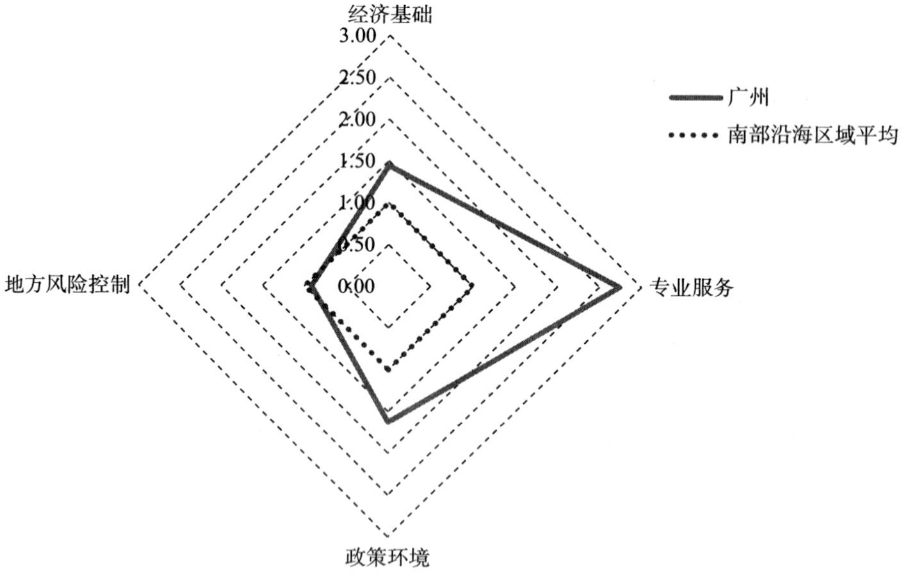

图 6.2.7　广州金融商业环境与南部沿海地区平均水平的比较

· 截至 2023 年底,广州拥有普通高等学校在校学生 164.15 万人,较去年同期增长超过50%，普通高等学校有84家，较上期增加1家，“双一流”高校7家，教育资源头部效应明显。

· 截至2023年底，广州拥有16家具备器官移植资质的医院，仅次于北京；每万人拥有医院病床56.73张，每万人拥有执业医师38.19人，在全国处于第一梯队。

· 截至2023年底，广州人均公园绿地面积为17.30平方米，每百万人城市轨道交通里程34.70公里，日航班次为996.16个，与去年同期相比持续提升，城市环境建设持续优化完善。

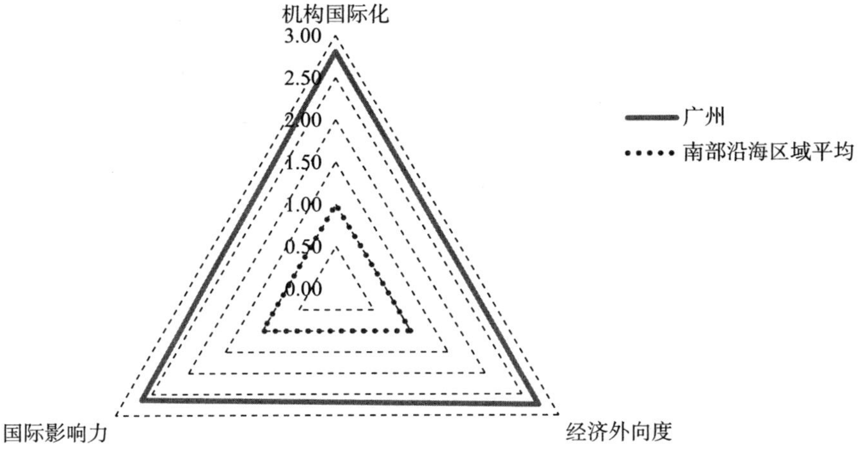

图6.2.8　广州金融国际化程度与南部沿海地区平均水平的比较

· 2023年广州实现地区生产总值为30355.73亿元，人均地区生产总值为161235.09元，经济基础深厚扎实。

· 截至2022年上半年，广州拥有执业律师18512人。截至2022年底，广州拥有注册会计师（CPA）3456人。截至2022年上半年，广州拥有747家专业保险中介机构，专业服务保障性较强。

· 2023年广州的地方政府负债率达到102.07%，地方政府债务率达到1593.68%，为区域内中高水平；银行业不良贷款率达到1.30%，为区域内第三高的城市。

· 截至2024年上半年，广州拥有68家外资金融机构营业性机构，机构国际化水平较高。

· 2023年，广州实际利用外资总额达到71.87亿元，进出口额达到1641.09

亿元,当年国际旅游收入达到26.79亿美元,大幅领先区域内其他城市。

6.3 厦门金融中心评价

厦门是福建省辖地级市、经济特区、副省级城市、计划单列市,是国家综合配套改革试验区、中国(福建)自由贸易试验区组成部分和国家海洋经济发展示范区。2010年国务院批准在厦门建设两岸区域性金融服务中心,2011年3月建设厦门两岸区域性金融服务中心被写入国家"十二五"规划纲要,在厦门市"十四五"规划纲要中要明确提出,推进金融强市建设,加快形成结构合理、功能齐备、创新活跃的多元化现代金融体系,建设服务两岸、辐射东南亚、连接"海丝"、面向全球的区域金融中心。

1. 厦门金融中心综合竞争力表现

厦门本期CFCI得分42.6分,较上期下降2.3分,综合竞争力排名全国第20位,较上期下降2位。从往期得分与排名来看,厦门金融中心综合竞争力得分虽整体保持上升态势,但是排名却呈现下降态势,特别是从CFCI 10以来背离现象越发明显。究其原因,在于金融资源争夺越发激烈的背景下,其他兄弟城市的发展速度更快,厦门的经济体量、人口总数及金融产业规模整体偏弱的规模劣势有所放大,整体处于"人快我慢、不进则退"的不利局面,如图6.3.1所示。

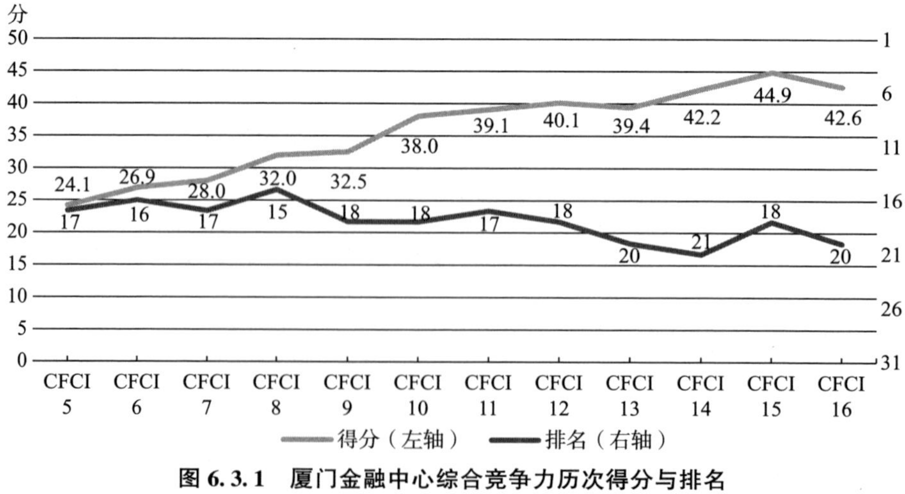

图6.3.1 厦门金融中心综合竞争力历次得分与排名

在本期 CFCI 分项评价方面，厦门的金融产业绩效分项得分出现较大程度减少，金融产业绩效分项排名相应下滑 2 位至全国第 14 名；金融机构实力分项排名维持不变；金融市场规模和金融生态环境排名均上升 1 位，分别排在第 22 名和第 16 名（见表 6.3.1）。

表 6.3.1　厦门在 CFCI 16 中评价结果

评价分类	CFCI 16 得分	同比上期	得分增幅/%	CFCI 16 排名	排名变化
金融产业绩效	73.05	-8.91	-10.87	14	-2
金融机构实力	18.88	-0.03	-0.15	24	0
金融市场规模	4.71	-0.40	-7.74	22	1
金融生态环境	82.07	0.03	0.04	16	1
金融人才环境	6.97	0.04	0.56	34	-1
金融商业环境	8.91	0.03	0.28	12	1
国际化环境	2.29	-0.06	-2.42	12	0

2. 厦门金融中心金融产业绩效表现

在金融产业绩效方面，厦门在金融业增加值、金融业务规模和业务相对水平上，均低于南部沿海地区平均水平，其中金融业务规模指标落后幅度较大，如图 6.3.2 所示。

· 2023 年厦门金融业实现增加值 967.27 亿元；近三年平均增长 6.17%，居于区域第 3 位，与广州和福州差距较大；占地方生产总值比重为 11.99%，高于广州。

· 2022 年厦门金融从业人员达 4.15 万人，近三年平均增长 2.71%，占地方常住人口比重为 0.78%，整体较去年同期出现下滑趋势。

· 截至 2023 年底，厦门金融机构本外币存款余额为 16724.71 亿元，本外币贷款余额为 18575.33 亿元，均位居区域内第 3，低于福州。

· 2023 年厦门全年实现保费收入 297.15 亿元，低于福州；年末保险深度为 3.68%，保险密度人均为 5578.19 元（常住人口统计口径），均高于福州。

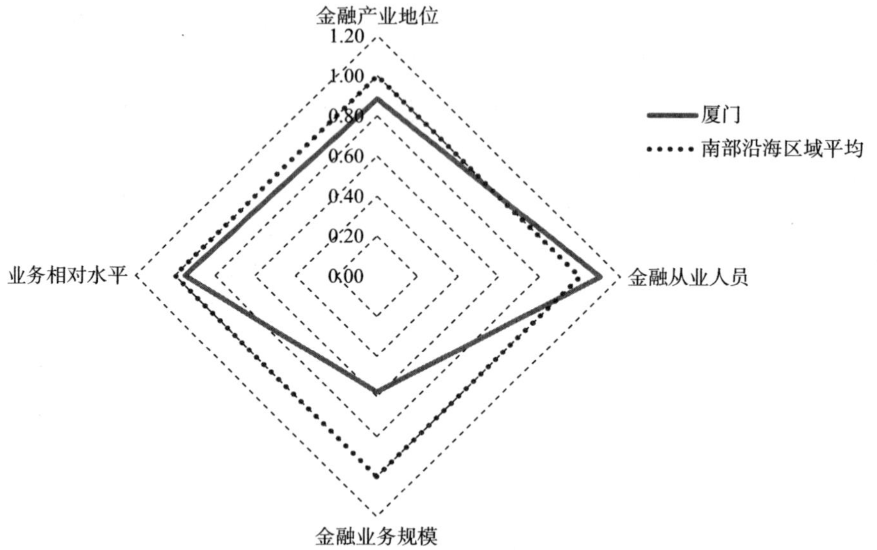

图 6. 3. 2　厦门金融产业绩效同南部沿海地区平均水平的比较

3. 厦门金融中心金融服务实体质效表现

在金融服务实体质效方面,厦门在科技金融、普惠金融和养老金融领域有领先优势,如图 6. 3. 3 所示。

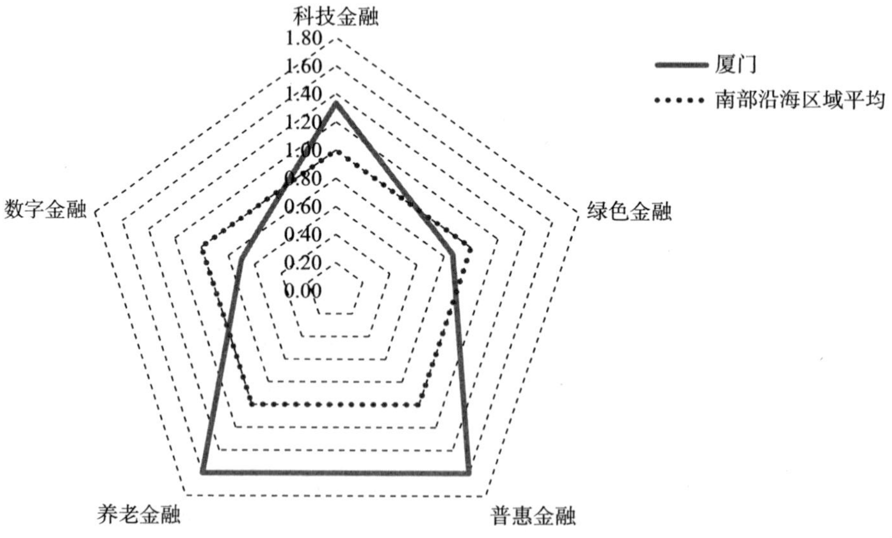

图 6. 3. 3　厦门金融服务实体质效同南部沿海地区平均水平的比较

· 2023 年厦门的私募股权融资额达到 124.26 亿元，位居区域内第 2；近三年科创企业在 A 股市场年均融资达到 33.37，为区域内第 2 位，高于福州；科创企业年均上市融资与 GDP 之比达到 0.41%，为区域内占比最高的城市。

· 2023 年厦门普惠小微企业贷款余额为 3923 亿元，居区域内第 3 位，与 GDP 之比为 42.84%，在区域居于首位，体现出厦门对中小微企业融资服务高度重视。

4. 厦门金融中心金融机构实力表现

在金融机构实力方面，厦门银行类机构、证券类机构、保险类机构和地方性金融机构实力较为均衡，但都低于南部沿海地区平均水平，如图 6.3.4 所示。

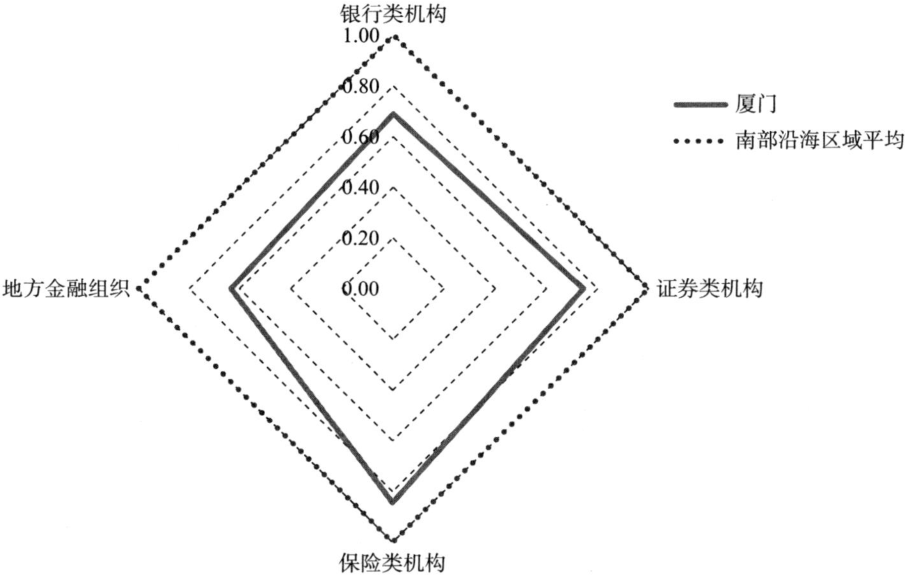

图 6.3.4　厦门金融机构实力与南部沿海地区平均水平的比较

· 截至 2023 年底，厦门本地法人商业银行共有 4 家，资产总规模为 16464.10 亿元，商业银行支行有 590 家，整体数量及规模距离区域内省会城市差距较大。

· 截至 2023 年底，厦门本地法人证券公司共有 2 家，资产总规模为 164.54 亿元，与广州和福州存在较大差距。截至 2024 年上半年，厦门证券公司营业部共有 108 家，数量少于福州。

· 截至 2023 年底,厦门本地法人保险公司共有 2 家,资产总规模为 84.54 亿元,均高于福州,与广州存在较大差距。

5. 厦门金融中心金融市场规模表现

在金融市场规模方面,厦门上市水平高于区域平均水平;在直接融资水平和区域股权市场方面,相对南部沿海地区其他金融中心城市存在较大差距,如图 6.3.5 所示。

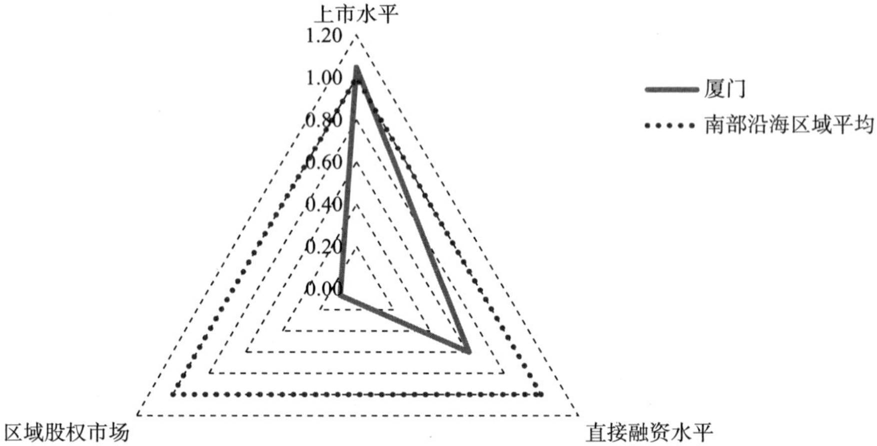

图 6.3.5 厦门资本市场利用水平与南部沿海地区平均水平的比较

· 截至 2023 年底,厦门本地 A 股上市公司有 66 家,数量多于福州;年度新增 IPO 公司 3 家,居区域内第 2 位,仅次于广州;新三板挂牌公司数量达到 92 家,为区域内第 2 位。

· 截至 2023 年底,厦门 A 股市场累计融资额为 1317.46 亿元,为区域内第 4 位,仅有福州的 50%;年度新增股票融资规模为 59.29 亿元,为区域内第 2 位,仅次于广州。

· 截至 2023 年上半年,厦门区域股权市场挂牌公司有 316 家。

6. 厦门金融中心金融生态环境表现

在金融生态环境方面,厦门全国排名第 17,与其他南部沿海地区城市相比,在城市环境方面具有一定优势,如图 6.3.6、图 6.3.7 和图 6.3.8 所示。

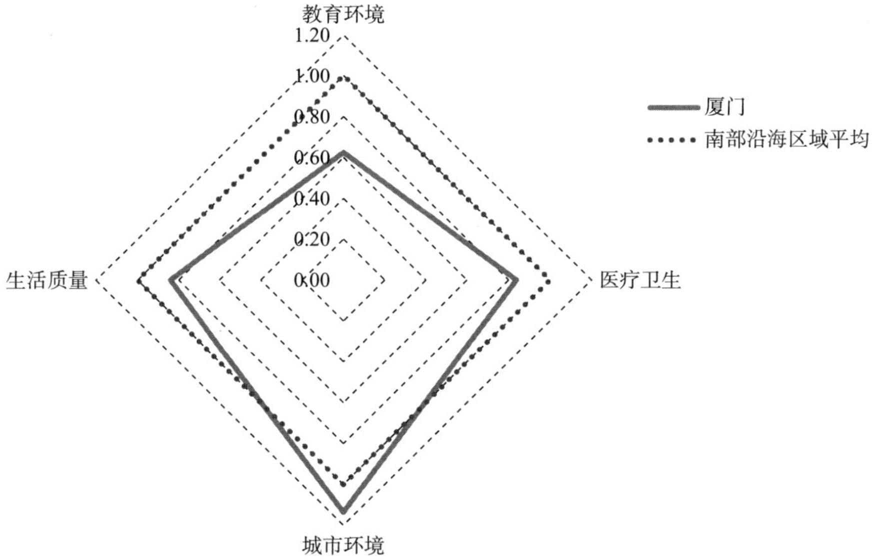

图 6.3.6　厦门金融人才环境与南部沿海地区平均水平的比较

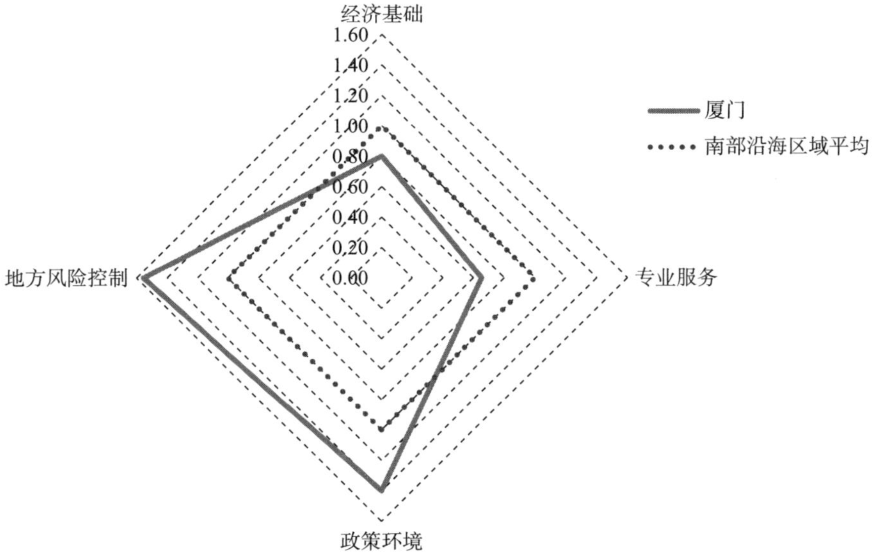

图 6.3.7　厦门金融商业环境与南部沿海地区平均水平的比较

· 截至 2023 年底,厦门拥有普通高等学校在校学生 22. 62 万人,普通高等学校有 16 家,数量少于福州。

· 截至 2023 年底,厦门每万人拥有医院病床 40. 75 张,每万人拥有执业医师 35. 37 人。

·截至2023年底,厦门人均公园绿地面积为11.48平方米,高于福州和海口;每百万人城市轨道交通里程为18.5公里,日航班次数为491.78个,城市环境良好。

·2023年厦门实现地区生产总值8066.49亿元;人均地区生产总值为151426.51元,与福州相当。

·截至2022年上半年,厦门拥有执业律师4371人;截至2022年底,厦门拥有注册会计师(CPA)952人;截至2022年上半年,厦门专业保险中介机构有126家。

·2023年厦门地方政府负债率仅有30.93%,地方政府债务率仅有158.19%。近三年违约债券余额占比为0,银行业不良贷款率仅有0.65%,均为区域内最优水平。

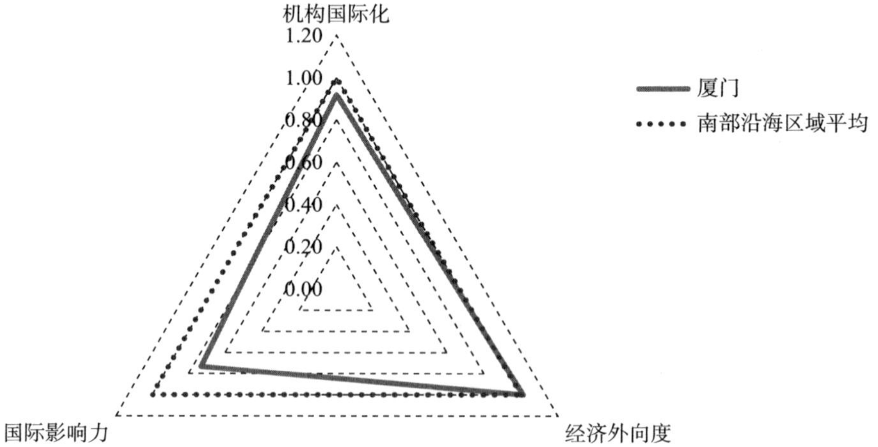

图6.3.8 厦门金融国际化程度与南部沿海地区平均水平的比较

·截至2023年底,厦门外资金融机构营业性机构数达22家,机构国际化程度略微低于区域平均水平。

·2023年厦门当年实际利用外资总额为19.74亿美元,当年进出口总额为1408.64亿美元。

6.4 福州金融中心评价

福州地处中国东部、闽江下游及沿海地区,是福建省会、首批对外开放沿海城市、海峡西岸经济区中心城市之一、海洋经济发展示范区、海上丝绸之路门户以及中国(福建)自由贸易试验区组成部分。“十四五”期间,福州定位打造普惠金融改革示范区、绿色金融改革示范区和金融服务实体经济示范区,着力建设海上丝绸之路金融合作平台和两岸金融融合发展平台,建设特色金融优势突出、国际化特征鲜明的区域金融中心。

1. 福州金融中心综合竞争力表现

如图 6.4.1 所示。

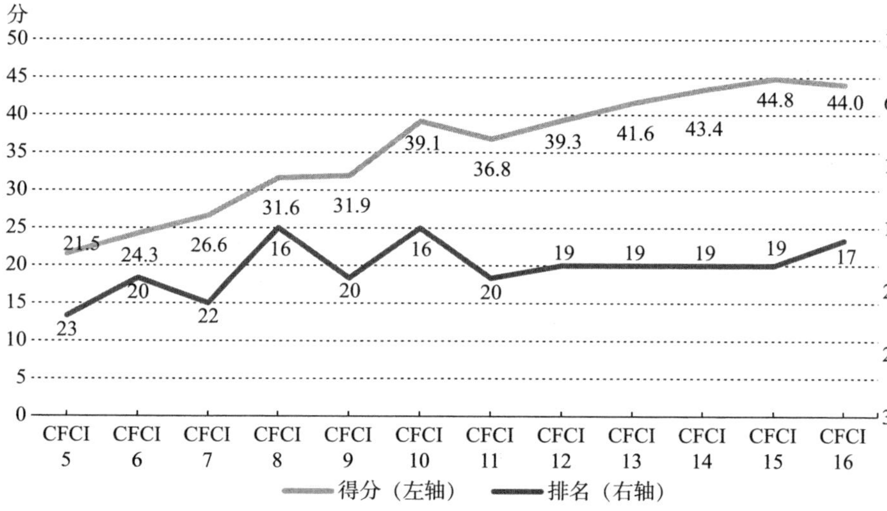

图 6.4.1　福州金融中心综合竞争力历次得分与排名

从往期得分与排名来看,福州金融中心综合竞争力得分和排名保持波动增长态势,从近 10 年来看,全国排名从第 22 位上升至 17 位,得分增长翻番。福州本期综合竞争力得分 44.0 分,较上期略降 0.8 分。

在本期 CFCI 分项指标评价方面,福州综合竞争力排名全国第 17,较上期上升 2 名。福州在金融产业绩效、金融市场规模和金融生态环境的得分均有所下滑,金融机构实力得分实现增长,见表 6.4.1。

表 6.4.1　福州在 CFCI 16 中评价结果

评价分类	CFCI 16 得分	同比上期	得分增幅/%	CFCI 16 排名	排名变化
金融产业绩效	70.80	−0.32	−0.46	16	2

续表

评价分类	CFCI 16 得分	同比上期	得分增幅/%	CFCI 16 排名	排名变化
金融机构实力	33.15	1.05	3.28	11	0
金融市场规模	4.33	-1.18	-21.43	24	-2
金融生态环境	72.69	-3.37	-4.43	24	-4
金融人才环境	7.87	0.33	4.39	27	1
金融商业环境	6.66	-1.02	-13.28	25	-7
国际化环境	1.56	-0.06	-3.50	19	3

2. 福州金融中心金融产业绩效表现

在金融产业绩效方面,福州金融业增加值高出南部沿海地区平均水平,但金融从业人员、金融业务规模、业务相对水平低于南部沿海地区平均水平,如图 6.4.2 所示。

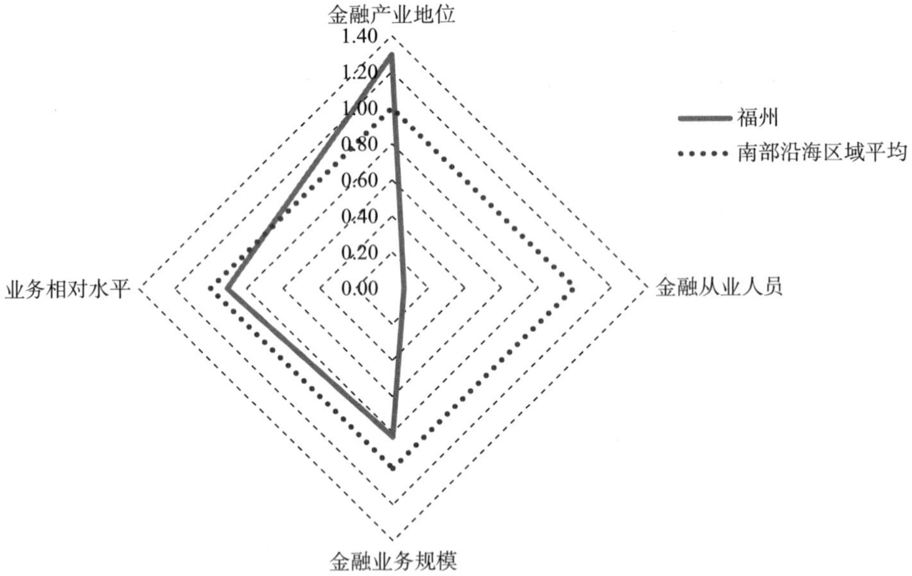

图 6.4.2 福州金融产业绩效同南部沿海地区平均水平的比较

· 2023 年福州金融业实现增加值 1719.85 亿元,近三年平均增长 6.23%,均为区域第 2 位;占地方生产总值比重为 13.30%,为区域内金融业增加值占比最高的城市。

· 2022 年福州金融从业人员达 5.71 万人，近三年平均增长-5.56%，较往期数据大幅下降。

· 截至 2023 年底，福州金融机构本外币存款余额为 23547.20 亿元，本外币贷款余额为 24490.73 亿元，为区域内第 2 位。

· 2023 年福州全年实现保费收入 457.87 亿元，为区域第 2 位；年末保险深度为 3.54%，保险密度为人均 5406.42 元（常住人口统计口径）。

3. 福州金融中心金融服务实体质效表现

在金融服务实体质效方面，福州在绿色金融和普惠金融领域有领先优势，在科技金融、数字金融和养老金融方面低于区域平均水平，如图 6.4.3 所示。

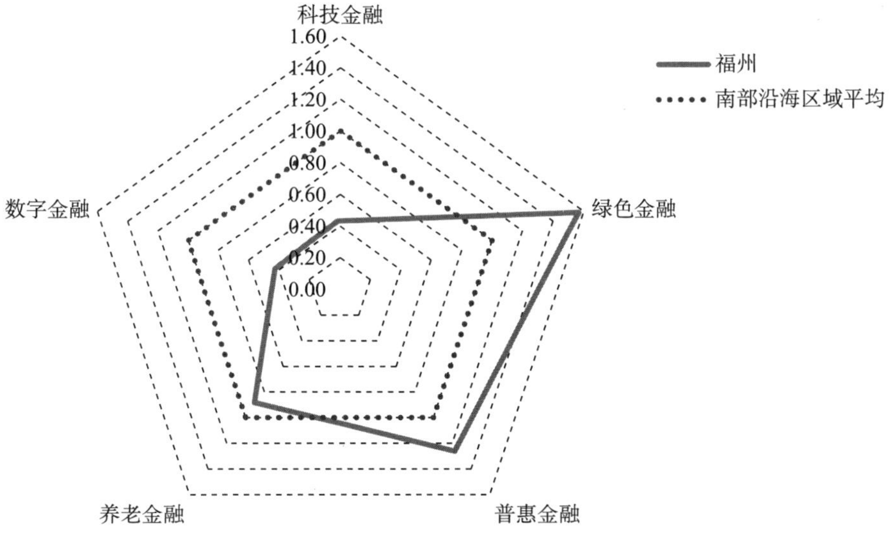

图 6.4.3　福州金融服务实体质效同南部沿海地区平均水平的比较

· 2023 年福州的私募股权融资额为 19.61 亿元，居区域内第 4 位，仅优于泉州。

· 2023 年福州的绿色债券余额达到 718.8 亿元，居区域第 2 位；绿色债券余额与 GDP 之比达到 5.56%，为区域内比值最高的城市。

· 2023 年福州普惠小微企业贷款余额为 4278 亿元，普惠小微企业贷款与 GDP 之比达到 33.09%，普惠小微贷款企业获贷率达到 37.69%，均居区域第2位。

4. 福州金融中心金融机构实力表现

在金融机构实力方面,福州金融机构实力具有较大优势,主要得益于兴业系银行类机构、证券类机构的有力支撑,如图6.4.4所示。

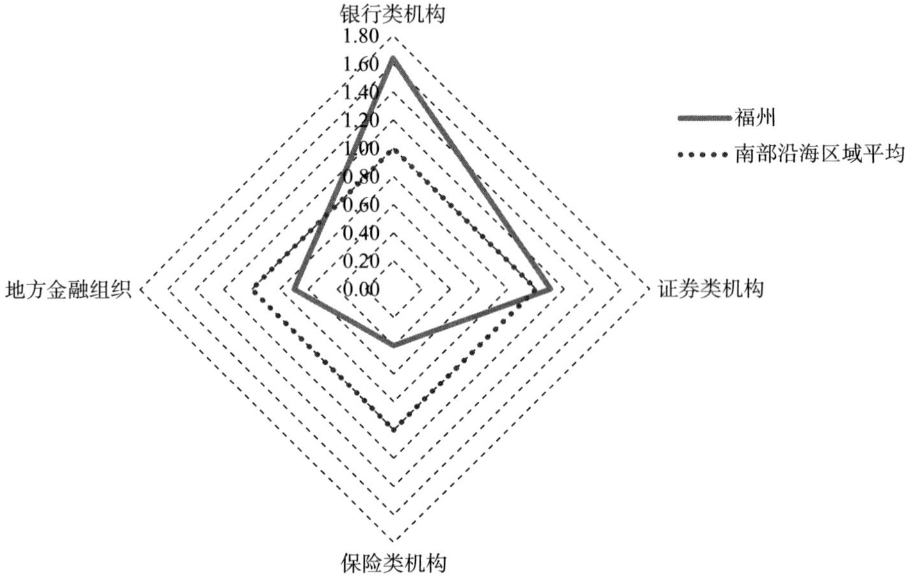

图6.4.4　福州金融机构实力与南部沿海地区平均水平的比较

·截至2023年底,福州本地法人商业银行共有8家,资产总规模超过10万亿元,大幅高于广州和厦门。

·截至2023年底,福州本地法人证券公司共有2家,资产总规模为3415.69亿元,远高于厦门。截至2023年上半年,福州证券公司营业部共有133家,期货公司有3家,均为区域第2位;另设有1家证券公司专项业务子公司。

·2023年福州拥有2家公募基金,管理规模达到3870.51亿元,为广州的4倍、厦门的10倍以上。

5. 福州金融中心金融市场规模表现

在金融市场规模方面,福州上市水平、直接融资水平和区域股权方面得分与厦门类似,如图6.4.5所示。

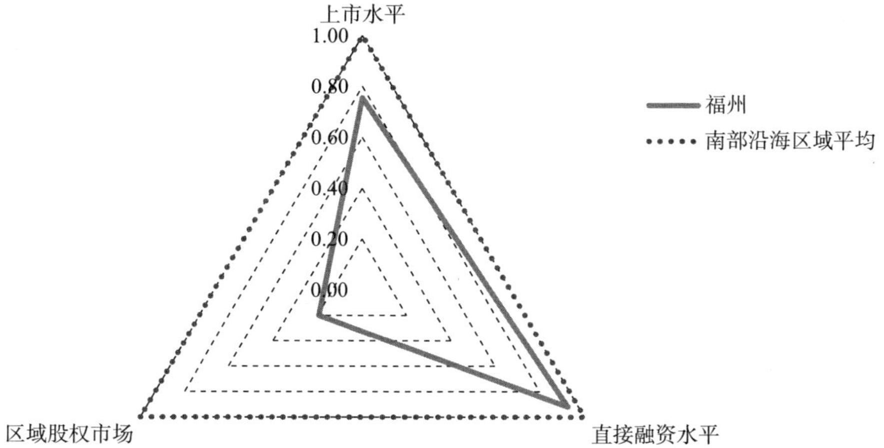

图 6.4.5　福州资本市场利用水平与南部沿海地区平均水平的比较

· 截至 2023 年底，福州本地 A 股上市公司有 55 家，仅为广州的 1/4；年度新增 IPO 公司 1 家，为区域内最少的城市之一。

· 截至 2023 年底，福州 A 股市场累计融资额为 2677.94 亿元，接近广州，高于厦门；年度新增股票融资规模为 25.56 亿元，为区域内第 4 位。

· 截至 2023 年上半年，福州区域股权市场挂牌公司有 559 家，数量多于厦门。

6. 福州金融中心金融生态环境表现

在金融生态环境方面，福州排名全国第 23，在医疗卫生、生活质量方面略高于南部沿海地区平均水平，如图 6.4.6、图 6.4.7 和 6.4.8 所示。

· 截至 2023 年底，福州拥有普通高等学校在校学生 48.37 万人，普通高等学校有 34 家，为区域内第 2 位。

· 截至 2023 年底，福州每万人拥有医院病床 51.19 张，每万人拥有执业医师 35.23 人，为区域内第 3 位。

· 截至 2023 年底，福州人均公园绿地面积为 7.02 平方米，落后于区域内其他城市，仅优于泉州；每百万人城市轨道交通里程为 16.41 公里，日航班次数为 274.25 个。

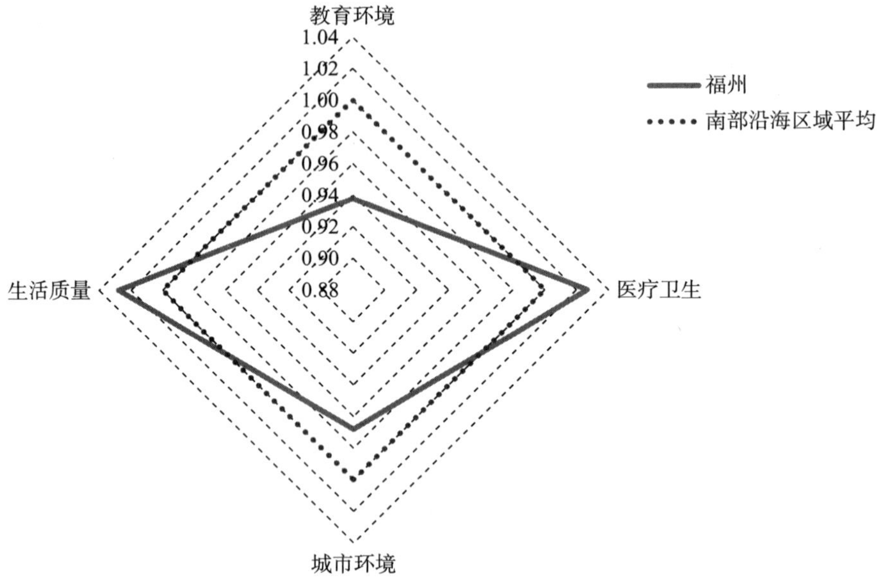

图 6.4.6　福州金融人才环境与南部沿海地区平均水平的比较

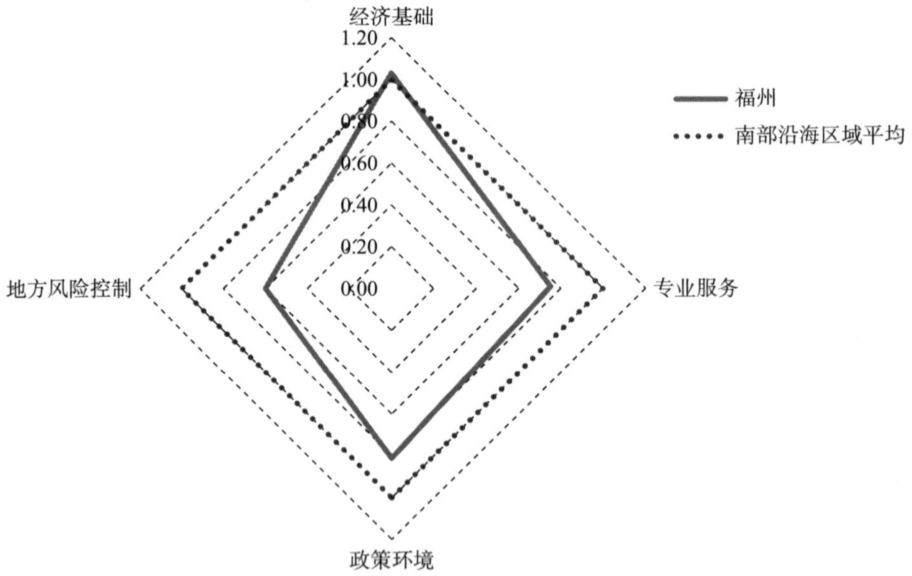

图 6.4.7　福州金融商业环境与南部沿海地区平均水平的比较

· 2023 年福州实现地区生产总值 12928. 47 亿元,为区域内第 2 位;人均地区生产总值为 152656. 39 元,与厦门相当。

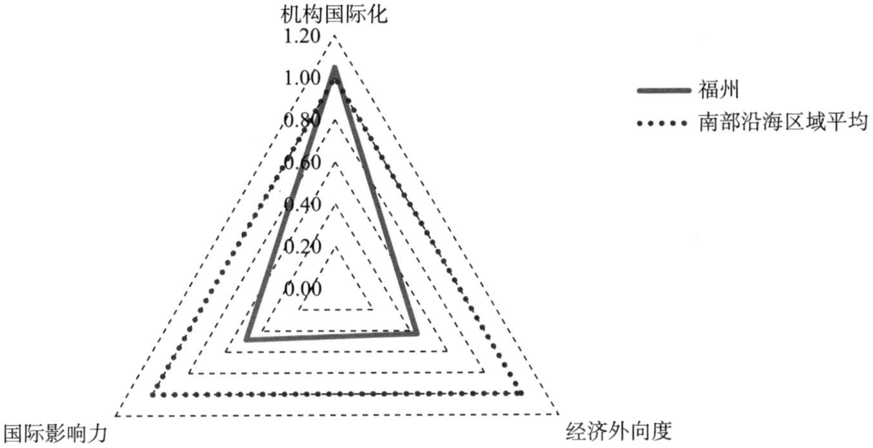

图 6.4.8 福州金融国际化程度与南部沿海地区平均水平的比较

· 截至 2022 年上半年,福州拥有执业律师 4859 人;截至 2022 年底,福州拥有注册会计师(CPA)970 人;截至 2022 年上半年,福州有专业保险中介机构 162 家。

· 2022 年福州金融业发展促进政策支持力度得分 3.6 分,产业政策友好度得分 2.4 分,较区域内其他城市劣势较大。

· 截至 2023 年底,福州外资金融机构营业性机构数达 26 家,数量略多于厦门。

· 2023 年福州当年实际利用外资总额为 9.20 亿美元,当年进出口总额为 488.60 亿美元。

6.5 海口金融中心评价

海口是海南省辖地级市、省会,国家"一带一路"建设支点城市,海南自由贸易港核心城市,北部湾城市群重要节点城市。海南自由贸易港是中国在新时代推进改革开放的重大战略举措,也是中国参与全球经济治理和国际经济合作的重要平台。作为自由贸易港的重要组成部分,离岸金融中心是海南自由贸易港建设的核心内容之一,也是海南自由贸易港对外开放的重要窗口。

1. 海口金融中心综合竞争力表现

从往期得分与排名来看,海口 2022 年首次入选中国金融中心指数(CDI CFCI)排名,与其他区域金融中心发展相比,金融业发展仍有较大提升空间。海口本期综合竞争力得分 29.94 分,较上期下降 1.75 分,如表 6.5.1 所示。

表 6.5.1 海口在 CFCI 16 中评价结果

评价分类	CFCI 16 得分	同比上期	得分增幅/%	CFCI 16 排名	排名变化
金融产业绩效	52.76	-12.99	-19.75	27	-3
金融机构实力	11.63	-0.05	-0.40	34	0
金融市场规模	1.78	-0.35	-16.35	36	-5
金融生态环境	59.93	6.82	12.83	33	3
金融人才环境	6.75	-0.04	-0.60	35	0
金融商业环境	4.93	1.09	28.40	34	2
国际化环境	1.59	0.46	40.77	18	6

在本期 CFCI 分项评价方面,海口综合竞争力排名全国第 34,与上期持平。海口在金融产业绩效、金融机构实力和金融市场规模方面的得分均有所下降,金融生态环境得分有所上升。

2. 海口金融中心金融产业绩效表现

在金融产业绩效方面,海口金融业务相对水平和金融从业人员具有比较优势,金融业增加值和金融业务规模相对落后,如图 6.5.1 所示。

· 2023 年海口金融业实现增加值 250.63 亿元,近三年平均增长 4.33%,占地方生产总值比重 10.63%。

· 2022 年海口金融从业人员达 4.04 万人,与上期指数同期相比降幅较大。

· 截至 2023 年底,海口金融机构本外币存款余额为 7115.18 亿元,本外币贷款余额为 7851.35 亿元。

· 2023 年海口全年实现保费收入 138.87 亿元;年末保险深度为 5.89%,居南部区域首位;保险密度为人均 4832.95 元(常住人口统计口径),南部区域排名第 4。

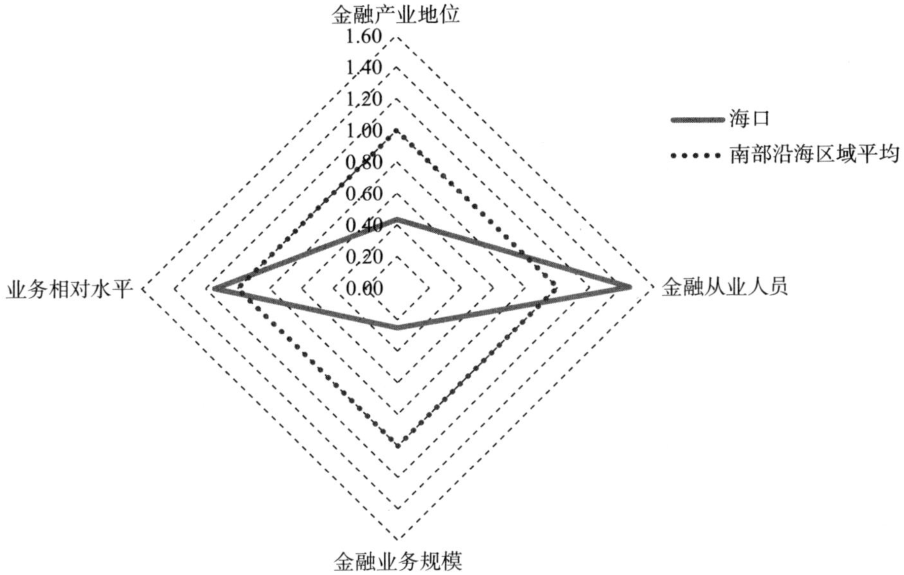

图 6.5.1　海口金融产业绩效同南部沿海地区平均水平的比较

3. 海口金融中心金融服务实体质效表现

在金融服务实体质效方面,海口在科技金融领域有领先优势,数字金融领域趋于区域平均水平,如图 6.5.2 所示。

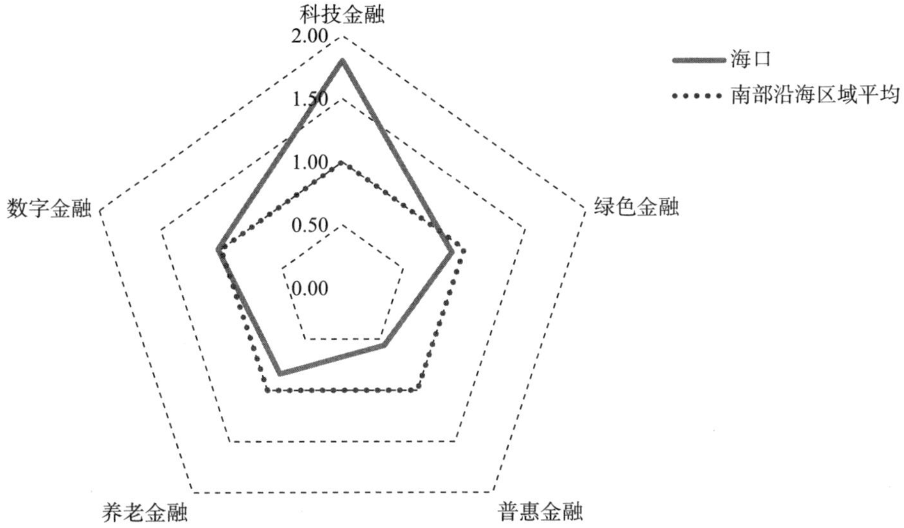

图 6.5.2　海口金融服务实体质效同南部沿海地区平均水平的比较

·2023 年海口的私募股权融资额达到 90.78 亿元,居区域内第 3 位;私募股权年均融资额与 GDP 之比达到 3.42%,为区域内第 1 位。

·截至 2024 年上半年,海口共有金融科技企业 3 家,为区域内第 4 位;金融科技创新监管试点项目有 8 个,位居区域第 2 位。

·2023 年海口基本养老保险渗透率达到 82.69%,为区域内第 2 位,仅次于厦门。

4. 海口金融中心金融机构实力表现

在金融机构实力方面,海口银行类、证券类和保险类机构实力较弱,地方金融组织实力趋于平均水平,如图 6.5.3 所示。

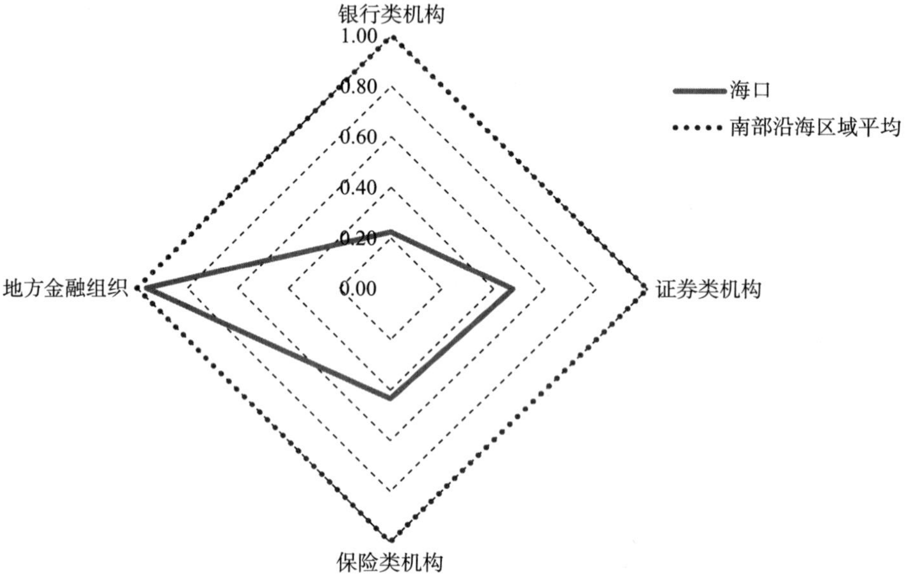

图 6.5.3　海口金融机构实力与南部沿海地区平均水平的比较

·截至 2023 年底,海口本地法人商业银行共有 3 家,资产总规模为 1114.70 亿元,较去年同期下降近一半,商业银行支行有 377 家。

·截至 2023 年底,海口本地法人证券公司共有 2 家,与福州、厦门一致;资产总规模为 352.77 亿元,大于厦门。截至 2024 年上半年,海口证券公司营业部仅有 27 家。

·截至 2023 年底,海口本地法人保险公司仅有 1 家,但资产总规模为

53.00 亿元,仅有去年同期的 1/6。

5. 海口金融中心金融市场规模表现

在金融市场规模方面,海口上市水平、直接融资市场水平和区域股权方面得分均未达到区域平均水平,如图 6.5.4 所示。

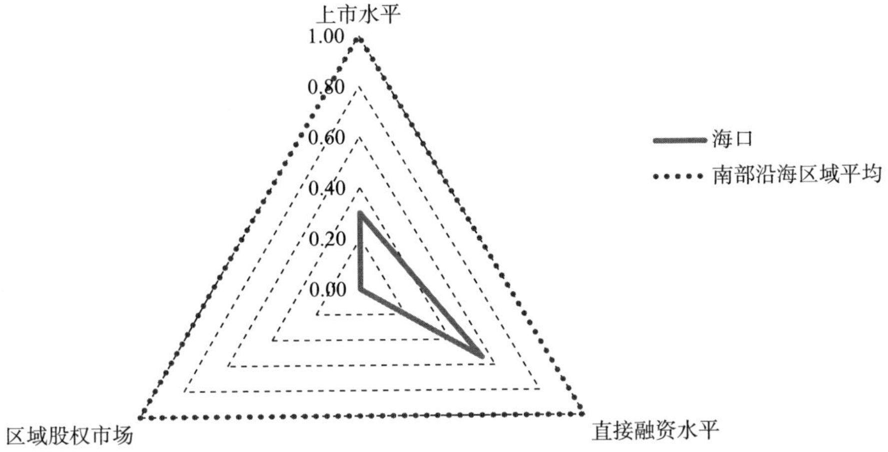

图 6.5.4　海口资本市场利用水平与南部沿海地区平均水平的比较

· 截至 2023 年底,海口本地 A 股上市公司有 24 家,年度未有新增 IPO 公司。

· 截至 2023 年底,海口 A 股市场累计融资额为 1460.14 亿元,年度未有新增股票融资规模。

6. 海口金融中心金融生态环境表现

在金融生态环境方面,与其他南部沿海地区城市相比,海口生活质量和医疗卫生表现趋于平均水平,教育环境和城市环境距离平均水平仍有一定差距,如图 6.5.5、图 6.5.6 和 6.5.7 所示。

· 截至 2023 年底,海口拥有普通高等学校在校学生 20.09 万人,普通高等学校有 15 家,其中“双一流”高等学校有 1 家,仅高于泉州。

· 截至 2023 年底,海口每万人拥有医院病床 61.24 张,每万人拥有执业医师 45.65 人,为区域内首位。

· 截至 2023 年底,海口人均公园绿地面积为 8.58 平方米,日航班次数为472.60个,主要短板是尚未开通城市地铁。

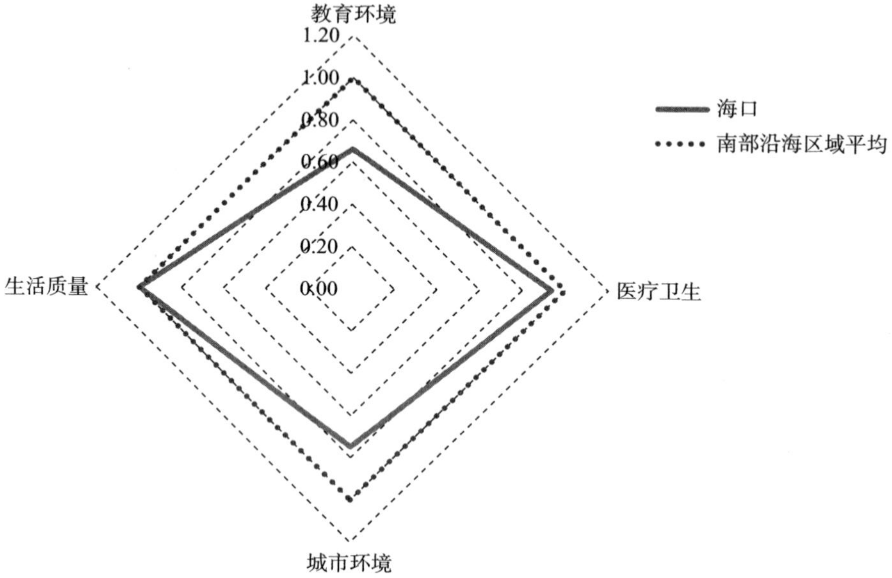

图6.5.5 海口金融人才环境与南部沿海地区平均水平的比较

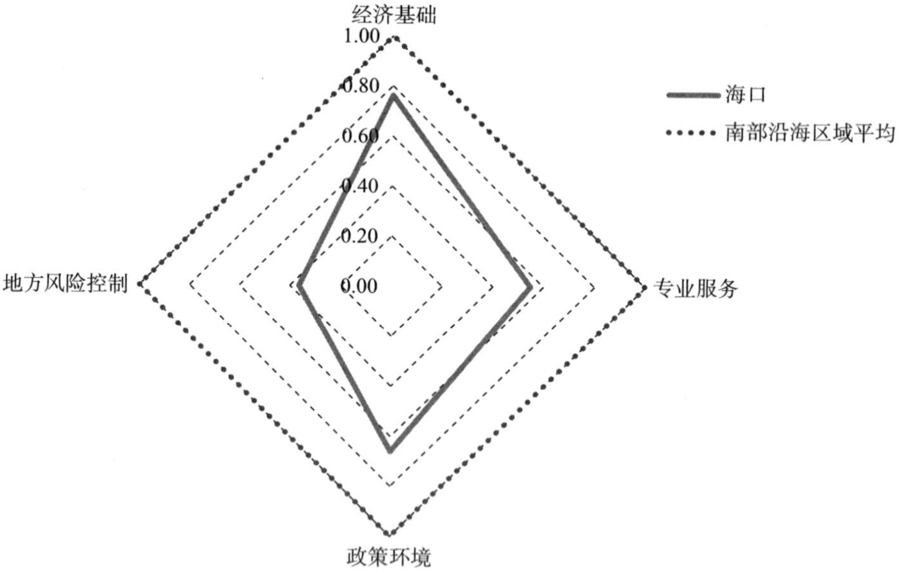

图6.5.6 海口金融商业环境与南部沿海地区平均水平的比较

·2023年海口实现地区生产总值2358.44亿元;人均地区生产总值为82078.37元,仅相当于福州、厦门的一半左右,甚至低于泉州(137029.49

元）。

· 截至 2022 年上半年，海口拥有执业律师 2135 人，专业保险中介机构有 102 家。

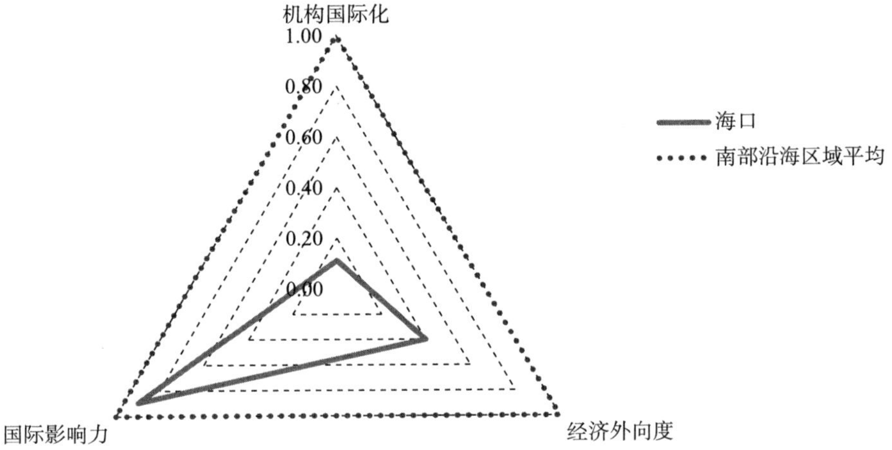

图 6.5.7　海口金融国际化程度与南部沿海地区平均水平的比较

· 截至 2023 年底，海口外资金融机构营业性机构数只有 3 家，机构国际化程度远低于区域平均水平。

2023 年海口当年实际利用外资总额为 14.52 亿美元，当年进出口总额为 112.60 亿美元，与区域领先城市有较大差距。

第 7 章　中部地区金融中心评价

7.1　总体评价

中部地区地处中国腹地，承东启西、连南接北，主要覆盖黄河中游和长江中游地区，包括山西、河南、内蒙古、湖北、湖南、江西、安徽六省一自治区，有 7 个样本城市，分别是武汉、长沙、郑州、合肥、南昌、太原和呼和浩特。本期主要对武汉、郑州、长沙、合肥 4 个区域内领先的金融中心城市进行详细分析。

1. 综合竞争力表现

如表 7.1.1 所示。

表 7.1.1　中部区域金融中心在 CFCI 16 中的评价结果

城市	综合竞争力		金融产业绩效		金融机构实力		金融市场规模		金融生态环境	
	得分	排名	得分	排名	得分	排名	得分	排名	得分	排名
武汉	57.64	10	82.97	10	37.67	10	14.48	9	103.62	7
郑州	56.31	12	79.81	12	24.19	16	43.28	4	87.00	13
长沙	44.12	16	63.78	20	27.99	14	9.53	16	81.82	17
合肥	43.84	18	76.02	13	21.56	20	10.29	14	74.71	22
太原	33.23	26	55.62	24	15.05	30	3.04	28	65.77	26
南昌	32.89	28	47.21	32	17.14	27	7.65	18	65.66	27
呼和浩特	25.49	38	38.38	36	9.48	37	1.12	38	59.21	34

从综合竞争力得分来看，中部地区金融中心得分排序与上期一致，从高

到低依次为武汉、郑州、长沙、合肥、太原、南昌和呼和浩特。其中,武汉、郑州得分显著高于35个区域金融中心的平均水平,在中部地区形成双头引领;长沙、合肥得分与平均水平相当,太原、南昌、呼和浩特明显低于平均水平。

武汉、郑州、长沙、合肥具体情况见图7.1.1。

· 武汉金融中心综合竞争力得分57.64分,较上期上升1.94分,比35个区域金融中心的平均水平高出13.94分;综合竞争力得分在中部地区排名第1位,全国排名超过苏州,位列第10。

· 郑州金融中心综合竞争力得分56.31分,较上期上升5.89分,增长幅度较大,与武汉得分差距缩窄至1.33分;综合竞争力得分排名中部地区第2位,全国排名第12位,与上期相同。

· 长沙金融中心综合竞争力得分44.12分,较上期下降2.54分,与武汉、郑州得分差距拉大;综合竞争力得分排名中部地区第3位,全国排名第16位,较上期下降2位。

· 合肥金融中心综合竞争力得分43.84分,较上期小幅上升0.26分,与长沙得分差距进一步拉近至0.28分;综合竞争力得分排名中部地区第4位,全国排名第18位,较上期上升3位。

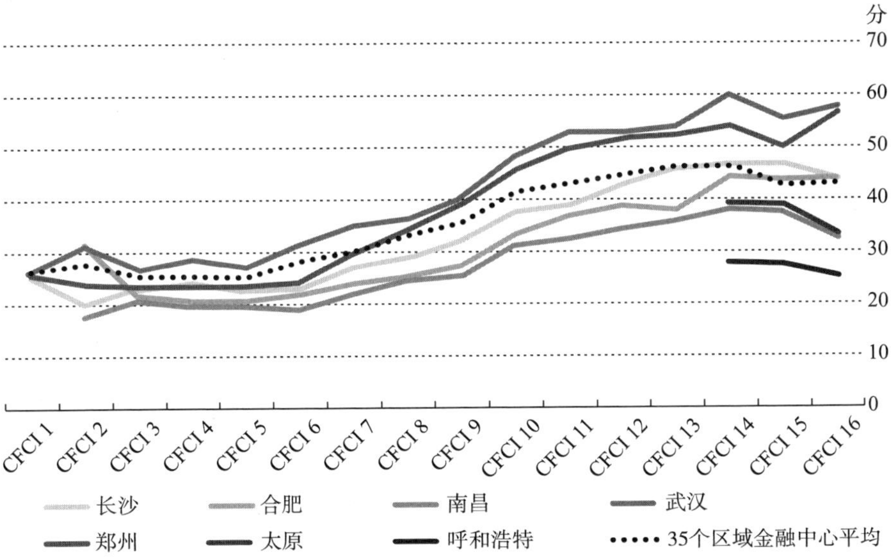

图7.1.1　中部区域金融中心历期CFCI综合竞争力得分

2. 金融产业绩效分项表现

从金融产业绩效得分来看,中部地区金融中心得分出现分化,从高到低依次是武汉、郑州、合肥、长沙、太原、南昌和呼和浩特。其中,武汉、郑州、合肥得分差距不大,高于35个区域金融中心城市的平均水平,处于第一梯队;长沙与区域金融中心基本持平,处于第二梯队;太原、南昌和呼和浩特则显著低于区域均值,处于第三梯队,如图7.1.2所示。

· 本期武汉金融产业绩效得分82.97分,较上期上升8.50分,全国第10位,较上期上升5位;郑州得分79.81分,较上期上升13.03分,全国排名第12位,较上期上升10位;合肥得分76.02分,与上期基本持平,但与武汉、郑州差距拉大,全国排名第13位,下降1位。

· 长沙金融产业绩效得分和排名均有下降。其中,得分63.78分,较上期下降8.83分,表现差于35个区域金融中心城市的平均水平;全国排名第20位,较上期下降3位。

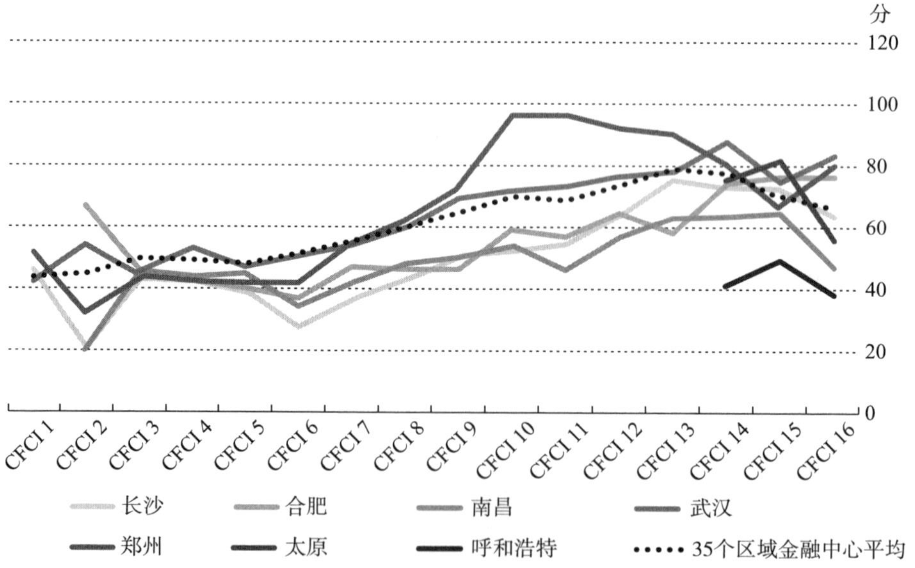

图 7.1.2 中部区域金融中心历期金融产业绩效得分

3. 金融机构实力分项表现

从金融机构实力得分来看,中部地区金融中心排序保持不变,呈现梯度分布态势，从高到低依次为武汉、长沙、郑州、合肥、南昌、太原和呼和浩特。其中，武汉、长沙超过 35 个区域金融中心的平均水平，其余城市均低于区域金融中心均值水平，如图 7.1.3 所示。

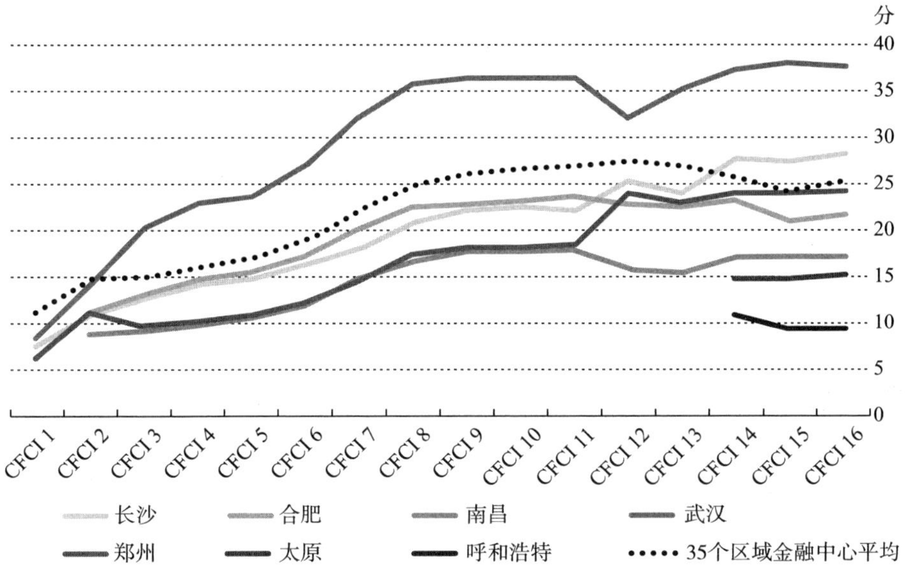

图 7.1.3　中部区域金融中心历期金融机构实力得分

· 武汉金融机构实力得分 37.67 分，全国排名第 10 位，在中部地区保持领先优势；长沙金融机构实力得分 27.99 分，仅次于武汉，排名中部地区第 2 位、全国第 14 位。

· 郑州金融机构实力得分 24.19 分，与上期基本持平，全国排名第 16 位，保持不变；合肥金融机构实力得分 21.56 分，与上期基本持平，全国排名第 20 位，保持不变。

4. 金融市场规模分项表现

从金融市场规模得分来看，郑州作为郑州商品交易所驻地，是少数几个拥有全国性金融市场的区域性金融中心，在中部地区表现一枝独秀；接下来是武汉、合肥和长沙，三者构成第二梯队，得分均高于平均水平；南昌则低于平均水平，如图 7.1.4 所示。

· 在区域股权市场方面，武汉得分表现十分优秀，连续多期保持中部地区首位；南昌、合肥和长沙次之，均超过 35 个区域金融中心的平均水平；郑州

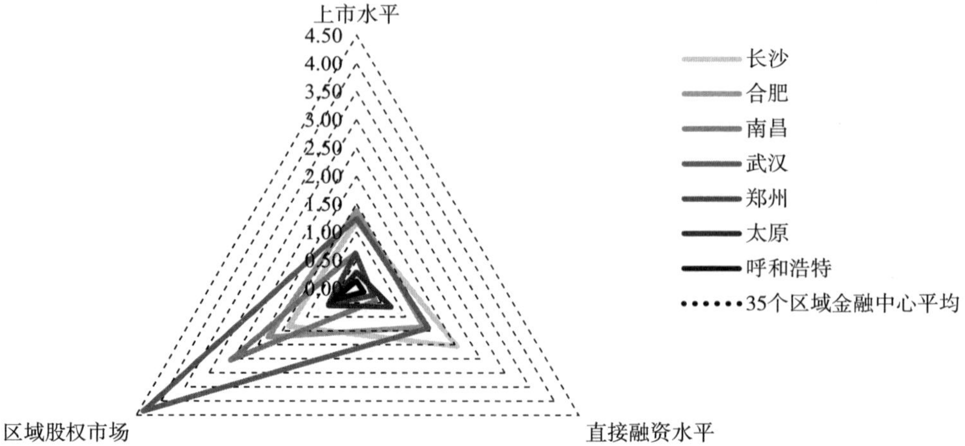

图 7.1.4 中部区域金融中心资本市场利用水平对比

则与平均水平差距较大。

· 在直接融资水平方面,长沙得分相对突出,与合肥、武汉共同构成中部地区第二梯队,郑州和南昌相对较差,但均超过 35 个区域金融中心的平均水平。

· 在上市水平方面,合肥、武汉、长沙居于领先位置,分列中部地区前 3,接下来是郑州和南昌,得分均超过 35 个区域金融中心的平均水平。

5. 金融生态环境分项表现

从金融生态环境得分来看,中部地区金融中心得分基本稳定,排序保持不变,呈现梯度分布态势。其中,武汉位于第一梯队,郑州、长沙、合肥构成第二梯队,太原、南昌和呼和浩特构成第三梯队。

· 武汉金融生态环境得分 103.62 分,比上期增长 2.00 分,高出 35 个区域金融中心的平均水平 24.67 分。在中部地区排名第 1 位,全国排名第 7 位,保持不变。

· 郑州金融生态环境得分 87.00 分,较上期上升 1.63 分,与武汉差距有所减少,全国排名第 13 位,较上期上升 2 位。长沙金融生态得分 81.82 分,较上期下降 2.83 分,全国排名第 17 位,保持不变。

· 合肥金融生态环境得分 74.71 分,较上期下降 0.44 分,与 35 个区域金融中心的平均水平基本相当。全国排名第 22 位,较上期下降 1 位。

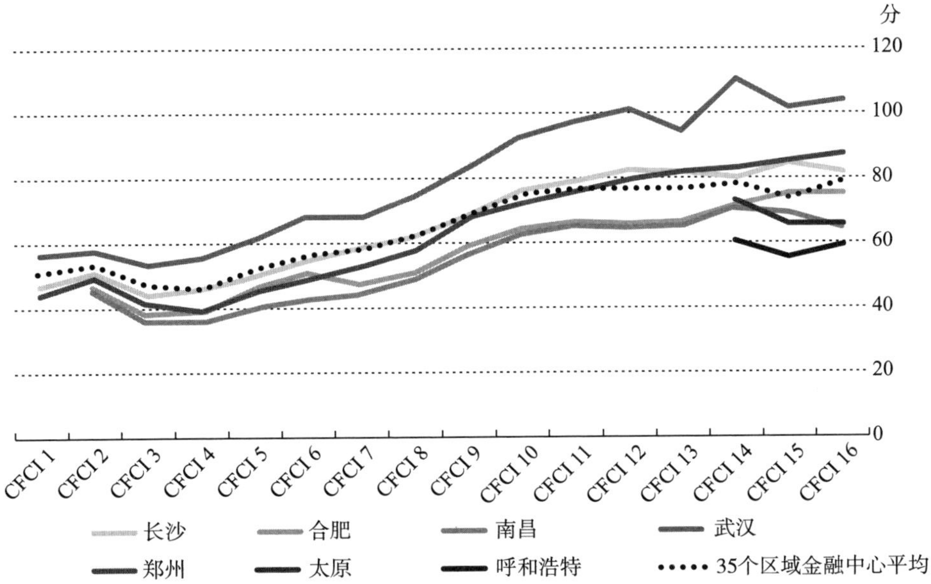

图 7.1.5　中部区域金融中心历期金融生态环境得分

7.2　武汉金融中心评价

武汉是湖北省省会，地处江汉平原东部、长江中游，有“九省通衢”之称，是中国内陆最大的水陆空交通枢纽、长江中游航运中心。2015 年，武汉正式发布《武汉区域金融中心建设 2014—2030 年总体规划》，明确提出要建设区域金融中心。2021 年以来，武汉研究制定《武汉市打造区域金融中心实施方案(2021—2025 年)》《武汉市加快区域金融中心建设若干支持政策》《市人民政府关于进一步深化科技金融改革创新的实施意见》等系列文件，标志着武汉区域金融中心建设迈出坚实步伐。

1. 武汉金融中心综合竞争力表现

根据第 16 期 CFCI 评价结果，武汉金融中心综合竞争力得分为 57.6 分，综合竞争力排名全国第 10 位、中部地区首位。10 年间，武汉金融中心综合竞争力得分大幅增长，累计增幅达到 83%，排名基本稳定在全国第 10，中部区域金融中心地位稳固，如图 7.2.1 所示。

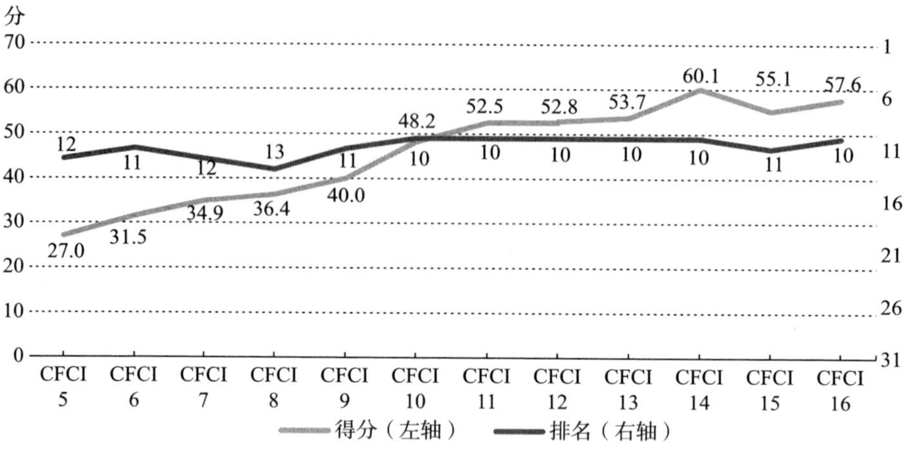

图 7.2.1　武汉金融中心综合竞争力历次得分与排名

2023 年,武汉实现金融业增加值 2011 亿元,同比增长 6%,占 GDP 比重超过 10%。截至 2023 年末,金融机构本外币存贷款余额超过 8.6 万亿元,同比增长 7.7%,在全国 15 个副省级城市排第 6 位;全市实现直接融资 5700 多亿元,规模居中部地区第 1;全年保费收入 900 多亿元,年末保险深度达到 4.8%,保险密度达到人均 7031 元(常住人口统计口径)。

在一级分项指标方面,武汉各个分项表现相对均衡,分项排名全部进入全国前 10。其中,金融产业绩效得分增长 11.42%,全国排名上升 5 位;金融市场规模得分增长 1.39%,全国排名上升 1 位;金融机构实力得分出现下滑,但仍维持全国第 10 排名;金融生态环境得分增长 1.97%,全国排名上升至第 7 名,如表 7.2.1 所示。

表 7.2.1　武汉在 CFCI 16 评价结果

	CFCI 16 得分	同比上期	得分增幅/%	CFCI 16 排名	排名变化
金融产业绩效	82.97	8.50	11.42	10	5
金融机构实力	37.67	-0.22	-0.57	10	0
金融市场规模	14.48	0.20	1.39	9	1
金融生态环境	103.62	2.00	1.97	7	1
金融人才环境	10.84	0.08	0.70	4	0
金融商业环境	9.82	0.00	-0.03	9	0
国际化环境	2.28	0.37	19.37	13	4

2. 武汉金融中心金融产业绩效表现

在金融产业绩效方面，武汉金融业业务规模及金融业增加值在中部地区具有绝对优势，如图 7. 2. 2 所示。

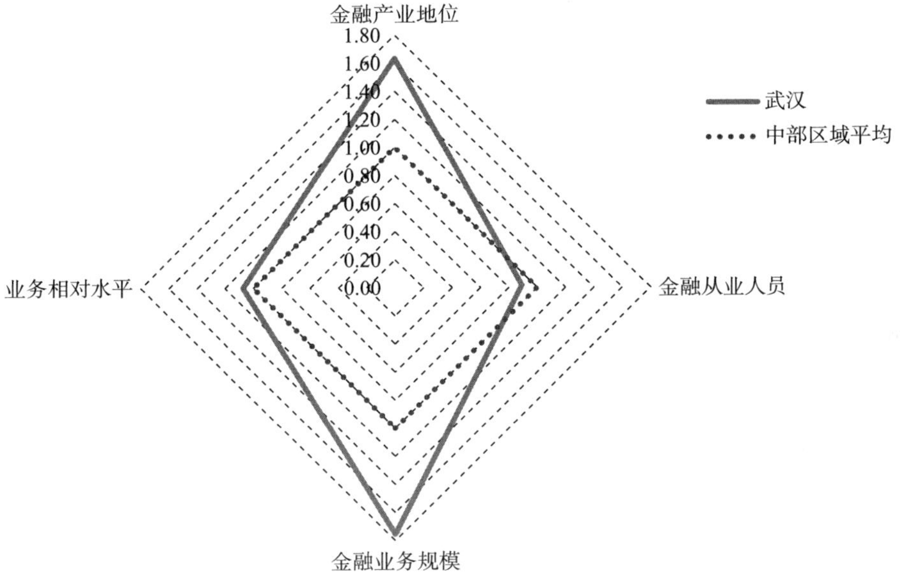

图 7. 2. 2　武汉金融产业绩效同中部地区区域平均水平的比较

· 2023 年，武汉实现金融业增加值 2011 亿元，明显高于中部地区其他城市；金融业增加值占地区 GDP 比重达到 10%，仅次于郑州的 11%。

· 截至 2023 年底，武汉金融机构本外币存款余额和贷款余额分别为 3. 85 万亿元、4. 75 万亿元，继续排名中部地区第 1 位，是区域内唯一本外币贷款余额突破 4 万亿元的城市。

· 武汉金融从业人员表现低于中部地区平均水平。截至 2022 年底，武汉金融从业人员数量约为 5. 29 万人，占常住人口比重仅 0. 38%，低于合肥、长沙、郑州等城市。

在服务实体质效方面，武汉绿色金融和数字金融发展具有相对优势，养老金融和普惠金融表现较为不足，如图 7. 2. 3 所示。

· 截至 2023 年底，武汉绿色贷款余额为 6276 亿元；绿色债券余额为 1241. 07 亿元，绿色债券与 GDP 之比为 6. 20%，均远高于中部地区其他城市，居于首位。

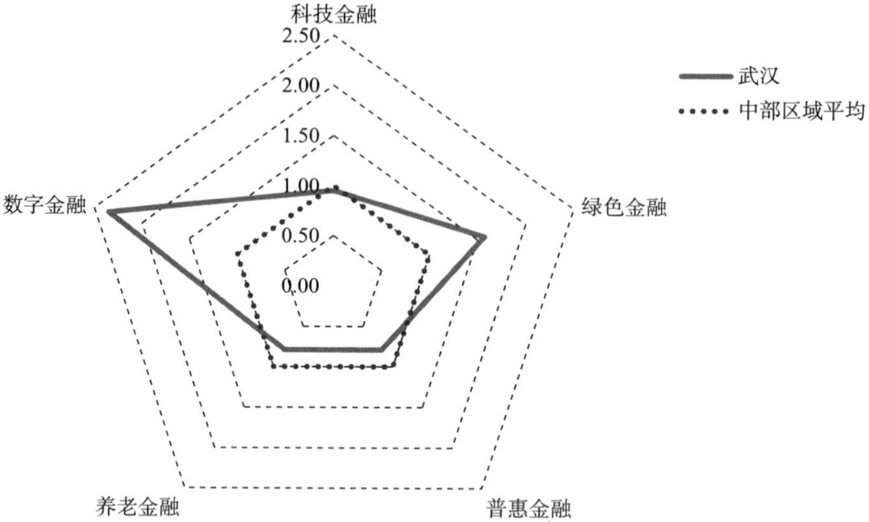

图 7.2.3　武汉金融服务实体质效同中部地区区域平均水平的比较

· 武汉数字金融具有相对领先优势。截至 2024 年上半年,武汉共有 13 家金融科技企业,11 个金融科技创新监管试点,均远高于中部地区其他城市。

· 截至 2023 年底,武汉普惠小微企业贷款余额达到 3730 亿元,居于中部地区首位;但普惠小微企业贷款与 GDP 之比为 18.6%,普惠小企业贷款获得率为 18.1%,均在中部地区排名靠后。

· 截至 2023 年底,武汉基本养老保险渗透率为 60.1%,在中部地位排名最后一位;企业年金职工开户渗透率为 6.7%,仅略高于长沙(6.6%),低于中部地区其他城市。

3. 武汉金融中心金融机构实力表现

在金融机构实力方面,武汉保险类机构发展在中部地区领先优势较大,地方金融组织和证券类机构发展也相对突出,如图 7.2.4 所示。

· 截至 2023 年底,武汉拥有 4 家本地法人保险公司,资产规模合计为 5096 亿元,而中部地区其他城市都只有 1 家保险公司,保险公司资产总规模均不超过 500 亿元。

· 截至 2023 年上半年,武汉小额贷款、融资租赁、融资担保三类机构分别达到 105 家、15 家、73 家,数量均为中部地区最多。

· 截至 2023 年底,武汉在中基协登记备案的私募基金管理人有 331 家,居中部地区首位；管理私募基金有 1154 只，仅次于长沙，居中部地区第 2 位。

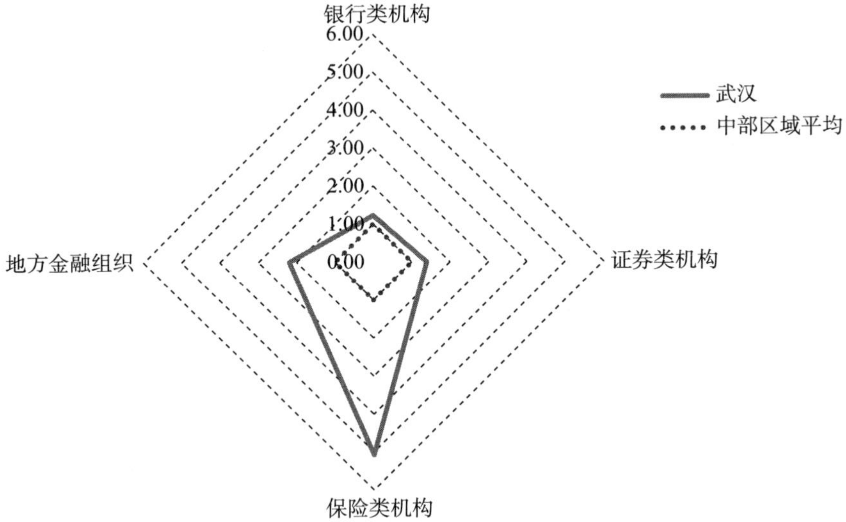

图 7.2.4　武汉金融机构实力与中部地区区域平均水平的比较

4. 武汉金融中心金融市场规模表现

在金融市场规模方面，武汉在上市水平、区域股权市场、直接融资水平等方面，均明显超过中部地区平均水平，如图 7.2.5 所示。

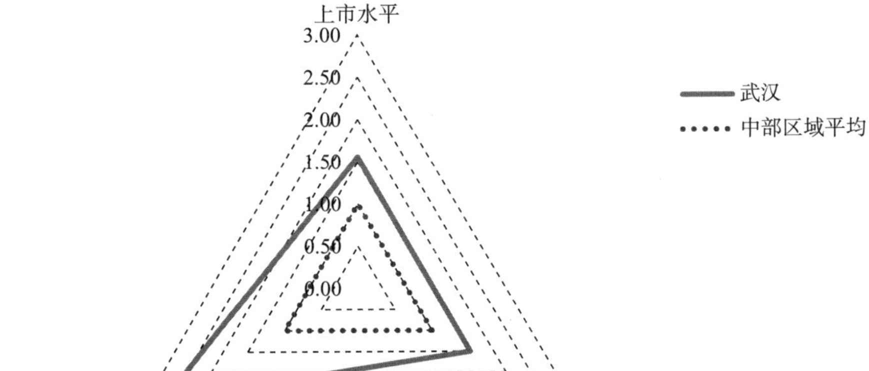

图 7.2.5　武汉金融市场规模与中部地区区域平均水平的比较

·截至2023年底,武汉新增3家IOP公司,本地A股上市公司、新三板挂牌企业分别达到79家、150家,在中部地区分别排名第3位、第3位、第1位。

·2023年,武汉年度新增股权融资规模为142.9亿元,在中部地区排名第3位;A股市场累计融资额达到3162.1亿元,仅次于长沙,在中部地区排名第2位。

·截至2023年上半年,武汉区域股权市场拥有挂牌公司数达到6389家,排名中部地区首位。

5. 武汉金融中心金融生态环境表现

在金融人才环境方面,武汉排名全国第4位、中部地区第1位,在教育环境和城市环境量方面具有相对优势,如图7.2.6所示。

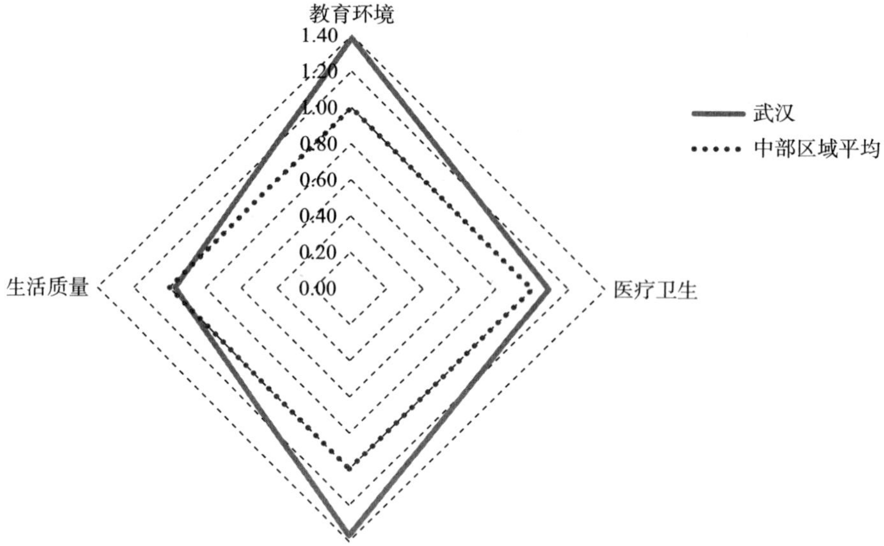

图7.2.6 武汉金融人才环境与中部地区区域平均水平的比较

·截至2023年上半,武汉拥有83所普通高等学校和7所“双一流”高校,排名中部地区第1位。截至2023年底,武汉普通高校在校生人数达到137万,仅次于郑州。

·截至2023年底,武汉每百万人城市轨道交通里程达到40.4公里,相对中部地区其他城市领先优势较大,在全国 36 个金融中心城市中排名第 4,仅次于北京、杭州、南京。

· 2022 年,武汉金融从业人员人均年薪酬达到 20.3 万元,居于中部地区首位,但住宅房价收入比达到 10.28,仅次于合肥,居中部地区第 2 位。

· 截至 2023 年底,武汉每万人拥有 66.4 张医院病床,低于太原、长沙、郑州和合肥,具备器官移植资质的医院数达到 7 家,与郑州并列中部地区排名第 1 位。

在金融商业环境方面,武汉在政策环境、专业服务、经济基础等方面具有相对优势,如图 7.2.7 所示。

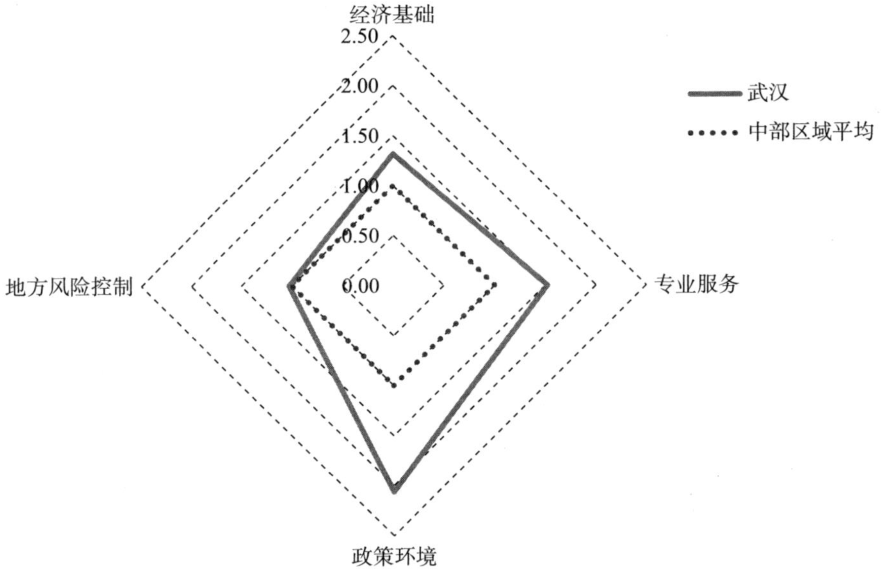

图 7.2.7 武汉金融商业环境与中部地区区域平均水平的比较

· 截至 2022 年底,武汉拥有执业律师 9376 人,仅次于郑州、长沙;注册会计师(CPA)有 2921 人,在中部地区排名第 1 位。

· 2023 年,武汉实现地区生产总值 20012 亿元,是中部地区 GDP 最早跨过 2 万亿元门槛的城市;人均 GDP 达到 14.53 万元,在中部地区排名第 1 位。

· 根据 CDI 研究评比结果,武汉金融发展促进政策支持力度得分为 5.6 分,高于中部地区其他城市。

在国际化环境方面,武汉机构国际化、国际影响力、经济外向度均高于中部地区平均水平,如图 7.2.8 所示。

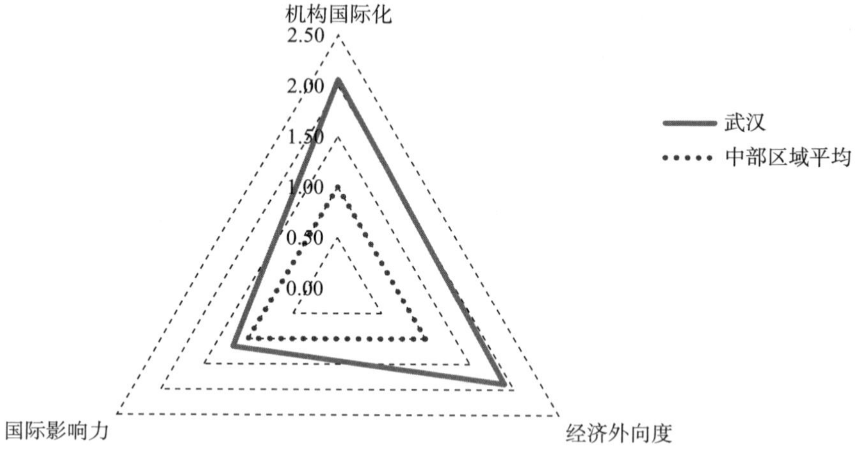

图 7.2.8　武汉国际化环境与中部地区区域平均水平的比较

· 截至 2024 年上半年,武汉拥有外资金融机构营业性机构 30 家,在中部地区排名第 1 位。

· 2023 年,武汉实际利用外资总额为 20.8 亿美元,排名中部地区第 1 位;实现进出口总额为 511.9 亿美元,仅次于郑州。

· 2023 年,武汉累计接待入境游客 60.6 万人次,排名中部地区第 1 位;国际航班连通城市有 14 个,仅次于郑州。

7.3　郑州金融中心评价

郑州是河南省省会,华夏文明重要发祥地之一,是中国中部地区重要的中心城市、国家重要的综合交通枢纽、中原经济区核心城市。2007 年,经河南省政府同意,《郑州区域性金融中心建设规划纲要》正式发布,明确建设区域金融中心目标。2022 年 7 月,郑州发布《关于建设国家区域性现代金融中心的实施意见》,提出力争“十四五”期间,全市主要金融指标逐步跻入全国前 10 位,走在全国同类城市前列。2024 年 1 月,河南省政府工作报告中提出要“创建郑州科创金融改革试验区”,郑州金融中心建设开启新阶段。

1. 郑州金融中心综合竞争力表现

自首期进入 CFCI 榜单以来，郑州金融中心竞争力经历了两个阶段：第一阶段从 CFCI 1 到 CFCI 6，郑州金融中心整体变化不大，排名在 20 名左右；第二阶段从 CFCI 7 到 CFCI 16，郑州金融中心建设明显加快。根据第 16 期 CFCI 评价结果显示，郑州金融中心综合竞争力得分为 56.3 分，综合竞争力排名全国第 12 位，在中部地区仅次于武汉，如图 7.3.1 所示。

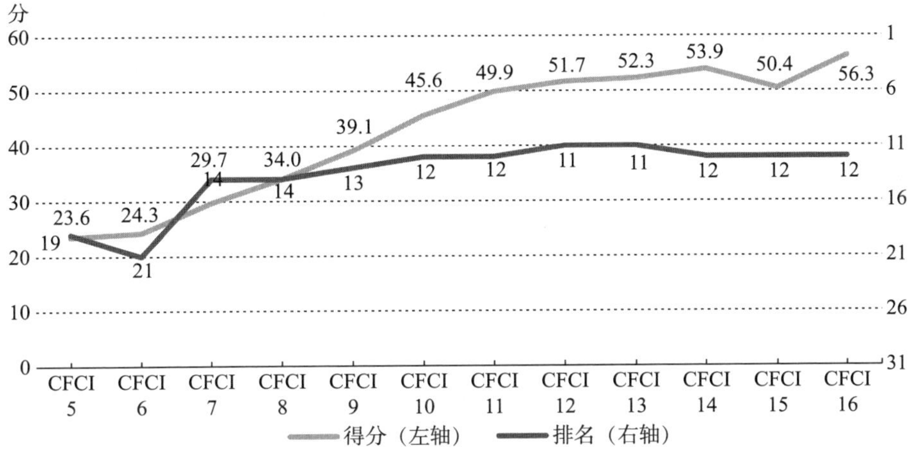

图 7.3.1　郑州金融中心综合竞争力历次得分与排名

2023 年，郑州实现金融业增加值 1493.2 亿元，资本市场融资突破 1200 亿元，郑商所新增上市品种、持仓量、成交量居全国商品期货交易所首位；年末金融机构本外币存、贷款余额分别达到 3.07 万亿元、3.73 万亿元，存款余额首次突破 3 万亿元；全年保费收入为 837 亿元，保险深度为 6.1%，保险密度达到人均 6433 元（常住人口统计口径）。

在一级分项指标方面，郑州金融产业绩效、金融机构实力、金融市场规模和金融生态环境表现均有进步，得分实现不同幅度增长。其中，金融产业绩效得分增长 19.51%，全国排名第 12 位，较上期上升 10 位；金融市场规模得分增长 27.77%，全国排名上升 1 位，仅次于上海、深圳和北京；金融生态环境得分增长 1.91%，全国排名第 13 位，较上期上升 1 位；金融机构实力得分增长 0.73%，全国排名第 16 位，保持不变，见表 7.3.1。

表 7.3.1 郑州在 CFCI 16 中评价结果

评价分类	CFCI 16 得分	同比上期	得分增幅/%	CFCI 16 排名	排名变化
金融产业绩效	79.81	13.03	19.51	12	10
金融机构实力	24.19	0.18	0.73	16	0
金融市场规模	43.28	9.40	27.77	4	1
金融生态环境	87.00	1.63	1.91	13	1
金融人才环境	10.44	0.35	3.51	6	0
金融商业环境	7.51	0.37	5.16	17	3
国际化环境	1.31	-0.36	-21.61	24	-3

2. 郑州金融中心金融产业绩效表现

在金融产业绩效方面,郑州金融从业人员表现突出,金融业务规模和金融业增加值具有相对优势,如图 7.3.2 所示。

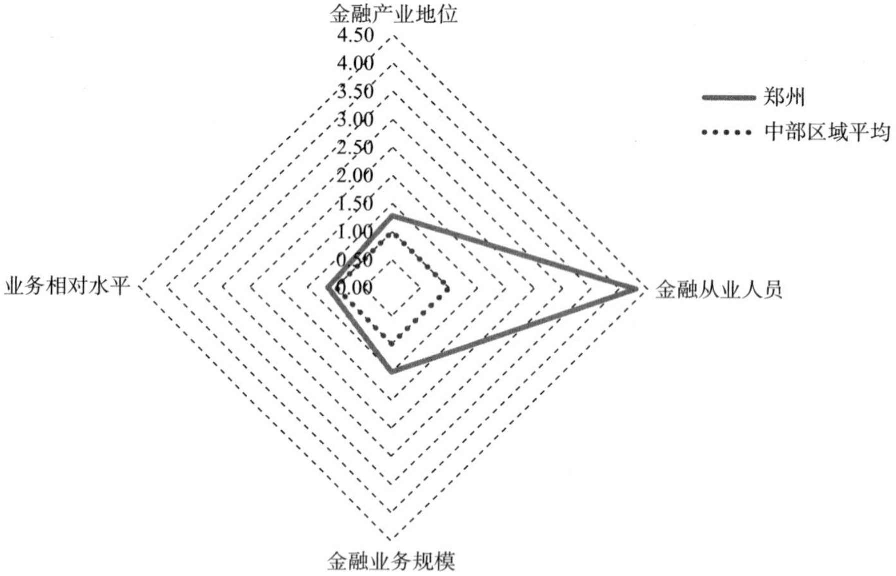

图 7.3.2 郑州金融产业绩效同中部地区平均水平的比较

· 2023 年,郑州实现金融业增加值为 1493.2 亿元,在中部地区仅次于武汉;金融业增加值三年平均增速为 3.9%,在中部地区排名靠后;金融业增加值占 GDP 比重为 11%,排名中部地区第 1 位。

·2022年，郑州金融从业人员数量达到8.7万人，排名中部地区第1位；金融从业人员三年平均增长率达到13.0%，仅次于合肥，居于中部地区第2位。

·截至2023年底，郑州金融机构本外币存、贷款余额分别达到3.07万亿元、3.73万亿元，在中部地区分别排名第3位、第2位；全年股权基金交易量为4.94万亿元，排名中部地区第3位；实现保费收入837亿元，仅次于武汉。

在服务实体质效方面，郑州数字金融发展优势较大，但科技金融和绿色金融表现相对不足，如图7.3.3所示。

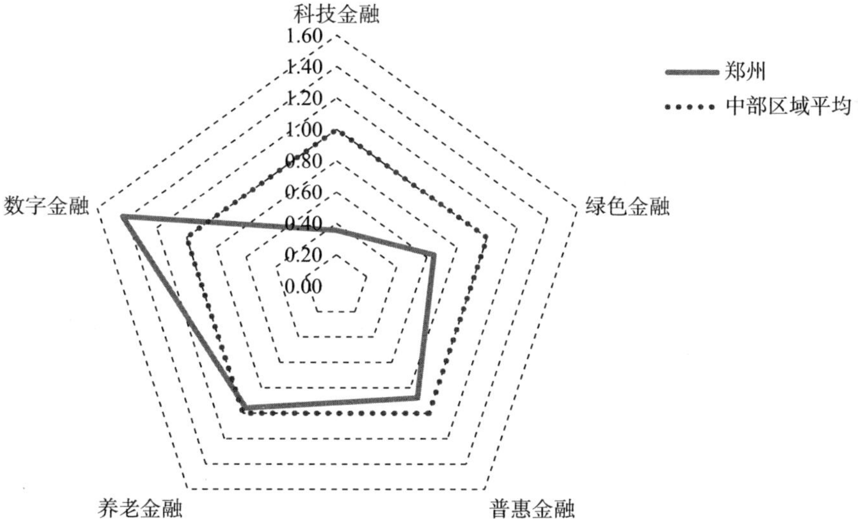

图7.3.3　郑州金融服务实体质效同中部地区平均水平的比较

·截至2023年底，郑州金融科技创新监管试点有7个，仅次于武汉，在中部地区排名第2位。

·私募股权融资是郑州科技金融发展的主要短板之一。2023年，郑州私募股权年均融资额与GDP之比仅为0.60%，在中部地区排名最后1位。

·2023年，郑州绿色贷款余额与GDP之比为24.4%，排名中部地区第7位；绿色债券余额与GDP之比为0.66%，排名中部地区第5位。

3. 郑州金融中心金融机构实力表现

在金融机构实力方面，郑州银行类机构和地方金融组织表现相对突出，但证券类机构和保险类机构表现较弱,如图 7.3.4 所示。

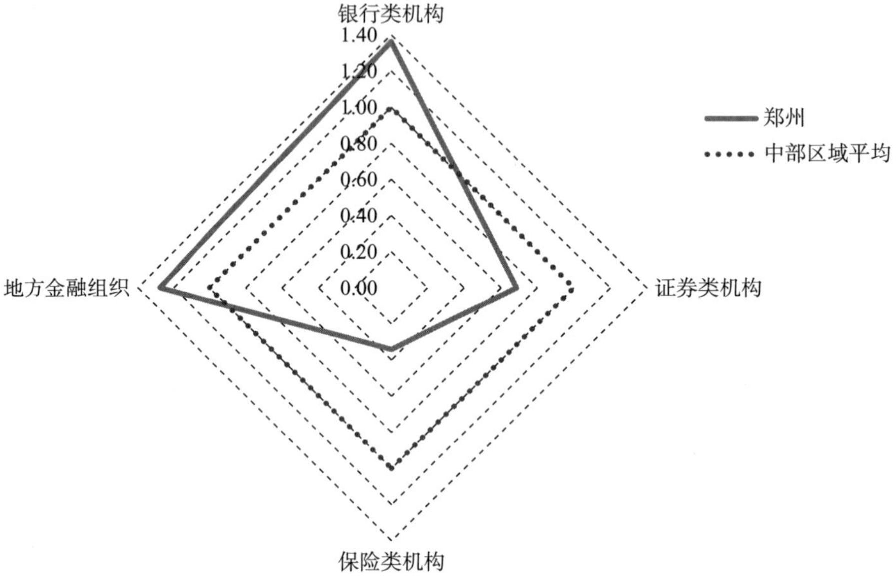

图 7.3.4　郑州金融机构实力与中部区域平均水平的比较

· 截至 2023 年底,郑州拥有 10 家本地法人商业银行,资产规模合计为 2.0 万亿元,数量居中部地区第 1 位、资产规模居中部地区第 2 位。截至 2024 年上半年,郑州商业银行支行有 1366 家,仅次于武汉。

· 截至 2023 年上半年,郑州拥有小额贷款公司 50 家、融资租赁公司 20 家、融资担保机构 53 家,均排名中部地区第 2 位,仅次于武汉。

· 截至 2023 年,郑州仅有 1 家法人保险公司,少于武汉,与中部地区其他城市相当;保险公司资产规模合计为 95 亿元,与武汉差距较大,低于长沙和合肥。

· 截至 2023 年,郑州仅有 1 家本地法人证券公司,资产规模为 517 亿元,在中部地区排名靠后;私募基金管理人数量为 124 家,私募基金数量为 472 只,与武汉、长沙、合肥有较大差距。

4. 郑州金融中心金融市场规模表现

在金融市场规模方面,郑州凭借郑州商品交易所,金融市场规模整体得分在中部地区具有绝对领先优势。对于资本市场利用,郑州上市水平、区域股权市场、直接融资水平则有所不足,如图 7. 3. 5 所示。

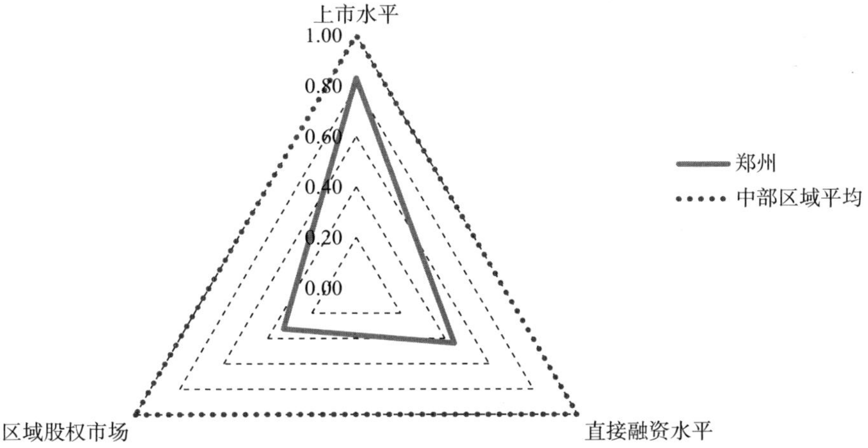

图 7. 3. 5　郑州金融市场规模与中部地区区域平均水平的比较

· 截至 2023 年底,郑州拥有本地 A 股上市公司数为 39 家,仅为长沙、合肥、武汉的一半,排名中部地区第 4 位;新三板挂牌企业 89 家,相较于武汉的 150 家存在一定差距。

· 截至 2023 年底,郑州本地 A 股市场累计融资额达到 1042. 9 亿元,排名中部地区第 5 位;年度新增股票融资规模仅为 31. 6 亿元,排名中部地区第 6 位。

· 截至 2023 年上半年,郑州区域股权市场挂牌企业有 856 家,与武汉、长沙相比差距较大,排名中部地区第 4 位。

5. 郑州金融中心金融生态环境表现

在金融人才环境方面,郑州整体表现良好,全国排名第 5 位,其中教育环境和医疗环境在中部地区具有相对优势,如图 7. 3. 6 所示。

· 截至 2023 年底,郑州拥有普通高等院校 73 所,仅次于武汉,在中部地区排名第 2 位;在校大学生有 146. 4 万人,在中部地区排名第 1 位,全国排名第 2 位,仅次于广州。

· 截至 2023 年底,郑州每万人拥有医院病床和执业医师分别达到 77. 6 张和 43. 8 人,在中部地区处于上游水平。

· 2022 年,郑州金融从业人员年均薪酬达到 19. 95 万元,在中部地区排

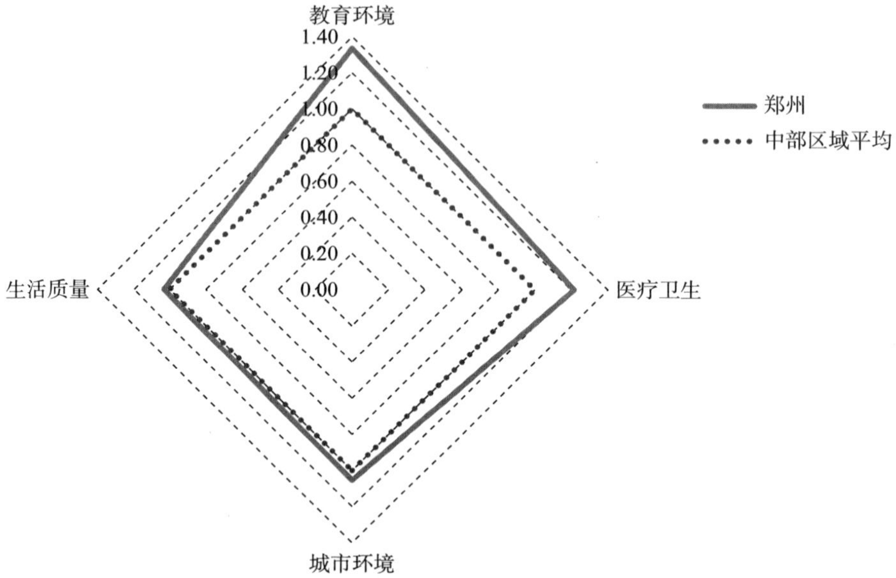

图 7.3.6　郑州金融人才环境与中部区域平均水平的比较

名第 2 位。与此同时,郑州城镇居民家庭人均消费支出 3.18 万元,在中部地区仅高于太原。

在金融商业环境方面,郑州专业服务相对中部地区其他城市具有优势,但政策环境表现不佳,如图 7.3.7 所示。

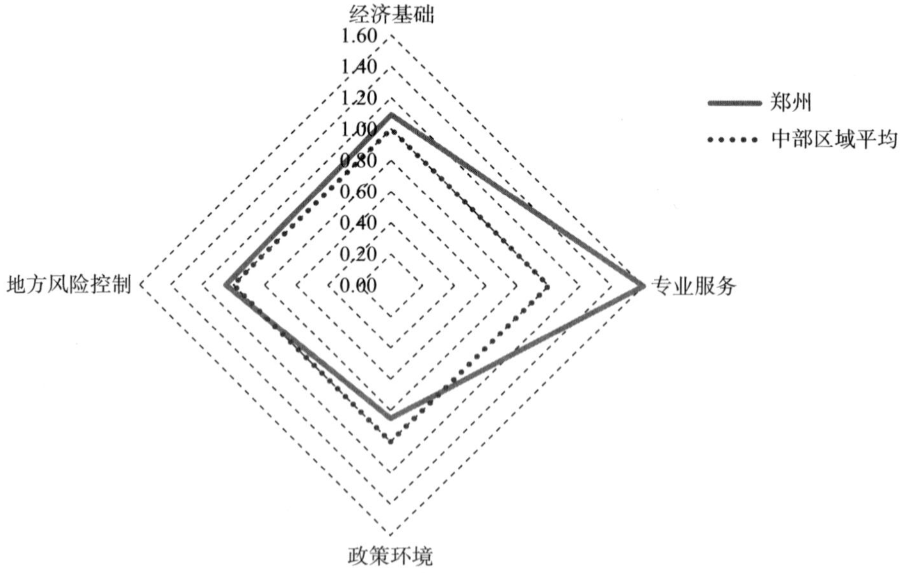

图 7.3.7　郑州金融商业环境与中部区域平均水平的比较

· 截至 2022 年上半年,郑州拥有执业律师 13982 人,远高于其他城市,在中部地区处于领先地位。截至 2022 年,郑州拥有注册会计师(CPA)2310 人,仅次于武汉,在中部地区排名第 2 位。

· 2023 年,郑州实现地区生产总值 13618 亿元,仅次于武汉、长沙,排名中部地区第 3 位;但人均 GDP 仅为 10.47 万元,在中部地区排名第 6 位,仅略高于太原。

· 2023 年,郑州银行业不良贷款率达到 1.26%,风险控制水平在中部地区处于中游。

在国际化环境方面,郑州国际影响力和机构国际化具有相对优势,但经济外向度在中部地区表现一般,如图 7.3.8 所示。

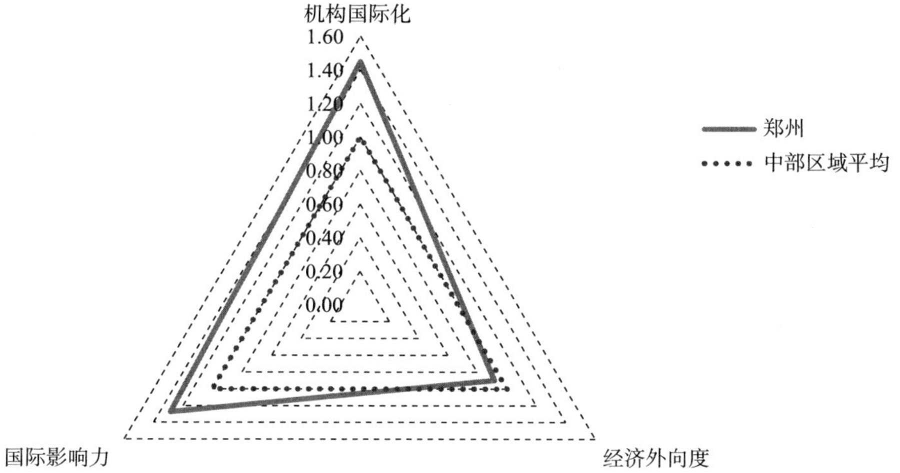

图 7.3.8　郑州金融国际化环境与中部区域平均水平的比较

· 郑州作为国际空港枢纽城市,2023 年国际通航城市有 16 个,当年进出口总额达到 821.2 亿美元,在中部地区领先优势较大。

· 截至 2024 年上半年,郑州外资金融机构营业性机构有 21 家,仅次于武汉,在中部地区排名第 2。

· 2023 年,郑州实际利用外资仅为 2.4 亿美元,在中部地区排名靠后。

7.4　长沙金融中心评价

长沙是湖南省省会,长江中游地区重要的中心城市,全国"两型社会"综合配套改革试验区,全国性综合交通枢纽。2014 年,长沙发布《关于加快发展现代金融业的若干意见》,提出积极推进金融改革创新发展,加快建设区域性金融中心。2017 年 1 月,《湖南省"十三五"金融业发展规划》明确提出,2016 年至 2020 年,要将长沙打造成为区域性金融中心。2022 年 6 月,长沙发布《关于金融助推强省会战略的实施方案(2022—2026 年)》,提出到 2026 年末,长沙力争建设成服务全省、引领中西部、辐射全国的区域金融中心。

1. 长沙金融中心综合竞争力表现

自首期进入 CFCI 榜单以来,长沙金融中心建设不断加速,综合金融竞争力整体实现平稳增长,近 5 年来综合排名基本在全国第 15 名上下浮动。根据第 16 期 CFCI 评价结果,长沙金融中心综合竞争力得分为 44. 1 分,全国排名第 16 位,得分和排名均有下降,但在中部地区维持第 3 位,仅次于武汉和郑州,如图 7. 4. 1 所示。

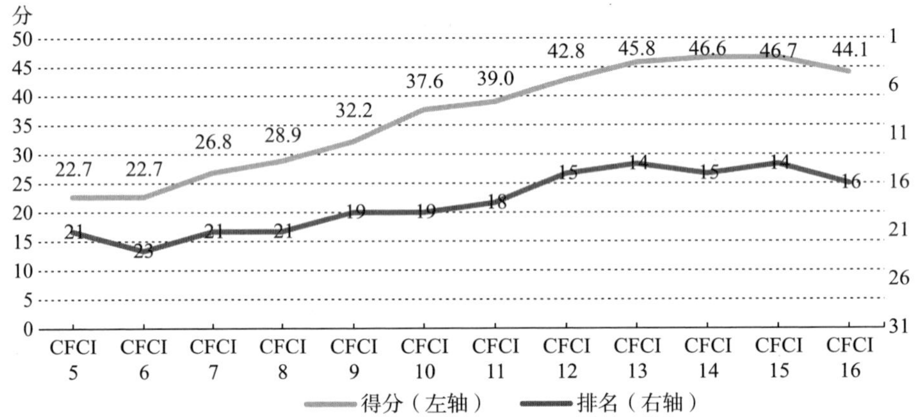

图 7. 4. 1 长沙金融中心综合竞争力历次得分与排名

2023 年,长沙实现金融业增加值 1073. 6 亿元,同比增长 3. 6%,占 GDP 比重达 7. 5%;年末金融机构本外币存款、贷款余额分别达到 30716 亿元、32971 亿元,双双突破 3 万亿元;全年实现保费收入 621 亿元,股票基金交易量达到 2. 52 万亿元。

在一级分项指标方面,长沙表现存在较大分化。其中,金融机构实力排名相对最高,排在国内第 14 位;金融市场规模得分增长 3. 31%,全国排名第

16位,较上期下滑1位;金融产业绩效和金融生态环境得分分别下降12.16%和3.34%,全国排名分别为第20位和第17位,分别较上期下降3位和1位,如图7.4.1所示。

表7.4.1　长沙在CFCI 16中评价结果

评价分类	CFCI 16得分	同比上期	得分增幅/%	CFCI 16排名	排名变化
金融产业绩效	63.78	-8.83	-12.16	20	-3
金融机构实力	27.99	0.58	2.11	14	0
金融市场规模	9.53	0.30	3.31	16	-1
金融生态环境	81.82	-2.83	-3.34	17	-1
金融人才环境	9.46	0.53	5.95	11	0
金融商业环境	7.21	-0.79	-9.86	19	-3
国际化环境	1.45	-0.37	-20.30	22	-4

2. 长沙金融中心金融产业绩效表现

在金融产业绩效方面,长沙在金融业务规模具有相对优势,但金融从业人员表现较差,金融产业地位和业务相对水平处在中部地区中游,如图7.4.2所示。

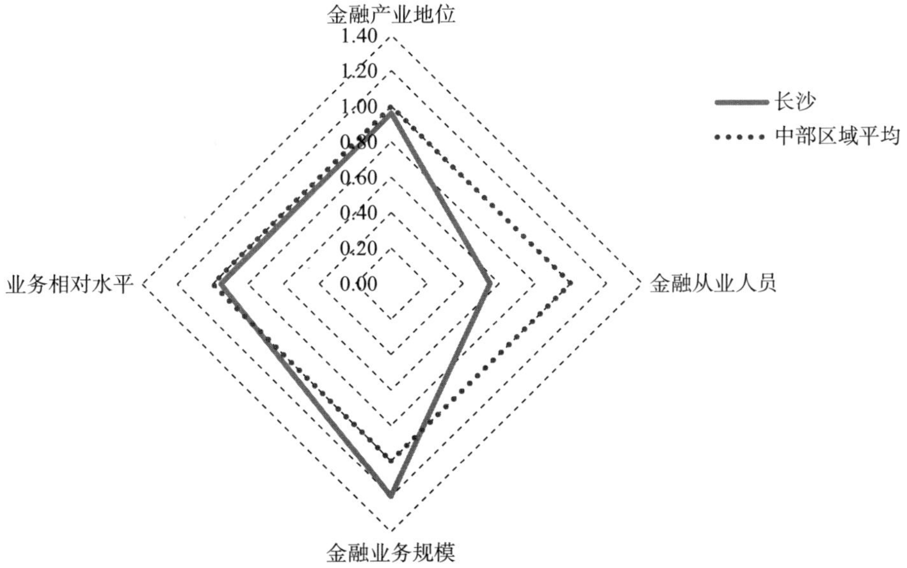

图7.4.2　长沙金融产业绩效同中部地区平均水平的比较

· 2023 年,长沙实现金融业增加值 1073.6 亿元,少于武汉、郑州、合肥,排名中部地区第 4 位;金融业增加值三年平均增速为 4.9%,在中部地区位于中游。

· 截至 2022 年底,长沙拥有金融从业人员 8.5 万,仅次于郑州,在中部地区排名第 2 位。

· 截至 2023 年底,长沙金融机构本外币贷款余额排名中部地区第 2 位,金融机构本外币贷款余额、本地股票基金交易量、保费收入等主要规模指标仅次于武汉、郑州,均排名中部地区第 3 位,与本地经济规模呈现高度一致性。

· 2023 年,长沙存款余额与 GDP 比重、贷款余额与 GDP 比重、保险深度、保险密度等金融业务相对水平指标在中部地区表现一般。

在服务实体质效方面,长沙科技金融具有领先优势,数字金融、普惠金融、养老金融与中部地区平均水平相当,绿色金融表现略差,如图 7.4.3 所示。

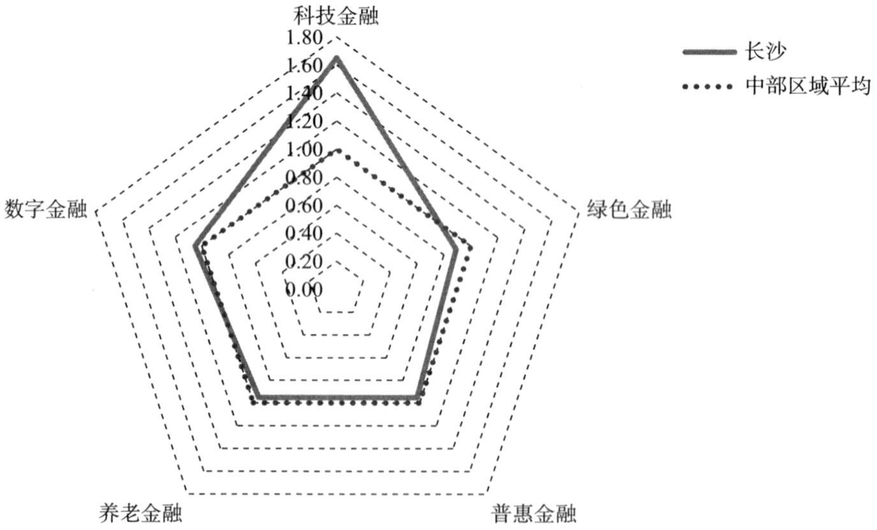

图 7.4.3　长沙金融服务实体质效同中部地区平均水平的比较

· 2023 年,长沙私募股权平均融资额与 GDP 之比为 2.58%,科创企业年平均上市融资额与 GDP 之比为 0.45%,均仅次于合肥,排名中部地区第 2 位。

·2023 年，长沙普惠小微企业贷款与 GDP 之比、普惠小微贷款企业获贷率、企业年金职工开户渗透率等指标均在中部地区排名处于中游水平。值得注意的是，长沙基本养老保险渗透率在中部地区领先。

·2023 年，长沙绿色贷款余额与 GDP 之比、绿色债券余额与 GDP 之比分别为 32.3%、1.20%，在中部地区分别排名第 4 位、第 3 位。

3. 长沙金融中心金融机构实力表现

在金融机构实力方面，长沙证券类机构和银行类机构表现相对突出，但保险类机构表现低于中部地区平均水平，如图 7.4.4 所示。

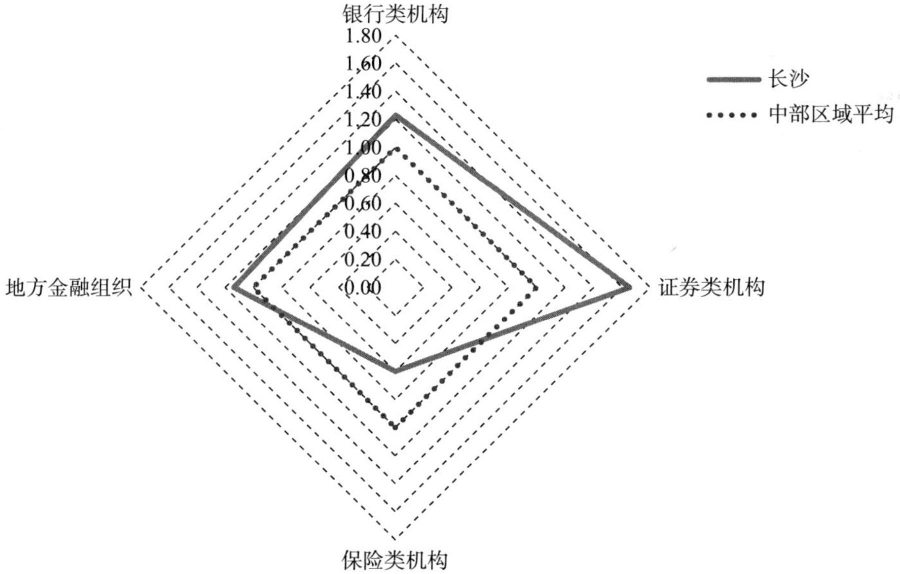

图 7.4.4 长沙金融机构实力与中部区域平均水平的比较

·截至 2023 底，长沙拥有 8 家本地法人商业银行，资产规模合计为 1.99 万亿元，数量与南昌、太原并列中部第 2，规模仅次于合肥、郑州；拥有商业银行支行 1286 家，仅次于武汉和郑州。

·截至 2023 底，长沙拥有本地法人证券公司 3 家，资产规模合计为 3061 亿元，在中部地区排名第 1 位。

·截至 2023 底，长沙拥有 1 家法人保险公司，资产规模合计为 312 亿元，与武汉差距较大，但资产规模在中部地区排名第 2 位。

4. 长沙金融中心金融市场规模表现

在金融市场规模方面,长沙在直接融资和上市水平表现相对优秀,但区域股权市场表现不佳,如图 7. 4. 5 所示。

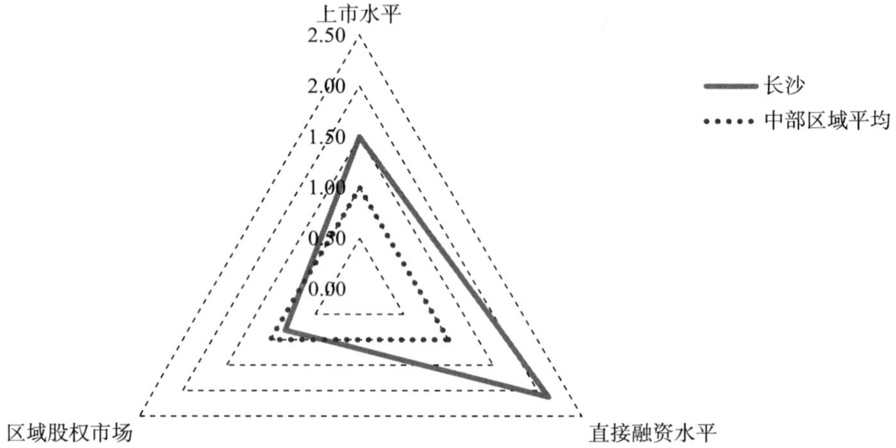

图 7. 4. 5　长沙金融市场规模与中部地区区域平均水平的比较

· 截至 2023 年底,长沙拥有本地 A 股上市公司 87 家,排名中部地区第 1 位;新三板挂牌公司 76 家,仅次于武汉、郑州。

· 截至 2023 年底,长沙本地 A 股市场累计融资额为 3561. 5 亿元,年度新增股票融资规模为 301. 7 亿元,均排名中部地区第 1 位。

· 截至 2023 年底,长沙区域股权市场挂牌公司数量少于武汉、太原,年度区域股权市场筹资金额在中部地区排名第 4 位。

5. 长沙金融中心金融生态环境表现

在金融人才环境方面,长沙相对中部地区其他城市表现良好,其中医疗卫生和教育环境优势相对突出,如图 7. 4. 6 所示。

· 截至 2023 年底,长沙每万人拥有医院病床和执业医师分别达到 76. 7 张和 35. 3 人,在中部地区处于上游水平。

· 2023 年,长沙城镇居民家庭人均消费支出达到 45082 元,在中部地区排名第 1 位;住宅房价比仅为 5. 76,在中部地区排名最低。

· 截至 2023 年底,长沙拥有普通高等院校 59 家,在中部地区排名第 3

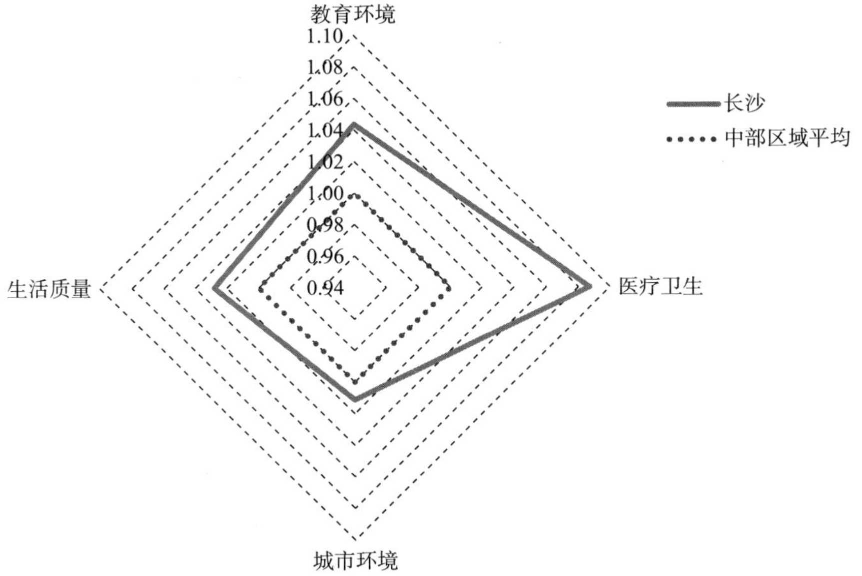

图 7.4.6　长沙金融人才环境与中部区域平均水平的比较

位;在校大学生为 88.6 万人,在中部地区排名第 3 位;拥有“双一流”高校 3 家,仅次于武汉。

在金融商业环境方面,长沙专业服务在中部地区具有相对优势,经济基础、政策环境和地方风险控制均处于中游水平,如图 7.4.7 所示。

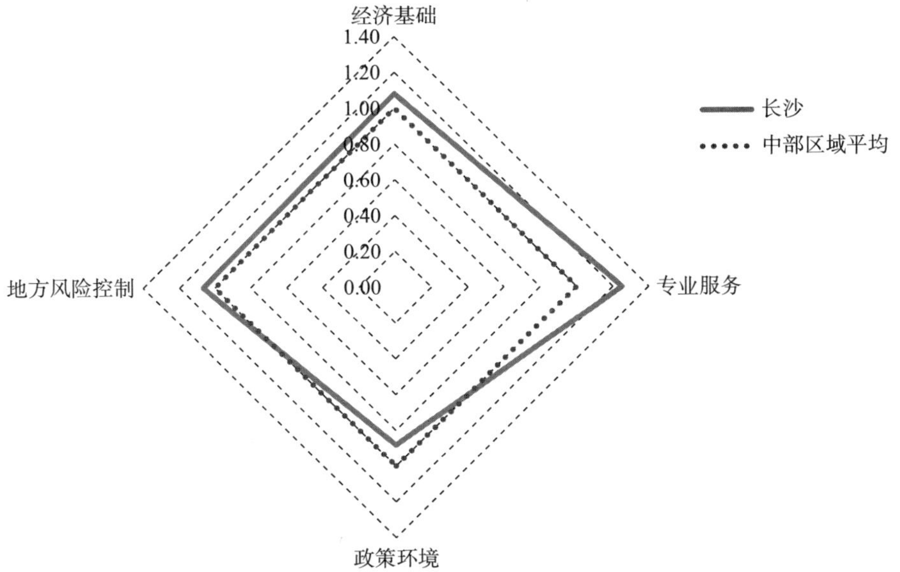

图 7.4.7　长沙金融商业环境与中部区域平均水平的比较

· 截至 2022 年底,长沙执业律师、注册会计师(CPA)分别达到 10457 人、1952 人,在中部地区分别排名第 2 位、第 3 位。截至 2024 年上半年,长沙拥有专业保险中介机构 372 家,排名中部地区第 3 位。

· 2023 年,长沙实现地区生产总值和人均 GDP 仅次于武汉,排名中部地区第 2 位;但 GDP 增速为 4. 8%,在中部地区排名靠后。

· 按照 2023 年计算,长沙近三年未发生债券违约事件,地方政府负债率和债务率处于中部地区中游水平。

在国际化环境方面,长沙国际影响力在中部地区有一定优势,机构国际化和经济外向度表现相对一般,如图 7. 4. 8 所示。

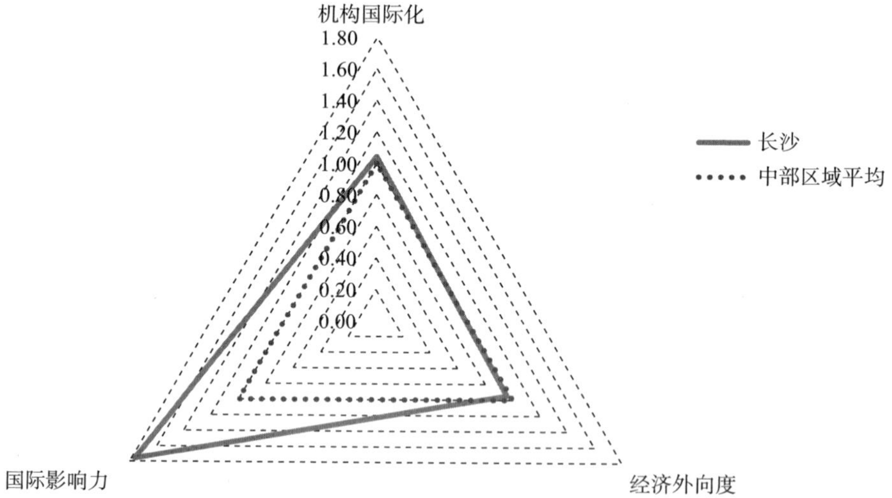

图 7. 4. 8　长沙金融国际化环境与中部区域平均水平的比较

· 2023 年,长沙进出口总额达到 400. 7 亿美元,当年实际利用外资 8. 77 亿美元,在中部地区处于中游水平。

· 截至 2023 年底,长沙国际航班连通城市达到 23 个,仅次于郑州,排名中部地区第 2 位。

· 截至 2023 年底,长沙外资金融机构中营业性机构达到 15 家,排名中部地区第 4 位。

7.5　合肥金融中心评价

合肥是安徽省省会,长三角城市群副中心,综合性国家科学中心,“一带一路”和长江经济带战略双节点城市。2017 年 2 月,《安徽省“十三五”金融业发展规划》发布,明确提出支持合肥建设区域金融中心城市。2021 年 8 月,安徽省人民政府办公厅发布《发展多层次资本市场服务“三地一区”建设行动方案》,支持合肥市打造区域性科创金融中心,对接上海国际金融中心,加快建设合肥国际金融后台基地。

1. 合肥金融中心综合竞争力表现

自 CFCI 2 进入榜单,近 5 年来合肥金融中心综合竞争力逐步稳定在全国 20 名左右。根据第 16 期 CFCI 评价结果,合肥金融中心综合竞争力得分 43. 8 分,排名全国第 18 位,与上期相比上升 3 位,如图 7. 5. 1 所示。

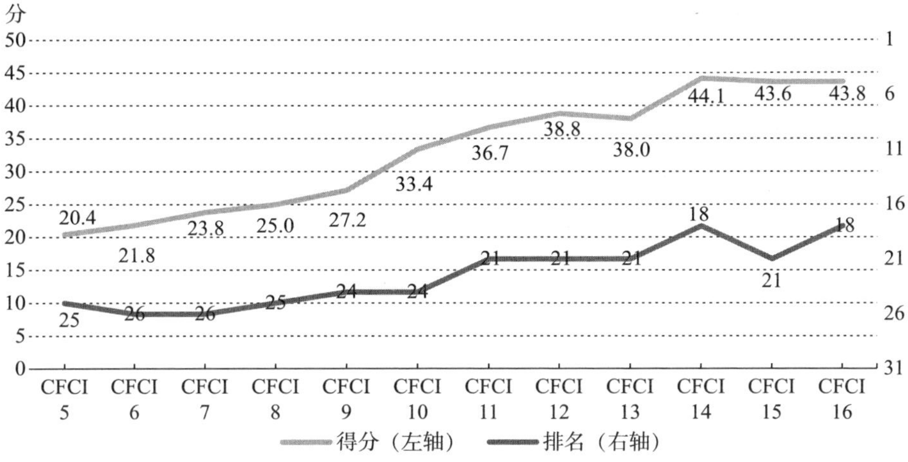

图 7. 5. 1　合肥金融中心综合竞争力历次得分与排名

2023 年,合肥实现金融业增加值 1065. 9 元,同比增长 9. 8%,占地区 GDP 比重达 9. 4%;年末金融机构本外币存款余额达到 2. 55 万亿元,本外币贷款余额达到 2. 77 万亿元;全年股票基金交易量为 1. 96 万亿元;全年实现保费收入 408 亿元,保险密度为人均 4146 元(常住人口统计口径),保险深度为 3. 2%。

表 7.5.1　合肥在 CFCI 16 中评价结果

评价分类	CFCI 16 得分	同比上期	得分增幅/%	CFCI 16 排名	排名变化
金融产业绩效	76.02	-0.20	-0.26	13	1
金融机构实力	21.56	0.53	2.51	20	0
金融市场规模	10.29	1.03	11.08	14	0
金融生态环境	74.71	-0.44	-0.58	22	-1
金融人才环境	8.52	0.39	4.77	15	7
金融商业环境	7.04	-0.41	-5.45	21	-2
国际化环境	0.99	-0.08	-7.36	27	-2

在一级分项指标方面,合肥金融产业绩效和金融生态环境得分基本不变,变化幅度均不到 1%,全国排名分别为第 13 位和第 22 位,分别较上期上升 1 位和下降 1 位;金融机构实力和金融市场规模得分均分别增长 2.51%和 11.08%,全国排名分别为第 20 位和第 14 位,均与上期持平。

2. 合肥金融中心金融产业绩效表现

在金融产业绩效方面,合肥金融从业人员明显超过中部地区平均水平,但金融业务规模相对较差,如图 7.5.2 所示。

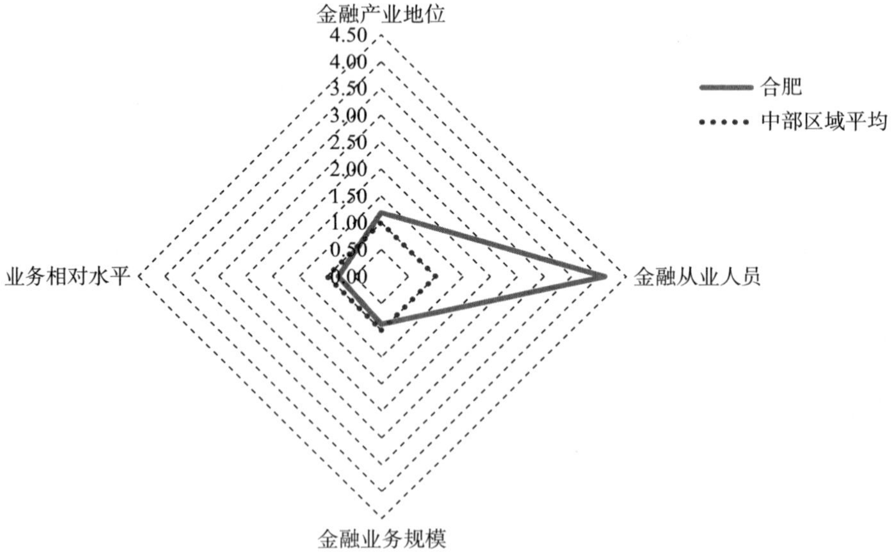

图 7.5.2　合肥金融产业绩效同中部地区平均水平的比较

· 2023年,合肥实现金融业增加值1196.4亿元,迈过1100亿元大关,在中部地区仅次于武汉、郑州;金融业增加值三年平均增速达到8.2%,在中部地区排名第1位。

· 截至2022年底,合肥金融从业人员达到6.2万,仅次于郑州和长沙;金融从业人员三年平均增长率达到14.1%,处于中部地区首位。

· 截至2023年底,合肥金融机构本外币存款余额、贷款余额、保费收入等规模指标均排名中部地区第4位,与本地经济规模呈现高度一致性。

· 2023年,合肥存款余额与GDP比重、贷款余额与GDP比重、保险深度、保险密度等指标在中部地区排名中下游。

在服务实体质效方面,合肥科技金融具有一定优势,绿色金融表现相对较差,数字金融、普惠金融、养老金融与中部地区平均水平相当,如图7.5.3所示。

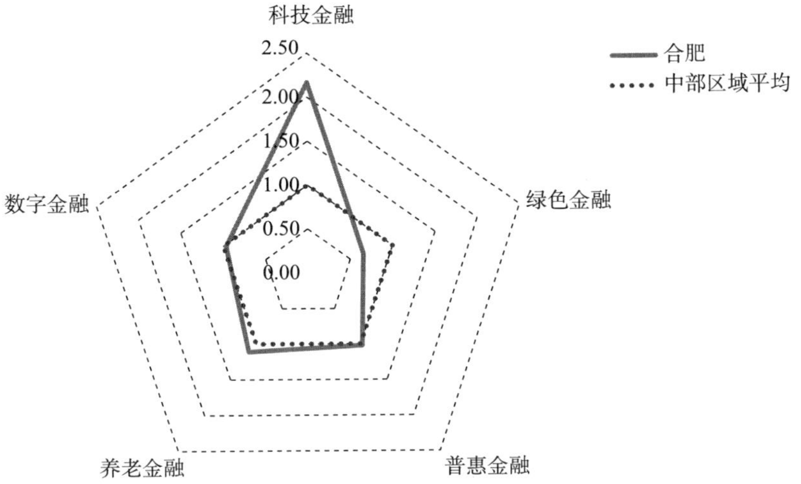

图7.5.3 合肥金融服务实体质效同中部地区平均水平的比较

· 2023年,合肥私募股权平均融资额与GDP之比为3.16%,科创企业年平均上市融资额与GDP之比为0.70%,均排名中部地区第1位,表明合肥科创金融改革试验区建设取得一定成效。

· 2023年,合肥普惠小微企业贷款与GDP之比、普惠小微贷款企业获贷率、企业年金职工开户渗透率等指标在中部地区排名均处于中游水平。

· 2023年,合肥绿色贷款余额与GDP之比、绿色债券余额与GDP之比分别为 26.1%、0.50%,均在中部地区排名第 6 位。

3. 合肥金融中心金融机构实力表现

在金融机构实力方面,合肥证券类机构实力相对突出,银行类机构表现与中部地区平均水平相当,保险类机构和地方金融组织则有不足,如图 7.5.4 所示。

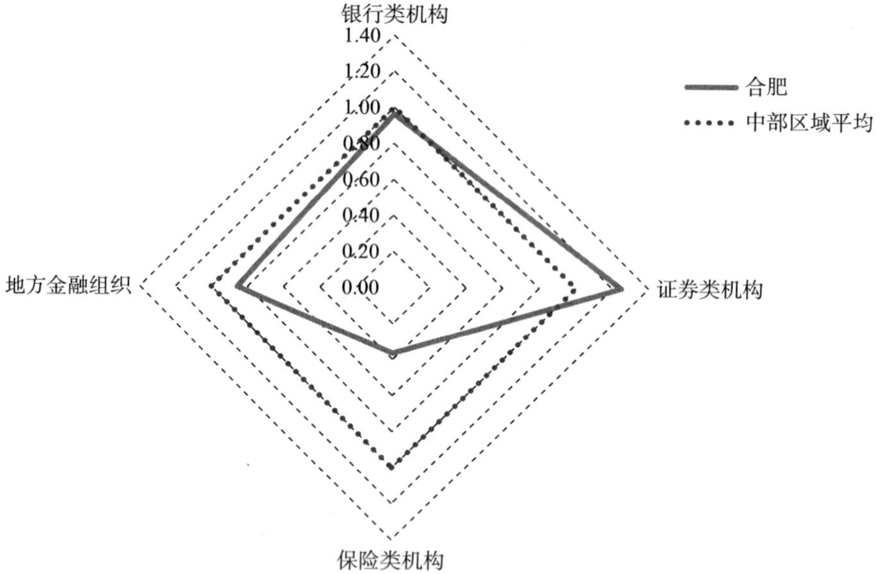

图 7.5.4 合肥金融机构实力与中部区域平均水平的比较

· 截至 2023 年底,合肥拥有 7 家本地法人商业银行,资产规模合计为 21014 亿元,数量排名仅中部地区第 5 位,但资产规模排名中部地区第 1 位。

· 截至 2023 年底,合肥拥有本地法人证券公司 2 家,资产规模合计为 2124 亿元,数量与武汉、南昌并列第 2 位,资产规模排名中部地区第 3 位。

· 截至 2023 年底,合肥拥有 1 家本地法人保险公司,资产规模合计为 132 亿元,在中部地区排名第 3 位,远低于武汉和长沙。

4. 合肥金融中心金融市场规模表现

在金融市场规模方面,合肥上市水平和直接融资水平表现相对突出,区域股权市场表现与中部地区平均水平基本持平,如图 7.5.5 所示。

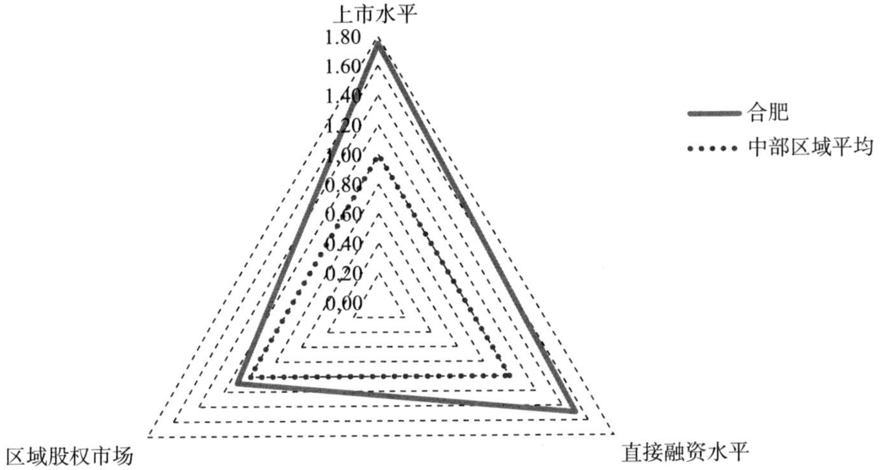

图 7.5.5　合肥金融市场规模与中部地区区域平均水平的比较

· 截至 2023 年底，合肥共有本地 A 股上市公司 82 家，排名中部地区第 2 位；新三板挂牌公司为 63 家，排名中部地区第 4 位。

· 2023 年，合肥本地 A 股市场累计融资额达到 2107.5 亿元，年度新增股票融资规模为 249.9 亿元，分别排名中部地区第 3 位和第 2 位。

· 截至 2023 年上半年，合肥区域股权市场挂牌公司有 318 家，在中部地区排名靠后。

5. 合肥金融中心金融生态环境表现

在金融人才环境方面，合肥整体表现不佳，仅城市环境与中部地区平均水平相当，其他分项均有不足，如图 7.5.6 所示。

· 2023 年，合肥每万人拥有医院病床 71.2 张，每万人拥有执业医师 36.6 人，在中部地区处于下游水平。

· 2022 年，合肥金融从业人员年均薪酬为 16.57 万元，相比其他城市优势不大；住宅房价收入比达到 11.41，在中部地区相对较高。

· 截至 2023 年底，合肥拥有普通高等院校 55 家，数量在中部地区排名中游；在校大学生有 75.5 万人，在中部地区排名靠后；“双一流”高校有 3 家，数量仅次于武汉，与长沙并列第 2 位。

在金融商业环境方面，合肥整体表现与中部平均水平相当，其中地方风险控制和经济基础相对较好，如图 7.5.7 所示。

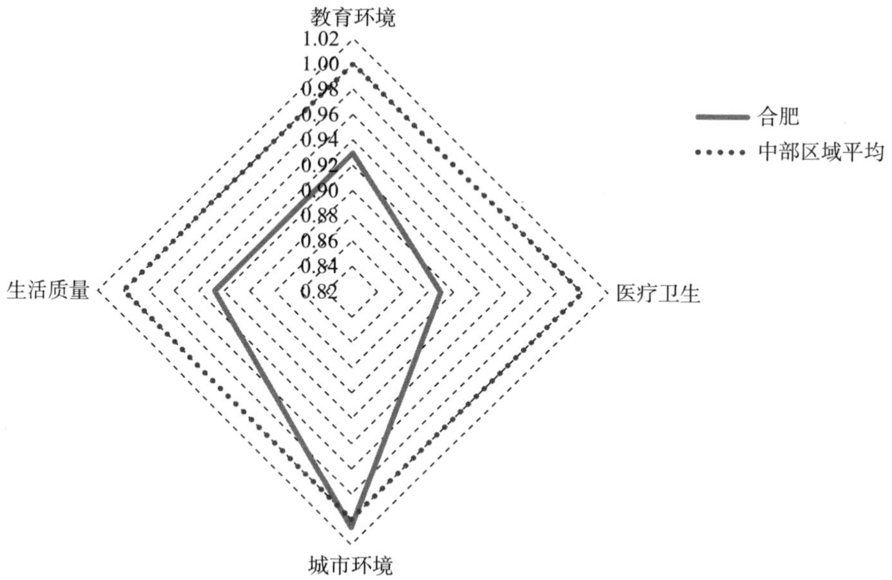

图 7.5.6　合肥金融人才环境与中部区域平均水平的比较

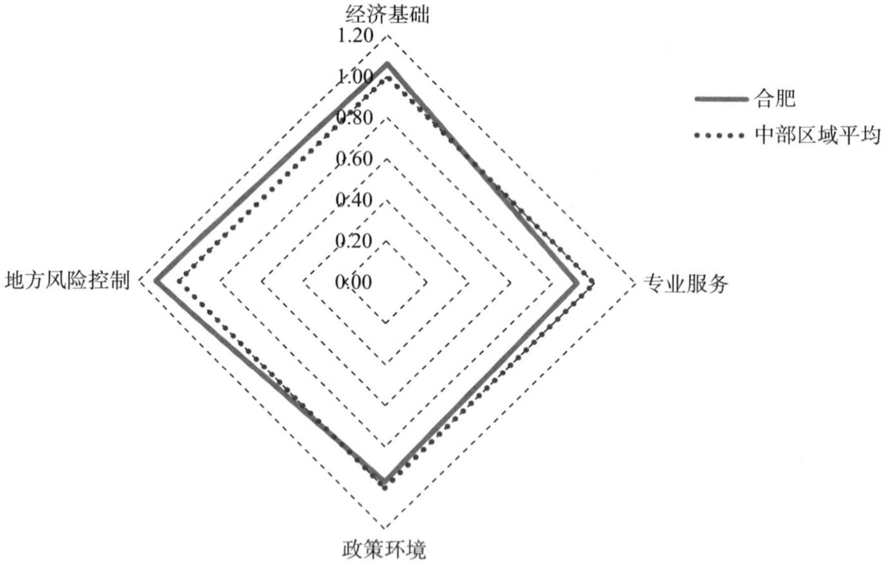

图 7.5.7　合肥金融商业环境与中部区域平均水平的比较

·截至 2022 年,合肥拥有执业律师 6625 人,注册会计师(CPA)为 1471 人;截至 2024 年上半年,合肥拥有专业保险中介机构 268 家,在中部地区均处于中游水平。

· 2023年，合肥实现地区生产总值12674亿元，排名中部地区第4位；人均GDP为12.86万元，排名中部地区第3位。

· 以2023年计算，合肥近三年违约债务余额占比达到0.21%，在中部地区排名第2位。与此同时，合肥银行业不良贷款率为0.97%，是中部地区唯一低于1%的城市。

· 根据CDI研究评比结果，合肥产业政策友好度为4.6分，高于中部地区其他城市。

在国际化环境方面，合肥机构国际化和经济外向度高于中部地区平均水平，但国际影响力表现出较大差距，如图7.5.8所示。

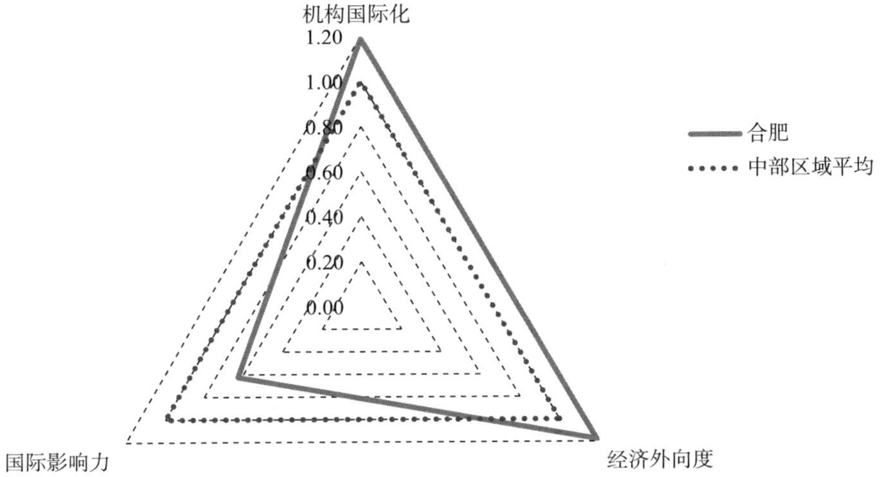

图7.5.8　合肥金融国际化环境与中部区域平均水平的比较

· 2023年，合肥进出口总额达到509.1亿美元，当年实际利用外资10.3亿美元，均排名中部地区第3位。

· 截至2023年底，合肥外资金融机构中营业性机构数达到17家，在中部地区排名第3位。

· 2023年，合肥接待入境游客6.2万人，国际航班连通城市有8个，均在中部地区排名靠后。

第 8 章　西部地区金融中心评价

8.1　总体评价

西部地区主要包括我国的西南地区和西北地区，由四川、云南、贵州、西藏、重庆、陕西、甘肃、青海、新疆、宁夏、内蒙古和广西 12 个省、自治区和直辖市组成。西部地区接通亚欧大陆广袤腹地，成为新丝绸之路经济带的起点和门户，加之蕴藏丰富的自然资源、矿产资源、能源资源与土地资源，拥有巨大的发展空间与潜力。西部地区提出建设金融中心的城市主要有成都、重庆、西安、昆明、南宁、乌鲁木齐、贵阳、兰州。

1. 综合竞争力表现

从综合竞争力来看，成渝双城巩固在西部地区的领先地位，金融中心综合竞争力得分排名全国第 6 位和第 8 位。西安处于第二梯队，略高于 35 个区域性金融中心平均水平，排名全国第 13。第三梯队的昆明、贵阳、南宁、乌鲁木齐和兰州综合实力相对薄弱，大幅低于 35 个区域金融中心平均水平，如表 8. 1. 1 和图 8. 1. 1 所示。

表 8. 1. 1　西部区域金融中心在 CFCI 16 的评价结果

城市	综合竞争力		金融产业绩效		金融机构实力		金融市场规模		金融生态环境	
	得分	排名	得分	排名	得分	排名	得分	排名	得分	排名
成都	66. 53	6	105. 10	6	43. 24	8	11. 92	10	114. 94	5
重庆	61. 93	8	92. 45	9	50. 89	7	10. 38	13	99. 73	9
西安	46. 09	13	68. 41	18	28. 36	13	7. 66	17	87. 20	12
昆明	35. 04	23	52. 59	28	15. 17	29	2. 81	30	77. 40	19

续表

城市	综合竞争力		金融产业绩效		金融机构实力		金融市场规模		金融生态环境	
	得分	排名	得分	排名	得分	排名	得分	排名	得分	排名
贵阳	32.92	27	59.50	21	14.66	31	2.24	32	61.48	31
南宁	31.79	30	46.70	33	16.74	28	3.73	26	66.11	25
乌鲁木齐	30.81	32	54.63	25	12.87	33	2.90	29	58.95	36
兰州	27.79	36	48.71	29	10.39	36	1.93	34	56.13	38

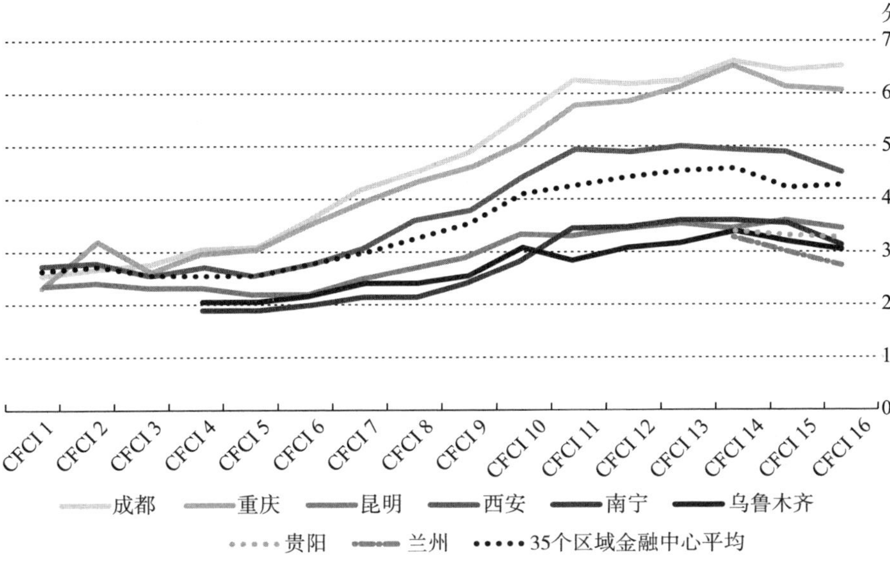

图 8.1.1 西部区域金融中心历期 CFCI 综合竞争力得分

· 成都金融中心综合竞争力得分为 66.53 分，较上期上升 0.73 分，比 35 个区域金融中心的平均水平高出 23.39 分；综合竞争力得分在西部地区排名第 1 位、全国第 6 位。

· 重庆金融中心综合竞争力得分为 61.93 分，较上期下降 0.65 分，与成都得分差距扩大至 4.6 分；综合竞争力得分排名西部第 2 位、全国第 8 位，较上期下降 1 位。

· 西安金融中心综合竞争力得分为 46.09 分，较上期下降 3.39 分，与成都、重庆得分差距拉大；综合竞争力得分排名西部第 3、全国第 13 位，较上期下降 1 位。

· 昆明金融中心综合竞争力得分 35.04 得分，较上期下降 1.10 分，与西安得分差距有所拉近;综合竞争力得分排名西部第4位、全国第23位。

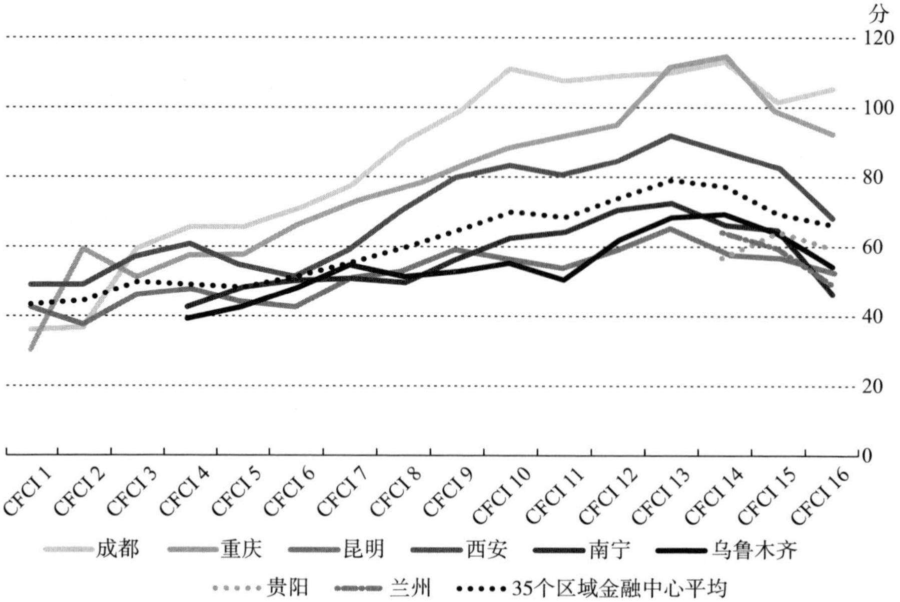

图 8.1.2 西部区域金融中心历期金融产业绩效得分

2. 金融产业绩效分项表现

从金融产业绩效来看,西部地区金融中心得分从高到低依次是成都、重庆、西安、贵阳、乌鲁木齐、昆明、兰州和南宁。其中,成都、重庆显著高于35个区域金融中心城市平均水平,西安与区域金融中心均值持平,其他区域城市则显著低于区域金融中心平均水平。

· 成都和重庆金融产业绩效表现突出。其中,成都得分为105.10分,较上期上升3.70分,全国排名第6位,较上期上升1位;重庆得分92.45分,较上期下降5.83分,全国排名第9位,较上期下降1位。

· 西安金融产业绩效得分为68.41分,较上期下降14.13分,与成都、重庆拉开较大差距,全国排名下滑至第18位。

· 昆明金融产业绩效得分为52.59分,较上期下降3.51分,表现差于35个区域金融中心城市的平均水平;全国排名第28位,较上期下降3位。

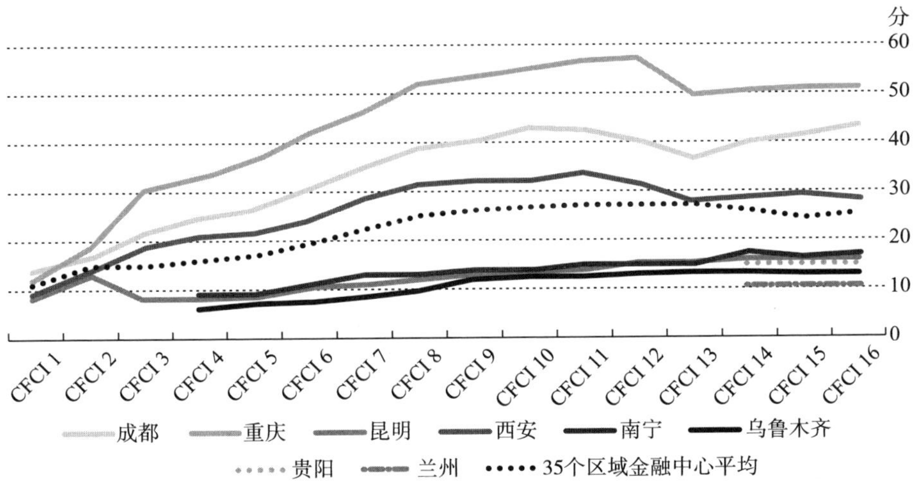

图 8.1.3 西部区域金融中心历期金融机构实力得分

3. 金融机构实力分项表现

从金融机构实力来看,西部地区金融中心排序保持不变,呈现梯度分布态势。其中,重庆、成都显著高于35个区域金融中心平均水平,西安则与区域金融中心平均持平,其余城市显著低于平均水平,如图8.1.3所示。

· 重庆金融机构实力得分为50.89分,全国排名第7位,与上期持平,继续在西部地区领跑。

· 成都金融机构实力得分为43.24分,较上期上升1.78分;全国排名第8位,逐步拉近与重庆间的得分差距。

· 西安金融机构实力得分和排名均有下降。其中,得分为28.36分,较上期小幅下降0.81分;全国排名第13位,较上期下降1位。

· 昆明金融机构实力得分为15.17分,较上期小幅上升0.38分;全国排名第29位,与上期一致。

4. 金融市场规模分项表现

从金融市场规模来看,西部地区金融中心排序保持不变,呈现梯度布局。其中,成都和重庆高于35个区域金融中心平均水平,形成第一梯队;西安基本与平均水平持平,构成第二梯队;南宁、昆明、乌鲁木齐、贵阳、兰州则组成第三梯队,如图 8.1.4 所示。

· 成都和重庆金融市场规模得分相对领先。其中,成都得分为 11.92 分,较上期下降 2.77 分,全国排名第 10 位,较上期下降 1 位;重庆得分 10.38 分,较上期上升 0.91 分,全国排名第 13 位,保持不变。

· 西安金融市场规模得分为 7.66 分,与上期基本持平,仍低于 35 个区域金融中心的平均水平;全国排名第 17 位,较上期下降 1 位。

· 昆明金融市场规模得分为 2.81 分,与上期基本持平;全国排名第 30 位,与上期一致。

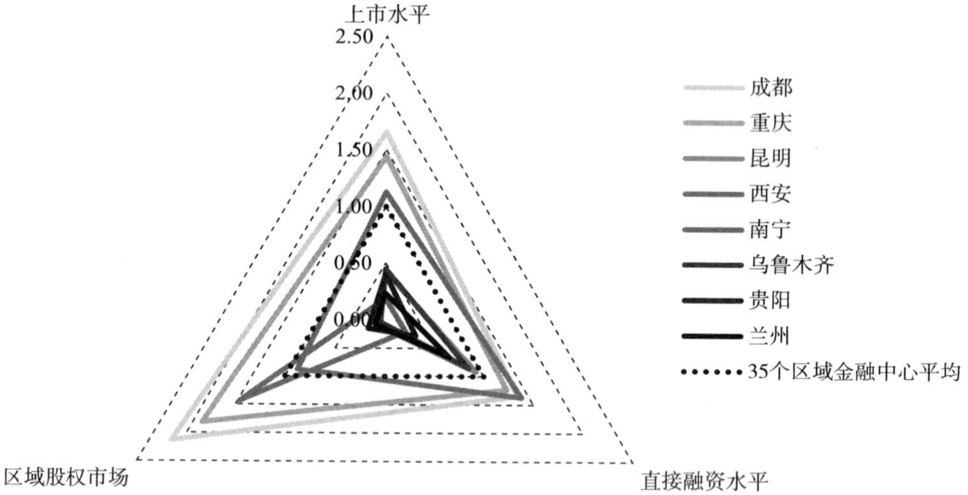

图 8.1.4　西部区域金融中心资本市场利用水平对比

5. 金融生态环境分项表现

从金融生态环境来看,西部地区金融中心得分和排序保持稳定。其中,成都、重庆、西安高于 35 个区域金融中心平均水平,昆明与 35 个区域金融中心平均水平基本持平,其余 4 个区域城市均大幅低于平均水平,如图 8.1.5 所示。

· 成都金融生态环境具有较强的比较优势,本期得分为 114.94 分,高出 35 个区域金融中心均值将近 50%,排名西部地区第 1 位、全国第 5 位。

· 重庆金融生态环境得分为 99.73 分,排名中部地区第 2 位、全国第 9 位,得分较上期上升 2.56 分,与成都间的得分差距有所缩窄。

· 西安本期金融生态环境得分 87. 20 分,较上期上升 1. 39 分,全国排名第 12 位,较上期上升 1 位。

· 昆明本期金融生态环境得分 77. 40 分,较上期下降 1. 67 分,全国排名第 19 位,较上期下降 1 位。

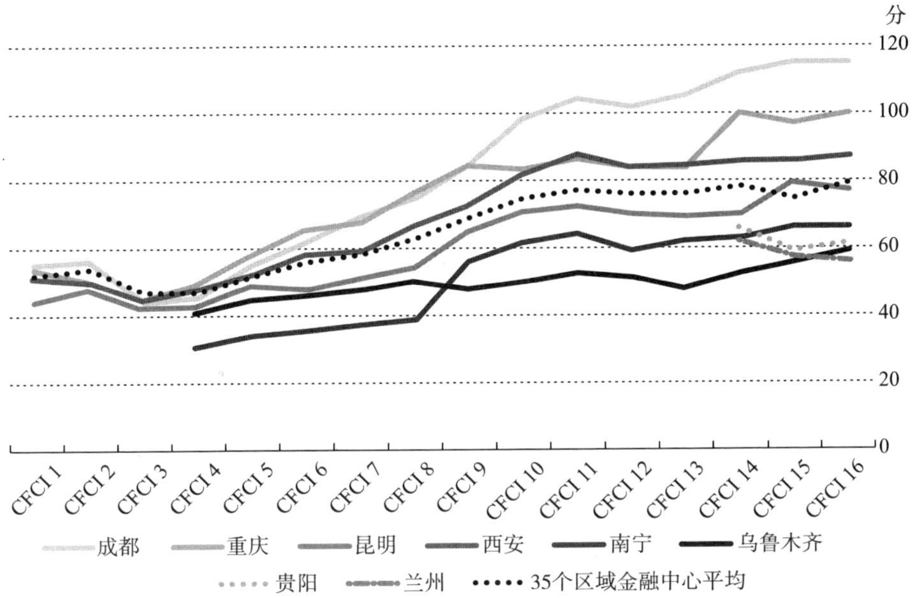

图 8. 1. 5　西部区域金融中心历期金融生态环境得分

8. 2　成都金融中心评价

成都是四川省省会和西南地区唯一的副省级市,国家重要的高新技术产业基地、商贸物流中心和综合交通枢纽,西部地区重要的中心城市。历史上,成都孕育了中国最早的纸币“交子”。改革开放以来,成都诞生了新中国第一个股票场外交易市场“红庙子市场”和第一只股票“蜀都大厦”。1993 年,国务院《西南和华南部分省区区域规划纲要》明确成都为西南地区金融中心。2010 年,党中央、国务院《关于深入实施西部大开发战略的若干意见》提出支持成都建设区域性金融中心。2021 年 12 月 24 日,中国人民银行等国家部委与重庆市人民政府、四川省人民政府联合发布《成渝共建西部金融中心规划》,提出将成渝建设成为立足西部,面向东亚和东南亚、南亚,服务共建“一带一路”国家和地区的西部金融中心,标志着成渝共建西部金融中心迈向实质性阶段。

1. 成都金融中心综合竞争力表现

自首期进入 CFCI 榜单以来,成都金融中心综合竞争力保持连续快速增长,并保持住了在西部地区乃至全国的领先地位。根据第 16 期 CFCI 评价结果,成都金融中心综合竞争力得分为 66. 5 分,较上期上升 0. 73 分;全国排名第 6 位,与上期一致,如图 8. 2. 1 所示。

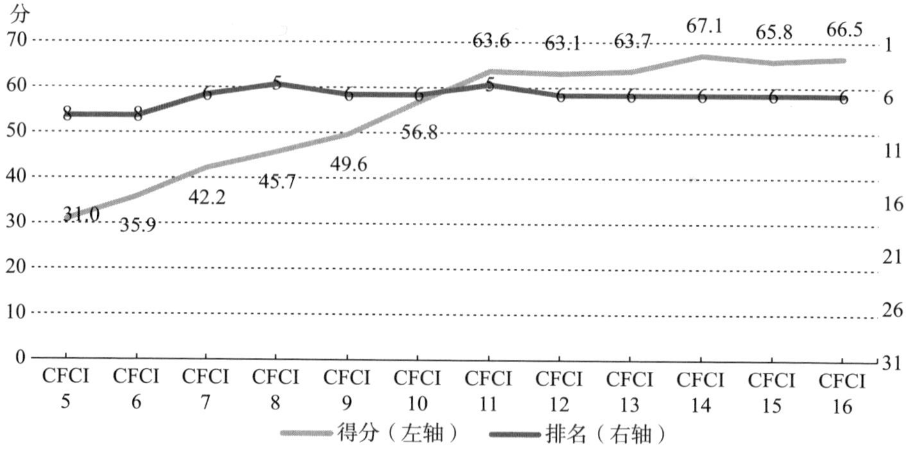

图 8. 2. 1 成都金融中心综合竞争力历次得分与排名

2023 年,成都实现金融业增加值 2555. 6 亿元,同比增长 6. 0%。年末金融机构本外币存款余额为 58074 亿元,同比增长 9. 2%;金融机构本外币贷款余额为 60498 亿元,同比增长 13. 7%。全年上市首发募集资金 28. 7 亿元;证券市场交易额累计达 18. 3 万亿元,同比增长 6. 8%。全年原保险保费收入 1194. 5 亿元,同比增长 12. 5%;年末保险深度为 5. 4%,保险密度为人均 5581 元(常住人口统计口径)。

在一级分项指标方面,成都金融产业绩效和金融机构实力两项得分增长,其中金融产业绩效得分增长 3. 65%,全国排名上升 1 位;金融机构实力得分增长 4. 28%,全国排名保持不变。金融市场规模得分下降 18. 88%,全国排名第 10 位,较上期下降 1 位。金融生态环境得分基本持平,全国排第 5 位不变,如表 8. 2. 1 所示。

表 8.2.1　成都在 CFCI 16 中评价结果

评价分类	CFCI 16 得分	同比上期	得分增幅/%	CFCI 16 排名	排名变化
金融产业绩效	105.10	3.70	3.65	6	1
金融机构实力	43.24	1.78	4.28	8	0
金融市场规模	11.92	−2.77	−18.88	10	−1
金融生态环境	114.94	−0.06	−0.05	5	0
金融人才环境	10.19	0.23	2.29	7	0
金融商业环境	11.28	−0.03	−0.23	5	0
国际化环境	3.98	−0.22	−5.13	6	0

2. 成都金融中心金融产业绩效表现

在金融产业绩效方面，成都金融从业人员、金融产业地位和金融业务规模具有明显优势，业务相对水平表现也优于西部地区平均水平，如图 8.2.2 所示。

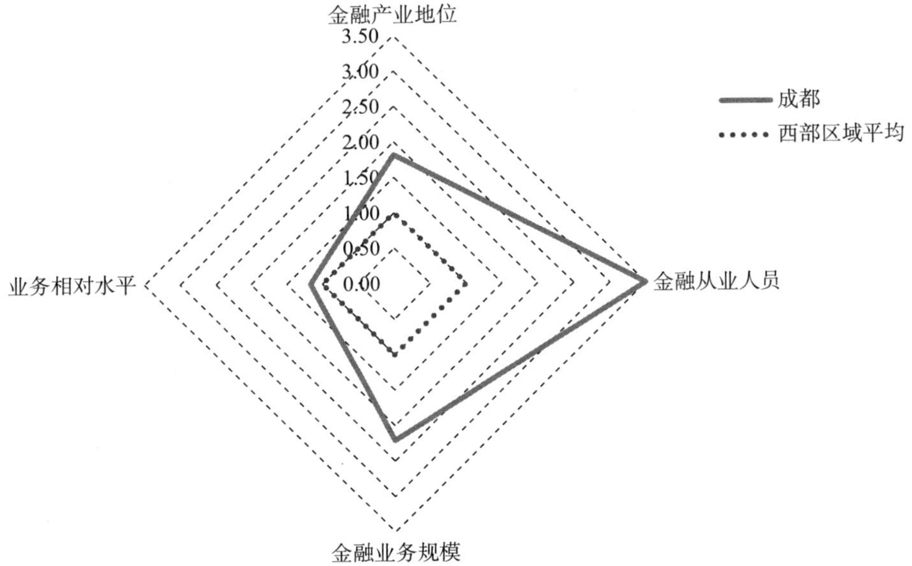

图 8.2.2　成都金融产业绩效同西部区域平均水平的比较

· 2023 年，成都实现金融业增加值 2555.6 亿元，与重庆体量相当，排名西部地区第 2 位；金融业增加值近三年平均增速均 6.2%，排名中部地区第 1 位。

·截至2022年底,成都金融从业人员约14.2万人,排名西部地区第2位;金融从业人员近三年平均增速5.4%,排名西部地区第1位。

·截至2023年底,成都金融机构本外币存款余额、金融机构本外币贷款余额、本地股权基金交易量等规模指标均处于西部地区第1位,远超本区域其他金融中心城市。

·2023年,成都存款余额与GDP之比、贷款余额与GDP之比分别为263.1%、274.1%,保险密度为人均5581元,保险深度为5.4%,均在西部地区处于中游水平。

在服务实体经济质效方面,成都科技金融和数字金融有明显优势,绿色金融表现较差,养老金融和普惠金融与中部地区平均水平相当,如图8.2.3所示。

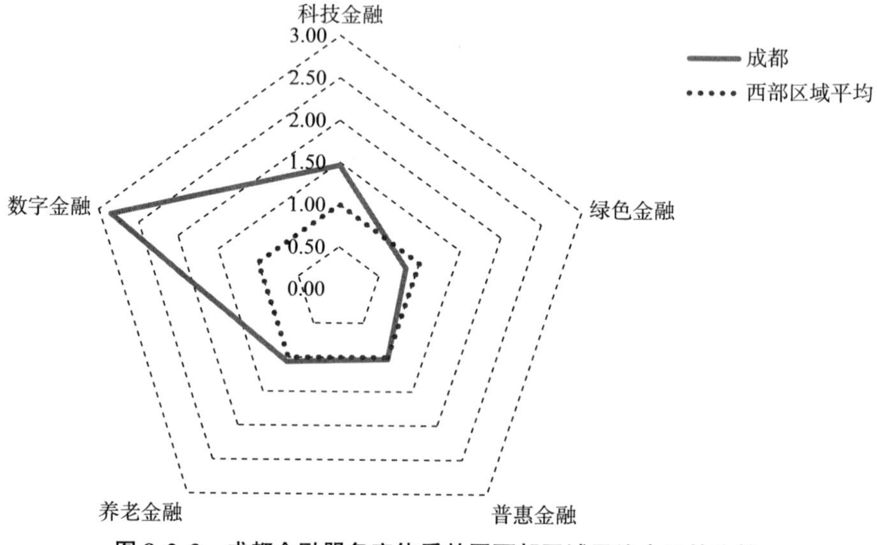

图8.2.3 成都金融服务实体质效同西部区域平均水平的比较

·2023年,成都私募股权平均融资额与GDP之比为1.49%,科创企业年平均上市融资额与GDP之比为0.34%,在西部地区排名上游。

·截至2024年上半年,成都共有39家金融科技企业和15个金融科技创新监管试点,分别排名西部地区第1位、第2位。

·相对而言,成都绿色金融表现相对较差。截至2023年底,成都绿色贷款余额与GDP之比、绿色债券余额与GDP之比两项指标在西部地区排名靠后。

3. 成都金融中心金融机构实力表现

在金融机构实力方面,成都持牌金融机构资源丰富,综合实力较强,尤其是保险类机构和证券类机构在西部地区的领先优势明显,如图 8.2.4 所示。

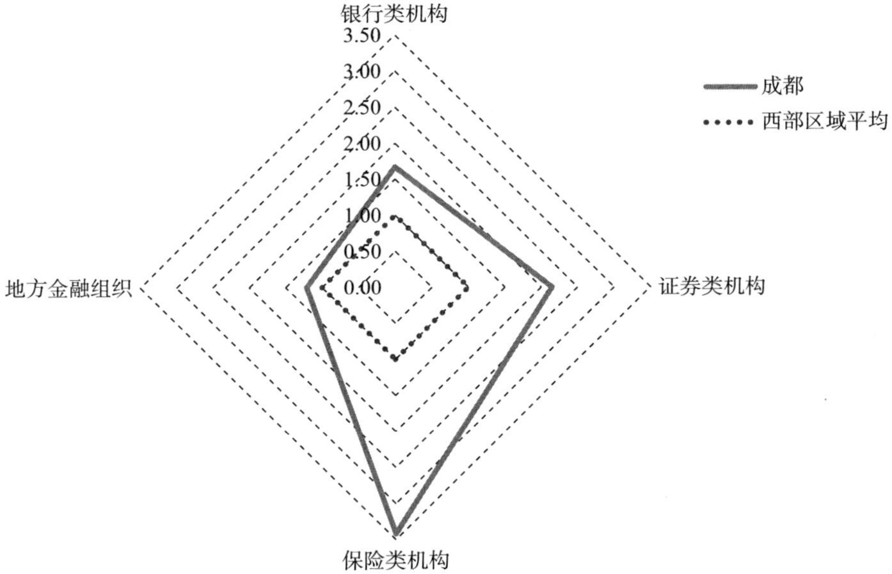

图 8.2.4　成都金融机构实力与西部区域平均水平的比较

· 截至 2023 年底,成都拥有 6 家法人商业银行,资产规模合计 24401 亿元,数量和资产规模均排名西部地区第 2 位。

· 截至 2023 年底,成都拥有 4 家法人证券公司,资产规模合计 2186 亿元,数量和资产规模均排名西部地区首位。

· 截至 2023 年底,成都拥有 4 家法人保险公司,资产规模合计 4118 亿元,数量和资产规模分别排名西部地区第 2 位和第 1 位。

4. 成都金融中心金融市场规模表现

在金融市场规模方面,成都资本市场利用整体表现良好,上市水平、直接融资水平、区域股权市场等方面均优于西部地区金融中心平均水平,如图 8.2.5 所示。

· 截至 2023 年底,成都拥有本地 A 股上市公司 116 家、年度 IPO 公司

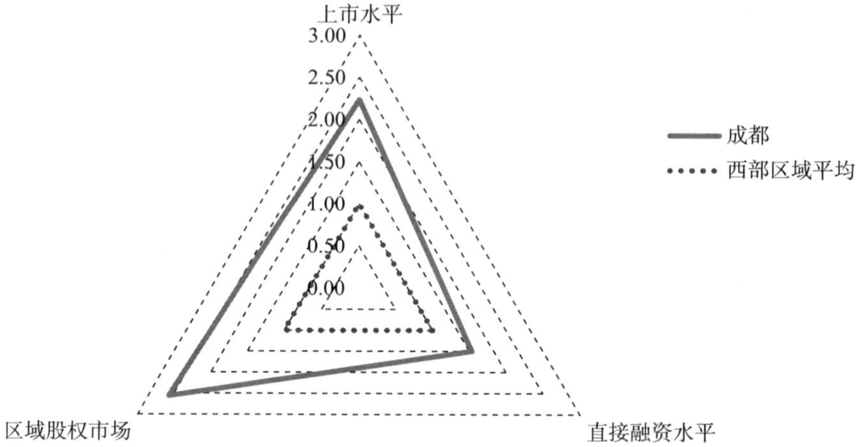

图 8.2.5　成都金融市场规模与西部区域平均水平的比较

15 家、新三板挂牌企业 124 家,分别排名西部地区第 1 位、第 2 位、第 1 位。

· 截至 2023 年底,成都 A 股市场累计融资额为 3041.3 亿元,年度新增股票融资 12.7 亿元,存量和增量均排名西部地区第 1 位。

· 截至 2023 年上半年,成都区域股权市场拥有的挂牌公司数为 5835 家,远超西部地区其他城市,排名西部地区第 1 位。

5. 成都金融中心金融生态环境表现

在金融人才环境方面,成都教育环境和城市环境具有比较优势,医疗卫生略优于西部地区平均水平,生活质量略低于平均水平,如图 8.2.6 所示。

· 截至 2023 年底,成都拥有普通高等学校 59 家、"双一流"高校 7 家,普通高校在校学生有 120.8 万人,分别排名西部地区第 3 位、第 1 位、第 2 位。

· 2023 年,成都每百万人城市轨道交通里程为 32.5 公里,拥有日航 1475 架次,均排名西部地区第 1 位。相较而言,成都人均公园绿地面积、空气质量等指标则处于西部地区中下游水平。

· 截至 2023 年底,成都每万人拥有医院病床 82.2 张,每万人拥有执业医师 40.6 人,分别排名西部地区第 1 位、第 4 位。

· 成都生活质量指标表现较差。2023 年,成都住宅房价收入比为 10.70,仅低于西安,是西部地区第二高的城市。

在金融商业环境方面,成都在经济基础、专业服务、政策环境方面具有

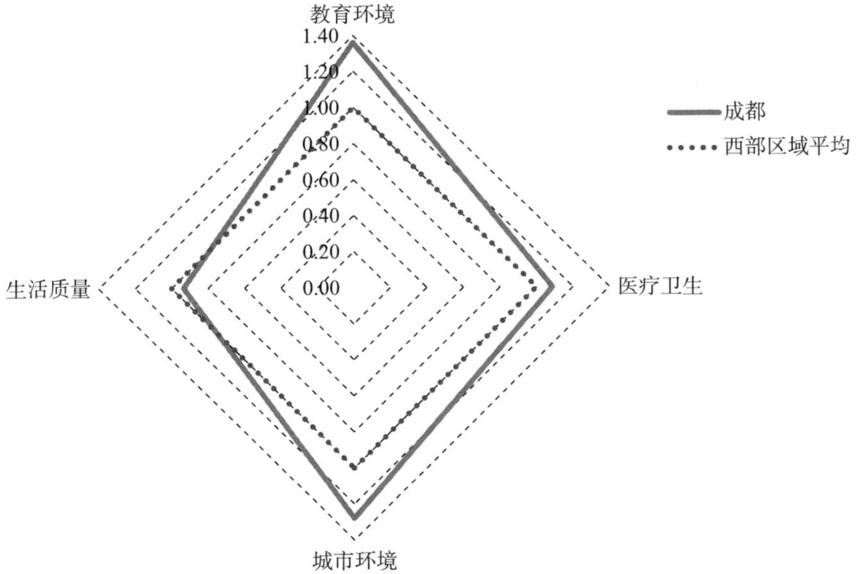

图 8.2.6　成都金融人才环境与西部区域平均水平的比较

明显优势，地方风险控制与西部地区平均水平相当，如图 8.2.7 所示。

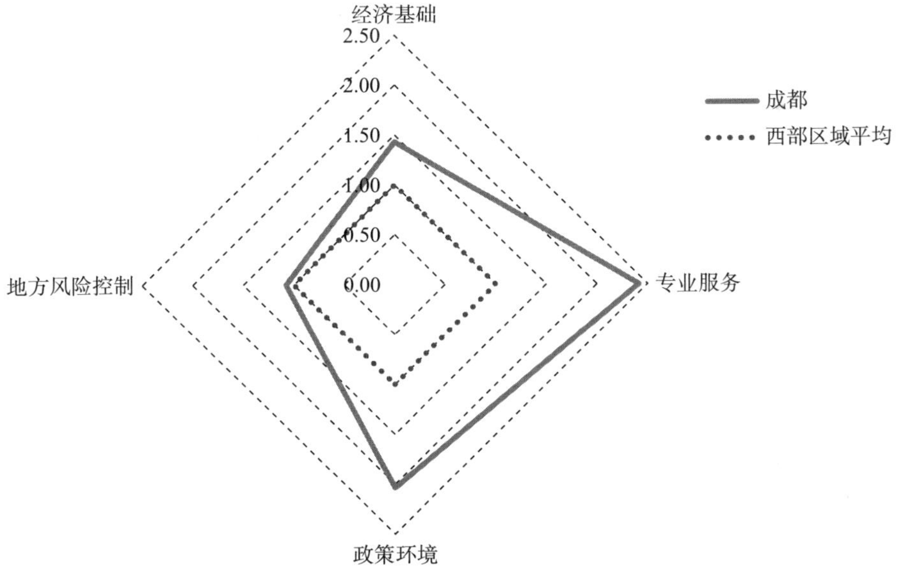

图 8.2.7　成都金融商业环境与西部区域平均水平的比较

· 2023 年，成都实现地区生产总值 22075 亿元，排名全国第 7 位、西部地区第 2 位；人均 GDP 为 10.31 万元，排名西部地区第 1 位。

·截至2022年,成都拥有执业律师18249人、注册会计师(CPA)3519人,均排名西部地区第1位。截至2024年上半年,成都拥有专业保险中介机构686家,排名西部地区第1位。

·2023年,成都地方政府负债率为117.8%,高于重庆和西安,低于西部地区其他城市;地方政府债务率为1348%,高于重庆,低于西部地区其他城市;近三年违约债券余额占比为1.26%,在西部地区处于较高水平。

在金融国际化程度方面,成都在机构国际化、经济外向度、国际影响力三个方面都具有明显优势,如图8.2.8所示。

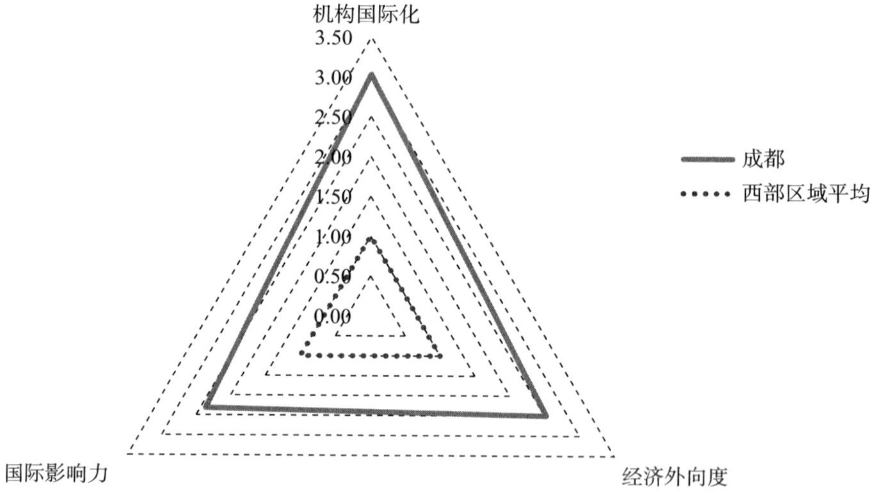

图8.2.8 成都金融国际化环境与西部区域平均水平的比较

·截至2023年底,成都拥有外资金融机构营业性机构40家、外资金融机构驻华代表处4家,均居西部地区第1位。

·2023年,成都当年实际利用外资总额为22.9亿美元,进出口总额为1062.9亿美元,均排名西部地区第1位。

·2023年,成都接待入境旅游者人数为18万人次,仅次于西安,排名西部地区第2位;国际航班连通城市有47个,排名西部地区第1位。

8.3 重庆金融中心评价

重庆是我国西部地区唯一的直辖市,是长江上游地区的经济、金融、科创、航运和商贸物流中心，西南地区最大的工商业城市，西部大开发重要的战略支点、“一带一路”和长江经济带的重要联结点以及内陆开放高地。2009 年，国务院颁布《关于推进重庆市统筹城乡改革和发展的若干意见》，强调要将重庆建设成为长江上游地区金融中心。2017 年，《重庆市建设国内重要功能性金融中心“十三五”规划》确立了打造国内重要功能性金融中心的战略目标。《重庆市金融改革发展“十四五”规划（2021—2025 年）》提出同时打造西部金融中心和内陆国际金融中心。2021 年，中国人民银行等国家部委与重庆市人民政府、四川省人民政府联合发布《成渝共建西部金融中心规划》，提出成渝共建西部金融中心的发展目标。

1. 重庆金融中心综合竞争力表现

自首期进入 CFCI 榜单，重庆金融中心综合竞争力呈现稳步提升态势。根据第 16 期 CFCI 评价结果显示，重庆金融中心综合竞争力得分 61.93 分，较上期下降 1.42 分；全国排名第 8 位，较上期下降 1 位，在西部地区排第 2 位，如图 8.3.1 所示。

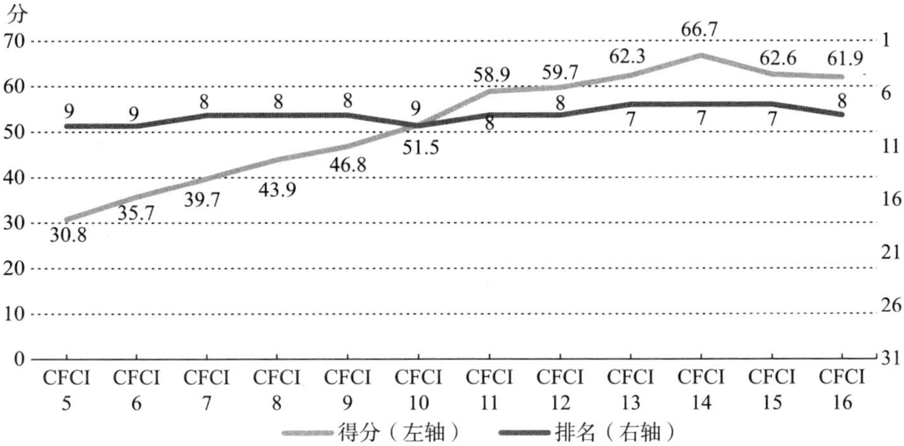

图 8.3.1　重庆金融中心综合竞争力历次得分与排名

2023 年，重庆实现金融业增加值 2591 亿元，占地区 GDP 比重为 8.6%；年末金融机构本外币存款余额、贷款余额分别达到 5.36 万亿元、5.67 万亿元，同比分别增长 8.0%、9.8%。全年保费收入 1056 亿元，年末保险深度达到 3.5%，保险密度达到人均 3308 元（常住人口统计口径）。

在一级分项指标方面,重庆金融市场规模和金融生态环境得分保持增长,但金融产业绩效和金融机构实力出现得分减少。其中,金融市场规模得分增长 9.62%,全国排名第 13 位;金融生态环境得分增长 2.64%,全国排名第 9 位。金融产业绩效得分下降 5.93%,全国排名第 9 位,较上期下降 1 位;金融机构实力得分较上期略微减少 0.14%,全国排名保持不变,见表 8.3.1。

表 8.3.1　重庆在 CFCI 16 中评价结果

评价分类	CFCI 16 得分	同比上期	得分增幅/%	CFCI 16 排名	排名变化
金融产业绩效	92.45	-5.83	-5.93	9	-1
金融机构实力	50.89	-0.07	-0.14	7	0
金融市场规模	10.38	0.91	9.62	13	0
金融生态环境	99.73	2.56	2.64	9	0
金融人才环境	9.47	0.18	1.97	10	0
金融商业环境	10.35	0.43	4.32	6	2
国际化环境	2.26	-0.04	-1.88	14	-1

2. 重庆金融中心金融产业绩效表现

在金融产业绩效方面,重庆金融产业地位、金融从业人员和金融业务规模在西部地区具有明显优势,但业务相对水平低于西部地区平均水平,如图 8.3.2 所示。

· 2023 年,重庆实现金融业增加值 2590.9 亿元,居西部地区第 1 位,但金融业增加值占全市 GDP 比重仅 8.6%,在西部地区排名靠后。

· 截至 2023 年底,重庆金融机构本外币存款余额、贷款余额分别为 5.36 万亿元、5.67 万亿元,是西部地区第 2 个存、贷款余额均超过 5 万亿元的城市。

· 重庆金融从业人员表现突出,截至 2023 年底,金融从业人员约 20.1 万人,居西部地区首位。

· 2023 年,重庆存款余额与 GDP 之比、贷款余额与 GDP 之比,保险深度、保险密度等指标处于西部地区中下游。

在服务实体质效方面,重庆数字金融发展优势突出,养老金融表现相对

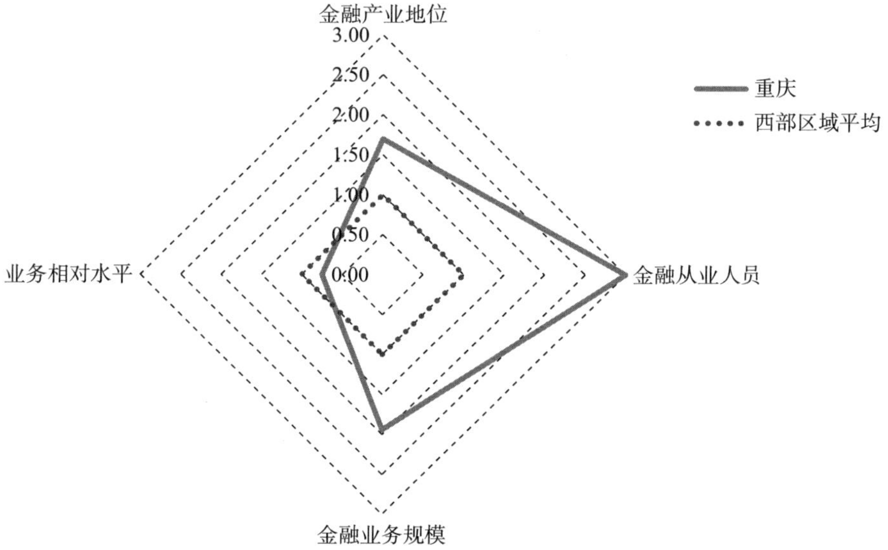

图 8. 3. 2　重庆金融产业绩效同西部区域平均水平的比较

较好，但科技金融、绿色金融和普惠金融均低于西部地区平均水平，如图 8. 3. 3 所示。

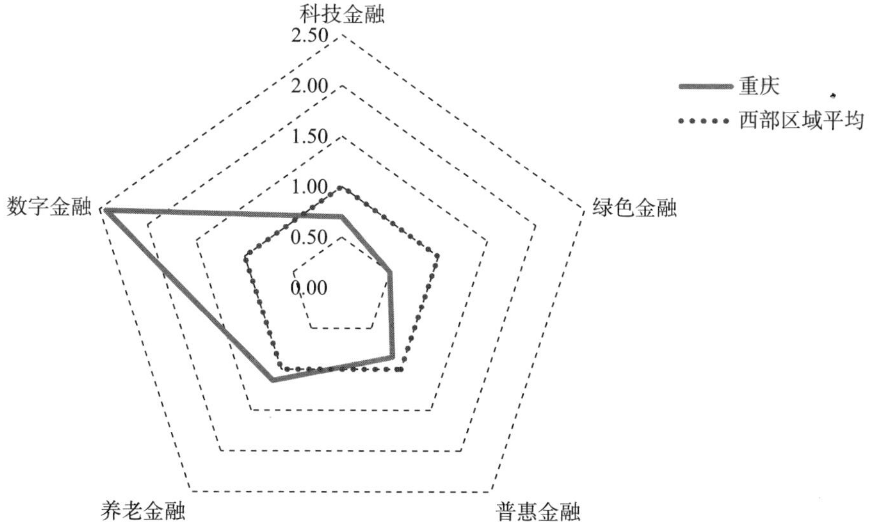

图 8. 3. 3　重庆金融服务实体质效同西部区域平均水平的比较

· 截至 2024 年上半年，重庆共有 13 家金融科技企业、17 个金融科技创新监管试点，分别排名西部地区第 2 位、第 1 位，具有相对领先优势。

· 2023 年,重庆私募股权年均融资额与 GDP 之比为 0.83%,科创企业年均上市融资与 GDP 之比为 0.1%,在西部地区排名靠后。

· 2023 年,重庆绿色贷款余额与 GDP 之比为 22.6%,绿色债券余额与 GDP 之比为 1.26%,显著低于西部地区其他城市。

· 截至 2023 年底,重庆普惠小微企业贷款余额达到 5478 亿元,在西部地区排名第 2 位;但普惠小微企业贷款与 GDP 之比为 18.2%,普惠小微企业获贷率为 14.8%,在西部地区排名靠后。

· 截至 2023 年底,重庆基本养老保险渗透率为 83%,在西部地区排名首位;企业年金职工开户渗透率为 9%。

3. 重庆金融中心金融机构实力表现

在金融机构实力方面,重庆地方金融组织表现突出,在银行类机构、证券类机构、保险类机构等方面也超过西部地区平均水平,如图 8.3.4 所示。

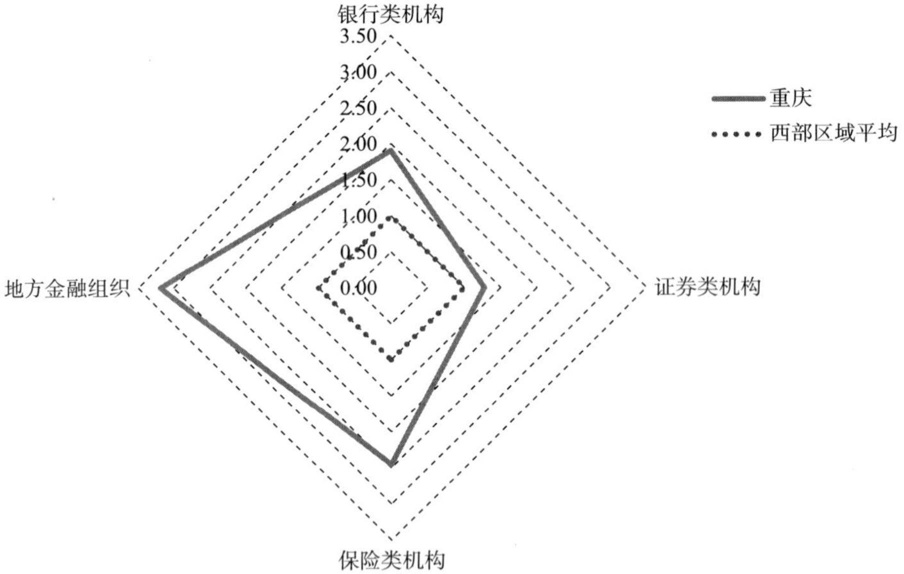

图 8.3.4　重庆金融机构实力与西部区域平均水平的比较

· 截至 2023 年底,重庆拥有 4 家法人商业银行,在西部地区排名靠后,但商业银行资产规模合计为 2.56 万亿元,排名西部地区第 1 位。

· 截至 2023 年底,重庆拥有 1 家法人证券公司、2 家法人公募基金管理公司、4 家法人期货公司，证券类机构数量在西部地区具有优势。

· 截至 2023 年底，重庆拥有 5 家法人保险公司，资产规模合计为 2249 亿元，数量和资产规模分别排名西部地区第 1 位和第 2 位。

· 截至 2023 年底，重庆小额贷款公司、融资租赁公司、融资担保公司、商业保理公司数量均排名西部地区第 1 位，地方金融组织发展具有整体优势。

4. 重庆金融中心金融市场规模表现

在金融市场规模方面，重庆区域股权市场、上市水平和直接融资水平表现相对突出，均高于西部地区平均水平，如图 8.3.5 所示。

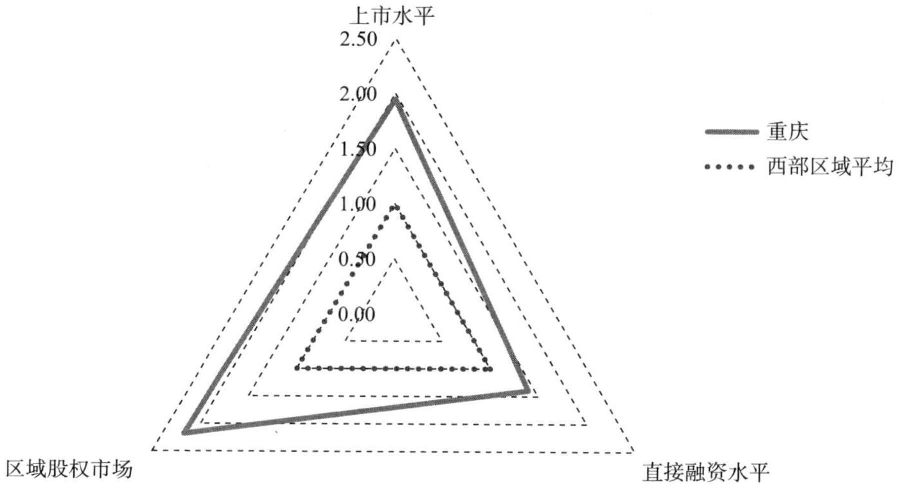

图 8.3.5　重庆金融市场规模与西部区域平均水平的比较

· 截至 2023 年底，重庆共有本地 A 股上市公司 77 家，排名西部地区第 2 位；年度新增 IPO 公司 9 家，排名西部地区第 1 位；新三板挂牌公司 71 家，排名西部地区第 3 位。

· 2023 年，重庆本地 A 股市场累计融资额为 2639.5 亿元，年度新增股票融资规模为 135.8 亿元，均排名西部地区第 2 位。

· 截至 2023 年上半年，重庆拥有区域股权市场挂牌公司 2010 家，在西部地区排名第 2 位。

5. 重庆金融中心金融生态环境表现

在金融人才环境方面,重庆教育环境表现良好,在医疗卫生、生活质量、城市环境等方面与西部地区平均水平相当,如图 8.3.6 所示。

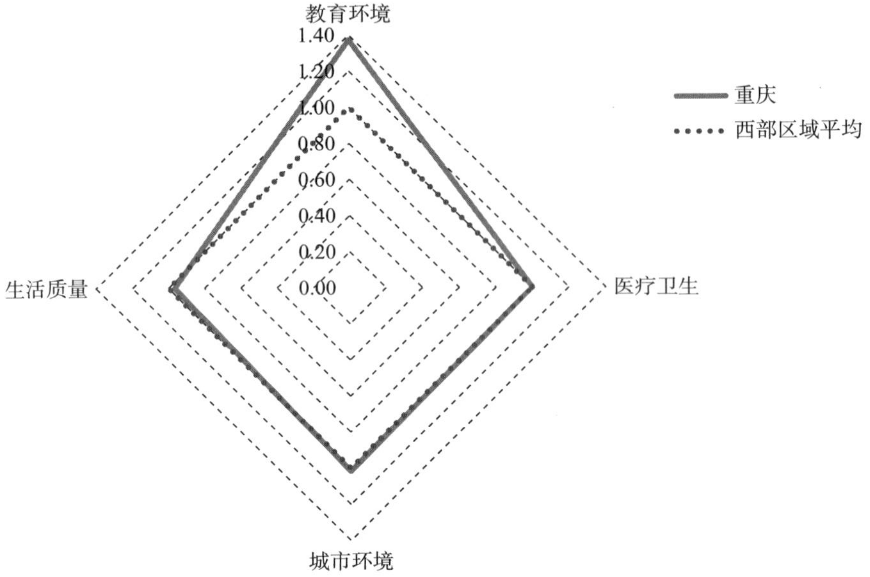

图 8.3.6　重庆金融人才环境与西部区域平均水平的比较

· 截至 2023 年底,重庆拥有普通高等院校 73 家,在校大学生有 121.9 万人,排名西部地区第 1 位。

· 截至 2023 年底,重庆拥有 6 家具备器官移植资质医院,与昆明、南宁并列西部地区第 1 位;但每万人拥有医院病床 59.4 张,每万人拥有执业医师 32.1 人,在西部地区排名相对靠后。

· 2023 年,重庆人均公园绿地面积、空气质量优良率、城市交通健康指数等城市环境指标,在西部地区处于中游。

· 2023 年,重庆住宅房价收入比为 8.98,低于成都、西安和南宁,高于西部地区其他城市。

在金融商业环境方面,重庆整体表现优秀,经济基础、专业服务、政策环境相对中部地区其他城市具有优势,如图 8.3.7 所示。

· 2023 年,重庆实现地区生产总值 30146 亿元,排名西部地区第 1 位;

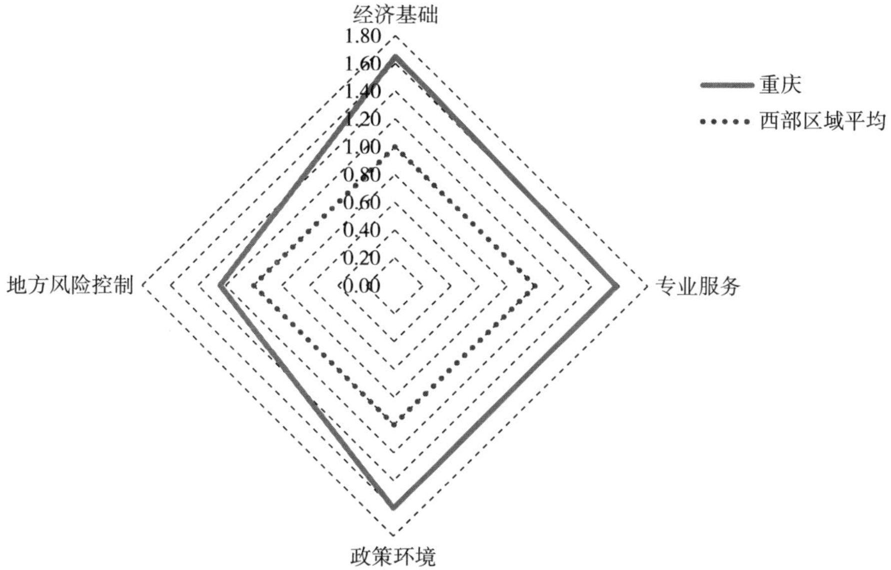

图 8.3.7　重庆金融商业环境与西部区域平均水平的比较

人均 GDP 为 9.45 万元，低于成都和乌鲁木齐，排名西部地区第 3 位。

· 截至 2022 年上半年，重庆拥有执业律师 14580 人，在西部地区排名第 2 位。截至 2022 年，重庆拥有注册会计师（CPA）1794 人，仅次于成都，排名西部地区第 2 位。

· 2023 年，重庆地方政府负债率为 63.1%，银行业不良贷款率为 1.18%，风险控制水平在西部地区表现较优。

在国际化环境方面，重庆机构国际化和经济外向度表现突出，国际影响力也高于西部地区平均水平，如图 8.3.8 所示。

· 截至 2024 年上半年，重庆拥有外资金融机构营业性机构 28 家，仅次于成都，在西部地区排名第 2 位。

· 2023 年，重庆实际利用外资总额为 10.5 亿美元，进出口总额为 1015.6 亿美元，分别排名西部地区第 3 位和第 2 位。

· 2023 年，重庆累计接待入境游客 9.9 万人次，国际航班连通城市有 32 个，在西部地区位于中游水平。

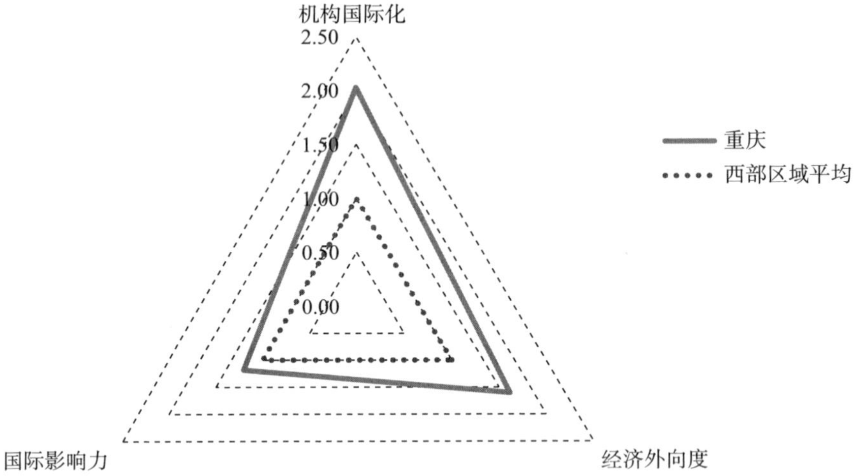

图 8.3.8　重庆金融国际化环境与西部区域平均水平的比较

8.4　西安金融中心评价

西安是陕西省省会、副省级市、关中平原城市群核心城市、丝绸之路起点城市、“一带一路”核心区、中国西部地区重要的中心城市、联合国科教文组织确定的“世界历史名城”和公认的中国四大古都之一,国家重要的科研、教育、工业基地。2009 年,国务院发布《关中—天水经济区发展规划》,明确提出要把西安建设成为“国家重要的区域性金融中心”。2018 年,西安金融工作会议确定大西安金融“三步走”目标,提出建设具有国际竞争力的“丝路”国际金融中心。2020 年,西安发布《西安丝绸之路金融中心发展规划》《西安丝绸之路金融中心发展行动计划(2020—2022 年)》,规划建设具有国际竞争力的丝绸之路金融中心,并提出了“一高地两中心”的战略定位,即丝路科技金融高地、丝路要素市场中心、丝路金融人才中心。

1. 西安金融中心综合竞争力表现

自首期进入 CFCI 榜单以来,西安金融中心建设不断加速,综合金融竞争力得分不断增长,全国排名稳定在第 13 名左右。根据第 16 期 CFCI 评价结果,西安金融中心综合竞争力得分为 46.09 分,排名全国第 13 位,与上期持平,在西部地区仅次于成都和重庆,如图 8.4.1 所示。

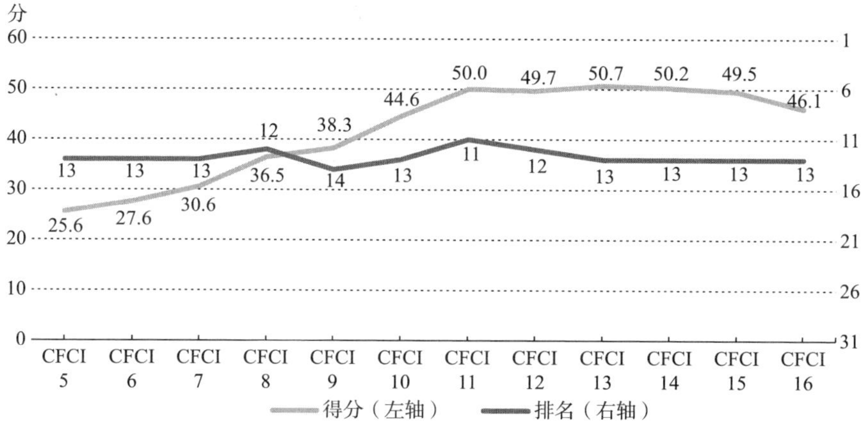

图 8.4.1　西安金融中心综合竞争力历次得分与排名

2023 年，西安实现金融业增加值 1291.2 亿元，占地区 GDP 比重为 10.8%；年末金融机构本外币存款余额为 34129 亿元，金融机构本外币贷款余额为 35528 亿元，同比分别增长 7.4% 和 7.5%；证券市场各类证券交易总额为 97942.84 亿元，同比增长 3.0%；全年实现保费收入 637 亿元，同比增长 11.2%，年末保险深度为 5.3%，保险密度为人均 4871 元（常住人口统计口径）。

在一级分项指标方面，西安整体表现不佳，分项指标全部出现下滑。其中，金融产业绩效得分下降 17.12%，全国排名第 18 位，较上期下降 7 位；金融机构实力得分下降 2.79%，全国排名第 13 位，较上期下降 1 位；金融市场规模得分下降 1.09%，全国排名第 17 位，较上期上升 1 位；金融生态环境得分增长 1.62%，全国排名第 12 位，较上期上升 1 位，见表 8.4.1。

表 8.4.1　西安在 CFCI 16 中评价结果

评价分类	CFCI 16 得分	同比上期	得分增幅/%	CFCI 16 排名	排名变化
金融产业绩效	68.41	-14.13	-17.12	18	-7
金融机构实力	28.36	-0.81	-2.79	13	-1
金融市场规模	7.66	-0.08	-1.09	17	1
金融生态环境	87.20	1.39	1.62	12	1
金融人才环境	8.93	0.34	3.99	12	2
金融商业环境	7.90	-0.55	-6.51	15	-1
国际化环境	2.48	0.52	26.29	11	5

2. 西安金融中心金融产业绩效表现

在金融产业绩效方面,西安金融从业人员表现较弱,金融产业地位、金融业务规模和业务相对水平略高于西部地区平均水平,具有一定优势,如图8.4.2所示。

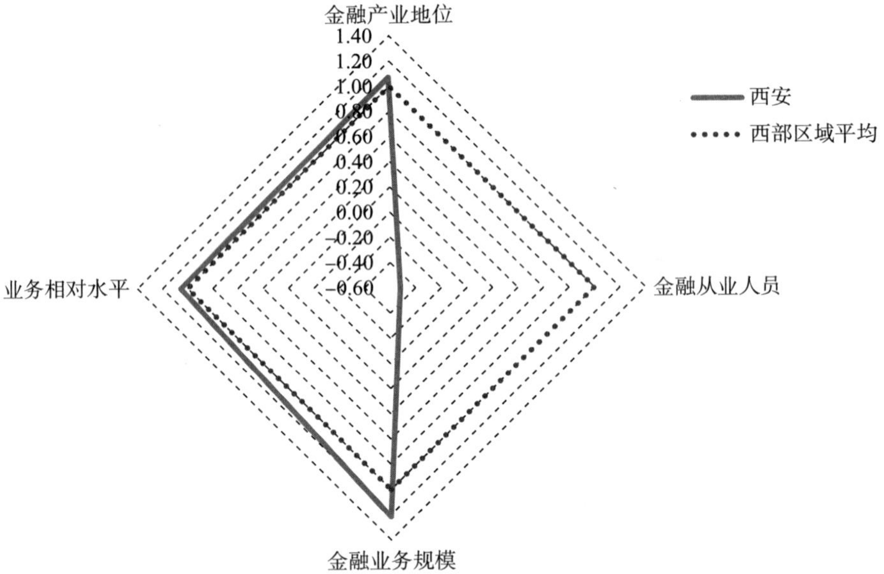

图8.4.2　西安金融产业绩效与西部区域平均水平的比较

· 2023年,西安实现金融业增加值1291.2亿元,在西部地区排名第3位,但较成都、重庆仍有较大差距;金融业增加值三年平均增速5.7%,在西部地区排名靠前。

· 2022年,西安金融从业人员达到9.5万人,排名西部地区第1位,但较成都、重庆仍有较大差距;金融从业人员三年平均增长率为负数,在西部地区排名靠后。

· 截至2023年底,西安金融机构本外币存、贷款余额分别达到3.41万亿元、3.55万亿元,全年股权基金交易量2.16万亿元,实现保费收入637亿元,均在西部地区排名第3位。

在服务实体质效方面,西安科技金融和养老金融优势较大,绿色金融与西部地区平均水平相当,数字金融和普惠金融则低于西部地区平均水平,如图

8. 4. 3 所示。

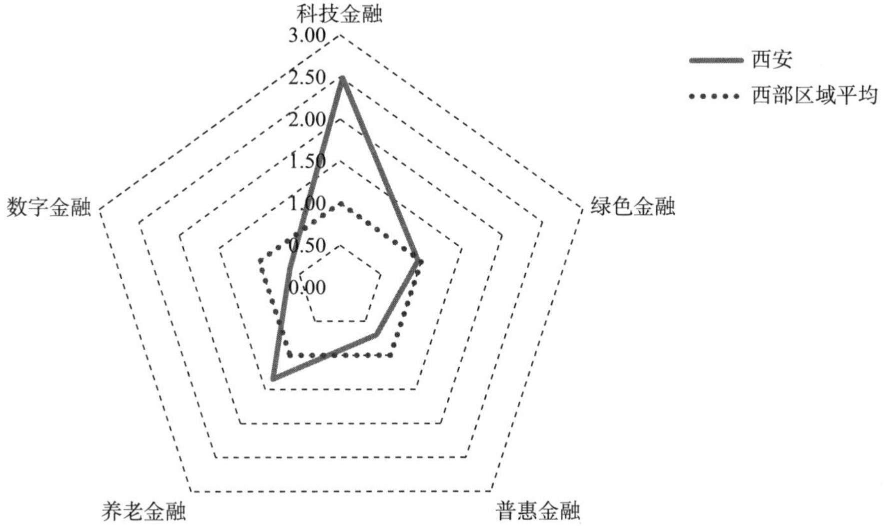

图 8. 4. 3　西安金融服务实体质效与西部区域平均水平的比较

· 2023 年,西安私募股权年均融资额与 GDP 之比为 2. 07%,科创企业年均上市融资额与 GDP 之比为 0. 83%,均排名西部地区第 1 位。

· 2023 年,西安基本养老保险渗透率为 73. 2%,在西部地区排名前列;企业年金职工开户渗透率为 15. 1%,排名西部地区第 1 位。

· 截至 2023 年底,西安共有金融科技企业 10 家、金融科技创新监管试点项目 3 个,均在西部地区排名靠后。

· 2023 年,西安普惠小微企业贷款与 GDP 之比为 20. 2%,普惠小微企业获贷率为 7. 7%,均在西部地区排名靠后。

3. 西安金融中心金融机构实力表现

在金融机构实力方面,西安银行类机构和证券类机构在西部地区具有相对优势,保险类机构和地方金融组织则表现较差,如图 8. 4. 4 所示。

· 截至 2023 年底,西安拥有 3 家法人商业银行,资产规模合计 1. 38 万亿元,商业银行支行有 1905 家,在机构数量和种类上具备较好的基础,但与成都、重庆相比还存在一定差距。

· 截至 2023 年底,西安拥有 3 家法人证券公司,资产规模合计 1786 亿

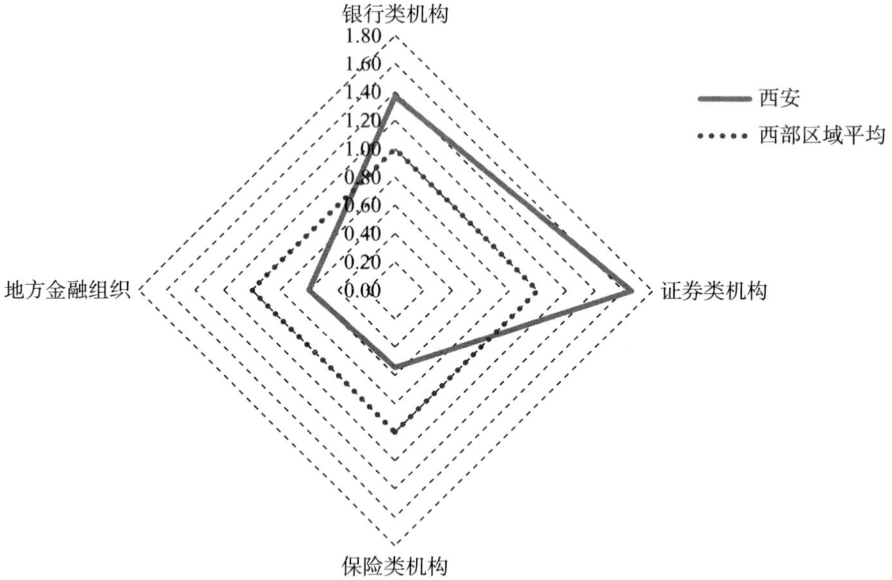

图 8.4.4　西安金融机构实力与西部区域平均水平的比较

元,均排名西部地区第 2 位,仅次于重庆。

· 相对而言,截至 2023 年底,西安仅有 2 家法人保险公司,资产规模合计 205 亿元,在西部地区处在中游水平。

4. 西安金融中心金融市场规模表现

在金融市场规模方面,西安在上市水平和直接融资水平方面表现相对优秀,区域股权市场与西部地区平均水平相当,如图 8.4.5 所示。

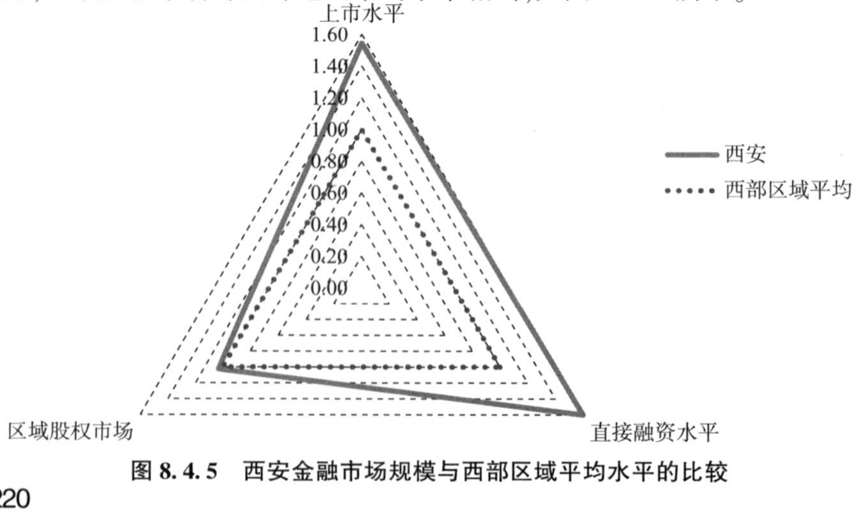

图 8.4.5　西安金融市场规模与西部区域平均水平的比较

· 截至 2023 年底,西安拥有本地 A 股上市公司 62 家,排名中部地区第 3 位;年度新增 IPO 公司 6 家,高于成都,排名西部地区第 3 位;新三板挂牌公司有 104 家,超过重庆,排名西部地区第 2 位。

· 截至 2023 年底,西安本地 A 股市场累计融资额为 2504.6 亿元,年度新增股票融资规模为 199.6 亿元,均排名中部地区第 3 位。

· 截至 2023 年底,西安区域股权市场挂牌公司数量少于成都、重庆,年度区域股权市场筹资金额仅次于重庆,排名西部地区第 2 位。

5. 西安金融中心金融生态环境表现

在金融人才环境方面,西安整体表现与西部地区平均水平相当,其中教育环境具有相对优势,如图 8.4.6 所示。

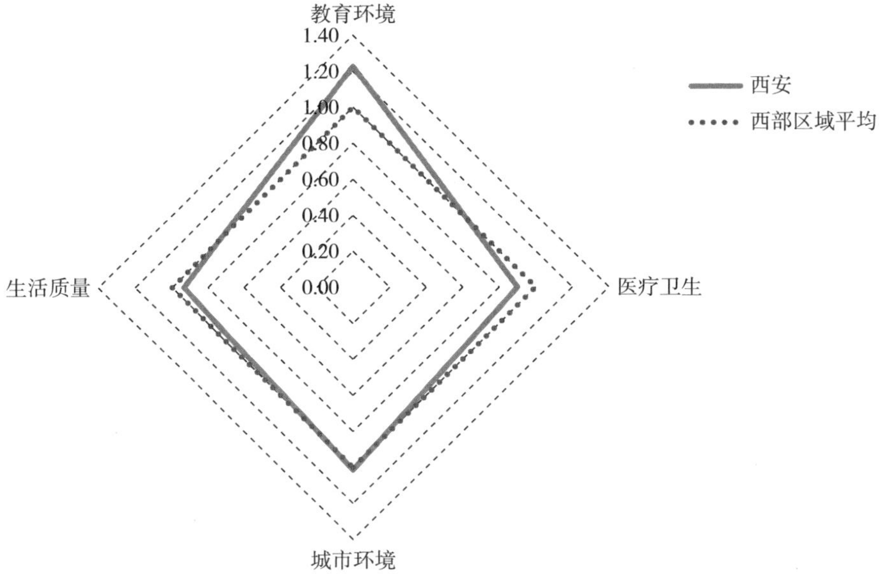

图 8.4.6 西安金融人才环境与西部区域平均水平的比较

· 截至 2023 年底,西安拥有普通高等院校 63 家,其中"双一流"高校 6 家,均在西部地区排名第 2 位;在校大学生有 103.4 万人,总人数较重庆、成都皆少 15%左右,排名西部地区第 3 位。

· 截至 2023 年底,西安每万人拥有医院病床数和执业医师数分别达到 63.7 张和 39.5 人,在西部地区处于上游水平。

·2023 年,西安人均绿地公园面积为 7.1 平方米,空气质量优良率为 62.5%,城市交通健康指数为 50.8%,均在西部地区排名垫底,是西安金融人才环境的主要短板。

·2023 年,西安家庭住宅房价比高达 11.50,在西部地区属于最高水平。

在金融商业环境方面,西安政策环境和专业服务在西部地区具有相对优势,经济基础和地方风险控制均处于中游水平,如图 8.4.7 所示。

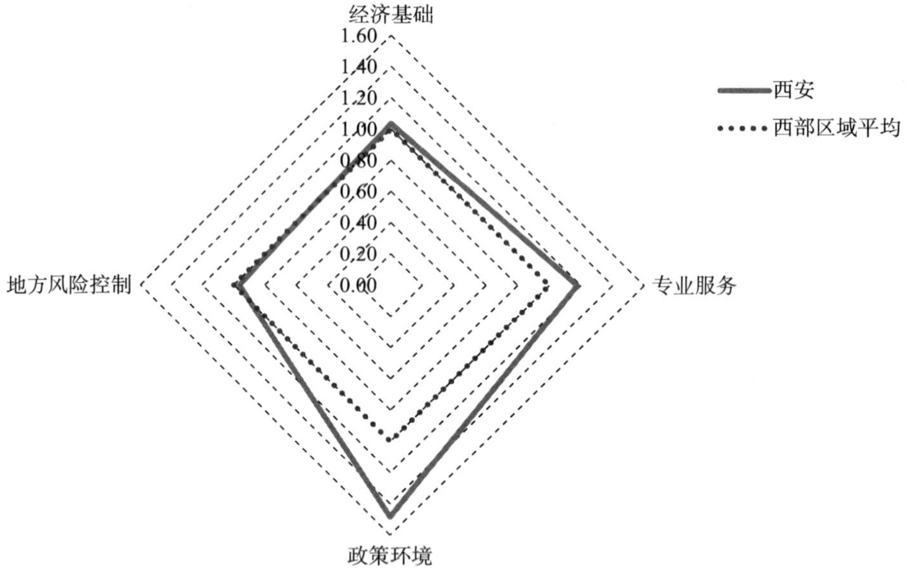

图 8.4.7　西安金融商业环境与西部区域平均水平的比较

·根据 CDI 研究评比结果,西安金融业发展促进政策支持力度和产业政策友好度分别排名西部地区第 3 位和第 2 位。

·截至 2022 年底,西安执业律师、注册会计师(CPA)分别达到 6712 人、1745 人,在西部地区分别排名前列。截至 2024 年上半年,西安拥有专业保险中介机构 428 家,仅次于成都。

·2023 年,西安实现地区生产总值和人均 GDP 分别排名西部地区第 3 位和第 4 位;但 GDP 增速为 5.2%,在西部地区排名靠后。

·按照 2023 年计算,西安近三年未发生债券违约事件,地方政府负债率和债务率处于中部地区中上游水平。值得注意的是,西安银行业不良贷款率达到 2.41%,处于较高水平。

在国际化环境方面,西安机构国际化和经济外向度在西部地区有一定优势,国际影响力表现相对一般,如图 8.4.8 所示。

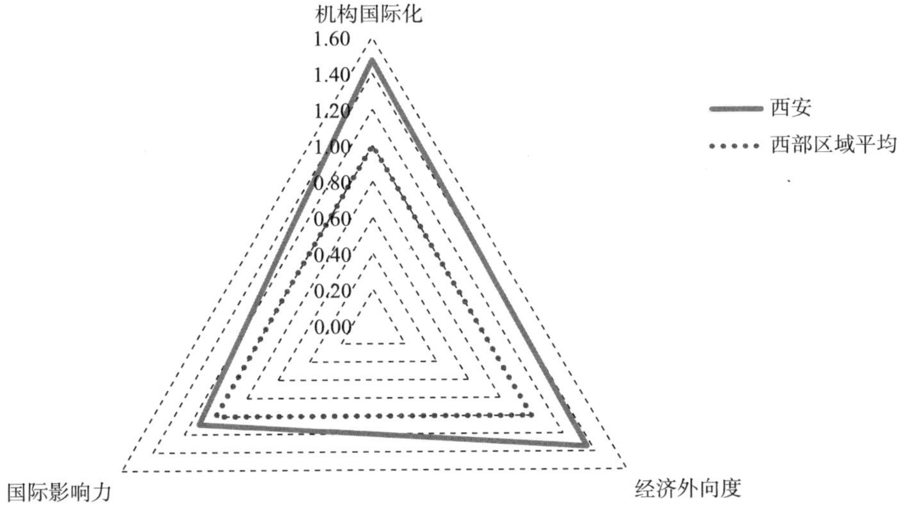

图 8.4.8　西安金融国际化环境与西部区域平均水平的比较

· 截至 2023 年底,西安外资金融机构营业性机构数达到 21 家,排名西部地区第 3 位,但仅为成都的一半。

· 2023 年,西安进出口总额达到 512.2 亿美元,当年实际利用外资 12.5 亿美元,分别排名西部地区第 3 位和第 2 位。

· 截至 2023 年底,西安国际航班连通城市达到 29 个,在西部地区处于中游水平。

8.5　昆明金融中心评价

昆明是云南省省会,中国面向东南亚、南亚开放的门户城市,西部地区重要的中心城市之一。昆明自“南方丝绸之路”开通兴盛以来,一直是东亚大陆与中南半岛、南亚次大陆各国进行经济贸易往来的陆路枢纽。2011 年,国务院《关于支持云南省加快建设面向西南开放重要桥头堡的意见》提出把昆明建设成为面向东南亚、南亚的区域性金融中心。2013 年,《云南省广西壮族自治区沿边金融综合改革试验区总体方案》出台,进一步明确其区域性国际金融中心的功能定位。2022 年,《云南省“十四五”金融服务业发展规划》明确提出,支持昆明打造区域性国际金融服务中心,加快推进面向南亚、东南亚的区域性国际金融服务中心建设。

1. 昆明金融中心综合竞争力表现

昆明自进入CFCI榜单以来,金融中心竞争力得分实现平稳增长,全国排名处于中下游,稳定在第20至25位。第16期CFCI评价结果显示,昆明金融中心综合竞争力得分为35.04分,较上期下降1.10分;全国排名第23位,较上期上升3位;在西部地区排名第4位,与上期一致,如图8.5.1所示。

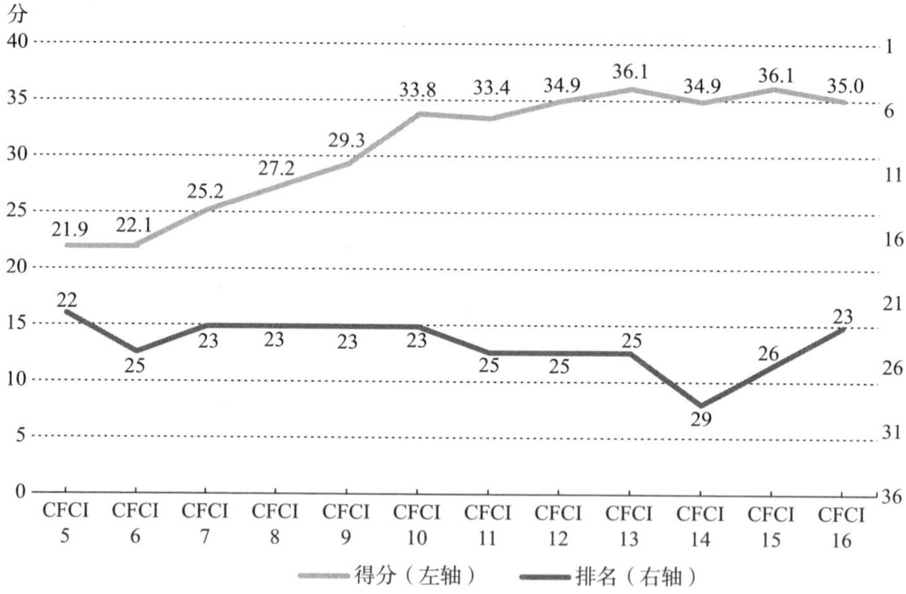

图8.5.1 昆明金融中心综合竞争力历次得分与排名

2023年,昆明实现金融业增加值808.4亿元,占地区GDP比重达10.3%;年末金融机构本外币存款余额达到1.95万亿元,贷款余额达到2.56万亿元;全年股票基金交易量为0.87万亿元;全年实现保费收入299亿元,保险密度为人均3444元(常住人口统计口径),保险深度为3.8%。

在一级分项指标方面,昆明金融产业绩效和金融生态环境得分有所下降,而金融机构实力和金融市场规模得分实现上升。其中,金融产业绩效得分下降6.26%,全国排名第28位,较上期上升3位;金融机构实力得分上升2.54%,全国排名第29位,与上期一致;金融市场规模得分上升3.02%,全国排名第30位,与上期一致;金融生态环境得分下降2.11%,全国排名第19

位,较上期下降 1 位,如表 8.5.1 所示。

表 8.5.1　昆明在 CFCI 16 中评价结果

评价分类	CFCI 16 得分	同比上期	得分增幅/%	CFCI 16 排名	排名变化
金融产业绩效	52.59	-3.51	-6.26	28	3
金融机构实力	15.17	0.38	2.54	29	0
金融市场规模	2.81	0.08	3.02	30	0
金融生态环境	77.40	-1.67	-2.11	19	-1
金融人才环境	9.50	0.17	1.84	9	0
金融商业环境	5.83	-0.61	-9.41	27	-5
国际化环境	1.80	0.07	3.77	17	2

2. 昆明金融中心金融产业绩效表现

在金融产业绩效方面,昆明整体表现不佳,各分项均低于西部地区平均水平,其中金融从业人员短板较突出,如图 8.5.2 所示。

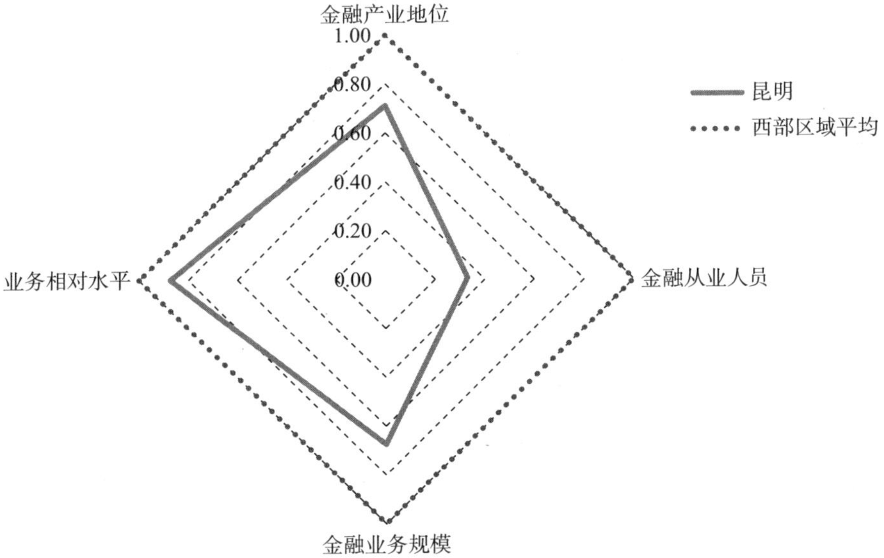

图 8.5.2　昆明金融产业绩效与西部区域平均水平的比较

· 2023 年,昆明实现金融业增加值 808.4 亿元,低于成都、重庆和西安,排名西部地区第 4 位;金融业增加值三年平均增速仅 2.4%,在西部地区排名靠后。

·截至2023年底,昆明金融从业人员为4.2万人,与成都、重庆和西安具有较大差距;金融从业人员三年平均增长率为负数,在西部地区排名靠后。

·截至2023年底,昆明金融机构本外币存款余额、贷款余额、保费收入等规模指标位于西部地区中游水平,与本地经济规模呈现高度一致性。

·2023年,昆明存款余额与GDP比重、贷款余额与GDP比重、保险深度、保险密度等指标在西部地区排名相对靠后。

在服务实体质效方面,昆明绿色金融表现优秀,养老金融与西部地区平均水平基本持平,但科技金融、普惠金融和数字金融相对较差,如图8.5.3所示。

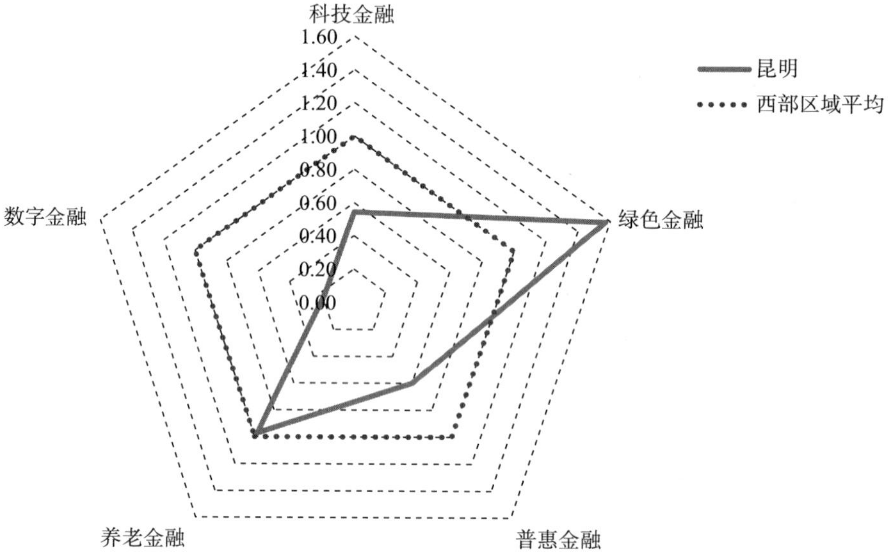

图8.5.3　昆明金融服务实体质效与西部区域平均水平的比较

·截至2023年底,昆明绿色贷款余额与GDP之比为77.5%,排名西部地区第1位;绿色债券余额与GDP之比为2.95%,排名西部地区第3位。

·截至2023年底,昆明基本养老保险渗透率为59%,企业年金职工开户渗透率为10.1%,在西部地区处于中游水平。

·2023年,昆明私募股权平均融资额与GDP之比、科创企业年平均上市融资额与GDP之比、普惠小微企业贷款与GDP之比、普惠小微企业获贷率等指标均在西部地区排名靠后，与区域内领先城市相比具有较大差距。

· 截至 2023 年底，昆明仅有 1 个项目入选金融科技创新监管试点，在西部地区垫底。

3. 昆明金融中心金融机构实力表现

在金融机构实力方面，昆明各类机构得分均低于西部地区平均水平，其中证券类机构表现相对较好，银行类机构和保险类机构短板相对突出，如图 8.5.4 所示。

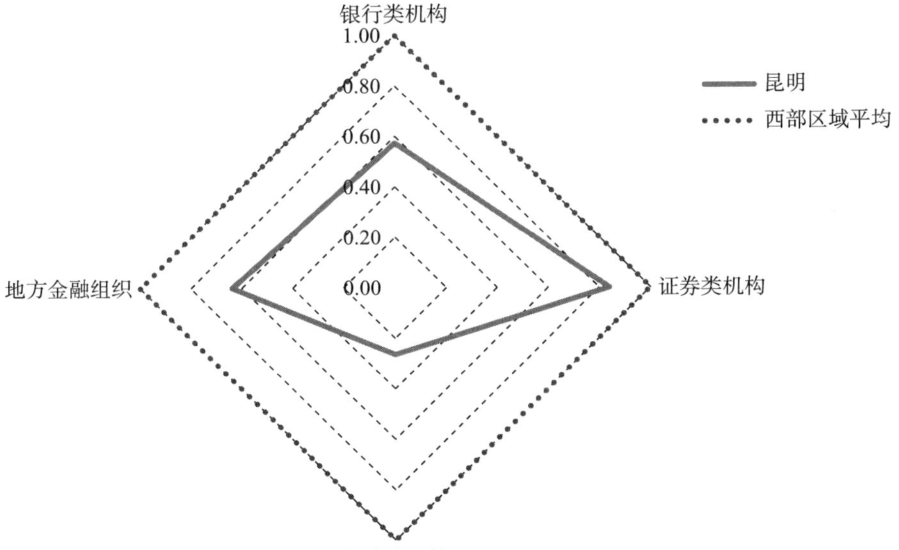

图 8.5.4　昆明金融机构实力与西部区域平均水平的比较

· 截至 2023 年底，昆明拥有 4 家本地法人商业银行，资产规模合计 3746 亿元，数量和资产规模在西部地区均处于中下游。

· 截至 2023 年底，昆明拥有本地法人证券公司 2 家、法人期货公司 2 家，尚无公募基金管理公司；证券公司资产规模合计 629 亿元，在西部地区排名第 4 位。

· 截至 2023 年底，昆明仅有 1 家本地法人保险公司，资产规模达 97 亿元，在西部地区处于下游。

4. 昆明金融中心金融市场规模表现

在金融市场规模方面,昆明直接融资水平高于西部地区平均水平,但上市水平和区域股权市场表现不佳,如图 8.5.5 所示。

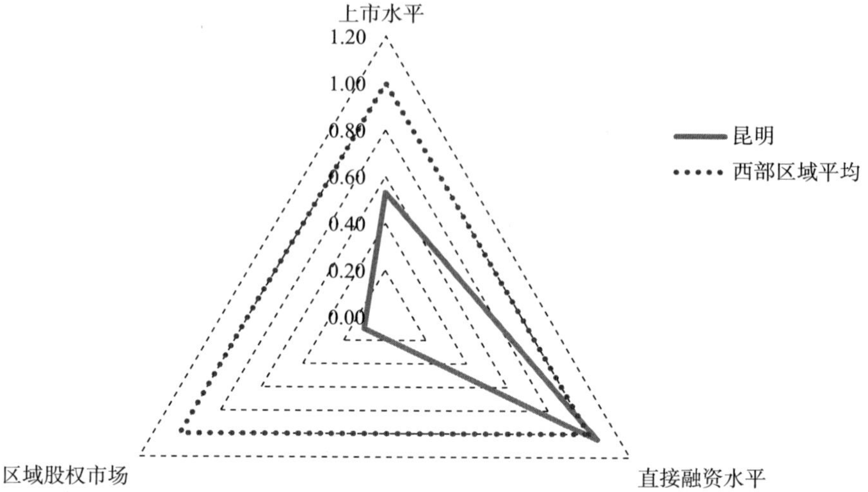

图 8.5.5　昆明金融市场规模与西部区域平均水平的比较

· 截至 2023 年底,昆明共有本地 A 股上市公司 31 家,年内无新增 IPO 公司,新三板挂牌公司有 42 家,主要上市指标都处在西部地区中游偏下。

· 2023 年,昆明本地 A 股市场累计融资额达到 2067.6 亿元,年度新增股票融资规模 91.6 亿元,分别排名西部地区第 5 位和第 4 位,处于中游水平。

· 截至 2023 年上半年,昆明区域股权市场挂牌公司仅 226 家,在西部地区排名靠后。

5. 昆明金融中心金融生态环境表现

在金融人才环境方面,昆明整体表现与中部地区平均水平相当,其中医疗卫生具有一定优势,如图 8.5.6 所示。

· 2023 年,昆明空气质量优良率为 98.9%,城市交通健康指数为 58.8%,日航班为 871 次,均排名西部地区前列。

· 2023 年,昆明拥有具备器官移植资质的医院 6 家,与重庆、南宁并列

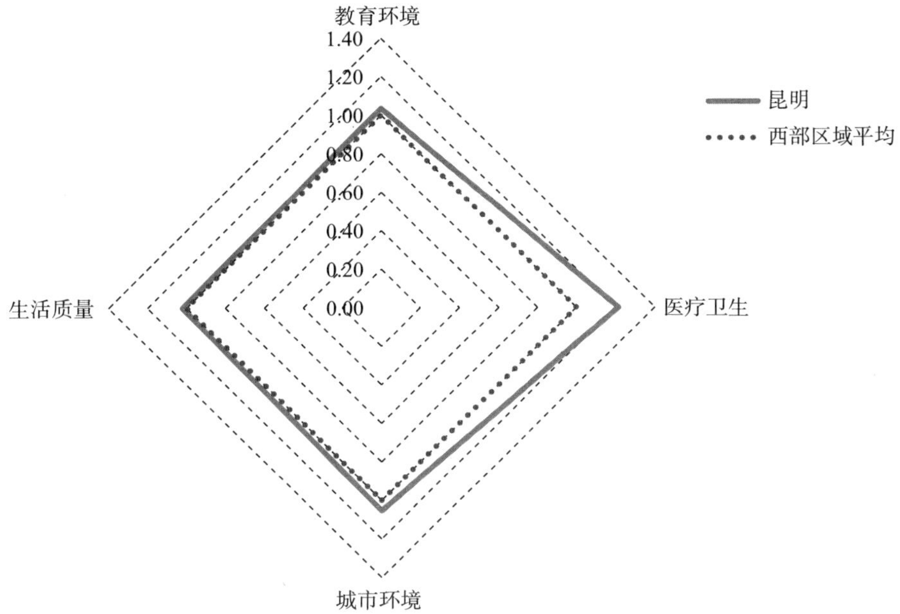

图 8.5.6　昆明金融人才环境与西部区域平均水平的比较

西部地区第 1 位；每万人拥有医院病床 78.1 张，每万人拥有执业医师 44 人，均在西部地区处于上游。

· 截至 2023 年底，昆明拥有普通高等院校 52 家，其中仅 1 家为“双一流”高校，在校大学生有 79.4 万人，均在西部地区排名中游水平。

· 2023 年，昆明住宅房价收入比为 7.93，在西部地区处于较低水平。

在金融商业环境方面，昆明整体表现与中部平均水平相当，其中地方风险控制和专业服务表现相对较好，如图 8.5.7 所示。

· 截至 2022 年，昆明拥有执业律师 7023 人、注册会计师（CPA）1397 人；截至 2024 年上半年，昆明拥有专业保险中介机构 349 家，在中部地区处于中游水平，与区域内领先城市相比有较大差距。

· 2023 年，昆明实现地区生产总值 7856 亿元，排名西部地区第 4 位；人均 GDP 为 9.06 万元，排名西部地区第 5 位。

· 以 2023 年计算，昆明地方政府负债率、地方政府债务率、近三年违约债务余额等地方风险控制指标在西部地区处于中游。

· 根据 CDI 研究评比结果，昆明金融产业促进政策支持力度和产业政策友好度处于较低水平。

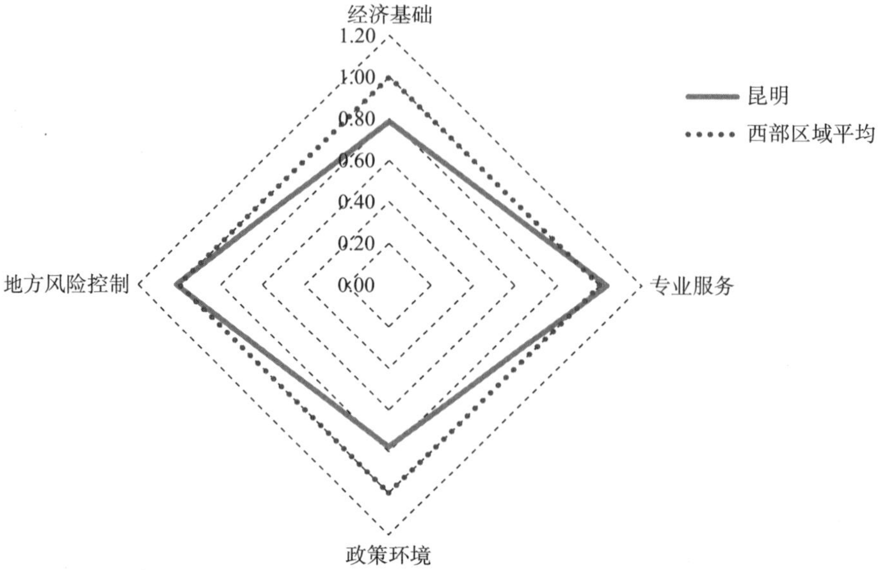

图 8.5.7　昆明金融商业环境与西部区域平均水平的比较

在国际化环境方面,昆明国际影响力具有优势,但机构国际化和经济外向度低于西部地区平均水平,如图 8.5.8 所示。

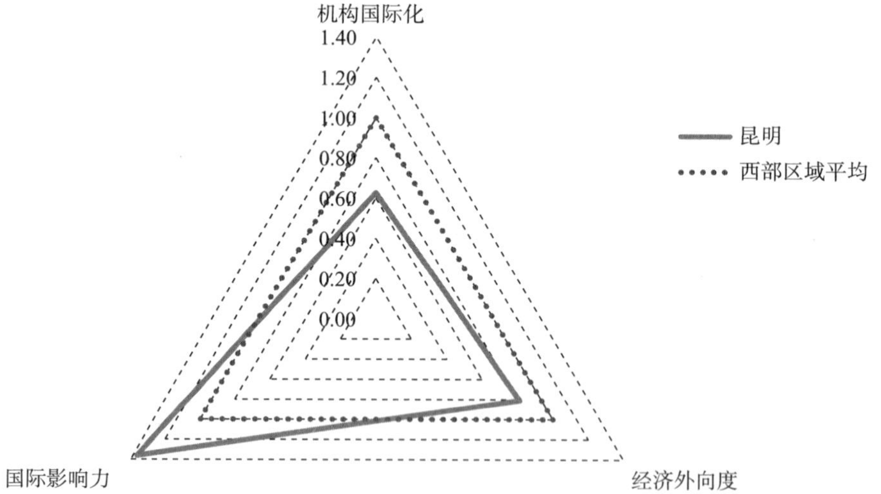

图 8.5.8　昆明金融国际化环境与西部区域平均水平的比较

·2023 年,昆明接待入境旅游者 40.2 万人,国际航班连通城市为 36 个,在西部地区排名前列。

· 2023 年,昆明进出口总额为 191.3 亿美元,当年实际利用外资 5.5 亿美元,在西部地区处于中下游。

· 截至 2023 年底,昆明外资金融机构营业性机构数仅有 9 家,与区域内领先城市相比仍有较大提升空间。

下篇
徐州金融中心发展报告

第 9 章　徐州金融业发展历程

9.1　历史发展中的徐州，贯通南北的商贸要地

徐州古时称彭城、涿郡、下邳、东楚，历经多次战略要冲的争夺、数次城池的重筑、若干次民族融合与人口迁徙，作为贯通南北的交通枢纽，作为黄淮地区重要的商贸集散地，作为抵御外侮的坚固屏障，其城市功能在历史长河与时代变迁中不断演进与丰富，这对淮海经济区乃至更广泛区域的商贸流通起到了举足轻重的作用，徐州见证并参与了中国古代至近现代商业与文化的繁荣兴衰，奠定了其在淮海经济区经济与文化中心的重要地位。

经略南北交通的商贸要地。徐州地处黄淮平原，坐拥京杭大运河与古泗水交汇之利，自古以来便是联通南北、连接东西的交通要塞。东望齐鲁，西接中原，南达江淮，北通燕赵，地理位置得天独厚。凭借水陆交通之便，徐州自古便与周边地区贸易频繁，粮食、丝绸、煤炭、铁矿等物资交流络绎不绝，沿运河两岸，码头、市集、商铺、钱庄等商业设施林立，逐步发展成为淮海经济区乃至更广泛区域的商贸中心。商贸的繁荣促进了金融的兴起，为满足商品交易和资金周转的需要，众多商贾在此设立钱庄、票号等传统金融机构，为徐州建设成为区域性金融中心奠定了坚实基础。

内陆较早开放的商贸窗口。清末民初，随着京杭大运河的整治与铁路的兴建，徐州逐渐成为内陆地区较早对外开放的商贸窗口。随着交通条件的进一步改善，国内外贸易日益活跃，众多外商及洋行纷纷入驻，徐州逐渐成为淮海经济区最大的物资集散地和商业枢纽。为适应现代商业发展的需要，徐州开始引入银行、钱庄、保险等新式金融机构，传统与现代金融并存，共同推动了徐州金融业的快速发展。如 19 世纪末，徐州出现了首批钱庄和

银行,随后,多家国内外银行及保险公司相继在此设立分支机构,为徐州商贸与金融的现代化转型提供了有力支撑。

抗日战争时期的战略后方与经济支撑。抗日战争期间,徐州作为重要的战略要地,经历了多次战役,但其作为后方基地的作用不容忽视。国民政府及众多工矿企业、金融机构、教育科研单位等纷纷内迁至徐州及周边地区,徐州因此成为抗战大后方的经济与文化中心之一。在此期间,不仅国家银行如中央银行、中国银行等在徐州设立分行或办事处,众多商业银行也纷至沓来,为抗战提供了重要的资金支持。徐州城内,尤其是以彭城路为中心的商业区,聚集了众多金融机构,成为战时金融活动的重要场所。抗战胜利后,虽然部分金融机构随国家经济重心的东移而撤离,但徐州作为区域金融中心的地位已得到进一步巩固,为其后续的商贸与金融发展奠定了坚实基础。

9.2 进入新中国的徐州,转型发展的工业重镇

新中国成立后,尤其是改革开放以来,在国家多重战略部署的推动下,如全国综合交通枢纽城市、老工业基地振兴、“一带一路”节点城市等,徐州金融业迎来了前所未有的发展机遇。通过持续的改革与创新,徐州金融资源配置逐步优化,金融机构体系日益完善,金融市场规模不断扩大,不仅实现了自身的跨越式发展,也为徐州作为工业重镇的快速崛起和转型发展提供了强有力的金融支撑。

金融集聚效应初步显现。1953 年 1 月,徐州市划回江苏省,中国人民银行徐州支行隶归中国人民银行江苏省分行,徐州的银行与金融工作从此开始了新的征程。改革开放以后,随着经济体制改革和对外开放深入,徐州银行、证券、保险、基金等金融机构快速成长。至 21 世纪初,徐州已拥有多家国有商业银行、股份制银行、地方性银行以及证券、保险等金融机构,为当地及周边地区提供了全方位的金融服务。目前,12 家全国性股份制银行已全部入驻徐州,莱商银行和南京银行 2 家城市商业银行先后在徐州设立了一级分行;5 家苏南农商行在徐州下辖五县(市)三区设立了 8 家异地支行,顺利实现了苏南农商行在徐州各县(市)的全覆盖。徐州各类银行业金融机构数量

已达42家，财务公司1家、金融租赁公司1家、证券公司（营业部）45家、期货公司（营业部）6家，地方金融组织67家，成为江苏省长江以北机构种类最多的城市。

金融市场规模快速扩张。1978年末，徐州全市人民币存贷款余额分别为6.08亿元和10.58亿元，到2018年末分别达到7107.39亿元和4912.47亿元，分别是1978年的1169倍和464倍，分别年均增长19.3%和16.6%。1980年，徐州第一家保险公司——中国人民财产保险股份有限公司徐州市分公司恢复保险业务，标志着保险业重新开始起步发展。2018年，徐州全市保费收入达到221.69亿元，保费规模比1980年增长10280倍。1996年8月28日，徐工机械（000425）在深交所主板挂牌上市，成为徐州市第一家A股上市公司。此后，徐州优质制造业企业陆续登陆A股市场。截至2022年6月23日，徐州一共拥有A股上市公司12家。其中，2015年是徐州企业上市最多的年度，年内有3家公司上市。

金融机构改革成效显著。徐州相继改制或组建成立淮海农村商业银行、睢宁农村商业银行、彭城农村商业银行、丰县农村商业银行、沛县农村商业银行、徐州铜山农商银行，全市8家农村信用联社全部改制成立农商银行，在金融服务乡村振兴中发挥了巨大作用。2020年7月，原淮海农村商业银行、铜山农村商业银行、彭城农村商业银行组建成立徐州农村商业银行股份有限公司，成为徐州市规模最大、政府持股最多的地方法人机构，在服务地方经济发展实施乡村振兴战略、维护金融稳定等方面发挥积极作用。成功获批成立徐工财务公司、恒鑫金融租赁公司。2013年和2016年，徐工财务公司和恒鑫金融租赁公司相继成功组建，弥补了徐州市非银行金融机构的空白，进一步丰富了徐州金融体系。

金融发展环境不断改善。2018年12月，中国银行保险监督管理委员会徐州分局（徐州银保监分局）正式挂牌成立，标志着徐州保险业监管工作翻开了新的篇章。2019年1月，按照《徐州市机构改革方案》要求，组建市地方金融监督管理局，地方政府服务和管理金融能力不断增强。相继发布《市政府关于加强金融生态环境建设的意见》《市政府关于金融支持实体经济发展的实施意见》《关于大力发展绿色金融的实施方案》《徐州市上市公司高质量发展“鹏程计划”行动方案（2021—2025年）》《徐州市“招金引银”工作考核办法(试行)》等文件,大力吸引金融机构来徐发展,着力支持金融服务实体经济,为金融业发展创造了较好的政策环境。采取强有力的措施有效处置了新纪元期货公司等风险事件,对净化金融环境,维护金融秩序起到积极作用。

9.3 走向新时代的徐州,淮海经济区的金融中心

从2017年江苏省委常委会要求徐州全力打造淮海经济区金融服务中心,到如今大龙湖畔淮海经济区金融服务中心频频“出圈”,高端金融业态、总部经济企业加速聚集,淮海经济区金融服务中心7年间拔地而起,谱写了新时代有徐州特色的金融中心建设华彩篇章。

顶层规划,高位推进。2017年,国务院《关于徐州市城市总体规划的批复》明确徐州为淮海经济区中心城市,在国家层面明确徐州淮海经济区中心城市的定位。同年7月,江苏省委常委会要求徐州全力打造包括金融服务中心在内的“四个中心”。同年8月,时任省委书记李强到徐州调研,要求徐州扎实推进建设淮海经济区中心城市的各项任务。2018年9月,淮海经济区金融服务中心建设大会隆重举行,江苏省委省政府、徐州市委市政府、招商局集团等众多领导出席动工仪式。在国家顶层设计指导下,在省委省政府的高位推进下,徐州市委市政府把建设淮海经济区金融服务中心作为推进中心城市建设、提升城市能级的重要抓手,金融服务中心建设成效显著,截至目前,已建成运营商务楼宇超百万平方米,12家全国性股份制商业银行、50余家证券和期货营业机构、100余家创投基金和股权投资企业在徐州落地开花,片区金融组织体系不断优化、机构业态逐渐丰富、规模体量持续攀升,金融体系健全、产业资本集聚、金融创新活跃、金融生态优化的区域性金融服务中心正加速构建。

专职团队,全栈服务。2023年2月8日,在徐州市委市政府领导的推动下,淮海经济区金融服务中心发展工作专班(下称金融专班)正式成立,市区上下同心、实体化运作、人员专职、保障充分,金融服务中心建设面貌焕然一新、成就斐然。金融专班成立仅一年半时间,就有170多家金融类机构和总部型企业签约入驻。2024年9月15日,徐州市云龙区举行淮海经济区金融

一站式服务中心启用仪式。一站式服务中心整合了云龙区数据局、大龙湖旅游度假区公安分局以及云龙区税务局、区司法局、区城管局、企业服务中心、金融工作专班7家单位服务资源,进驻了工商注册、企业税务、金融服务、法律援助等22个服务事项,将为金融服务中心的各类企业提供“一站通办”“一次办成”服务。

突出集聚,强化辐射。金融集聚区建设是一项复杂的系统工程,徐州遵循“资源集聚”和“辐射带动”的底层逻辑,边尝试、边优化、边验证,形成了“集聚、发展、辐射”三位同步一体模式,正探索出一条属于自己的特色发展道路。在金融集聚方面,徐州金融服务中心金融专班提出“金融领域人才大开发工程”,选择期货业作为试点对象和突破口,联合郑州交易之家、云精算职业培训学院等打造淮海产业服务联盟和淮海交易者联盟,以期现结合人才为主要培养目标,进行一系列创新并逐一验证。在发展服务方面,“生态体系式”集聚发展一体模式验证成熟,以期货业为例,工作专班按照基础研究、密集调研、查漏补缺的“三步走”策略,实现“生态体系式”招商。在金融辐射方面,“经验输出式”辐射模式首次提出,按照“职业牵引、需求导向、正规高效、优势累积、体系制胜”的工作原则,在人才培养、机构招引、期货生态、产业服务、产教融合、期货氛围等方面同步联动、同步辐射。

法治优先,做优环境。在推动金融服务中心发展过程中,徐州坚持把打造法治化营商环境作为重要抓手,高标准搭建司法协同中心、金融纠纷调处中心、金融检察工作站、金融巡回法庭、公共法律服务工作站等法律平台,为护航企业发展、深化诉源治理、强化风险预警提供坚强保障。与此同时,淮海经济区金融服务中心引入“城市管家+智慧城市”模式,开展四大专项行动,全面提升片区治理水平,打造城市良好营商环境。在城市管家方面,构建覆盖公共空间管理、公众惠民服务、公共资产运营服务的一体化物业城市服务,全面提升园区环境,擦亮金融服务中心城市名片。在智慧城市方面,分层建设园区1.0、街区2.0、城市3.0智慧城市版本,打造智慧社区、智慧安防、智慧环卫、智慧低碳、智慧交通、智慧消防,提高城市精细化管理与运营服务能力。

第 10 章　徐州金融中心竞争力评价

近年来，徐州依托自身作为淮海经济区中心城市的地位，持续增强金融业在服务产业高质量发展、促进区域经济发展协调上的引领带动作用，有力提升了自身金融中心的区域影响力和作用。

10.1　金融中心建设处于起步阶段，淮海区域中心效应初显

1. 首次进入 CFCI 评价体系的得分表现超出预期

本期是徐州首次进入 CFCI 评价榜单，综合竞争力得分 27.85 分，在全国排名第 35 位，在所有区域金融中心中排名第 32 位。其中，金融产业绩效和金融生态环境分项高于自身综合水平，两者分别排名全国第 34 位和第 29 位，已经超过多个省会城市。考虑到徐州金融中心规划起步晚的现实，当前得分表现已经超出预期。

表 10.1.1　徐州在 CFCI 16 中综合竞争力及分项指数排名

序号	指数名称	徐州得分	在全国排名	在区域金融中心排名
1	综合竞争力	27.85	35	32
2	金融产业绩效	44.82	34	31
3	金融机构实力	8.00	38	35
4	金融市场规模	1.87	35	32
5	金融生态环境	63.91	29	26

2. 与国内发展领先区域金融中心相比，徐州金融中心建设之路尚处起步阶段

本期徐州金融中心综合竞争力得分仅相当于 10 年前全国区域金融中心平均水平，与广州、杭州、南京等发展起步较早的头部区域金融中心存在至少 10 年的发展差距。不过，考虑到徐州仅为普通地级市，若与同等级城市如温州、无锡、泉州等相比，徐州也存在比较优势。其中：在金融产业绩效方面，徐州金融从业人员增长态势良好，分项指标排名区域金融中心第 15 位，超过区域金融中心平均水平，在 5 个普通地级市中排名首位；在金融生态环境方面，徐州在城市生活质量、经济基础和地方风险控制等方面均优于区域金融中心平均水平，部分指标保持全国竞争优势（见表 10.1.2）。

表 10.1.2　徐州与 CFCI 中同等行政级别城市间的分领域比较

一级指标	三级指标	苏州	温州	无锡	泉州	徐州	区域金融中心平均	徐州在区域金融中心排名
金融产业绩效	金融产业地位	9.24	4.12	5.85	3.24	2.91	5.13	31
	金融从业人员	1.81	0.04	0.89	-0.11	2.52	0.71	15
	金融业务规模	3.86	1.59	2.01	1.05	0.96	2.22	31
	业务相对水平	3.21	2.78	2.69	1.51	1.67	3.12	34
	科技金融	1.70	0.27	1.52	0.09	0.28	0.69	27
	绿色金融	0.83	0.77	0.57	0.18	0.32	0.99	34
	普惠金融	1.28	3.47	1.60	1.17	0.95	1.49	30
	养老金融	1.16	1.40	1.24	1.72	1.31	1.57	29
	数字金融	0.31	0.04	0.06	0.00	0.01	0.24	33
金融机构实力	银行类机构	3.53	2.95	2.05	2.15	1.47	3.37	33
	证券类机构	2.10	0.29	1.56	0.33	0.20	2.03	35
	保险类机构	0.24	0.00	0.19	0.00	0.00	0.55	38
	地方金融组织	2.03	0.81	1.29	0.68	0.63	1.87	31
金融市场规模	上市水平	3.40	0.51	1.89	0.26	0.33	0.97	27
	直接融资水平	0.83	0.09	0.52	0.04	0.12	0.34	28
	区域股权市场	0.00	0.00	0.00	0.00	0.00	0.61	38

续表

一级指标	三级指标	苏州	温州	无锡	泉州	徐州	区域金融中心平均	徐州在区域金融中心排名
金融生态环境	教育环境	1.20	0.91	1.01	0.99	0.99	1.75	30
	医疗卫生	1.47	1.48	1.68	0.96	1.59	1.87	31
	城市环境	2.14	1.80	1.85	1.31	1.37	2.05	33
	生活质量	2.56	2.51	2.52	2.60	2.65	2.39	8
	经济基础	4.25	2.50	3.39	2.87	2.62	2.26	19
	专业服务	0.71	0.28	0.47	0.24	0.37	0.97	31
	政策环境	2.47	1.42	1.04	1.17	1.45	2.03	21
	地方风险控制	2.82	2.83	2.77	2.68	2.60	1.67	6
	机构国际化	0.66	0.00	0.12	0.04	0.00	0.48	38
	经济外向度	2.35	0.20	1.10	0.32	0.13	0.90	30
	国际影响力	0.36	0.34	0.34	0.29	0.08	0.49	35

3. 徐州金融中心增长之路在淮海经济区

淮海经济区东连沿海经济带、西邻中原经济区、南接长三角城市群、北邻环渤海经济圈,地理范围涵盖四省十市,徐州不仅是地理意义上的中心城市,在经济金融发展上也呈现中心之势。截至2023年底,徐州的金融业增加值、存款余额、贷款余额、保费收入、融资规模等关键指标,在淮海经济区总量中占比均接近或超过1/5。尽管徐州金融中心规划建设起步较晚,但金融中心建设是一项长期战略,不是一朝一夕之功,考虑到当前中央正在谋划推进淮海经济区高质量发展的战略背景,结合徐州金融在聚焦服务高质量建设淮海经济区中心城市大局中的一马当先之势,展望长远发展,其擘画的淮海经济区金融中心蓝图可期。

10.2 金融业持续保持高增长态势,产业发展能级显著提升

1. 徐州金融产业发展比较优势主要在于高增长性

徐州作为金融中心建设的后起之秀,金融业展现出了快速发展态势。

自 2017 年以来，徐州金融业增加值年均增速达到 8.9%，增速分别高于同期江苏省及全国平均水平 1.6 个百分点和 3.4 个百分点，也高于同期 CFCI 区域金融中心平均水平 2.7 个百分点。与此同时，在国内金融从业人员总量持续出现缩减的大势下，徐州近三年金融从业人员增速达到了 13.6%，金融从业人员的逆势增长也体现出徐州金融产业整体发展的蓬勃之势。不过，对于金融业增加值总量、从业人员总数等规模类指标，徐州表现较兄弟城市有较大差距，还有很长的追赶空间，如图 10.2.1 和表 10.2.1 所示。

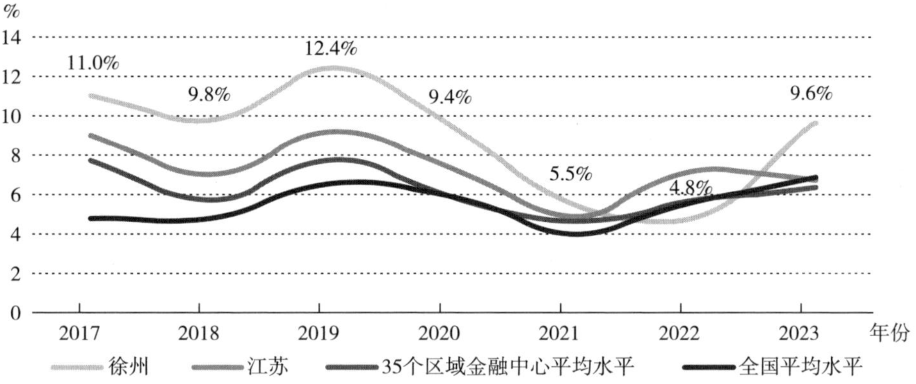

图 10.2.1　2017—2023 年徐州金融业增加值历年增速同区域及全国比较

表 10.2.1　徐州金融产业发展相关指标与同级别兄弟城市比较

指标	苏州	温州	无锡	泉州	区域金融中心均值	徐州	
						指标值	区域中心排名
金融业增加值/亿元	2497.7	777.0	1390.0	686.6	1212	516.9	32
金融业增加值平均增长率	9.2%	8.0%	7.9%	5.7%	5.5%	6.6%	11
金融业增加值占 GDP 比重	10.1%	8.9%	9.0%	5.6%	10.1%	5.8%	34
单位金融从业人员/万人	8.3	5.1	3.8	2.1	7.2	3.1	33
金融从业人员平均增长率	4.4%	−4.8%	1.7%	−2.9%	−2.45%	13.6%	2
金融从业人员占常住人口比重	0.64%	0.52%	0.50%	0.24%	0.72%	0.34%	34
本外币存款余额/亿元	53639	21948	27237	11970	29131	11698	32
本外币贷款余额/亿元	52590	20898	22582	11675	29790	10870	34
保费收入/亿元	959	391	542	294	565	279	30
存款余额与 GDP 之比	217.6%	251.4%	176.2%	98.3%	246.6%	131.4%	34
贷款余额与 GDP 之比	213.3%	239.4%	146.1%	95.9%	259.7%	122.1%	34

续表

指标	苏州	温州	无锡	泉州	区域金融中心均值	徐州	
						指标值	区域中心排名
证券交易量占全国比重	1.7%	0.9%	1.1%	0.6%	1.11%	0.3%	30
保险深度	3.9%	4.5%	3.5%	2.4%	4.75%	3.1%	33
保险密度/元每人	7399	4008	7237	3312	5413	3088	34

2. 十年间徐州金融业增加值增长将近两倍

从金融业自身发展的具体指标来看，十年间徐州金融业增加值由2013年的177亿元增长到2023年的517亿元，累计增幅达到192%；金融业增加值占GDP比重由2013年的3.9%上升到2023年的5.8%，累计提升1.9个百分点。金融业作为徐州经济发展的支柱产业地位得到确立和提升。

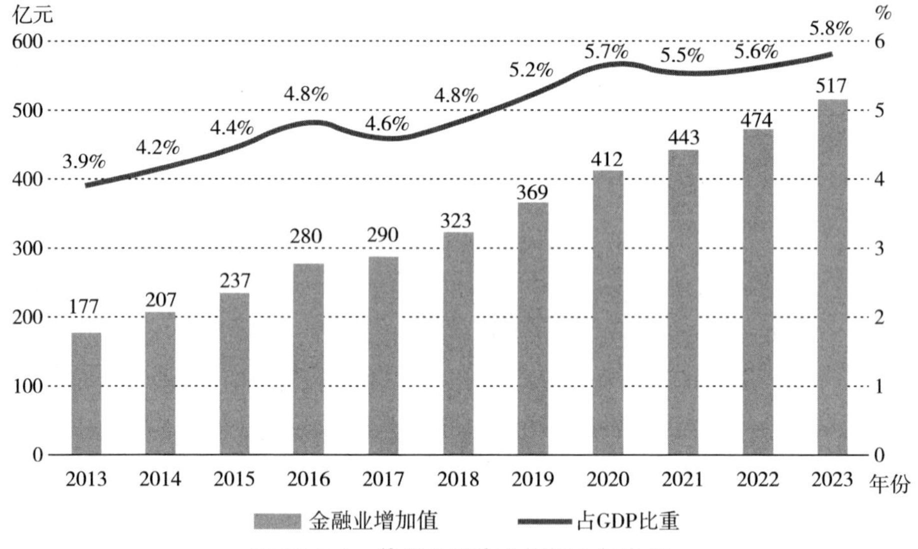

图10.2.2 徐州金融产业指标十年变化

3. 十年间金融业务规模实现快速扩张

截至2023年底，徐州金融机构本外币存款余额由2013年的3884亿元增长到11698亿元，十年间累计增幅达到201%，年均复合增长11.7%，总量规模排名国内区域金融中心第32位；金融机构本外币贷款余额由2013年的

2361 亿元增长到 10870 亿元，十年间累计增幅达到 360%，年均复合增长 16.5%，总量规模排名区域金融中心第 34 位。十年间，徐州保费收入由 2013 年的 93 亿元增长至 279 亿元，十年累计增幅达到 200%，年均复合增长 11.6%，总量指标排名国内区域金融中心第 30 位；保险密度由 2013 年的 1075 元每人上升到 2023 年的 3088 元每人，累计增幅 187%，年均复合增长 11.1%，指标排名国内区域金融中心第 34 位，如图 10.2.3 和图 10.2.4 所示。

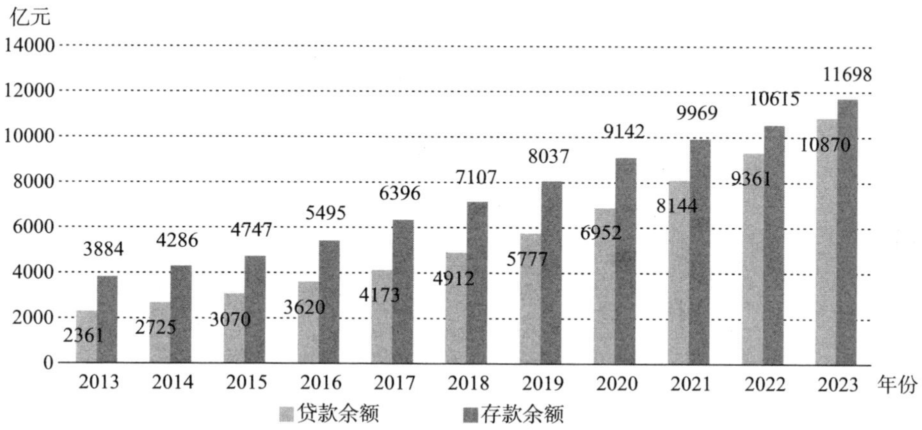

图 10.2.3　徐州银行业业务指标十年变化

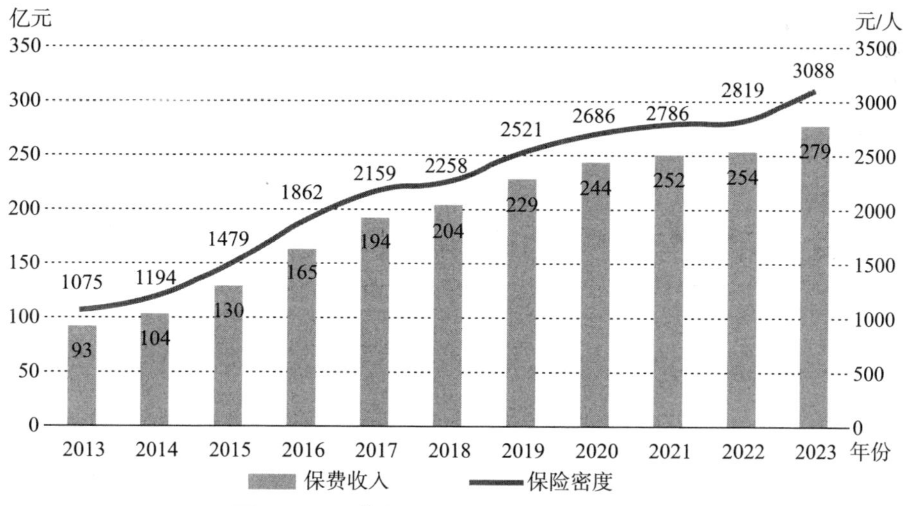

图 10.2.4　徐州保险业业务指标发展变化

4. 徐州在养老金融方面展现一定的发展基础

在金融服务实体高质量发展方面,相较国内同等级城市,徐州在养老金融方面存在一定发展基础。根据 CFCI 评价测算,截至 2023 年底,徐州城镇职工养老保险和城乡居民养老保险的参保人数达到了 628.5 万人,按照当年常住人口统计口径测算的基本养老保险渗透率已经超过了 60%,该项指标在 CFCI 中排名第 23 位,显示出徐州在推动养老保险"第一支柱"发展方面有比较好的市场基础,如图 10.2.5 所示。

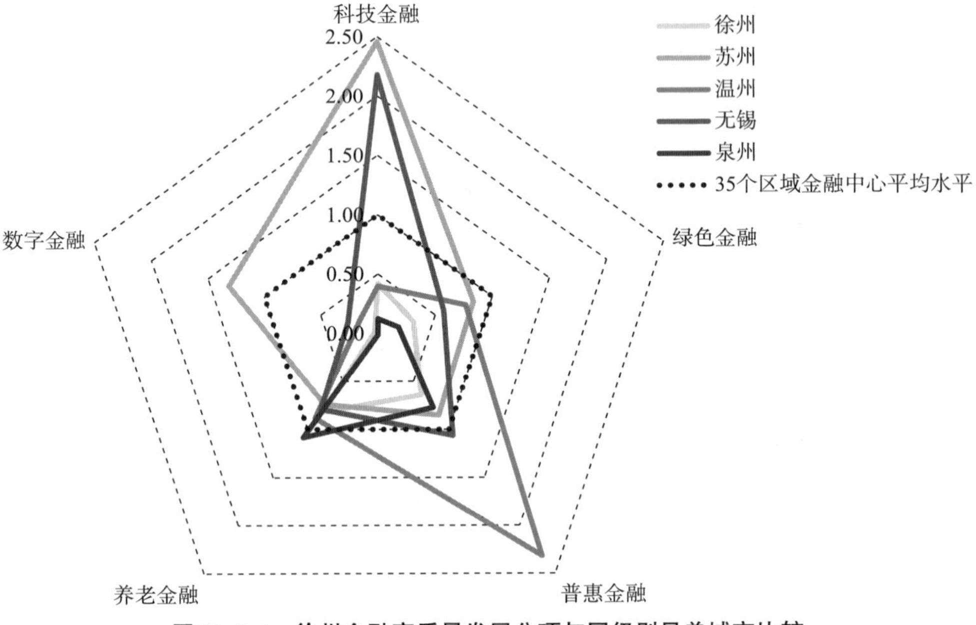

图 10.2.5　徐州金融高质量发展分项与同级别兄弟城市比较

10.3　法人银行机构保持发展韧性,成为分项得分主要贡献者

1. 法人金融机构以银行类和地方金融组织为主

从法人金融机构门类和数量来看,在 14 家持牌金融机构方面,仅包括 6 家农商行、6 家村镇银行、1 家财务公司、1 家期货公司,其余证券、基金、保险类持牌法人机构的数量均为零。除 14 家持牌金融机构外,徐州剩余 49 家法

人机构均是地方金融组织，包括 30 家小额贷款公司、11 家融资担保公司、6 家融资租赁公司和 2 家商业保理公司，如图 10.3.1 所示。

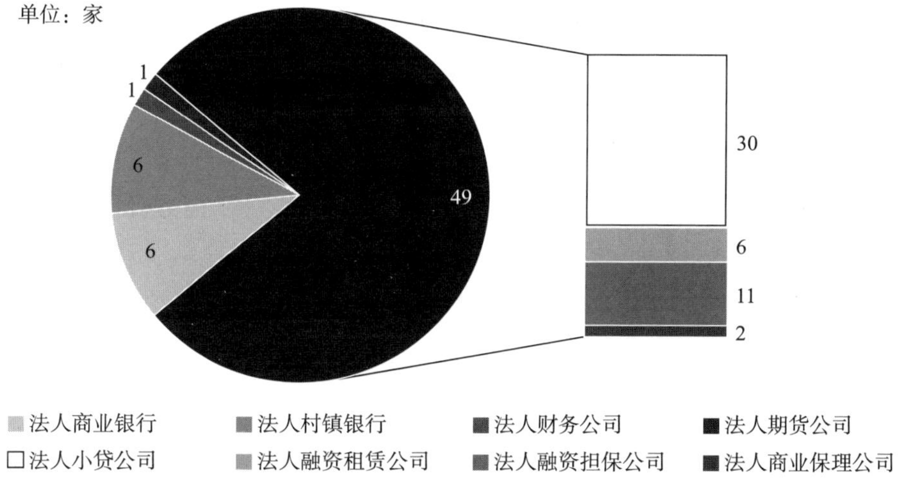

图 10.3.1　徐州本地主要法人金融机构及地方金融组织数量

2. 本土法人商业银行展现出压力发展环境中的增长韧性

经历了三年新冠疫情冲击考验以及国内外宏观因素复杂多变带来的展业影响，徐州当前的 6 家法人商业银行均展现出了良好的发展韧性，近三年总资产规模均达到或接近两位数增长。其中，沛县农商行增速最快，复合增长率达到 11.0%；徐州农商行规模实力最强，但是依旧保持 9%以上复合增长，资产规模总量已经接近千亿元，跻身全国农商银行前 50 强（见表 10.3.1）。

表 10.3.1　徐州本地法人商业银行规模指标变化

总资产规模/亿元	2021 年	2022 年	2023 年	复合增长率%
徐州农村商业银行股份有限公司	820.95	882.00	978.70	9.2
江苏邳州农村商业银行股份有限公司	378.10	406.61	455.98	9.3
江苏睢宁农村商业银行股份有限公司	271.76	304.30	329.45	10.8
江苏丰县农村商业银行股份有限公司	231.50	255.83	286.18	10.8
江苏沛县农村商业银行股份有限公司	225.80	250.46	275.13	11.0
江苏新沂农村商业银行股份有限公司	228.84	252.01	272.13	7.9

3. 证券类和保险类法人金融机构实力是相对短板

徐州金融机构实力整体相对较弱,本期得分为 8.00 分,排名全国第 38 位。与同等级兄弟城市相比,无论是在法人金融机构门类,还是单个机构综合实力上,徐州金融机构实力还存在相当大的差距。其中,法人银行类机构具备一定的发展基础,但受限于缺少具有品牌影响力和竞争实力的法人机构,仅依靠现有的 6 家法人农商行,机构影响力相对有限;证券机构方面,当前徐州仅有 1 家法人期货公司。除此之外,在信托、汽车金融、消费金融、公募基金、证券公司、保险公司、各类资管公司等持牌机构方面均处于发展空白,尚未实现门类填补,如图 10.3.2 和表 10.3.2 所示。

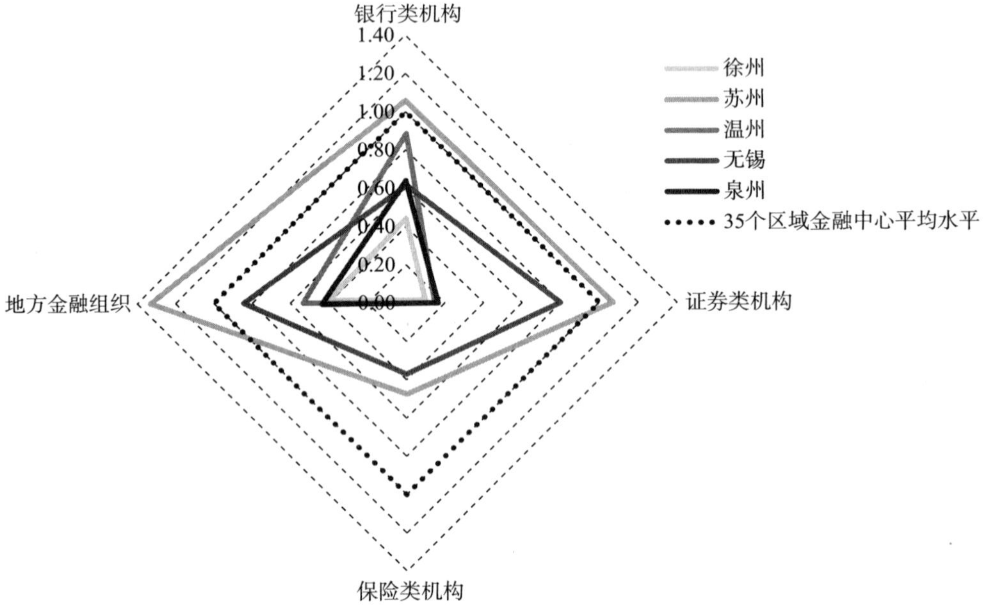

图 10.3.2 徐州金融机构实力分项与同级别兄弟城市比较

表 10.3.2 徐州法人金融机构相关指标与同级别兄弟城市相关指标比较

指标	苏州	温州	无锡	泉州	徐州	区域金融中心均值	徐州指标相对排名
本地法人商业银行数量/家	6	14	4	6	6	4.8	17
本地法人信托公司数/家	1	0	1	0	0	1.6	30
本地法人财务公司数/家	3	1	5	0	1	2.6	27

续表

指标	苏州	温州	无锡	泉州	徐州	区域金融中心均值	徐州指标相对排名
汽车金融公司数/家	0	0	0	0	0	0.3	10
消费金融公司数/家	1	0	0	1	0	0.8	20
本地法人证券公司数量/家	1	0	2	0	0	1.8	33
本地法人公募基金数量/家	1	0	0	0	0	0.8	14
法人期货机构数量/个	1	0	1	0	1	1.9	20
本地法人保险公司数量/个	1	0	1	0	0	2.1	31
小额贷款机构数量/家	93	41	63	24	30	66.1	27
融资租赁机构数量/家	32	0	5	18	6	15.5	23
融资担保机构数量/家	38	13	22	19	11	46.4	35
商业保理机构数量/家	17	0	8	6	2	7.0	20

4. 地方金融组织发展保持相对优势

近年来，徐州不断提升地方金融组织监管服务水平，有效促进地方金融组织规范有序发展。截至 2023 年，徐州小额贷款机构、融资租赁机构、融资担保机构和商业保理机构分别为 30 家、6 家、11 家和 2 家。其中，融资租赁机构和商业保理机构数量在 CFCI 区域金融中心中分别排第 23 位和第 20 位，较同期同等级兄弟城市有一定的基础优势。见表 10. 3. 2。

10.4　资本市场利用水平有所回暖，新增 IPO 数区域领先

1. 徐州金融市场规模分项得分主要来自多层次资本市场利用评价

本期 CFCI 评价结果显示，徐州金融市场规模得分为 1. 87，在 CFCI 区域金融中心中排名第 32 位。由于缺少全国性金融市场，徐州在多层次资本市场发展方面可作为空间相对有限。同时，受限于自身非省会城市或计划单列市，在发展区域股权交易市场方面也无突破空间，因此本期该分项整体得分相对较低，主要得分来自资本市场利用方面的指标贡献。

2. 资本市场利用水平显著提升

2023 年,徐州地方上市挂牌工作取得长足进步,在当年全国 IPO 市场趋紧的情况下,全年实现新增 3 家上市公司,新增数量在区域金融中心中排名第 13 位,一改过去 5 年仅 2 家新增上市公司的缓慢步伐。截至 2023 年底,徐州在国内 A 股市场的上市公司达到 16 家,在区域金融中心中排名第 33 位;新三板挂牌公司 24 家,在区域金融中心中排名第 29 位;全年新增直接融资额达到 50.8 亿元,在 A 股市场累计融资额达到 725.4 亿元。

表 10.4.1　徐州资本市场利用水平关键指标与同级别兄弟城市比较

指标	苏州	温州	无锡	泉州	徐州	区域金融中心均值	徐州指标相对排名
本地 A 股上市公司数/家	215	36	121	18	16	47.3	33
新三板挂牌公司数/家	247	52	130	28	24	52.1	29
年度新增 IPO 公司数/家	20	2	11	1	3	2.8	13
在 A 股市场累计融资额/亿元	4467.8	727.6	2675.2	323.0	725.4	1808.3	29
年度新增直接融资额/亿元	387.8	18.8	254.8	8.6	50.8	102.3	22

3. 相对来说,区域股权市场是徐州当前地方金融市场建设的最大短板

由于全国性金融市场建设运营的决策权在中央,地方性交易市场成为地方政府少数几个可以自主决策的领域。同苏州、温州、无锡等同级别兄弟城市相比,徐州在区域股权市场的企业挂牌数量、市场筹资金额等方面还有较大差距。随着国务院清理整顿地方交易场所规定实施以及“新三板”市场制度改革升级后的北京证券交易所批准设立,区域股权市场的发展空间进一步受限,徐州可能需要在引导支持区域股权市场发展方面投入更多资源助力,如图 10.4.1 所示。

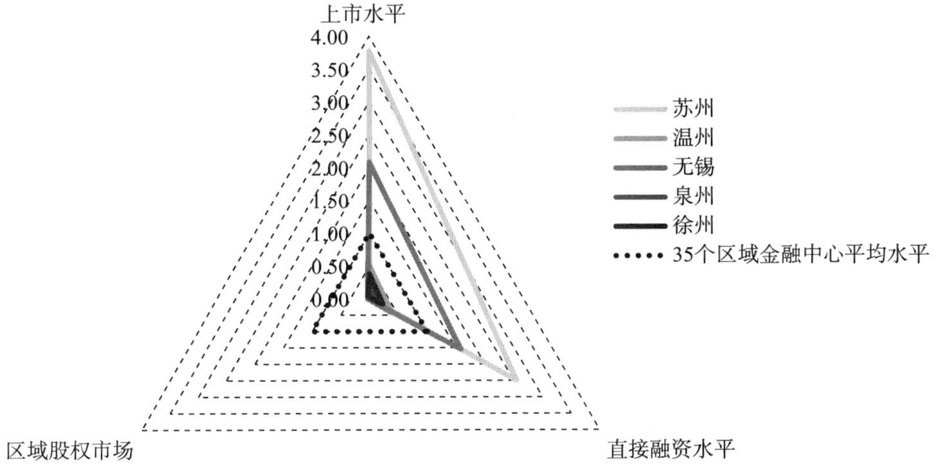

图 10.4.1　徐州资本市场利用分项与同级别兄弟城市比较

10.5　金融生态环境相对排名最高，商业环境比较优势明显

1. 金融生态环境是徐州金融中心具备比较优势的关键所在

本期 CFCI 评价结果显示，徐州金融生态环境分项得分 63.91，为综合竞争力提供了一半以上的得分贡献；在区域金融中心中排名第 26 位，金融生态环境分项排名较自身综合竞争力排名高 6 个位次。这表明金融生态环境是当前徐州金融中心的比较优势所在，是保持自身竞争实力平稳增长的压舱石。从构成金融生态环境评价的三个维度来看，金融商业环境相对表现最优，分项排名全国第 18 位、区域金融中心第 15 位，具备较好的比较优势（见表 10.5.1）。

表 10.5.1　徐州金融生态环境分项得分构成

序号	指标名称	得分贡献/%	全国排名	区域金融中心排名
1	金融人才环境	46.6	37	34
2	金融商业环境	52.0	18	15
3	国际化环境	1.4	37	34

2. 生活质量高是徐州金融人才环境最大比较优势

本期 CFCI 评价结果显示,徐州金融人才环境分项居区域金融中心第 34 位,教育环境、城市环境分项均大幅低于区域金融中心平均水平。相对来说,生活质量表现较好,本期评分高于区域均值。从具体指标来看,2023 年,徐州的城镇居民家庭人均消费支出只有 26937 元,35 个区域金融中心中只有 4 个城市的物价水平高于徐州;与此同时,2023 年徐州住宅二手房成交均价仅为万元左右,住宅房价收入比指标在区域金融中心中排名第 9 位;住宅房价和消费成本支出明显低于同级别兄弟城市,表明徐州的生活成本相对较低,对金融人才具有较强的吸引力,如图 10. 5. 1 和表 10. 5. 2 所示。

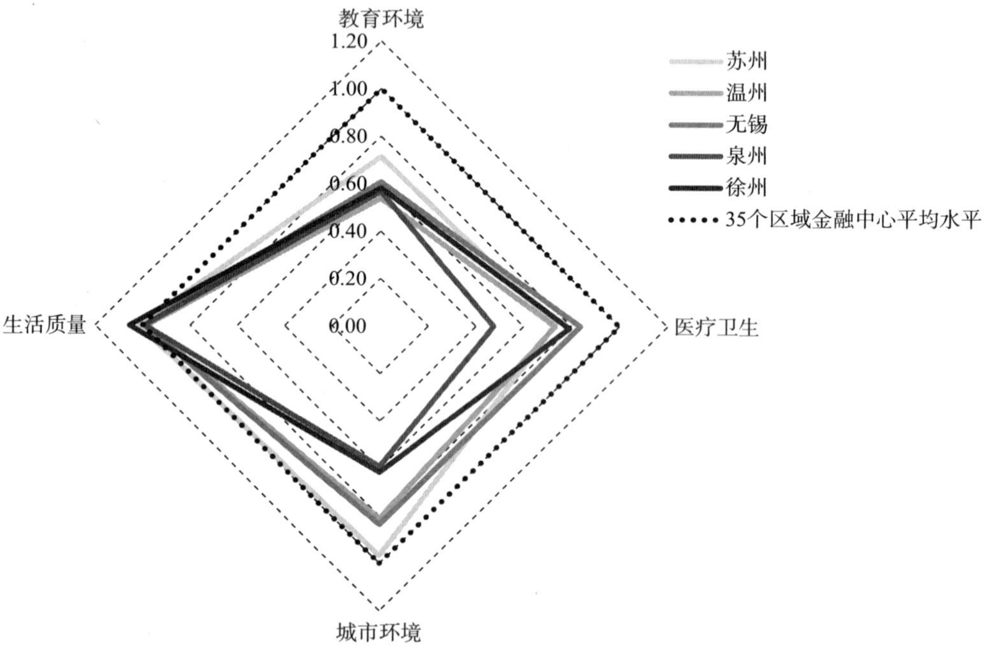

图 10. 5. 1　徐州金融人才环境分项与同级别兄弟城市比较

表 10. 5. 2　徐州生活质量相关指标与同级别兄弟城市比较

指标	苏州	温州	无锡	泉州	徐州	区域金融中心均值	徐州指标相对排名
金融从业人员年均薪酬/万元	22. 07	20. 87	18. 56	19. 72	14. 97	17. 78	27

续表

指标	苏州	温州	无锡	泉州	徐州	区域金融中心均值	徐州指标相对排名
城镇居民家庭人均消费支出/元	50656	53333	48409	37116	26937	38427	5
住宅房价收入比	9. 35	8. 81	7. 88	9. 89	7. 83	10. 2	9

3. 金融商业环境整体表现较好，其中地方风险控制优势明显

本期 CFCI 评价结果显示，徐州金融商业环境分项排名区域金融中心第 15 位，除专业服务分项与区域金融中心平均水平有较大差距外，其余各方面表现均可圈可点。在地方风险控制方面，徐州地方经济展现出了雄厚的经济实力和稳健的发展姿态。截至 2023 年底，徐州近三年的债券违约率为零，银行业不良贷款率仅为 0. 55%，两项指标均处于 CFCI 榜单最优；地方政府负债率仅为 20. 6%，较区域金融中心均值低 111 个百分点，排名区域金融中心第 5 位；地方政府债务率为 335%，也大幅低于区域金融中心均值，排名区域金融中心第 7 位，如图 10. 5. 2 和表 10. 5. 3 所示。

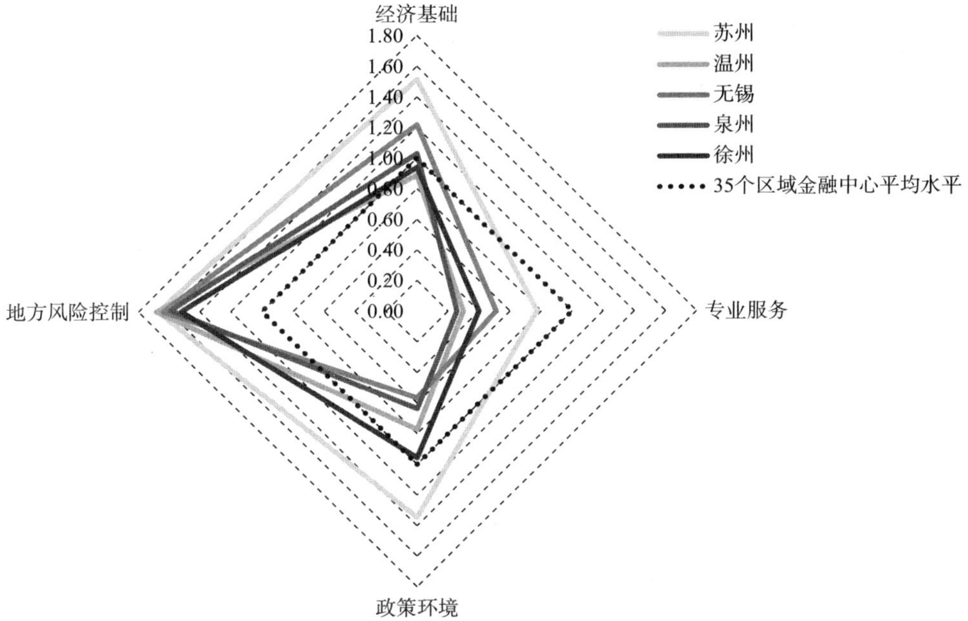

图 10. 5. 2　徐州金融商业环境分项与同级别兄弟城市比较

表 10.5.3 徐州地方风险控制相关指标与同级别兄弟城市比较

指标	苏州	温州	无锡	泉州	徐州	区域金融中心均值	徐州指标相对排名
地方政府负债率	12.9%	12.0%	13.9%	7.8%	20.6%	132%	5
地方政府债务率	129%	168%	179%	163%	335%	1552%	7
近三年违约债券余额占比	0.64%	0.00%	0.00%	0.86%	0.00%	1.9%	1
银行业不良贷款率	0.70%	0.61%	0.70%	0.88%	0.55%	1.5%	1

4. 金融国际化分项表现相对最差

本期 CFCI 评价结果显示,徐州金融国际化分项排名区域金融中心第 34 位,主要指标表现不尽如人意。具体来看,徐州缺少外资金融机构,当前营业性分支机构均为零,相关指标排名均处于垫底。在经济外向度指标方面,2023 年徐州实际利用外资规模指标较区域中心均值低了 80%左右;在国际影响力方面,最近半年国际航班连通城市数量仅有 2 个,该指标在所有区域中心中排名垫底,表明徐州同国际地区的经济社会联系程度还远远不够,如图 10.5.3 和表 10.5.4 所示。

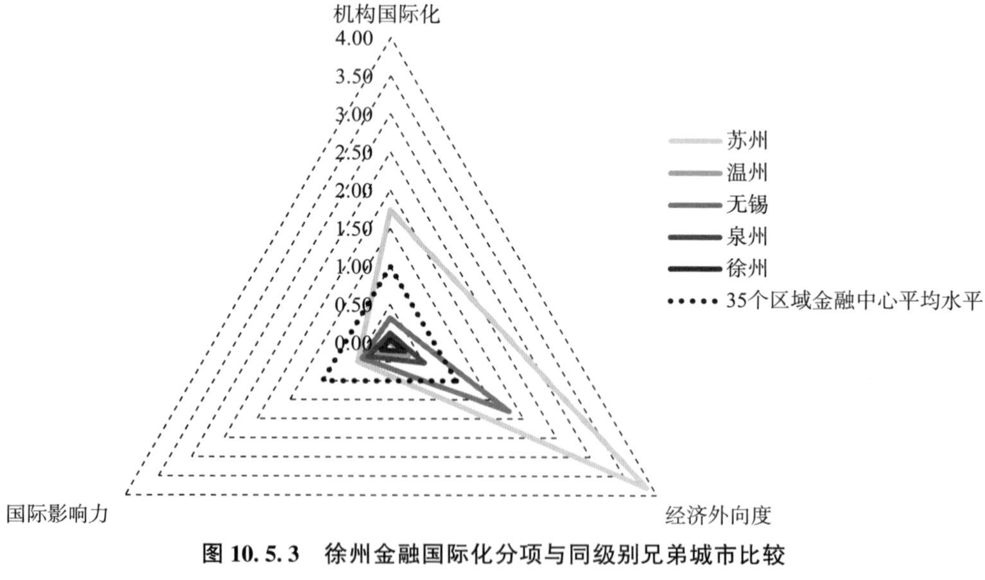

图 10.5.3 徐州金融国际化分项与同级别兄弟城市比较

表 10.5.4　徐州金融国际化方面相关指标与同级别兄弟城市比较

指标	苏州	温州	无锡	泉州	徐州	区域金融中心均值	徐州指标相对排名
外资金融机构营业性机构数/家	29	0	6	2	0	18.0	33
外资金融机构驻华代表处数/家	5	0	0	0	0	1.1	35
当年实际利用外资总额/亿美元	69.0	5.3	41.2	8.5	3.5	20.3	28
当年进出口总额/亿美元	3482.7	349.2	1004.2	368.9	182.7	642.5	27
当年国际旅游(外汇)收入/亿美元	4.0	0.0	0.9	3.9	0.6	2.2	17
接待入境旅游者人数/万人次	24.7	0.6	5.0	30.8	2.9	25.8	30
国际航班连通城市数量/个	9	9	9	7	2	18.1	35

第11章 徐州金融业发展成效

11.1 持牌金融机构

近年来，徐州传统金融业在持续发展的过程中，规模和实力稳步提升，服务实体经济的能力也得到了显著增强。展望未来，徐州应紧抓淮海经济区中心城市建设的机遇，着力打造区域性金融中心，进一步夯实传统金融业的基础地位，推动金融业在高质量发展道路上稳步前行，为地方经济社会发展提供强有力的金融支撑。

11.1.1 银行业：多元发展与实体经济并进

银行业是徐州金融产业的支柱行业，国有大型商业银行占有主要市场份额，不过地方银行业法人机构的业务类型逐年丰富，在吸引金融资源集聚、服务实体经济、促进经济增长、推动金融创新等方面也发挥了重要作用。

1. 机构多元发展提高小微企业融资便利度

截至2023年底，徐州市共有银行业机构44家，机构涵盖了国有大型商业银行、股份制商业银行、城市商业银行、农村商业银行以及其他非银行金融机构，是苏北地区银行机构类型最全面的城市，其中农商行6家、村镇银行6家，以及南京银行、江苏银行等股份制银行多家。截至2023年底，徐州市银行业机构存款总额为1.2万亿元，贷款总额为1万亿元，贷款增速在江苏省排名第7位，在苏北地区位于前列。

2. 金融服务创新升级助力制造业转型

徐州市围绕“343”创新产业集群，搭建优质高效“政、金、企”合作桥梁，建立了江苏省首个涵盖银行、保险、证券、地金组织的全类别金融顾问人才库，促成金融顾问小程序接入“我的徐州”App，成功举办“高质量发展恳谈会”“金融系统劳动竞赛”。2023 年第三季度末，“343”创新产业集群重点企业贷款余额为 772.71 亿元，比年初新增 93.33 亿元。11 月末，全市人民币制造业贷款余额为 928.59 亿元，同比增长 24.22%。

3. 普惠金融助力小微企业持续发展

2023 年 1—11 月，徐州市发放普惠小微贷款支持工具 7822.68 万元，撬动法人银行普惠小微贷款新增 114.29 亿元；全市金融机构累计对 530.74 亿元到期贷款本金实施延期，惠及 9.89 万户市场主体。11 月末，普惠小微贷款余额为 1667.13 亿元，同比增长 28.28%。特别是在当时经济形势下，徐州市银行业更是把服务普惠小微企业作为重中之重，通过制订专项服务方案、优化贷款审批流程、降低融资成本等措施，助力小微企业发展壮大。徐州市银行业加速推进普惠金融数字化转型，如“鑫 e 科企”产品助力科技创新企业授信近 7 亿元。这些举措大大降低了小微企业的融资成本，进一步推动了普惠金融服务的覆盖面和可得性。一系列举措体现了徐州市银行业对实体经济的深切关怀，为地区经济的稳定发展注入了强劲动力，推动着普惠金融的深入发展，为小微企业的茁壮成长保驾护航。

11.1.2　证券业：法人创新与实体经济并举

徐州证券行业发展，不仅体现在金融创新的推动上，更在资本市场的深化中发挥了重要作用。2023 年，徐州经济技术开发区通过发行国际债券筹集 3.9 亿美元，用于支持区域基础设施建设。这一举措不仅表明徐州在资本市场中的地位提升，也进一步为地方企业提供了走向国际市场的渠道。随着更多证券公司的入驻，徐州的金融服务体系不断优化，为本地中小企业提供了更加便捷和高效的融资支持。

1. 差异化战略增强竞争力

徐州券商逐步通过差异化战略、加强在绿色金融和基础设施项目融资等领域的布局，增强自身在市场中的地位。并且，徐州金融机构与其他地区的证券公司逐渐形成了区域化合作,通过“金融顾问”等方式提升服务质量,并参与支持中小企业融资和绿色信贷业务。

2. 基础设施项目稳步推进

徐州证券公司积极参与服务实体经济的创新,通过绿色债券等多种金融工具,支持了包括地铁在内的基础设施项目建设。徐州的绿色融资余额达到1130.86亿元,同比增长38.89%,并且全年新增绿色信贷超过300亿元,主要投向基础设施建设、清洁能源以及环境保护项目。此外,证券公司通过“债券+融资”的模式,确保了项目资金的高效利用,特别是在新能源和智能制造领域,得到了广泛的应用。

3. 资本市场合作持续深化

徐州积极推进资本市场的多层次建设,与上海、深圳等证券交易所不断深化合作,助力更多本地企业进入资本市场。2023年,徐州市通过资本市场实现了超过100亿元的融资总额,有效拓宽了中小企业的融资渠道,为当地产业升级提供了重要推动力,特别是在新能源和智能制造领域。随着徐州资本市场服务体系的不断完善,未来徐州有望进一步巩固其在全国资本市场中的重要地位。

11.1.3 保险业:科技赋能与风险保障并重

徐州市保险行业的快速发展,为区域经济和社会保障提供了强有力的支持。截至2023年底,徐州的保险业保费收入已突破550亿元,较2015年增长了近一倍。财产险和人身险业务同步发展,其中财产险保费收入达到180亿元,人身险保费则达到370亿元。保险行业在地方经济建设,尤其是在重大基础设施、科技创新和民生保障等方面,发挥了不可或缺的作用。同时,随着保险科技的应用普及,徐州保险市场逐渐提升了对消费者的服务质量,并有效推动了风险管理的升级。

1. 保险业发展稳步增长,保险密度与深度持续提升

徐州市保险业在过去5年间保持着稳定的增长态势。截至2023年底,

徐州的保费收入同比增长 8.6%，财产险和人身险增速分别为 6.7% 和 10.2%。保险密度从 2017 年的约 2700 元/人增长至 2023 年的 3300 元/人，越来越多的市民和企业将保险作为重要的风险管理工具。与此同时，徐州的保险深度也从 2.7% 提高到 3.3%，进一步反映出保险业在经济中的渗透程度不断加深。

2. 法人机构数量增加，保险科技逐步崛起

截至 2023 年，徐州市拥有法人保险公司 3 家，覆盖了人身险和财产险等主要领域，此外还有 50 家以上保险公司的分支机构设立于本地，提高了市场的活跃度。保险公司通过不断提升管理水平和客户服务能力，增强了保险业对企业和居民的吸引力。此外，徐州保险业的科技应用也在逐步深化，通过大数据、云计算和人工智能等保险科技的应用，提高了保费定价的精准性和赔付效率，为保险业的创新发展注入了新的动力。

3. 普惠保险产品丰富，服务模式持续创新

徐州保险行业积极参与普惠保险的推广，推动更多低收入和特殊群体参与保险计划。2023 年，徐州市推出了多项涵盖老年人、农村居民以及中小企业的普惠保险产品，农业保险、健康保险等专项产品在风险保障和赔付效率方面表现优异，提高了金融服务的普惠性。

11.2　地方金融组织

金融组织在金融体系中扮演着举足轻重的角色，特别是在民营经济和中小微企业融资方面，起到了关键的补位作用。徐州金融组织是徐州实体经济发展必不可少的金融支持，是推动徐州经济发展的重要力量。推动地方金融组织的健康持续发展，不仅有助于满足中小微企业的融资需求，更对落实中央“守住不发生系统性金融风险的底线”的要求具有重要意义。近年来，徐州地方金融组织发展势头强劲，完成了融资担保、小额贷款、融资租赁、商业保理等金融业态的监管指引研究制订，促进了地方金融组织的规范发展，同时实现重大突破。徐州正努力构建一个更加稳健、高效的金融体

系,以确保这些机构能够在风险可控的前提下,更好地服务地方经济的发展。

11.2.1 融资担保:聚焦主业发展,助力地方经济

截至2023年末,徐州市共有12家融资担保法人机构,注册资本总额为45.98亿元。其中,政府性融资担保机构注册资本为38.28亿元。全市在保余额为292.90亿元,同比增长30.95%;新增融资担保金额为207.51亿元,同比增长44.35%。

1. 经营发展聚焦主业

融资担保行业在服务小微企业和“三农”领域的成效显著。截至2023年末,政府性融资担保机构的在保余额为102.65亿元,同比增长13.44%,新增融资担保金额为103.25亿元,同比增长15.97%。其中,小微企业和涉农项目占新增规模的97.13%,为16.5万户市场主体提供了担保服务。尤其是徐州开瑞融资担保公司,自2019年成立以来,已累计为中小微企业提供融资担保35.46亿元,支持各类经营主体近1500家。

2. 政府性体系加速推进

徐州市的政府性融资担保体系涵盖市、县(市)两级法人机构,通过代偿补偿资金池实现了全市范围内的覆盖。2023年,政银担风险分担业务占比提升至68.65%,年化综合费率降至0.71%,显著降低了企业融资成本。此外,徐州市融资担保公司与银行合作,推出的“惠担贷”产品累计放款4.2亿元,为小微企业提供了有效的资金支持。

3. 融资担保质量效益持续提升

全市融资担保行业的运营质量显著提升。2023年末,全市融资担保机构的放大倍数为2.48倍,年化综合费率为0.71%,较去年同期下降0.05个百分点。徐州高新融资担保公司2023年末的在保余额为2.6576亿元,自2011年成立以来累计担保金额近20亿元,支持了600余家企业和个人。在风险控制方面,徐州开瑞融资担保公司全年代偿率仅为0.42%,充分体现了

行业的稳健发展。

4. 行业多元化格局协同发展

徐州市融资担保行业在产品创新方面积极探索,推出了如“增盈保”“财瑞保”“振兴保”等多款担保产品,进一步扩大了服务范围。徐州开瑞融资担保公司通过与银行的合作,创新了面向同一行业和地域的批量担保授信模式,有效促进了地方经济的发展。

5. 融资担保监管体系日趋完善

2023 年,徐州市地方金融监督管理局通过现场检查、非现场监管和业务培训等多种手段,不断提升行业的监管效率。全年通过监管发现的违规问题及时得到整改,消费者投诉处理 27 件。通过持续的监管和优化管理,全市共有 3 家融资担保机构在 2023 年末获得 A 级监管评级。

11.2.2　小额贷款:加强科技赋能,推动产业升级

截至 2023 年底,徐州市小额贷款公司通过为中小微企业提供资金支持,有效推动了地方经济发展。各公司依托灵活的金融机制和市场化运作,充分发挥了小额贷款行业的优势。截至目前,全市各类小额贷款公司提供的信贷产品涵盖企业贷款、商户贷款和个人贷款,贷款余额和发放金额均呈现稳步增长的态势,特别是在支持中小微企业和“三农”领域方面发挥了积极作用。通过创新产品和服务流程,徐州小贷行业在提升金融服务质量和效率方面取得了显著进展。

1. 小额贷款产品丰富,规模连续增长

徐州市的小额贷款行业近年来在政策支持和金融科技的推动下取得了显著发展。截至 2023 年底,徐州市通过政银合作的多种贷款产品,如“小微贷”“苏科贷”等 10 个专项贷款产品,实现了贷款规模的连续增长,全年发放贷款 2443 笔,总金额达 78 亿元。各类产品不仅有效降低了小微企业的融资成本,还为区域经济发展注入了新的动力。

2. 科技型小贷公司助推产业升级

徐州市的小额贷款行业以多家小贷公司为支柱,其中以徐州市盛汇科技小额贷款有限公司为代表的企业积极支持科技型中小企业的发展。盛汇科技自2016年成立以来,始终致力于为生物医药、高端制造等战略性新兴产业提供金融支持。截至2024年3月,盛汇科技累计发放贷款139笔,总金额达到3.37亿元,展现了其在推动地方经济转型升级中的重要作用。

3. 金融科技提升小贷服务效率

在金融科技的应用方面,徐州市的小额贷款公司积极与银行等金融机构合作,推动贷款审批和抵押登记的线上化操作,显著提升了贷款的便利性和效率。徐州的小贷行业通过简化贷款流程,为小微企业和"三农"企业提供了更加便捷的融资渠道,有效提升了服务水平,推动了区域金融市场的现代化。

4. 监管政策强化小贷行业发展

为了确保行业的健康发展,徐州市政府和金融监管机构加强了对小额贷款公司的监管,推动了金融科技与合规经营的有机结合。通过严格的监管政策和风险防控措施,徐州市的小贷行业稳步发展,普惠金融服务质量不断提升,普惠小微贷款余额同比增长28.28%,为本地经济提供了有力的金融支撑。

11.2.3 融资租赁:支持实体经济,提升服务能力

融资租赁作为连接金融资本与实体经济的新型金融服务工具,直接为实体经济的存量资产盘活、制造技术更新以及产能结构优化提供大力支持,成为企业设备投资和技术更新的重要手段。截至2023年末,徐州市融资租赁机构在保余额达292.90亿元,同比增长30.95%,稳步发展并取得了显著的发展成效。融资租赁业务作为连接金融资本与实体经济的桥梁,主要服务于基础设施、机械设备、医疗设备等领域,为企业提供了资金支持,帮助企业完成存量资产优化和生产技术更新,进一步推动了全市经济的高质量

发展。

1. 头部企业引领作用增强

徐州市融资租赁行业中的头部企业占据了重要市场地位,这些企业的资产规模和市场影响力显著提高。头部企业主要集中在机械设备、基础设施等重点领域,为这些行业提供融资租赁服务,推动了全行业的集中化和专业化发展。头部企业通过其强大的资金优势和专业服务能力,引领了徐州市融资租赁行业的发展方向。

专栏 11.2.1　徐工租赁:推动工程机械行业融资租赁的先锋力量

江苏徐工工程机械租赁有限公司(以下简称“徐工租赁”)成立于 2007 年,是徐工集团的全资子公司,专注于为工程机械设备提供全方位的融资租赁解决方案。依托徐工集团在工程机械领域的深厚积累,徐工租赁通过不断创新,逐步成为行业内的领导者,在推动主业发展、满足客户需求方面发挥了重要作用。

徐工租赁的业务涵盖了传统和新兴产业,涉及土方机械、起重机械、混凝土机械等工程机械设备的传统业务板块,同时积极拓展高空作业平台、工业叉车、矿山机械和农业机械等新兴领域。公司提供直接租赁、售后回租和联合租赁三种模式,灵活满足不同类型客户的多样化需求。这种业务模式不仅提升了企业的资金流动性,还有效解决了中小企业资金紧缺的问题,为其提供了更为广泛的融资选择。

在推动绿色金融领域,徐工租赁积极响应国家绿色发展战略。2024 年,徐工租赁成功发行了 6 期绿色资产支持专项计划(ABS),总规模达 6 亿元,优先级各档证券评级均为 AAA。此外,徐工租赁在全球市场的布局不断深化,2024 年在智利成立首家南美融资租赁公司,标志着其国际化进程的重大突破。依托该平台,公司将进一步拓展至秘鲁、哥伦比亚等南美国家,提升徐工设备在国际市场的竞争力。

作为中国融资租赁行业资产证券化的先行者,徐工租赁早在 2016 年便首次试水 ABS,截至 2020 年底已累计发行 8 单 ABS,总规模接近 48 亿元。通过创新的短久期可循环发行模式,徐工租赁与国金证券合作,推出了市场首单短期限、可滚动发行的资产支持专项计划。这种创新的融资结构不仅提高了资产的利用效率,也帮助企业降低了融资成本,进一步提升了资金的流动性和风险管理水平。

徐工租赁坚持“以融促产、产融结合”的发展战略,深化与徐工集团的协同效应,不断创新金融服务模式,推动主业与金融高效融合。

2. 服务实体经济力度加强

徐州积极推进“千亿计划”专项行动,专门为中小微企业和制造业设立专项贷款,确保全年新增制造业贷款超300亿元。截至2023年末,徐州普惠小微企业贷款余额达1696亿元,同比增长28.6%,并通过专项纾困资金提供低成本贷款,以缓解中小企业的流动资金压力。同时,融资租赁行业在支持“三农”发展方面也起到了积极的作用,推出“股田贷”等融资租赁产品,进一步推动了地方经济繁荣。

3. 风险防控能力逐步提高

徐州市融资租赁行业的风险管理机制不断完善,行业整体风险控制水平显著提高。监管部门定期开展合规性专项检查,对违规操作进行纠正,尤其是在地方政府隐性债务及“类信贷”业务风险控制方面加强力度。

通过加强风险拨备和健全的监管机制,徐州市各融资租赁公司建立风险预警系统和完善的内控管理体系,以加强风险识别、实时监测与动态管理,展现了较强的抗风险能力。

11.2.4 商业保理:加强金融合作,助力企业发展

徐州的商业保理作为连接金融与实体经济的重要工具,在促进中小微企业的融资需求、缓解融资难题方面发挥了关键作用。近年来,随着地方金融监管的不断加强,徐州的商业保理企业数量稳步增加,市场环境日益规范,为地方经济的高质量发展提供了有力支撑。2023年,徐州商业保理公司通过与本地金融机构的深度合作,积极参与地方经济建设项目,尤其是在基础设施、制造业和高科技产业的融资支持中表现突出。

1. 增强企业经营合规性

2020年以来,徐州金融监管部门通过实施分类监管和风险防控机制,推动本地商业保理企业的健康发展。例如,2023年,徐州对商业保理公司实施了名单制管理,并对经营异常的公司进行分类整改,确保市场的有序退出和合规经营。徐州市积极贯彻落实国家及地方监管政策,强化商业保理公司

的监管与市场准入制度，确保企业规范经营。

2. 助力中小微企业发展

徐州的商业保理公司在服务中小微企业方面成效显著。通过为中小微企业提供灵活的资金支持，商业保理企业有效缓解了企业的融资困境。2023 年，徐州市的商业保理公司累计为 200 多家中小微企业提供了超过 50 亿元的融资服务，涵盖制造业、科技企业等多个行业，推动地方中小微企业的产业升级。

3. 支持地方特色产业发展

徐州商业保理在地方特色产业发展中起到了积极作用，尤其是在重点产业链、智改数转等领域的保理业务上取得了显著成绩。2023 年，保理公司通过与本地制造企业合作，提供了供应链金融服务，有效支持了徐州市“343”创新产业集群的高质量发展。

4. 创新推动金融与科技融合

商业保理的数字化发展在徐州迅速推进。徐州市通过科技赋能，促进保理业务的信息化与自动化发展。例如，徐州的商业保理公司引入了大数据和智能化系统，提升了风险管理水平和业务效率，进一步降低了企业的融资成本。

5. 加强银企合作与金融服务能力

徐州市的商业保理公司与本地银行加强合作，建立了灵活的金融支持体系。通过与工行、农行等多家银行的合作，保理企业为本地企业提供了更高效的融资服务模式，有力推动了徐州地方经济的发展，尤其是在重大项目建设中起到了关键作用。

11.3　资本市场利用

资本市场是金融市场的重要基石，是进行中长期资金借贷融通的市场，具有直接融资的特性,是金融资本流入实体经济的关键途径。在当前全球经济形势下,徐州市大力推动资本市场发展,实施“鹏程计划”,积极培育企业上市。目前,徐州已有 13 家上市公司,总市值为 1455 亿元,22 家企业在“新三板”挂牌,债券规模达 2195.8 亿元。依托区位优势,徐州支持重点企业上市,围绕六大战略性新兴产业,构建企业上市三级后备资源库,通过“储备、培育、挂牌、上市”的梯次模式,增强上市公司竞争力,打造高质量上市企业梯队,助推全市经济发展。

11.3.1 股票市场:多层次资本体系推动实体经济发展

截至 2024 年上半年,徐州市共有 16 家 A 股上市公司,涵盖多个行业,展现稳健发展态势,累计实现营业收入 698.79 亿元。10 家公司营业收入超过 5 亿元,占 62.5%;其中 3 家公司收入超过 25 亿元,分别为恩华药业、苏能股份和徐工机械。徐州市通过实施“鹏程计划”培育上市企业,建立三级后备企业库,推动企业上市。同时,市政府与金融机构合作,促进企业融资,推动技术创新与产业升级,助力地方经济高质量发展。

1. 上市公司数量和经营效益实现双重增长

近年来,徐州市上市公司形成了规模与质量同步增长的良好局面。自 2023 年 6 月江苏康力源体育科技股份有限公司成功上市后,徐州的上市公司数量增至 16 家,这一成绩在江苏省内位居前列。徐州市上市公司分布于多个行业,包括制造业、医药、新能源等领域,覆盖了徐州市重点发展的行业和产业集群。徐工机械作为徐州上市公司的代表性企业,2024 年上半年营收高达 496.32 亿元,占全市上市公司总营收的 70%以上。这一亮眼的业绩使徐工机械在国内资本市场上获得了广泛关注,同时也为徐州市的经济增长做出了重要贡献。除了徐工机械,恩华药业和苏能股份也是徐州上市公司中的重要力量。恩华药业 2024 年上半年实现营业收入 27.63 亿元,而苏能股份则实现了 67.28 亿元的营业收入,两者均在本地和全国市场中展现出较强的竞争力。从整体业绩来看,徐州市 16 家上市公司中有 13 家实现了正利润,占比 81.25%;而营收同比增长的企业有 9 家,占比 56.25%。这些数据表明,徐州市的上市公司在复杂经济环境中依旧保持了较强的盈利能力和市场活力，为地方经济的可持续发展增添了活力。

2. 资本市场发展体系建设助力实体经济双重提升

徐州市的资本市场发展为实体经济注入了新的活力，资本与产业的结合日益紧密。为了进一步推动资本市场对实体经济的支持，徐州市依托"鹏程计划"大力构建多层次资本市场体系，通过引导专精特新企业、高新技术企业和"343"创新产业集群龙头企业上市，形成了多层次的企业培育机制。这种分层次、精准化的企业培育模式有效推动了本地企业利用资本市场进行直接融资，从而加速企业的扩张与技术创新。徐州市后备企业主要集中在传统的机械设备、化工和电气设备等领域，而新兴的生物医药、人工智能等高科技行业的企业数量相对较少，与苏南和苏中地区相比差距较大。徐州市积极扩大上市后备资源库的建设，通过定期走访调研和政策支持，挖掘更多具有潜力的企业，力求在未来几年内继续保持上市企业数量和质量的双重提升。此外，徐州市还加强了与沪深北交易所的合作，通过证券交易所的资源优势，加快推动企业上市步伐，促进资本市场与实体经济的融合发展。

11.3.2　期货市场：期现结合推动产业升级与风险防控

徐州依托其独特的区位优势和雄厚的产业基础，积极推动期货市场与实体经济的深度融合。徐州市政府通过出台多项支持政策，鼓励企业充分利用期货工具，构建期现结合的高效发展生态。截至 2024 年，徐州已拥有 50 余家期货及证券营业机构，逐步形成较为完善的期货市场体系。特别是在新纪元期货等本土企业的带动下，徐州企业在螺纹钢、焦炭、粮食等大宗商品领域的期货交易量显著提升，其中螺纹钢和焦炭的年交易量分别达到了 800 万吨和 1200 万吨。通过期货市场的价格发现功能，徐州企业实时掌握市场走势，合理安排生产计划，规避价格波动风险。这一发展模式在保障企业经营稳定的同时，推动了徐州整体经济的高质量发展。

1. 助力产业集群低风险发展

徐州在期货市场的推动下，积极服务"343"创新产业集群，涵盖机械装备、新能源、高纺织、农产品加工等重点行业。通过“现货+期货+金融服务”的综合解决方案,徐州企业在参与套期保值业务的同时,有效降低了市场风险。截至2023年底,徐州“343”创新产业集群中的机械装备和新能源领域企业在期货市场的套期保值业务交易规模达到了150亿元,为企业避免了高达10%的价格波动损失。尤其是在农业领域,徐州的农产品企业通过参与期货市场锁定价格,稳定粮食、棉花等大宗农产品的产销,年均套期保值交易额达到了80亿元。

2. 地方产业升级增强市场竞争力

徐州期货市场通过期现结合为传统产业带来了显著的效益提升。以徐州铁矿集团为例,作为徐州工业龙头企业,铁矿集团通过新纪元期货的支持,成功将期货工具引入其铁矿石的采购和销售链条,利用基差贸易和期权等创新模式,在铁矿石价格波动剧烈的背景下实现了成本控制与收益保障。2023年,铁矿集团通过期货市场锁定了全年生产成本,年节约成本达5000万元,极大提高了企业的市场竞争力。此外,徐州的煤炭和化工产业也开始借助期货市场的避险工具,保障了企业在能源价格波动中的经营稳定性。数据显示,徐州期货市场在工业、能源和矿产领域的累计交易量已超过2000亿元,这为徐州地方经济的高质量发展注入了持续动力。

3. 期货业生态建设助力淮海经济区金融服务中心发展

随着徐州期货市场的不断发展,淮海经济区金融服务中心建设也在稳步推进。目前,淮海经济区金融服务中心已吸引了160余家金融类企业签约入驻,其中包括齐盛期货、浙商证券等多家期货和证券公司,全面提升了区域金融服务的覆盖面和竞争力。2023年,云龙区金融业增加值突破60亿元,占全区GDP的15%,为当地经济提供了强大的金融支撑。与此同时,齐盛期货江苏分公司作为首家落户淮海经济区的期货公司,通过与当地农业、能源和制造业企业的合作,成功推动了套期保值业务的发展。2023年,齐盛期货江苏分公司帮助当地企业实现了超过50亿元的套期保值交易额,极大降低了企业的市场风险。未来,徐州将继续加大金融服务中心的建设力度,力争到2025年,淮海经济区金融服务中心的年金融交易额突破3000亿元,为区域经济的高质量发展提供有力支持。

11.3.3　基金市场：多元基金赋能战略性新兴产业高质量发展

徐州基金市场已成为推动本地产业转型升级和高质量发展的关键力量。近年来，徐州市通过设立包括产业发展引导基金在内的多种基金形式，充分发挥财政资金的撬动效应，引领金融资本和社会资本投向战略性新兴产业。根据最新数据，徐州市产业发展引导基金累计签约基金已达70只，总规模达到458.36亿元，母子基金出资到位313.69亿元，基金出资实现5.7倍的放大效应。基金累计投资项目178个，其中有多家企业成功上市，超过30家企业进入上市辅导阶段。徐州市通过产业基金的引导，不仅推动了战略性新兴产业的快速发展，还在新能源、集成电路、生物医药等多个领域形成了强劲的产业集聚效应。这些基金的有效运作使得徐州在“十四五”期间有望成为全国产业基金领域的领军城市，为徐州“343”创新产业集群的持续发展提供源源不断的资金支持和政策引导。

1. 智能制造专项基金引领产业升级

徐州市在智能制造领域的布局得到了重大突破，智能制造产业专项母基金的设立标志着这一领域进入了新的发展阶段。该基金总规模为30亿元，采取了“1+4”体系设立，即由1个省级母基金与4个市级产业基金共同出资，包括徐工集团基金、徐州市引导基金、徐州金龙湖产业基金和徐州高新区产业基金。截至目前，智能制造基金已储备了一批合作意向明确的投资机构和优质项目，预计未来几年内将实现大规模的投资落地。这一基金将重点投向工程机械、特种车辆和高端数控机床等领域，涵盖了智能制造产业链的多个关键环节。徐州市已经集聚了510家规上企业，1200余家上下游配套企业，形成了以徐工集团、卡特彼勒、利勃海尔为代表的“一超一大多强”企业梯队，产业营收占全国的1/5。通过该基金的撬动作用，徐州市智能制造产业的发展将进一步提升国际竞争力，为全市乃至全国的制造业提供有力支撑。

2. 基金赋能高科技与战略性新兴产业高质量发展

徐州市产业发展引导基金在推动本地高科技和战略性新兴产业发展中

发挥了至关重要的作用。基金已累计投资288个项目,涵盖半导体、新能源、数字经济等领域。其中,鑫华半导体是该基金支持的代表性企业之一,凭借徐州市产业发展引导基金的8000万元资金支持,该企业成功实现了电子级多晶硅量产,成为国内唯一的全尺寸覆盖的电子级多晶硅生产商。此外,徐州市还通过设立多个专项基金,如6.5亿元的先导微电子专项基金和44亿元的昊芯、睿芯专项基金,有力支持了半导体、新材料等高科技项目的落地。截至目前,徐州市产业基金已帮助30余家企业成功上市,并有超过10家企业处于进行上市辅导阶段。通过基金的多层次投资,徐州不仅在高科技产业中占据了重要位置,还进一步推动了科技创新与资本市场的深度融合,促进了产业的高质量发展。

3. 招商模式创新助推优质产业集聚

为了更好地发挥基金在产业招商中的作用,徐州市创新了"基金+招商"的模式,极大地提升了招商引资的效率。通过设立多个行业基金,徐州经济技术开发区在工程机械、生物医药、集成电路及ICT、新能源等领域成功引进了一批优质项目。截至目前,该模式已获取了24个招商项目信息,并有3个项目通过审核,标志着徐州在产业招商领域实现了新的突破。徐州市通过与国内知名基金管理公司、股权投资机构的深度合作,积极推动头部企业和战略性新兴产业项目在徐州落地。例如,市产业发展引导基金通过设立全国首只跨省域的区域协同发展基金——淮海经济区产业投资基金,成功招引了仟目激光等多个优质项目。该模式不仅有效促进了徐州市的产业链完善,还进一步提升了地方经济的辐射带动作用。通过产业招商与资本运作的有机结合,徐州正在成为区域经济发展的新引擎,产业集聚效应也在不断增强。

第 12 章　徐州特色金融发展

近年来,徐州市在普惠金融、绿色金融、供应链金融、农村金融和科技金融领域取得了显著进展。普惠金融通过政策引导、创新产品和银企合作,覆盖中小微企业和“三农”领域,提升金融服务的广度与深度。绿色金融推动产业绿色化与“双碳”目标的实现,2023 年绿色贷款余额突破 1130 亿元。供应链金融依托龙头企业,解决中小企业融资难题,促进区域经济发展。农村金融通过创新产品推动资金下沉,助力乡村振兴。科技金融则通过专项基金与创新服务,推动高端制造业与科技企业的发展。这些金融措施为徐州的经济高质量发展提供了强有力的支持。

12.1　普惠金融:新型服务体系助力中小企业发展

近年来,徐州市在普惠金融领域的创新发展取得了显著进展。通过金融产品的创新和政策扶持,徐州逐步构建了多层次的金融服务体系,覆盖面持续扩大,特别是中小微企业和“三农”领域受益颇多。2023 年,徐州市成功入选中央财政支持普惠金融发展示范区,这标志着其在全国普惠金融建设中占有领先地位。凭借该示范区的优势,徐州进一步完善了金融服务的便捷性和普及度,为地方经济的稳定发展奠定了坚实的金融基础。

1. 政策引导推动金融产品创新

徐州市政府通过政策引导和财政支持,激发了金融机构的创新活力,有效提升了普惠金融服务的覆盖率。2023 年,徐州成功争取到 1895 万元省级普惠金融发展专项资金,用于加强小微企业的转贷基金及融资担保业务,为企业提供了更为灵活的资金运转渠道。与此同时,徐州推出了“徐创通”等特色金融产品,专注于科技创新型企业的融资需求,全年累计发放贷款达53.3亿元,惠及1375家企业。这不仅帮助了企业获得所需资金,还推动了徐州市的创新产业发展。通过政策和创新产品的双轮驱动,徐州的普惠金融体系在支持中小微企业成长方面展现出强劲的推动力。

2. 深化金融平台建设与银企合作

为了提高普惠金融的服务效率,徐州市大力推动金融平台的数字化和便利化建设。通过“信易贷”信用平台,徐州打通了银企信息通道,缓解了企业在融资过程中面临的信息不对称问题。2023年,依托这一平台,科技型中小企业成功获得超过50亿元的贷款支持。此外,徐州市还在各区县设立了“首贷续贷中心”,提供一站式贷款服务,提升了中小微企业首次贷款和续贷的成功率。这些金融平台与机制的完善,不仅提高了企业的融资效率,还增强了银企合作的紧密度,进一步推动了地方企业的持续发展和创新能力的提高。

3. 优化中小微企业发展政策措施

徐州市对中小微企业的支持政策体现了政府与金融机构的深度协作。2022年,徐州市累计发放普惠小微贷款114.29亿元,贷款覆盖面进一步扩大。为了简化融资流程,政府和金融机构通过引入信用贷款、担保贷款等创新工具,降低了企业的融资门槛。同时,政府也加大了融资担保的支持力度,全年为中小微企业提供了3463.85亿元的融资服务。这些举措不仅帮助企业解决了资金紧缺的问题,还显著降低了融资成本。通过完善的融资支持体系,中小微企业获得了更加便捷和低成本的资金保障,进一步推动了徐州市的经济增长。

4. 推动农村金融发展,助力乡村振兴

徐州市在推动乡村振兴战略的过程中,充分发挥了普惠金融的作用,特别是在农业领域的金融支持取得了突出成果。2023年,涉农贷款余额达到4201亿元,同比增长21.3%,这显示出徐州市对农村经济的强劲支持。为确保农业生产安全,市政府推出了创新的农业保险产品,如“大豆玉米带状复合种植保险”,帮助农户有效规避了生产风险。同时,金融“五下乡”活动的持续推进,进一步拓宽了农村金融服务的渠道,为农业基础设施建设和农产品加工企业提供了充足的资金支持。这些政策和金融服务的结合,推动了乡村经济的蓬勃发展,也为乡村振兴战略提供了坚实的金融保障。

5. 完善风险管理机制,奠定长效发展基础

2023年,新增的政府性融资担保机构通过优化风险管理流程,确保了贷款资金的安全性与高效利用。为了进一步支持中小微企业的融资需求,市政府也大幅度增加了绿色贷款的支持力度。2023年,绿色贷款余额达到1501.22亿元,同比增长63.83%。这些资金主要用于推动徐州市的绿色转型和科技产业发展。此外,政府通过强化金融监管,完善了风险预警机制,确保金融机构在放贷过程中能够有效控制风险,为普惠金融的可持续发展奠定了基础。

12.2　绿色金融:多元金融工具推动“双碳”目标实现

徐州市积极发展绿色金融,逐步构建了一个多维度、多层次的绿色金融生态体系,覆盖绿色信贷、绿色债券、碳金融等多种领域。作为资源型老工业基地,徐州通过金融创新、政策引导,推动产业绿色化,助力“双碳”目标的实现。2023年,徐州在绿色金融发展上取得了显著成效,全市绿色贷款余额为1130.86亿元,同比增长38.89%。市政府与各大金融机构协作,不断加大对绿色项目的金融支持力度,推动全市经济结构的绿色转型与高质量发展。

1. 绿色金融政策推动“双碳”目标实现

徐州市在绿色金融政策支持上不断强化,出台多项政策文件推动绿色金融发展。2023年,徐州市发布了《绿色金融实施方案》和碳资信评价体系建设的相关政策,为绿色项目的实施提供了有力保障。截至2023年末,绿色贷款余额突破了1130.86亿元,较上年增长38.89%,进一步反映出政策支持对绿色金融发展的积极作用。此外,徐州市通过碳资信评价体系和数字化碳管理体系的建设,推动了碳金融领域的创新,帮助企业根据其碳排放表现

获得更具竞争力的金融条件。2023年,徐州市企业通过碳资信评价体系成功获得了多笔绿色贷款,碳排放交易机制也在全市范围内逐步推广,进一步促进了企业的绿色化转型。市政府还在环境保护税收管理、排污权交易等市场化手段上进行了积极探索,进一步推动了全市金融资源向绿色领域的有效倾斜。

2. 新型绿色金融产品支持企业绿色转型

徐州市在绿色金融产品创新方面取得了显著进展。金融机构推出的多种绿色信贷产品,涵盖了建筑垃圾再利用、光伏发电等绿色项目,为推动地方企业的绿色转型提供了有力支持。徐州农商银行、工商银行等金融机构在2023年推出的绿色贷款,年内为建筑垃圾再利用项目提供了1200万元贷款支持,帮助项目实现了年处理120万吨建筑垃圾的目标。此外,碳资信评价体系的引入使得金融机构能够更加精准地评估企业的碳表现,通过再贷款和碳表现挂钩贷款等创新金融产品,徐州市的企业在碳市场上获得了资金和信用的双重优势。这些产品不仅提升了企业在低碳领域的竞争力,也为地方经济绿色化发展注入了新的动力。2023年,徐州市企业通过创新绿色金融产品获得的贷款金额突破数十亿元,绿色金融产品的创新有效推动了全市绿色经济的高质量发展。

3. 绿色金融市场主体发展助力绿色产业转型升级

徐州市政府在推动绿色金融市场主体的发展上,采取了多项举措,确保绿色金融服务的广泛覆盖。2023年,徐州市设立了碳资信评价服务中心和碳金融创新集聚区,这些机构为企业的绿色转型提供了全方位的金融支持。市政府鼓励各大金融机构设立绿色金融业务部门,并通过一系列政策激励措施吸引更多金融机构参与绿色金融服务体系的建设。2023年,江苏徐州信用融资担保有限公司在绿色金融领域发挥了重要作用,其担保业务规模达到33亿元,担保客户超过万户,帮助地方绿色企业获得了更有竞争力的融资条件。通过引导融资担保公司为绿色企业提供担保,徐州市的绿色金融市场主体逐步壮大,绿色信贷和绿色债券的发行量持续攀升。2023年,徐州市的绿色信贷余额和债券发行总额均已突破130亿元,多元化金融服务体系的构建为推动绿色产业的发展提供了强有力的支撑。

4. 健全绿色金融配套体系,保障绿色金融长效发展

徐州市在绿色金融发展过程中,不断完善其配套服务体系,以确保绿色金融能够实现长效运行。2023 年,市政府建立了绿色产业评估体系和绿色金融认证服务机构,为绿色项目的风险评估和信用担保提供了可靠的依据。此外,徐州市还加快了碳管理体系建设,通过统一企业的排污权、用能权等基础数据,金融机构能够更精准地评估项目的环保效果,确保绿色金融项目的质量。市政府与金融机构合作推动绿色债券和绿色保险等金融工具的广泛应用,2023 年绿色债券的发行规模创下新高,为地方绿色企业提供了更多的融资渠道。与此同时,绿色金融认证和评估机构的引入,规避了“洗绿”“漂绿”等问题,确保绿色金融业务的透明性和公正性。这些配套措施为绿色金融的长远发展奠定了坚实的基础,并通过进一步完善,推动徐州市绿色金融向更高水平迈进。

5. 绿色金融创新助力低碳产业升级与“双碳”目标推进

徐州市的绿色金融发展与“双碳”目标密切结合,通过金融创新推动低碳产业的升级。2023 年,徐州市绿色低碳能源产业总产值达到 1221.5 亿元,同比增长 52.5%,反映出绿色金融在推动地方产业升级中的关键作用。市政府通过碳金融平台的建设,支持企业参与碳排放交易,帮助企业通过碳表现挂钩贷款等金融工具获得更多的经济效益。此外,徐州市还通过绿色债券和绿色基金的发行,拓展了绿色项目的融资渠道,帮助多个企业获得绿色金融的支持。金融机构通过推出多种与碳市场挂钩的贷款和融资产品,进一步推动了徐州市绿色低碳产业的加速发展。2023 年,徐州市的绿色项目融资规模大幅增长,为实现碳中和目标提供了坚实基础。通过进一步推动绿色金融创新,徐州市将继续巩固其在绿色经济发展中的领先地位,助力全市经济的可持续转型。

12.3　供应链金融:协同发展促进区域经济高效增长

徐州市大力推动供应链金融的发展,通过金融科技的创新与多样化的

金融服务,解决中小企业的融资困难,促进区域经济高质量发展。徐州依托本地龙头企业和特色产业链,逐步形成了具有地方特色的供应链金融体系。该体系提高了产业链的协同效率,为中小企业和创新型企业注入了发展动力,增强了徐州经济的韧性与活力。

1. 平台助力区域产业链协同发展

徐州市通过构建供应链金融公共服务平台,推动区域产业链的协同发展。淮海国际港务区依托其中欧班列和冷链物流,形成了以“通道+平台+枢纽”为核心的多式联运供应链金融体系。2023 年,淮海国际港务区开行中欧班列 370 列,运输进出口货物超过 10694 标箱,总货值达 2.49 亿美元,同比大幅增长 90.32%。这种物流与金融服务的深度融合,不仅为出口企业提供了更加便捷的跨境运输服务,还通过供应链金融手段帮助企业获得银行授信,降低了企业的融资成本。此外,“蚂蚁区块链+供应链”金融平台也成功落地徐州经济开发区,利用区块链技术为中小企业提供线上融资服务,通过智能化风控技术和无接触贷款模式,实现了更加高效和安全的资金管理。这些平台的建设,不仅完善了徐州市的供应链金融生态,也提升了区域内企业的整体竞争力。

2. 中小微企业破解融资难题

中小微企业作为徐州经济发展的重要组成部分,一直面临着融资难、融资贵的问题。为解决这一问题,徐州市通过供应链金融为中小微企业提供了更多灵活的融资选择。浙商银行徐州分行积极推行供应链金融服务,借助区块链技术,将中小微企业的应收账款转化为可融资的金融工具,帮助企业盘活资金,降低融资成本。此外,徐州市经济技术开发区多次组织中小微企业融资信用服务会议,推动“信用+融资”的模式应用,优化了中小微企业的融资环境。截至 2023 年 5 月末,徐州市金融机构人民币贷款余额达到 11681.81 亿元,同比增长 14.77%,高于江苏省平均水平 2.25 个百分点。通过供应链金融的支持,越来越多的中小微企业能够获得更便捷的融资渠道,不仅提升了企业的生存和发展能力,也为徐州市的普惠金融发展注入了新动能。

3. 推动科技创新企业高质量发展

供应链金融在支持徐州科技创新企业发展中发挥了重要作用。徐州瑞马智能技术有限公司等国家级专精特新“小巨人”企业，依靠供应链金融获得了无抵押信用贷款，解决了企业在技术研发和市场拓展中的资金瓶颈。这些企业通过供应链金融平台的支持，加速了自身在高端制造领域的技术突破，进一步增强了其在国内外市场的竞争力。同时，徐州市通过实施“智改数转”战略，推动徐工集团等企业的供应链数字化转型，提升了企业在产业链中的科技含量和生产效率。这一系列创新举措，不仅推动了徐州科技创新型企业的崛起，还带动了区域经济整体向高端化、智能化发展。

12.4　农村金融：深化改革，推动乡村振兴战略实施

徐州市在推进乡村振兴战略中，积极深化农村金融改革，建立健全金融服务体系，旨在为农业发展、农村经济提质升级提供强有力的资金支持。通过政策引导、创新产品、数字化赋能和基层服务覆盖，徐州形成了多层次、广覆盖的农村金融服务网络，为推动乡村振兴打下了坚实基础。金融资源的精准下沉，不仅为农业现代化提供了必要的资金保障，还通过提升农民金融知识和素养，推动了农村经济的全面可持续发展。金融机构在服务“三农”过程中不断提升效率和灵活性，有效解决了资金需求和服务可达性问题，确保了乡村振兴战略的稳步推进。

1. 政策引导推动金融资源精准下沉

徐州市在农村金融发展中，坚持以政策为引领，通过出台一系列政策文件，推动金融资源向农村经济薄弱领域倾斜，确保乡村振兴战略的顺利实施。徐州政府与金融监管部门联合出台了《关于徐州市金融支持大规模设备更新和消费品以旧换新行动意见》，通过政策性金融工具如央行再贷款和财政贴息，支持设备更新、农村基础设施建设和涉农企业转型升级。截至2024年3月，徐州市普惠型涉农贷款余额达到985.96亿元，较年初增长88.36亿元，增速为9.84%，远高于其他各类贷款的增速。其中，粮食重点领

域的贷款余额为354.77亿元,较年初增长39.14亿元,贷款增速为12.40%。这些政策引导金融机构不断优化产品结构,确保金融支持的高效性和精准性,助力农村经济的快速增长。

2. 新型金融产品多层次建设农村经济

在农村金融改革中,创新金融产品是徐州市推动农村经济发展的重要手段。徐州市金融机构特别是邮储银行和农商银行,推出了一系列符合农村经济特点的信贷产品,以满足农业生产和新兴农村产业的资金需求。例如,徐州首单“乡村振兴贷”于2024年成功落地,为邳州市农副产品经营部投放62万元个人经营性担保贷款。这一贷款产品的创新在于无抵押、低利率、审批流程简化,并覆盖农业生产的各个环节,包括农副产品加工、乡村旅游等。2024年,预计该产品的年内新增规模超过10亿元,将进一步推动农村经济多元化发展。此外,邮储银行丰县支行推出的无抵押、手机银行贷款模式,帮助蒜农等农户在资金紧缺时快速获取贷款,以应对春耕备耕等紧急生产需求。这些创新金融产品的推出,极大地缓解了农村经济主体的资金瓶颈问题,为农业和农村产业的可持续发展提供了有力支持。

3. 数字化赋能提升金融服务覆盖广度与深度

数字化金融技术的广泛应用,极大地提升了徐州市农村金融服务的便捷性和拓展了覆盖范围。通过互联网、物联网等技术,金融机构为农民和农业企业提供线上金融服务,使得资金支持更加灵活、高效。邮储银行的“手机银行+无抵押贷款”模式,使得农户可以通过手机直接申请贷款,资金最快在几分钟内到账,有效解决了春耕备耕等关键生产时期的资金问题。截至2023年,裕农快贷(信用版)已在徐州累计投放634户,贷款总额达5545万元,成为全国县域支行中贷款投放最多的地区。通过这类数字金融产品的推广,徐州市农村金融服务的覆盖面大幅扩大,进一步推动了金融资源下沉农村,提升了服务的精准性。此外,徐州还大力推动农村信用体系建设,截至2022年末,已评定信用村1701个、信用乡镇85个,评定信用户213.4万户。这一体系的完善为金融机构提供了可靠的信贷评估依据,使得更多农民凭借信用获得贷款,降低了金融风险,进一步提升了金融服务的效能和普及率。

4.“金融村官”推动金融服务落地生根

金融村官制度的实施是徐州市深化农村金融服务的重要创新。自 2022 年起,徐州市通过派驻金融村官,推动金融服务深度下沉农村基层。金融村官不仅为农民提供面对面的金融服务,还通过党建引领金融服务模式,帮助农民解决融资难题。徐州派出的 662 名金融村官,负责提供贷款支持、普及金融知识、指导防范金融风险,帮助村民提升金融素养。在邳州市港上镇,金融村官帮助建设了党建引领金融驿站,为农民提供小额取款、账单支付、直播带货等便民服务,解决了村民金融服务需求。金融村官通过上门服务,为在外务工的村民提供融资支持,进一步打通了金融服务的“最后一公里”。截至 2024 年,金融村官已为全市“三农”领域提供贷款 61.46 亿元,较派驻前增长 21.60%。这一制度有效提升了农村金融服务的覆盖面和深度,推动了乡村振兴战略在基层的落地。

专栏 12.4.1　“金融村官”赋能乡村振兴新路径

为推动农村金融服务下沉,徐州市在全省率先推出“金融村官”制度,通过构建“党建+金融+乡村振兴”模式,积极带动资金、金融产品和服务下沉,助力农村经济高质量发展。该制度覆盖全市,选派金融机构的业务骨干深入基层,推动普惠金融与乡村振兴的深度融合,为农户和农业经营主体提供精准的金融支持。

徐州市在金融村官制度的实施过程中,着力解决农村金融服务覆盖不全的问题。金融村官通过走访乡村,全面了解农户的金融需求,并提供定制化服务。如在邳州市,金融村官通过设立村级金融服务站,帮助当地村民解决了日常缴费、取款等问题,极大提高了农村居民的金融便利性。类似的服务站已经遍布全市,打通了农村金融服务的“最后一公里”。

在服务乡村产业发展方面,金融村官同样发挥了关键作用。他们不仅帮助农户获得信贷支持,还通过农业保险等金融工具,降低农业生产的风险,推动产业发展。例如,沛县的金融村官通过引入特色农产品保险,为农户提供了更好的风险保障,同时协助当地农户获得资金,投入农业机械、农田改良等项目中,推动了农业的现代化发展。

金融村官制度在推动普惠金融和扶贫工作方面也表现突出。例如,丰县农商银行的金融村官通过创新信贷产品,帮助贫困农户获得资金支持,发展农业种植和养殖业,增加了家庭收入。截至 2023 年,徐州市金融村官累计为农村地区提供贷款超过 60 亿元,极大地推动了农村经济的可持续发展。

截至 2024 年,金融村官制度已帮助乡村振兴重点村和“三农”领域新增信贷资金 77.54 亿元,农村金融服务站的数量也逐年增加。各金融村官通过对接乡村金融需求,累计走访了 25 万户农户,发放了 34.36 亿元的贷款,有效促进了乡村产业的发展。未来,徐州计划进一步深化该制度,持续推动金融下沉,强化农村金融体系建设。

金融村官制度作为徐州探索乡村振兴金融支持的创新路径,不仅在乡村经济发展中发挥了重要作用,还推动了基层党建、乡村治理和金融服务的全面提升。这一制度的推广,为农村金融服务打下了坚实的基础,将会大大助力乡村振兴目标的实现。

12.5 科技金融:创新金融服务,促进科技产业升级

徐州市抓住科技金融融合发展的重要机遇,积极推动金融服务与科技创新的深度融合,构建了系统化、多层次的科技金融生态体系。通过大力发展科技型企业融资支持政策、推出创新金融产品和推动政金企深度合作,徐州为区域内的科技型企业提供了强大的金融支持,助力企业技术创新和产业升级。2023 年,徐州市的科技金融生态取得了显著进展,形成了良性循环的科技—金融—产业链条,进一步巩固了其作为区域科技金融中心的地位。

1. 金融服务平台改善科技企业融资环境

以“苏科贷”为代表的科技金融产品在全市范围内广泛推广,特别是在各县(市、区)实现了全覆盖,进一步拓展了金融服务的广度和深度。截至 2024 年 6 月底,徐州市的科技贷款发放规模位居江苏省前列,帮助了众多科技型企业渡过资金难关。此外,徐州不断完善线上融资平台,提升企业与银行的对接效率。截至目前,全市科技金融服务平台共为 1000 多家科技型企业提供了融资支持,累计贷款余额超过 75 亿元。这些举措不仅增强了科技企业的资金可得性,也促进了徐州高新技术产业的快速发展。

2. 知识产权质押融资，破解轻资产企业融资困局

面对科技型企业普遍存在的轻资产问题，徐州市积极推动知识产权质押融资创新，为企业提供了新的融资渠道。知识产权质押融资通过将企业的专利、商标等无形资产转化为可用的贷款抵押物，帮助企业破解传统贷款中缺乏固定资产抵押的难题。徐州市通过“苏知贷”“人才贷”等产品，支持企业凭借其创新能力和知识产权优势获得融资支持。2023 年，江苏银行徐州分行为华清能源等科技型企业提供了基于专利和人才优势的“人才贷”服务，使得企业在无实物资产的情况下顺利获得 300 万元贷款，快速推进了企业的发展。这一创新不仅为企业提供了强大的资金支持，还提升了科技企业的融资可得性，激发了企业的创新活力。截至 2023 年末，徐州市通过知识产权质押融资累计为科技企业发放贷款超 124.56 亿元，同比增长 40.5%。这一创新模式进一步巩固了徐州在科技金融领域的领先地位。

3. 精准科技金融政策助力徐州科技型企业快速发展

为支持科技型企业的发展，市政府出台了一系列精准的科技金融政策，有贷款贴息、风险补偿等，有效降低了科技企业的融资成本。2023 年，徐州农商银行与市科技局签订了战略合作协议，推出了包括“苏科贷”“科技人才创业贷”等多种专项产品，进一步撬动了科技型企业的资金需求。该合作机制帮助企业解决了融资难题，通过金融顾问机制提供了定制化的融资方案，有效提升了金融服务的精准性与有效性。同时，徐州市还通过“343”创新产业集群融资支持计划，进一步强化了金融资源向科技企业的倾斜力度。截至 2023 年 6 月，全市制造业贷款余额达到 1341.07 亿元，其中中长期贷款和信用贷款的占比分别为 30.31%和 19.85%，为科技企业的发展提供了强有力的金融保障。这些政策与合作有效推动了科技型企业的快速发展，使徐州成为科技金融协同创新的典范。

4. 产业基金助力徐州高端制造与“战新”产业集聚发展

徐州市通过设立产业基金，推动了战略性新兴产业和高端制造业的集聚与发展。徐州市政府设立的徐州智能制造产业专项母基金总规模达到 30

亿元,重点支持高端数控机床、特种车辆等高科技领域,吸引了国内外知名机构和企业的参与。该基金通过“母子基金+直投”的方式,促进了产业资本的高效集聚,为本地科技型企业提供了稳定的资本支持。2023 年,该基金累计投资项目数超过 70 个,资金规模超过 458 亿元,助力了多家企业的快速成长。通过此产业基金的引导,徐州市的高新技术产业链逐渐完善,推动了本地科技企业与全球先进技术的接轨。此外,基金的持续投资也促进了企业上市进程,截至 2024 年,已有 49 家徐州企业通过该基金的支持成功上市。这一系列举措助力了徐州市高科技产业的快速发展,也为该市成为区域科技创新高地奠定了坚实基础。

第 13 章　徐州金融生态环境建设

13.1　金融监管:线上线下联动,有效防范化解地方金融风险

近年来,针对金融风险种类增多、复杂性增强的总体趋势,徐州坚持底线思维和问题导向,统筹发展和安全,以“时时放心不下”的责任感筑牢风险防线,及时跟进新兴金融业态的监管服务,通过完善监管组织架构,更新监管技术手段,加强风险处置工作等方式,有效防范和化解了地方金融风险。

完善现代金融监管体系建设。发挥市金融风险化解委员会、金融工作议事协调机制及各专项工作机制作用,强化全市金融风险防控工作的统筹谋划和协调联动。统筹中央和地方金融管理资源,与市人行、国家金融监管局徐州分局密切协作,健全完善金融监管协调机制,进一步强化监管协调、政策交流、信息共享,重大事项沟通会商,解决行业风险监管空白、银企信息不对称问题,防范风险跨区域、跨市场传递共振。推动全市 95 家地方金融组织坚守主业、回归本源,形成竞争有序、各有侧重的普惠金融综合供给格局。法人政府性融资担保机构当年新增政银担风险分担业务金额占比居全省第 1 位,成为全省第一个实现转籍后在业农民资金互助合作社数量清零的设区市。搭建线上监管平台,织牢“线上线下监管一张网”,极大提升了地方金融组织监管水平,推动地方金融组织合法合规经营。

防范化解金融风险稳妥有序。以贯彻实施新颁布的《防范和处置非法集资条例》《江苏省地方金融条例》为契机,聚力防风险、守底线、保稳定,有力维护了全市良好经济金融秩序。制定实施《关于建立全市金融领域风险防控四项机制的通知》,修订《徐州市金融突发事件应急预案》,进一步强化风险防范化解的属地责任、监管责任和主体责任。新纪元期货公司风险处

置基本完成,江苏证监局解除相关行政监管措施,公司治理逐步规范,国盛集团稳妥接管,公司运营趋向好转,民事和解赔付达到96%以上,投资群体稳定可控,整体得到证监会主要及分管领导批示肯定。徐州全市48起5年以上案件完成处置38起,完成率达79.2%,保持江苏全省前列。2019年徐州不良贷款率居全省第1位,经过金融风险攻坚战,目前降至全省第7位。

加快非法集资陈案处置攻坚。加强与其他职能部门之间的工作协同和信息共享,联合市场监管局探索建立涉"金融"等字样企业、个体工商户"双随机、一公开"抽查工作机制;联合市网信办对部分网站平台开展"双随机、一公开"检查。创新排查、核查、处置非法集资风险工作举措,联合市场监管、发改、商务、教育、网信、审计等部门开展"十百千"百日会战,对排查发现的涉嫌非法集资风险线索,综合运用警示约谈、责令整改、刑事打击等多种措施,坚决做到"防早打小"。目前,徐州市防范非法集资形势持续向好,全市441起2019年底前立案陈案完成处置420起,完成率达95.2%(全市459起2020年底前立案陈案的处置完成率达91.5%,剩余39起,全省剩余1000起),保持全省前列,一大批涉访涉稳案件"案结事了"。创新举措防范非法集资风险。江苏省处非办以《抓好"四项工作"、坚决防早打小——徐州市排查核查非法集资风险工作案例》专报国务院处非联办。

13.2 金融政策:坚持服务实体,强化金融产业发展政策支持

近年来,徐州紧紧扭住金融服务实体经济这个根本,以产融合作试点为突破口,以金融服务制造业、普惠小微和乡村振兴为着力点,推动各项政策系统集成,扎实落地,对于徐州实体经济发展和金融产业自身的可持续健康发展发挥了巨大的推动作用。

全力推动产融合作试点创新。近年来,徐州相继发布了《金融赋能区域科创中心建设实施方案》《科技创新专项货币政策工具"徐创通"产品管理办法》《加强我市知识产权质押融资工作的通知》等一系列支持产业与金融互动发展的激励政策,不断探索技术、资本、市场、产品相融合的科创金融新模式,构建起涵盖制造业全生命周期的金融服务体系,全力营造良好的科创金融生态。目前,徐州市专精特新"小巨人"企业达41家,专精特新中小企业

达 458 家,创新型中小企业达 1931 家。如此庞大的企业数量,既得益于地方政策的大力支持、营商环境的精心打造等因素,亦与健全完善的金融体系紧密相连。2024 年 9 月,工业和信息化部公布了第三批国家产融合作试点城市名单,徐州市成为全国 29 个新入选试点城市之一。

全力推动金融惠企政策落地。近年来,徐州市充分发挥财政资金引导和撬动作用,各项金融惠企政策扎实落地,为经济社会发展提供坚强的财政支撑。积极创新再贷款再贴现使用模式,将再贷款再贴现政策与绿色转型发展、科技创新导向有机结合,加大绿色再贴现投放、创设科技创新支持工具"徐创通",引导金融机构深耕绿色企业金融服务。实施普惠小微贷款激励政策,相关部门联合开展政策宣讲,发挥好普惠小微贷款支持工具奖励比例从 1%提升至 2%的激励作用,撬动普惠小微贷款投放增量扩面。落实普惠小微贷款阶段性减息政策,引导金融机构充分利用 LPR 下行的有利时机,指导金融机构通过直接扣减、先收后返等方式,加大助企惠企力度,确保普惠小微贷款阶段性减息政策惠及当地小微实体经济。2023 年 10 月,徐州成功入选 2023 年中央财政支持普惠金融发展示范区。

全力推动金融服务乡村振兴。大力提高农业保险风险保障水平,深入推动三大粮食作物完全成本保险产粮大县(市、区)全覆盖,落地江苏省首单"大豆玉米带状复合种植保险"。"露地旱生蔬菜价格指数保险""瓜蒌气象指数保险"被省农险小组列为 2022 年度农业保险创新产品,获批成为全省首批三个生猪"保险+期货"项目试点地区之一,得到省级财政保费补贴支持。实施"金融五下乡"活动,即实施"金融资金"下乡、"金融科技"下乡、"金融知识"下乡、"金融人才"下乡、"金融服务"下乡,协助做好乡村产业发展项目对接、提供各类便民金融服务、帮助村民解决"急难愁盼"问题。加大对新型农业经营主体支持,建立新型农业经营主体在内的名单库,推动金融机构做好农业经营主体融资对接服务。目前,徐州农业保险收入规模在全国地级市中排名第 4 位,稳居江苏省第 1 位。

13.3　金融平台:多措并举搭平台,夯实金融发展良好基础

近年来,徐州以打造淮海经济区金融服务高地这一核心任务为主线,加

大金融供给侧结构性改革,建立健全各类金融载体平台,着力构建完善金融基础设施,在营商环境、征信平台、金融司法等服务平台建设等工作中取得显著成效。

搭建一站式服务平台。2024 年 9 月 15 日,徐州市云龙区举行淮海经济区金融服务中心一站式服务中心启用仪式。一站式服务中心整合了区数据局、大龙湖旅游度假区公安分局、区税务局、区司法局、区城管局、企业服务中心、金融工作专班 7 家单位服务资源,进驻了工商注册、企业税务、金融服务、法律援助等 22 个服务事项,为金融服务中心的各类企业提供“一站通办”“一次办成”服务。这是徐州市、云龙区深化“放管服”改革、优化金融营商环境的一次积极探索,对于满足金融机构多元化服务需求、防范化解金融风险、促进金融与实体经济深度融合具有重要意义。

搭建企业综合征信服务平台。在充分调研论证的基础上,徐州搭建了企业征信综合服务平台,通过政府搭台、数据整合、信用评估等手段,有效破解企业融资难、融资贵、融资慢等问题。平台利用大数据、人工智能等技术,基于平台数据分析模型和信用评价模型,精准评估企业信用;通过数据与技术挖掘中小微企业的融资潜力,为中小微企业及关联方与金融机构等适格机构、中介机构之间的投融资需求提供信息发布、信息交互、交易撮合服务及其他增值服务。目前,平台已整合法院、人行、税务、不动产、人社、公积金、住建、发改、市场监督、生态环境等多个部门单位的涉企数据信息,累计超 2.59 亿条,为企业精准画像,与市综合金融服务平台互联互通,化解银企信息不对称问题,累计解决企业融资需求 566.44 亿元。

搭建金融法治服务平台。2023 年 5 月,淮海经济区金融服务中心司法服务机构正式揭牌成立,集“云龙区人民法院金融巡回法庭”“云龙区人民检察院金融检察工作站”“云龙区金融纠纷调处中心”于一身,充分整合司法审判、金融监管、行业调处职能优势,加强联络沟通,深化府院联动,建立诉讼与非诉讼调解相衔接的多元解纷机制,为金融机构、金融消费者及中小投资者提供“家门口”司法服务,推动金融纠纷源头治理、双向分流、多元化解;成立金融检察工作站“专家智库”,对新型金融业态、新型金融犯罪开展专项研讨,为行业性、系统性金融风险的防范预警和重大决策提供参考,实现化解纠纷、防范风险的关口前移,共同筑牢防范系统性金融风险底线。

第 14 章　淮海金融服务中心集聚区建设

徐州淮海经济区金融服务中心建设被纳入徐州市顶层设计，旨在打造集金融服务、总部商务、高端人居等功能于一体的金融集聚区。中心规划总建筑面积为 151 万平方米，总投资为 110 亿元，汇聚 160 多家金融机构。核心区域包括淮海金融大厦和滨河商业街，分别定位为金融总部区和商务区，吸引了众多银行、证券等金融机构入驻。展望未来，中心将继续推动金融要素集聚，完善金融生态，助力徐州成为区域性金融服务核心承载区，推动淮海经济区整体发展。

14.1　前瞻规划，核心功能区布局逐渐成型

徐州淮海经济区金融服务中心的建设，早已纳入徐州市的顶层设计，成为推动区域金融产业发展的重要引擎。在近年来的规划中，淮海经济区金融服务中心被定位为建设淮海经济区核心金融地标和金融集聚区的重点项目。作为徐州建设“产业强市、区域中心”的核心支撑工程，淮海经济区金融服务中心旨在通过优化金融产业布局、集聚金融资源，推动徐州及周边地区的经济发展。

从项目的规划初期，淮海经济区金融服务中心就已经明确了要打造集“金融服务、休闲商业、总部商务、高端人居”等多元功能于一体的金融集聚区目标。材料显示，该中心的总建筑面积达到 151 万平方米，总投资规模达 110 亿元，汇聚了各类金融机构及企业总部。该项目于 2017 年正式提出建设，至今已初步形成以淮海金融大厦、滨河商业街等为代表的金融集聚效应。

淮海金融服务中心的核心规划包括搭建金融集聚区和金融总部区，围

绕银行、证券、保险等主要金融业态,构建包括金融信息、金融科技等高端金融要素的聚集区。中心不仅是徐州市的重要金融平台,也是徐州作为淮海经济区中心城市,推动区域协调发展的支撑性工程。

14.2 积极建设,金融集聚区效应逐步显现

随着淮海经济区金融服务中心建设的持续推进,集聚效应已逐步显现,特别是在统筹金融资源、引进和培育金融机构方面,取得了显著成果。

截至2024年上半年,该金融集聚区已进驻或签约的银行、证券类金融机构及总部型企业超过160家。其中,金融大厦和商业街区已竣工投入运营,淮海金融大厦作为金融中心的地标性建筑,吸引了招商蛇口、江苏知链科技、浙商证券等一批金融企业入驻。在实际建设过程中,徐州通过不断完善金融生态系统,增强区域金融的辐射力和集聚能力,极大地推动了区域实体经济与金融产业的协同发展。例如,非凸智能科技、齐盛期货等多家金融机构入驻该中心后,进一步提升了徐州作为金融集聚区的吸引力和影响力。此外,徐州的营商环境改善,也为金融服务中心的建设提供了优质支持,从而推动了资金、人才、技术等金融要素的有效集聚。

1. 淮海金融大厦片区:“淮海经济区的金融地标”

淮海金融大厦作为淮海经济区金融服务中心的核心区,是徐州在金融领域的重点建设项目之一。该片区定位为金融总部区,主要吸引包括银行、证券、保险等金融机构成立总部办公区。到目前为止,已有东吴证券、中关村领创金融等50余家金融机构签约入驻。淮海金融大厦不仅是徐州经济发展的核心引擎之一,还将成为淮海经济区内具有广泛辐射力和影响力的金融服务平台。

2. 滨河商业街片区:“高端商务与金融服务相结合”

滨河商业街位于淮海经济区金融服务中心的东部,是集金融服务、商业办公、休闲娱乐于一体的多元功能区。该片区不仅提供办公空间,还为入驻企业提供了完善的商业配套设施。随着金融服务中心的建设稳步推进,滨

河商业街已成为金融机构与商业服务机构互动融合的主要平台，进一步推动了徐州区域经济的高质量发展。

14.3　未来展望，打造区域性金融服务核心承载区

展望未来，淮海经济区金融服务中心将继续推动金融要素集聚，巩固金融核心区的功能和影响力。徐州市政府明确了未来几年内要进一步提升淮海金融大厦片区、滨河商业街片区等区域的建设水平，推动徐州成为区域性金融中心的重要承载区，带动淮海经济区的整体发展。

徐州淮海经济区金融服务中心的建设，既是徐州市实现产业升级和经济转型的关键举措，也是带动淮海经济区整体发展的核心引擎。在政府的前瞻性规划和积极推动下，该中心的建设成效显著，金融集聚效应初步显现。展望未来，淮海金融服务中心将继续优化布局，提升功能，力争打造成为区域性金融服务的核心承载区，为徐州乃至淮海经济区的经济发展提供强有力的金融支持。

1. 淮海金融大厦片区

作为淮海经济区的核心金融集聚区，淮海金融大厦片区将在未来继续吸引更多跨境金融、财富管理等高端金融业态的入驻。预计该片区将进一步加快发展金融科技、供应链金融等新型金融服务，形成更具规模的金融生态圈。同时，淮海金融大厦还将通过加强与其他金融中心的合作，推动金融资源的跨区域流动与整合，助力徐州金融产业的全球化进程。

2. 滨河商业街片区

滨河商业街的未来发展定位为金融商务区，将继续引进更多的商业银行、投资机构和金融服务企业。徐州市计划在该片区推动更多金融科技与商业服务融合，进一步促进金融产业与商业服务深度协同发展，形成产金融合的全生态金融服务区。

第 15 章　徐州金融中心发展展望

在加快建设金融强国的宏伟蓝图下，在数字经济迅猛发展、绿色转型全面推进的时代大潮下，徐州金融中心建设应该牢牢坚持金融服务实体经济的根本宗旨，打造淮海经济区产业资本融通高地、数字金融发展高地、绿色转型金融高地、金融人才服务高地和金融生态示范高地，成为区域金融资源集聚、金融功能特色突出、服务实体经济畅通有力的区域性金融中心城市，为高质量建设淮海经济区中心城市，全力推动中国式现代化徐州新实践提供关键支撑。

15.1　打造淮海经济区产业资本融通高地

产业资本通过产业协同与链接、产业链招商、国资布局优化等多种方式，直接参与到产业链的构建中，是推动产业链优化升级的核心力量。目前，徐州正积极推进主导产业强链补链延链，可充分发挥财政和国资引导撬动作用，多渠道引进、培育和壮大政府投资基金、央企国企背景基金、企业创投（CVC）、高校创投等多元化基金主体，撬动各类社会资本设立种子基金、天使基金、VC/PE 基金、产业并购基金、S 基金等，建立全生命周期基金投资体系，不断涵养壮大耐心资本和长线资金，打造区域性产业资本形成中心和融通枢纽。

一是引进发展多元化产业基金。围绕“343”创新产业集群布局，建立基金“靶向招商”工作机制，建立项目线索台账并持续跟进与徐州产业方向契合的国家大基金、央企国企背景基金、江苏省级产业基金等项目。充分发挥徐工集团、维维集团等龙头带动作用，支持有条件的产业龙头企业、大型科技企业和上市公司发起设立或与专业投资机构共同设立创投机构（CVC），围绕主业发展及上下游配套企业拓展开展股权投资、并购重组和资源整合。积极引进国内外知名、具有资金管理规模和丰富运作经验优势的基础设施基金管理机构，在徐州及淮海经济区开展城市基础设施投资业务。支持本地高校院所联合风投创投机构设立天使基金、种子基金、概念验证及中试转化基金，推动科技成果转化及产业化，实现对本地优质项目接续性支持。

二是发挥国有资本投资带动作用。以“政府引导类基金、战略性新兴产业类基金、国企市场化类基金”三类基金错位发展为横轴，以“343”创新产业集群和“5+X”未来产业体系等特色产业发展为纵轴，全面谋划布局全市基金业务发展，引领和带动更多基金管理机构在徐州注册并形成集聚。探索以“揭榜挂帅”机制遴选基金管理人，优化尽调、立项、投资决策机制，畅通创新链、产业链、资金链、人才链融合发展，实现基金服务投资项目种子期、初创期、成长期、成熟期全过程，构建覆盖徐州全产业领域、全市场企业、全周期项目的基金矩阵。

三是优化“募投管退”全链条发展。积极争取社保基金、养老金、保险资金、理财资金与优质创投机构、政府投资基金合作，聚焦徐州“343”创新产业集群开展投资。支持创投机构发行创投专项债务融资工具、双创债等用于企业股权投资。支持银行探索创投类贷款模式，围绕创投基金募资、投资等方面，开发相适应的创投类贷款产品体系。引进和发展私募股权二级市场基金（S 基金），拓宽创投项目缓释和退出通道。鼓励发起设立产业并购基金，以“上市公司+并购基金”“并购基金+并购贷款”“并购基金+夹层投资”等方式，更好地满足企业并购重组和产业转型升级需求。

四是畅通产业和资本对接渠道。协调各产业部门，聚焦“343”创新产业集群，建立早中期不同成长阶段的优质企业项目库，开展融资路演、企业对接等活动，引导创投机构投资布局优质硬科技项目。依托专业投资机构和第三方服务机构，探索建立已投企业项目库，将符合条件的创业投资、股权投资机构已投企业纳入全市上市后备目标企业库，加强配套服务和赋能，对被投企业提供上市辅导培训服务，同时在融资、市场拓展等方面提供支持。支持创投机构与金融机构合作，探索“投贷联动”“投债联动”“投保联动”等业务新模式，在企业生命周期中前移金融服务。支持有条件的产业园区与创投机构对接，建立“基金+基地+产业集群”发展模式，打通产业链创新成果转化渠道,构建要素集聚、产融结合、良性互动的创投生态圈。

15.2 打造淮海经济区数字金融发展高地

近年来,徐州市委市政府创新提出了培育“343”创新产业集群的构想,以增强产业链供应链韧性和安全水平为基础保障,加快构建以先进制造业为骨干的现代化产业体系。供应链金融是产业集群发展、产业韧性建设中至关重要的战略性工具和手段,通过供应链金融数字化,实现商流、物流、资金流、信息流的“四流合一”和参与各方的极致协同,是供应链金融发展的必然趋势和理想状态,打造数字供应链金融创新高地是徐州打造全国有地位、全球有影响的制造业强市,建设淮海经济区金融服务中心的战略选择。

一是搭建数字供应链金融公共服务平台。借鉴常州供应链公共服务平台建设经验,支持徐州国企平台联合有实力的数字供应链企业、金融机构,搭建徐州数字供应链金融公共服务平台,充分运用大数据、云计算、区块链等前沿技术,打造商流、资金流、物流、信息流高度匹配的“四流合一”的数字化供应链金融服务平台。支持平台聚焦徐州以“343”创新产业集群为支撑的现代化产业体系,积极引导核心企业入驻,围绕核心企业上下游真实贸易场景,为链属企业量身定制数债凭证、订单贷款、仓单质押贷款、票据融资及应收账款资产池质押贷款等多元化供应链金融产品,从企业注册登记、融资申请到银行审核放款全部在线管理操作,大幅提高产业链整体融资效率。支持平台聚焦专精特新中小企业,提供一站式、定制化的供应链金融服务,基于多行业、多场景优质产业链生态,围绕企业在订单、生产、结算等不同阶段的应收账款资产,全面整合供应链上下游信息,实现系统互通、数据整合、风险管理、升级服务等功能,推动徐州市产业链的转型升级和高质量发展。

二是加快供应链金融数字化转型与金融科技赋能。鼓励徐州金融机构加速供应链金融产品服务和管理的数字化转型,提升全线上化的供应链融资支持能力和支付结算便利化程度,构建基于供应链场景的大中小企业融合的数字信用体系和动态风控模式。支持各类参与主体运用金融科技,推动供应链交易的可视、可感、可控。鼓励各类参与主体加强信息共享,协同金融机构开发线上化、数字化供应链金融产品。支持行业协会组织研究金融科技应用标准和供应链金融平台技术应用规范。支持徐州金融机构积极与外部科技企业合作,推动仓单申请、授信、质押、登记到放款的全流程操作线上化,并借助区块链技术等达成对数字仓单质押信息的存证及可溯可控,提升押品管理能力。鼓励金融机构聚焦徐州工程机械、绿色低碳能源、新材料等重点特色产业,与重点行业龙头企业开展深入合作,打造行业型供应链金融,深入挖掘典型供应链场景,围绕企业产、供、销全生命周期,为供应链客户提供融资支持、账户管理、支付结算等全方位服务,构建"核心企业+协同企业+链网式金融"综合金融服务体系。

三是打造领先的数字供应链金融信用风控体系。联合核心企业、金融机构构建完善徐州供应链金融信用体系,率先制定统一的信用评估标准和分级体系,打通相关政府部门数据壁垒,授权公共性数字供应链金融服务平台开展大数据整合与共享,支持金融机构以合规形式采用供应链企业的财务数据、生产数据、电水消耗、订单数量等数据,构建适用供应链场景的中小企业数字信用体系和动态风控模式。研究建立供应链金融动态信用评价体系,探索供应链金融运营数据的归口管理和动态监测。鼓励各类参与主体依托供应链金融公共服务平台、动产融资统一登记平台、中征应收账款融资服务平台等基础设施,提高动产权属管理能力,防范重复质押、空单质押以及基于关联交易或虚假贸易的自融行为。建立金融监管部门、地方政府、行业协会多层次的合规管理和监督体系,推动跨部门信息归集共享和制度协同,落实"联合激励、联合惩戒"措施。依法严厉打击利用供应链金融名义进行的非法集资、虚构贸易、虚构应收账款融资、信用滥用等各类违法违规活动。加强对数字化转型中的数据治理规范管理。

四是构建数字供应链金融发展生态圈。建设以供应链金融科技为主题的园区或楼宇,出台专项政策定向引进国内外金融科技公司、金融机构技术部门、技术服务提供商、创业团队、研发团队入驻,鼓励金融科技初创企业进行数字供应链领域创新试点。鼓励产学研合作,支持供应链金融科技企业或团队在徐州的高校和科研院所内设立供应链金融数字技术研究中心或产教结合基地,推动科研成果的落地和应用以及复合型人才培养。探索常态化举办徐州数字供应链金融发展论坛,吸引国内外专家学者和行业领袖,共同探讨技术发展趋势和应用场景,提升徐州在国内数字供应链金融领域的影响力和话语权。积极组织本地金融机构、产业链核心企业联合研究机构、金融科技头部企业开展数字供应链金融领域的前瞻性课题研究和标准体系建设,研究建立产业数字金融及供应链金融相关评价体系、标准规范、参考模型和发展指数等。

15.3 打造淮海经济区绿色转型金融高地

目前,徐州已初步走出产业转型"阵痛",但作为老工业基地和资源转型城市,徐州传统制造业所涌现的新技术、新业态、新模式融合不足,代表新质生产力的"高精尖"先进企业规模和质量有限,大量传统产业亟待进行高端化、智能化、绿色化转型,却得不到足够的金融支持。大力发展绿色金融,率先开展转型金融实践,打造绿色与转型金融先行区,用金融手段加快助推转型发展,更好地满足大规模能源结构、产业结构转型的投融资需求,是徐州金融中心建设的必由路径之一。

一是加快制定绿色和转型金融支持目录。借鉴湖州经验,加快制定《徐州市绿色与转型金融支持目录》,明确转型行业类目、低碳转型技术或路径、低碳转型基准值和目标值四部分,构建适应徐州产业特点的绿色与转型金融界定标准,避免"假转型",确保重点行业的低碳转型方向。采用"白名单"与"技术中立"原则,因地制宜选择钢铁、焦化、水泥、热电、化工等徐州传统高碳产业,梳理细分行业门类,规划转型技术或路径,为企业指明未来低碳转型技术方向。针对细分行业设置低碳转型基准值和目标值,做到科学性与适用性相结合。联合金融机构推出转型金融评级标准,将目录内企业的转型进度、环境表现、碳排放水平等因素纳入评级标准,基于评级结果,支持金融机构设计分层的金融服务,针对转型等级较高的企业提供更低的贷款利率、更高的信贷额度。

二是大力建设数字化碳金融平台。充分利用江苏省"双碳"试点建设机遇,搭建淮海经济区数字化碳金融服务平台,通过数字化手段构建企业碳账户体系,统一管理和监控企业的能耗和碳排放情况,实现碳排放数据的集成、金融政策的精准匹配及实时追踪,为企业、个人、金融机构、政府部门等多元主体提供一站式碳金融服务。加强碳账户在碳中和银行评审定级、金融机构环境信息披露等领域的应用,为实现转型企业快速识别、转型进度实时跟踪、转型企业披露信息安全共享、转型风险动态监测以及金融机构服务转型活动提供全流程支撑。针对碳核算成本高、效率低、取数难等痛点堵点,加强部门协同,一键归集电、热、气、煤、油等企业能耗数据以及总资产、亩均税收等商业特征数据。同时,推动银行客户经理线下采集企业经营数据,开展在线报数,配套建立监测核查、考核通报与数据采集激励机制。

三是丰富完善绿色与转型金融工具。支持徐州金融机构对高碳行业实施精准分类管理,坚持差异化政策,面向徐州高碳产业投放可持续发展挂钩贷款(SLL)。借鉴湖州经验,创新开展基于工业碳效码的小微“碳效贷”,通过企业碳效分级清单式管理,投放“碳效贷”。支持徐州金融机构在碳减排支持工具的基础上,面向煤炭安全高效绿色智能开采、煤炭清洁高效加工等领域投放煤炭清洁高效利用专项再贷款。引导金融机构设立专项信贷通道,为优质的低碳转型项目提供加速审批和信贷政策倾斜,缩短放款周期,确保项目的及时推进。与中国银行、建设银行等已发布转型债券框架的大型国有银行开展战略合作,引导国有大行支持徐州大中型高碳行业转型项目发行转型债券、低碳转型(挂钩)债券。探索设立“徐州转型基金”,通过财政资金与社会资本的混合投资,推动传统产业转型发展。

四是完善绿色与转型金融政策激励机制。针对绿色尤其是高碳行业的转型活动,加强多部门联动,构建“财政+金融+产业”协同的政策支持体系。在财政政策方面,对被纳入转型企业清单、转型目标达到时序进度的企业给予制造业中长期贷款贴息补助;对于开展转型金融信息披露、实现公正转型的企业,给予补助额度上浮激励。在货币政策方面,积极争取碳减排支持工具、支持煤炭清洁高效利用专项再贷款等低成本资金,以优惠利率引导信贷资金投向低碳转型领域。在监管政策方面,指导金融机构向上争取政策支持,对转型企业单列授信政策,适当提高不良容忍度,破解授信准入问题。在产业政策方面,产业部门可结合转型企业碳效、信息披露等表现,为转型企业定向提供政策支持,如提高工业用地抵押率、提供小微园区集中优惠政策等。在反向惩戒方面,将碳效指标纳入综合绩效评价,强化结果运用,实施差别化电价供给,倒逼企业改造提升。

15.4 打造淮海经济区金融人才服务高地

依托徐州淮海经济区中心城市和省域副中心城市叠加的战略地位,结合交通、载体等优势,重点引进金融数据处理、金融数据灾备、客户呼叫服务、人才培训、金融创新产品研发等全功能金融中后台服务平台。随着龙头企业金融中后台的集聚,逐步从最初集聚最基础的金融后台业务,向金融中端管理业务、核心研发业务转型升级,实现从价值链的低端向高端延伸。

一是引进金融后台服务总部。规划建设金融后台机构集聚空间载体,按照各类金融后台服务产业的特殊需求,设计建筑物的内部层、供电容量、通信配套等,打造承重能力强、配套设施齐全的金融后台建筑群。积极吸引全国性金融机构在徐州设立区域性总部机构、专业性总部机构、后台服务机构,布局设立综合后援中心、营运中心、票据处理中心、资金中心、信用卡中心、呼叫中心、数据中心、档案中心等。大力发展金融服务外包,引进培育金融信息技术外包(ITO)、金融知识流程外包(KPO)等领域服务外包机构,逐步扩大集聚规模,提升服务专业化水平。

二是打造金融交流平台。积极引进和培育具有行业影响力的金融论坛、行业峰会等,与国内外知名的金融论坛、研讨会等组织机构合作,以设立永久会址等方式在徐州定期举办活动,打造集外联、推介、引才等于一体的徐州金融会议论坛品牌,扩大徐州金融对外知名度和影响力。广泛开展金融交流合作,探索成立淮海经济区金融发展联盟、转型与可持续金融发展联盟等常态化交流平台。积极与北京、上海、深圳等国内金融中心交流,深化在金融市场、机构、人才等领域的合作。

三是打造金融培训基地。探索设立金融培训学院,与国内外知名的金融机构、高校、培训机构合作,共同建立金融培训学院,提供系统的金融教育和培训服务,根据金融行业的不同需求和岗位特点,开设涵盖金融理论、实务操作、风险管理、创新产品等多个方面的课程,满足不同层次的学习需求,大力引进优秀教师资源,聘请国内外知名的金融学者、专家和实践经验丰富的业内人士作为讲师,为学员提供高质量的教学和指导。与国内培训机构合作开展国内外知名的金融资格认证考试培训,如 CPA、CFA、FRM 等,以培训补贴、考费补贴等方式,鼓励金融人才积极参与金融资格认证,提升其职业价值。与本地金融机构和企业合作,建立实习实训基地,为学员提供实践机会和就业渠道,吸引和培育一批青年金融人才。

15.5　打造淮海经济区金融生态示范高地

金融生态就是影响金融市场运行的外部环境和基础条件,囊括了法律制度环境、公众风险意识、中介服务体系、市场信用体系、行政管理体制等多方面的内容。良好的金融生态环境,是金融业持续健康发展的重要保障,对于推动金融市场充分发挥资源配置功能、降低金融交易成本、促进经济高质量发展具有重要的作用。近年来,徐州把建设淮海经济区金融服务中心作为推进中心城市建设、提升城市能级的重要抓手,徐州地方金融的集聚效应和辐射淮海经济区的影响力稳步提升。未来,吸引和留住更多金融资源向徐州汇聚,需要进一步优化金融生态环境,将金融生态“软环境”打造成徐州金融“硬招牌”。

一是进一步优化金融发展政策支持环境。强化淮海经济区金融服务中心发展财政支持力度,加大对金融市场发展、金融机构体系建设、金融服务实体经济、金融创新、金融人才队伍建设等方面的补贴、奖励和扶持,建立完善的激励机制。定期梳理分析国内外金融先进城市金融扶持政策,及时对标借鉴金融业发展成功经验,结合徐州市现有政策情况,不断完善徐州金融政策支持体系,补齐金融支持政策短板。加强产业政策、金融政策的协同性管理,推动构建实体经济与金融体系良性互动的高质量发展格局。依托淮海经济区中心城市、省域副中心城市、国际消费中心城市、中国(江苏)自由贸易试验区联动创新发展区、国家可持续发展议程创新示范区、国家产业转型升级示范区等重大机遇,积极争取创新试点和政策。推动江苏省将金融机构和平台布局、创新试点等资源向徐州倾斜,同时为江苏金融支持制造强省建设做出徐州贡献。引导各区汇集各级支持政策,根据区内实际情况不断完善金融扶持政策体系,形成省市区“政策包”“服务包”叠加效应,提升对金融机构和人才的吸引力。

二是进一步优化信用环境。积极参与“信用长三角”建设,鼓励徐州市征信平台依托长三角“征信链”平台,综合利用区块链等新一代信息技术,推进政府部门、金融机构、监管机构、征信评级机构等合法合规开放和共享数据信息,提高数据综合利用水平,实现信用数据跨区域、跨部门、跨机构共享,打造“征信机构+银行+监管+数据源单位”四方互联互通新模式。引进和培育专业信用服务机构,在依法合规、保障信息安全的前提下,鼓励国资地方征信平台与市场化机构合作,促进地方征信平台合法、规范、可持续发展;鼓励以合资、合作等形式,引进信用评级、信用担保、信用咨询、信用调查、信用科技、商账管理等信用相关业态服务机构。强化对金融领域的违法失信行为的打击力度,依法从严惩治严重危害金融安全的犯罪,对金融诈骗、恶意逃废债、欺诈性索赔、非法集资等不法行为实施更为严厉的惩罚措施,维护公平诚信的金融市场秩序。引导行业协会加强诚信自律,支持新闻媒体开展诚信正面宣传和舆论监督,鼓励社会公众共同积极参与诚信建设活动。持续推进信用修复服务的拓展和优化,充分发挥信用建设服务实体经济的作用,加大信用修复宣传引导,编制信用修复流程指南宣传册等资料,多渠道发布信用修复最新政策,不断提升企业信用修复意识,规范信用修复告知流程,持续做好企业信用修复跟踪服务工作,帮助更多企业重塑信用,营造更优营商环境。

三是进一步推进金融法治环境建设。充分发挥淮海经济区金融服务中心司法服务机构整合司法审判、金融监管、行业调处的职能优势,加强联络沟通,深化府院联动,建立诉讼与非诉讼调解相衔接的多元解纷机制,探索“线上+线下”“裁决+调解”的金融纠纷高效化解模式,为金融机构、金融消费者及中小投资者提供“家门口”司法服务,推动金融纠纷源头治理、双向分流、多元化解。强化徐州金融领域法律服务队伍建设,加强对执法、司法人员金融知识和业务的培训,提升金融领域法律服务理论水平及实务能力。深入推进“产业链+法律服务”纾困解难促循环工作,充分发挥淮海经济区金融服务中心公共法律服务工作站助企功能,选派熟悉金融领域法律法规的专业律师驻点服务,围绕“金融风险法律应对”“反诈同心 法企同行”等主题,做好“淮海金融法律沙龙”“普法路演”“法治坐诊”等精准化、专业化法律服务产品,帮助企业防范和化解金融风险,助力企业行稳致远,为金融安全稳定贡献法治力量。探索建立法治观察点,广泛征集金融重点领域和新兴领域法治建设的意见和建议,以基层依法治理新实践筑牢法治化营商环境建设根基。

四是完善优化地方金融监管环境。强化金融监管责任,守住不发生系统性金融风险的底线,按照当前地方金融监管机构的改革方向,积极探索构建央地协同、区域协同机制。切实提高监管有效性,强化监管统筹协调,全面实施机构监管、行为监管、功能监管、穿透式监管、持续监管"五大监管",切实提高金融监管有效性,将各类金融活动全部纳入监管,消除金融监管真空。加强监管力量,提升专业工作能力,强化监管责任,完善机制队伍建设。做好地方金融组织准入(退出)、事中事后监管。通过开展现场监管、非现场监管、分类监管,加强地方金融组织日常监管,切实推动"减量增质",强化预警研判能力,提高预警水平。全面推进地方金融监管数字化转型,积极运用云计算、人工智能、大数据分析等技术,构建数字监管体系,提升行业监管质效。

附录 A　中国金融中心指数评价方法

CDI 中国金融中心指数(CFCI)是在前人研究的结论基础上,综合运用产业发展、金融发展和城市发展等方面理论,充分考虑我国城市统计数据特征,并听取、借鉴大量来自政府部门和金融机构专业人士意见后,形成的一个目前适用于中国境内金融中心竞争力评价的动态评估指标体系。

一、研究框架:“钱才”集聚论

金融中心实际上是金融资源相对集聚的场所,其中金融资源包括金融资本、金融机构、金融市场、金融人才、金融信息等方面。因而,金融中心的建设机理很大程度就是金融资源的集聚机理。

关于金融资源的集聚机理,我们在第三期指数报告提出了“钱才集聚论”(如图 A.1 所示):从本质上来说,金融中心的形成和发展可以归结为“钱才”集聚。“钱”指的是金融资本,“才”指的是金融人才。

“钱才”集聚全面地体现了各类金融资源的集聚,“钱才”本身是最重要的金融资源,其他资源如金融机构、金融市场、金融信息、金融产品等都是“钱”“才”的结合。

金融中心的“钱才”集聚论可以较好地解释金融中心形成和发展的客观规律。

“钱”即金融资本集聚方向是什么? 资本有着逐利的本性,“钱”往高处流,即资本流向能够带来高盈利的地方。

“才”即金融人才集聚方向是什么? “才”往“两高”流,即人才流向高收入和高生活质量的地方。

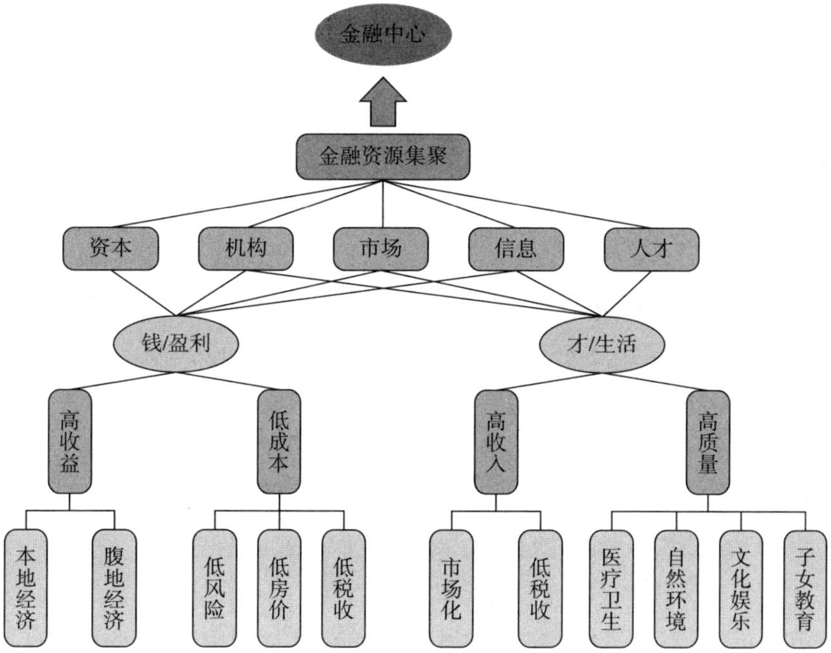

图 A.1　金融中心的“钱才集聚论”

二、指标设计原则

设计科学合理的指标体系是开展金融中心竞争力评价的基础。在设计指标体系时，既要考虑金融竞争力构成的理论要素，评价指标对金融中心竞争力的代表性，也要考虑所选指标原始数据的可得性。CFCI 指标体系设计遵循以下原则：

（1）全面性原则。基于金融中心竞争力构成因素的复杂性，CFCI 指标体系设计应尽可能全面地囊括可以反映金融中心竞争力的指标。一些指标之间也许存在一定的相容性或相关性，但为了能够全面地反映城市金融竞争力的不同方面，并不将这些指标排除。

（2）可操作性原则。基于我国城市统计工作的实际情况，有些理想的或理论上的评价指标很难获得有效的数据，在指标体系设计时需要考虑用其他指标加以代替，以确保所确定的指标都能获得相应的统计数据。

（3）启示性原则。编制 CFCI 的目的除能够全面反映我国各金融中心发展概况之外,还期望能够为更好地进行我国金融中心建设提供一定的启示,因此指标体系设计也围绕这一基本目的而展开。

(4)层次性原则。为了能够更好地发现和分析各金融中心城市金融业发展的优势和差距,在设计指标体系时需要对众多的指标进行归类,建立起分级、分层次的指标体系,如图 A.2 所示。

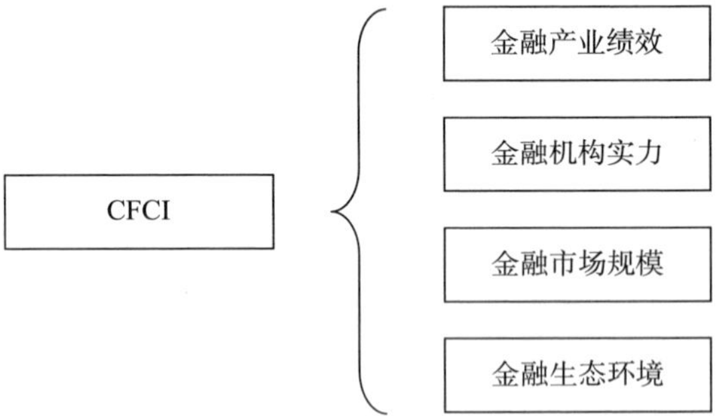

图 A.2　CFCI 指标框架

三、指标框架体系

基于“钱才集聚论”的框架模型,我们建立了中国金融中心竞争力评价体系。CFCI 一级指标体系有四个:金融产业绩效、金融机构实力、金融市场规模和金融生态环境。前三个为显示性指标,第四个为解释性指标。“金融产业绩效”是金融产业发展的直接结果体现,也反映了一个城市进行金融中心建设给城市发展带来的利益;“金融机构实力”体现了金融中心金融市场主体发展概况及其金融业务开展的状况;“金融市场规模”体现了金融中心在国家或区域金融集中交易市场中的地位;“金融生态环境”则反映金融中心发展的基础和潜力。在本指数的四个一级指标中,“金融产业绩效”“金融机构实力”“金融市场规模”是“钱才”集聚的面相,而“金融生态环境”是“钱才”集聚的背影,从而可以较全面地反映一个城市的金融产业发展水平和发展趋势。

(1)金融产业绩效。金融产业对一个城市的社会经济发展有着重要的推动力,根据产业经济的乘数理论,这一推动力的大小依赖金融产业的直接产出,以及金融产业所控制的金融资源。本期我们将金融产业绩效划分为产出带动水平和业务发展水平两个评价维度,三级指标包括金融产业增加值、金融业从业人员、金融业务规模、业务相对水平等,是金融竞争力的直接和综合体现。

(2)金融机构实力。金融机构通常包括银行、保险、证券三类,是城市金融产业的主体。有影响力的金融机构的集聚对于推动金融创新和城市金融业的发展能够起到支撑性作用,一个城市金融机构的综合实力很大程度反映了城市金融竞争力。此外,金融机构实力还反映了一个城市金融业务量的大小,如人民币存款、贷款等。

(3)金融市场规模。金融市场是金融工具交易的场所,也是金融创新的重要场所,主要包括货币市场、股票市场、债券市场、黄金市场、外汇市场、衍生品市场和产权交易市场等。金融市场的规模和交易活跃程度是吸引和汇聚金融交易者、金融机构和金融人才的重要因素,对于提升城市金融辐射力起着至关重要的作用。

(4)金融生态环境。城市金融业发展不仅仅有赖于金融产业本身,更与城市社会经济发展的各个方面息息相关。城市金融业发展的外部环境统称为金融生态环境,是城市金融竞争力的解释性因素。CFCI 评价体系中,金融生态环境是构成综合竞争力的四大一级指标之一,主要通过衡量金融人才环境、商业环境以及国际化环境来反映金融业发展所需的外部环境优良度。

四、具体指标设计

第 15 期 CFCI 对指标体系进行了小幅的优化和调整,将“本地证券交易量”调整为“本地股票基金交易量”,将“证券交易量与 GDP 之比”调整为“证券交易量在全国占比”,指标总数与上期保持一致,目前指标体系的一级、二级、三级和四级指标如表 A. 1 所示,共有四级指标 87 个。

表 A.1 CFCI 四级指标体系

一级	二级	三级(四级)
金融产业绩效	产出带动水平	金融业增加值(金融业增加值及其近三年平均增长率、金融业增加值占当地 GDP 比重)
		金融从业人员(金融业从业人员数及其近三年平均增长率、从业人数占常住人口比重)
	业务发展水平	金融业务规模(金融机构本外币存款余额、贷款余额、本地股票基金交易量、保费收入)
		业务相对水平(存、贷款余额与 GDP 之比,本地证券交易量在全国占比,保险深度,保险密度)
金融机构实力	银行类机构	商业银行(本地法人商业银行数量、法人商业银行资产总规模、商业银行支行数)
		其他非银信贷类机构(法人信托公司、法人财务公司、汽车金融公司、消费金融公司)
	证券类机构	证券公司(本地法人机构数量、资产规模、证券营业部家数、证券公司专项业务子公司数)
		公募基金管理公司(本地法人机构数量、资产管理规模)
		期货公司(本地法人机构数量、资产规模)
		私募基金(管理人数、基金产品数)
	保险类机构	本地法人保险机构(法人保险公司数量、资产规模、保险类资管公司)
	地方金融组织	小额贷款机构数
		融资租赁机构数
		融资担保机构数
		商业保理机构数
金融市场规模	货币市场	同业拆借市场(成交金额)、回购市场(交易额)、票据市场(贴现总额)
	股票市场	市场规模(上市公司家数、上市公司总市值、成交金额)、市场融资能力(股票发行额)
	债券市场	银行间债券市场(现券交易额)、交易所债券市场(现券交易额)
	黄金、外汇及衍生品市场	黄金市场(黄金交易额)、外汇市场(日均成交额)、金融衍生品市场(股指期货成交额)、商品衍生品市场(商品期货交易额)
	资本市场利用	上市水平(A 股上市公司数、新三板挂牌数、新增 IPO 数)
		直接融资水平(本地 A 股市场累计融资额、年度新增融资规模)
	区域要素市场	区域股权(挂牌企业数量、市场筹资规模)

续表

<table>
<tr><th>一级</th><th>二级</th><th>三级(四级)</th></tr>
<tr><td rowspan="11">金融生态环境</td><td rowspan="4">人才环境</td><td>教育环境(普通高等学校在校学生数、普通高等学校数、"双一流"高校数、每名普通中学专任教师负担学生数、每名小学专任教师负担学生数)</td></tr>
<tr><td>医疗卫生(具备器官移植资质的医院数、每万人拥有医院病床、每万人拥有的医生数)</td></tr>
<tr><td>城市环境(人均公园绿地面积、空气质量优良率、城市交通健康指数、每百万人城市轨道交通里程)</td></tr>
<tr><td>生活质量(金融从业人员年均收入、城镇居民家庭人均消费支出、住宅房价收入比)</td></tr>
<tr><td rowspan="4">商业环境</td><td>经济基础(地区生产总值、人均地区生产总值、GDP 增速)</td></tr>
<tr><td>专业服务(执业律师数、注册会计师数、专业保险中介机构数量)</td></tr>
<tr><td>政策环境(金融业发展促进政策支持力度、产业政策友好度)</td></tr>
<tr><td>地方风险控制(地方政府负债率、地方政府债务率、近三年违约债券余额占比、银行业不良贷款率)</td></tr>
<tr><td rowspan="3">国际化程度</td><td>机构国际化(外资金融机构营业性机构数、外资金融机构代表处数)</td></tr>
<tr><td>经济外向度(实际利用外资、进出口总额、国际旅游收入)</td></tr>
<tr><td>国际影响力(入境游客接待数、国际航班起降架次、金融中心国际知名度)</td></tr>
</table>

五、数据处理方法

确定指标体系后,我们通过多种渠道搜集城市数据,并对数据进行标准化和指标赋权,最终计算出 CFCI 指数。

(1)数据来源。CFCI 所采用的客观数据,以各城市公布的统计年鉴数据为基础,结合使用金融监管机构和金融机构的统计数据。

(2)数据标准化。CFCI 对各项指标"锚定"一个基准值,各城市在该项所获标准化得分取决于城市指标原始值与锚定基准值之间的比例关系。即

对于正指标(即数值越大越好的指标):

标准化得分 = 指标原始值/锚定基准值

对于逆指标(即数值越小越好的指标):

标准化得分 = 锚定基准值/指标原始值

(3)指标赋权。各指标对上级指标的贡献权重由众多专家打分确定。给 CFCI 各指标赋权专家包括各地政府金融办人员、金融监管机构人员、金融机构从业人士、金融业知名专家以及 CDI 课题组成员。

(4)计算指数。将各城市相关指标的标准化得分与指标权重相乘并加总,即可得 CFCI 指数,包括综合竞争力指数和分项竞争力指数。

(5)指数更新。CFCI 研究秉持客观公正原则以及可持续、包容性理念,在计量分析模型总体保持不变的基础上,每期对相关评价指标的统计方法和权重进行优化调整,保持评价结果的科学性、连续性和一致性。

六、样本城市

本期 CFCI 样本城市共有 36 个,均来自中国大陆地区城市,不含港澳台地区城市。本期新增海口、太原、呼和浩特、贵阳和兰州 5 个城市,布局情况如下所示。①

· 全国性金融中心有 3 个,分别是上海、北京和深圳;

· 东北区域,主要包括辽宁、吉林和黑龙江三省,有 4 个样本城市,分别是大连、沈阳、长春和哈尔滨;

· 北部沿海区域,包括北京、天津、河北、山东二市两省,有 4 个样本城市,分别是天津、济南、青岛和石家庄;

· 东部沿海区域,包括上海、江苏、浙江一市两省,有 6 个样本城市,分别是杭州、南京、苏州、宁波、无锡和温州;

· 南部沿海区域,包括福建、广东、海南三省,有 4 个样本城市,分别是广州、厦门、福州和海口;

· 中部区域,主要覆盖黄河中游和长江中游的地区,包括山西、河南、内蒙古、湖北、湖南、江西、安徽六省一区,有 7 个样本城市,分别是武汉、长沙、郑州、合肥、南昌、太原和呼和浩特;

· 西部区域,包括云南、贵州、四川、重庆、广西、甘肃、青海、宁夏、陕西、西藏、新疆共六省一市四区,有 8 个样本城市,分别是成都、重庆、西安、昆明、

① 根据国务院发展研究中心发展战略和区域经济研究部的课题报告《中国(大陆)区域社会经济发展特征分析》提出的划分中国(大陆)区域新方法,分为六大区域。

南宁、乌鲁木齐、贵阳和兰州。

除此之外，本期结合金融中心城市发展特点，选取了一些有代表性的城市作为后续研究的样本候选观察城市，包括常州、徐州、嘉兴、台州、泉州、珠海等，在后续适当时机加入到评价样本范围中。

附录 B　主要指标说明

金融从业人员:本指标体系采用单位从业人员统计口径,即在各级国家机关、政党机关、社会团体及企业、事业单位中工作,取得工资或其他形式的劳动报酬的全部人员。包括在岗职工、再就业的离退休人员、民办教师以及在各单位中工作的外方人员和港澳台方人员、兼职人员、借用的外单位人员和第二职业者。不包括离开本单位仍保留劳动关系的职工。

金融业增加值三年平均增长率:该指标选用最近三年的金融业增加值同比增长率(按照可比价格计算),按照算术平均法计算。

本地证券交易量与 GDP 之比:本地证券交易量指地区所在的所有证券营业部当年证券交易量之和。

境内股票累计融资量与 GDP 之比:境内股票市场主要指沪、深 A 股市场,累计融资量包括公开发行和后续增发的部分,数据来源于上交所和深交所公示的历年股票筹资发行信息。

商业银行:包括大型商业银行、股份制商业银行、城市商业银行、农村商业银行和外资银行。

商业银行支行数量:数据来自银保监会金融许可证查询系统。

商业银行不良贷款率:除直辖市及个别计划单列市有该项统计数据外,其他自身无该项统计数据的城市皆以当年银保监会年报公布的全省数据替代。

外资银行在本地的营业性机构:统计口径为当地外资银行分行数加上支行数的总和。

本地法人证券公司:指总部注册地在本地的证券公司,信息来自证券业协会官方网站公示。

基金管理公司资产管理规模:指基金资产净值,数据来自中国证券投资基金业协会。

保险深度：指当地保费收入占该地区生产总值（GDP）的比重，计算公式为

保险深度＝保费收入/地区生产总值

保险密度：指按当地人口计算的人均保险费额，计算公式为

保险密度＝保费收入/常住人口

黄金交易额：仅为黄金成交金额，不包括铂金和白银。

普通高等学校：以当年教育部公布的数据为准。

人均公园绿地面积：以当地常住人口数量为统计口径。

住宅房价收入比：计算公式为

住宅房价收入比＝住宅销售均价×100/（3×在岗职工平均工资）

人均地区生产总值：以常住人口统计口径计算。

本地上市公司数量：包括境内和境外可查询得到的上市公司数量。

城市交通健康指数：引用来自高德地图《中国主要城市交通分析报告2019》关于城市道路交通健康指数的计算结果。

金融中心国际知名度：直接引用全球金融中心指数（GFCI 27）的最新评价结果。

附录 C　CFCI 16 原始数据

序号	四级指标	年份	全国性金融中心			东北区域金融中心				北部沿海区域金融中心			
			北京	上海	深圳	长春	大连	哈尔滨	沈阳	济南	青岛	石家庄	天津
1	金融业增加值数额/亿元	2022	8196.7	8626.3	5138.0	571.4	674.5	685.7	535.7	1029.8	990.9	827.3	2197.3
2	金融业增加值三年平均增长率/%	2022	5.4	7.0	8.3	4.8	2.9	3.0	2.0	7.9	6.9	7.8	3.4
3	金融业增加值占当地 GDP 的比重/%	2022	19.7	19.3	15.9	8.5	8.0	12.5	7.0	8.6	6.6	11.7	13.5
4	金融从业人员总数/万人	2020	66.1	43.7	26.4	6.9	8.5	7.7	7.0	9.3	11.4	9.1	18.0
5	金融从业人员三年平均增长率/%	2020	5.2	7.1	32.0	11.6	6.3	-1.9	0.7	2.8	12.5	19.3	-9.0
6	金融从业人员占常住人口比重/%	2020	3.03	1.77	1.50	0.76	1.14	0.82	0.77	0.99	1.10	0.81	1.32
7	金融机构本外币存款余额/亿元	2022	218629	192293	123401	16851	18911	16474	20855	25941	24993	19861	40488
8	金融机构本外币贷款余额/亿元	2022	97820	103139	83423	17122	14235	14397	20777	26112	26783	15776	42495
9	本地股票基金交易量/万亿元	2022	52.58	97.73	50.24	1.30	2.54	1.65	2.67	3.70	3.93	1.66	4.58
10	保费收入/亿元	2022	2759	2095	1528	306	401	379	418	632	503	604	670

续表

序号	四级指标	年份	全国性金融中心			东北区域金融中心				北部沿海区域金融中心			
			北京	上海	深圳	长春	大连	哈尔滨	沈阳	济南	青岛	石家庄	天津
11	存款余额与 GDP 之比/%	2022	525.4	430.6	381.0	249.9	224.3	300.1	271.0	215.7	167.5	279.7	248.2
12	贷款余额与 GDP 之比/%	2022	235.1	231.0	257.6	253.9	168.8	262.2	270.0	217.1	179.5	222.2	260.5
13	证券交易量在全国占比/%	2022	10.6	19.7	10.1	0.3	0.5	0.3	0.5	0.7	0.8	0.3	0.9
14	保险深度/%	2022	6.6	4.7	4.7	4.5	4.8	6.9	5.4	5.3	3.4	8.5	4.1
15	保险密度/(元/人)	2022	12629	8462	8649	3376	5379	4035	4568	6712	4864	5382	4917
16	本地法人商业银行数量/家	2022	22	26	9	11	2	12	5	9	2	9	7
17	本地法人商业银行资产总规模/亿元	2022	1820916	284937	167930	10864	6148	10984	14116	22146	9644	5694	31724
18	商业银行支行数量/家	2022	3332	3300	1773	1178	1164	1195	1165	1109	1166	1227	2145
19	本地法人信托公司数/家	2022	11	7	2	2	1	1	0	1	1	1	2
20	本地法人财务公司数/家	2022	74	22	9	2	1	3	0	11	5	4	5
21	汽车金融公司/家	2022	7	7	0	1	0	0	0	1	0	0	2
22	消费金融公司/家	2022	4	3	1	0	0	1	1	0	1	1	1
23	本地法人证券公司数量/家	2022	17	19	17	2	1	1	2	1	2	1	1
24	本地法人证券公司资产总规模/亿元	2022	21804	30817	32696	797	87	275	139	1989	561	438	639
25	证券营业部家数/家	2023H1	518	801	459	67	84	75	95	85	124	67	147
26	证券公司专项业务子公司/家	2022	2	15	5	0	0	0	0	0	0	0	0
27	本地法人公募基金数量/只	2022	22	65	32	0	0	0	0	0	1	0	1

续表

序号	四级指标	年份	全国性金融中心			东北区域金融中心				北部沿海区域金融中心			
			北京	上海	深圳	长春	大连	哈尔滨	沈阳	济南	青岛	石家庄	天津
28	公募基金资产管理规模/亿元	2022	35322	95004	68068	0	0	0	0	0	50	0	10607
29	本地法人期货机构数量/个	2022	19	36	14	2	0	2	0	2	1	1	7
30	法人期货机构资产规模/亿元	2022	1918	5375	2801	4	0	0	0	297	0	0	36
31	私募基金管理人数量/人	2023H1	3593	3980	3420	44	55	43	52	192	379	58	358
32	私募基金数量/只	2023H1	24446	43851	21640	128	266	88	136	752	2500	132	2194
33	本地法人保险公司数量/家	2022	57	41	22	2	3	1	2	3	1	0	7
34	本地法人保险公司资产规模/亿元	2022	124542	47540	60539	92	2972	68	44	227	26	0	7692
35	保险类资产管理公司/家	2022	17	9	5	0	1	0	0	0	0	0	1
36	小额贷款机构数量/家	2023H1	125	113	125	49	65	58	51	35	38	48	109
37	融资租赁机构数量/家	2023H1	174	1459	2020	11	2	5	6	35	26	6	1800
38	融资担保机构数量/家	2023H1	56	30	92	63	90	27	33	25	29	62	51
39	商业保理机构数量/家	2023H1	57	440	3609	—	1	—	2	25	26	—	655
40	同业拆借成交金额/万亿元	2022	0	146.80	0	0	0	0	0	0	0	0	0
41	回购交易额/万亿元	2022	0	1374.60	0	0	0	0	0	0	0	0	0
42	商业票据贴现总额/万亿元	2022	0	19.50	0	0	0	0	0	0	0	0	0
43	交易所上市公司家数/家	2022	162	2174	2743	0	0	0	0	0	0	0	0
44	交易所上市公司总市值/亿元	2022	2110	463787	324219	0	0	0	0	0	0	0	0

续表

序号	四级指标	年份	全国性金融中心			东北区域金融中心				北部沿海区域金融中心			
			北京	上海	深圳	长春	大连	哈尔滨	沈阳	济南	青岛	石家庄	天津
45	股票市场成交金额/亿元	2022	1980	962556	1282538	0	0	0	0	0	0	0	0
46	股票发行筹资额/亿元	2022	167	8477.18	6039	0	0	0	0	0	0	0	0
47	银行间债券市场现券交易额/万亿元	2022	0	271.2	0	0	0	0	0	0	0	0	0
48	交易所债券市场现券交易额/亿元	2022	0	21.83	16.08	0	0	0	0	0	0	0	0
49	黄金交易额/亿元	2022	0	151796	0	0	0	0	0	0	0	0	0
50	外汇市场日均成交额/亿美元	2022	0	945	0	0	0	0	0	0	0	0	0
51	股指期货市场成交额/万亿元	2022	0	132.77	0	0	0	0	0	0	0	0	0
52	商品期货市场成交额/万亿元	2022	0	181.16	0	0	123.58	0	0	0	0	0	0
53	本地A股上市公司数/家	2022	458	417	406	29	30	31	28	43	64	22	70
54	新三板挂牌公司数/家	2022	844	477	329	28	53	42	41	101	65	56	125
55	年度新增IPO公司数/家	2022	43	36	36	0	1	2	3	2	5	2	7
56	本地A股市场累计融资额/亿元	2022	27223.4	16973.3	10672.2	1005.3	1604.1	926.4	616.6	1141.6	736.2	1530.3	2049.0
57	年度新增股票融资规模/亿元	2022	2124.4	1549.3	1114.8	31.4	26.5	132.7	106.8	54.8	61.0	126.4	247.6
58	区域股权市场拥有的挂牌公司数/家	2023H1	751	3279	7089	38	19	1213	1435	0	2217	2068	1083
59	市场筹资金额/亿元	2019	65.6	279.4	206.1	0.0	0.0	40.4	49.3	0.0	86.1	153.9	46.2
60	普通高等学校在校学生数/万人	2022	103.8	66.1	15.5	55.3	40.1	82.8	54.4	67.1	47.2	68.2	68.7
61	普通高等学校数/所	2022	92	64	14	41	31	49	45	43	24	44	57

续表

序号	四级指标	年份	全国性金融中心			东北区域金融中心				北部沿海区域金融中心			
			北京	上海	深圳	长春	大连	哈尔滨	沈阳	济南	青岛	石家庄	天津
62	“双一流”高校数/所	2022	34	15	1	2	2	4	2	1	2	0	6
63	每名普通中学专任教师负担学生数/人	2022	7.0	10.6	13.4	9.1	11.1	11.6	10.8	11.7	11.3	15.7	11.7
64	每名小学专任教师负担学生数/人	2022	17.9	14.0	18.3	16.3	18.3	13.7	16.2	16.1	16.4	18.0	15.6
65	具备器官移植资质的医院数/所	2023H1	17	12	2	1	2	2	3	6	2	2	4
66	每万人拥有医院病床数/张	2022	57.7	59.8	37.2	66.8	68.9	94.7	80.4	70.1	56.6	51.6	45.5
67	每万人拥有的执业医师数/人	2022	57.2	34.4	26.7	37.5	32.2	29.8	39.6	46.7	39.8	33.0	38.5
68	人均公园绿地面积/平方米	2020	16.2	8.4	11.4	5.8	6.0	5.2	8.9	8.4	10.2	4.5	8.8
69	空气质量优良率/%	2022	78.4	87.1	92.1	92.1	92.6	69.9	87.7	65.5	88.5	64.1	73.2
70	城市交通健康指数/%	2022	60.0	61.7	57.3	57.5	57.9	63.3	58.5	57.8	60.0	66.2	65.3
71	每百万人城市轨道交通里程/公里	2022	39.8	37.8	32.1	13.7	31.7	8.3	23.7	8.9	31.3	6.6	21.5
72	日航班次数/次	2022	722	896	646	170	182	225	228	216	263	146	165
73	金融业从业人员年均薪酬/元	2020	260508	330125	279904	108167	102199	88012	109273	130997	121019	95448	149568
74	城镇居民家庭人均消费支出/元	2022	45617	48111	44793	32336	33023	28459	36541	23844	32497	26906	31324
75	住宅房价收入比	2022	12.30	13.16	16.55	3.49	5.39	3.65	4.08	5.00	6.17	5.36	7.32
76	地区生产总值/亿元	2022	41611	44653	32388	6745	8431	5490	7696	12028	14921	7101	16311
77	人均地区生产总值/元	2022	190500	180351	183377	74399	113155	58436	84135	127748	144272	63265	119672
78	GDP 增速/%	2022	0.7	−0.2	3.3	−4.5	4.0	2.5	3.5	3.1	3.9	6.4	1.0

续表

序号	四级指标	年份	全国性金融中心			东北区域金融中心				北部沿海区域金融中心			
			北京	上海	深圳	长春	大连	哈尔滨	沈阳	济南	青岛	石家庄	天津
79	执业律师数/人	2022H1	41396	33003	19996	2927	4662	2972	6484	7321	7120	3951	8385
80	注册会计师(CPA)数/人	2022	8612	7122	3655	1027	924	1129	1294	1821	996	1029	1598
81	专业保险中介机构数量/家	2022H1	838	507	430	445	68	306	535	497	484	441	267
82	金融业发展促进政策支持力度/分	2022	5.9	4.6	7.0	3.0	3.8	1.5	3.7	6.1	4.1	1.5	2.2
83	产业政策友好度/分	2022	6.5	6.1	10.0	2.4	7.6	2.7	4.3	9.3	5.6	1.9	5.1
84	地方政府负债率/%	2022	25.4	19.1	6.4	34.4	30.2	52.8	24.8	22.1	20.6	28.6	53.0
85	地方政府债务率/%	2022	178	110	49	376	345	793	247	264	225	311	404
86	近三年违约债券余额占比/%	2022	0.76	0.37	0.38	0.58	8.68	0.71	58.00	0.00	0.00	13.18	1.72
87	银行业不良贷款率/%	2022	0.78	0.79	1.62	2.92	5.38	2.40	6.65	0.90	1.19	2.47	1.67
88	外资金融机构营业性机构数/家	2022	123	187	69	3	21	11	29	28	30	14	46
89	外资金融机构驻华代表处数/家	2020	140	88	16	0	5	0	1	1	3	0	2
90	当年实际利用外资总额/亿美元	2022	174.1	239.5	109.7	3.1	20.3	1.5	39.2	31.4	55.1	19.3	59.5
91	当年进出口总额/亿美元	2022	5465.0	6272.4	5461.9	164.7	712.5	57.5	211.3	328.4	1355.5	183.6	1267.6
92	当年国际旅游(外汇)收入/亿美元	2022	4.4	17.2	4.8	0.3	0.6	0.0	0.3	0.3	0.0	0.0	3.3
93	接待入境旅游者人数/万人次	2022	24.1	62.6	55.1	6.8	4.5	3.7	3.4	10.9	2.5	0.9	4.0
94	国际航班连通城市数量/个	2023Q3	91	83	44	6	19	13	14	10	24	7	18
95	金融中心国际知名度/分	2023	727	733	728	—	670	—	—	—	688	0	665

续表

序号	四级指标	年份	东部沿海区域金融中心						中部区域金融中心						
			杭州	南京	宁波	苏州	温州	无锡	长沙	合肥	南昌	武汉	郑州	太原	呼和浩特
1	金融业增加值数额/亿元	2022	2407.0	2200.0	1266.8	2218.3	587.0	1291.6	1010.6	1166.7	729.4	1929.0	1433.0	529.8	280.6
2	金融业增加值三年平均增长率/%	2022	8.2	6.7	7.6	7.1	7.8	6.2	6.6	7.5	3.7	6.0	3.5	4.4	2.8
3	金融业增加值占当地 GDP 的比重/%	2022	12.8	13.0	8.1	9.3	7.3	8.7	7.2	9.7	10.1	10.2	11.1	9.5	8.4
4	金融从业人员总数/万人	2020	11.6	7.4	8.5	8.9	6.4	4.9	9.5	12.5	5.5	5.7	7.9	7.7	2.3
5	金融从业人员三年平均增长率/%	2020	0.0	8.9	0.0	12.5	0.0	5.2	10.5	11.2	17.7	-10.3	-2.8	31.2	6.3
6	金融从业人员占常住人口比重/%	2020	0.94	0.78	0.89	0.69	0.66	0.65	0.91	1.30	0.84	0.41	0.62	1.42	0.66
7	金融机构本外币存款余额/亿元	2022	69592	49531	31303	44501	19140	24439	27883	23097	16110	35754	29032	18288	7754
8	金融机构本外币贷款余额/亿元	2022	62306	48760	32986	45247	18117	19880	29853	23566	18949	44384	34337	18162	10559
9	本地股票基金交易量/万亿元	2022	18.41	9.41	6.29	5.81	3.61	3.51	4.35	3.14	3.05	6.81	4.94	1.69	0.44
10	保费收入/亿元	2022	1076	957	416	850	334	493	578	389	277	865	723	308	144
11	存款余额与 GDP 之比/%	2022	371.1	292.9	199.3	185.7	238.4	164.6	199.6	192.3	223.6	189.5	224.4	328.3	232.9
12	贷款余额与 GDP 之比/%	2022	332.2	288.4	210.0	188.9	225.6	133.9	213.8	196.2	263.1	235.3	265.5	326.0	317.2
13	证券交易量在全国占比/%	2022	3.7	1.9	1.3	1.2	0.7	0.7	0.9	0.6	0.6	1.4	1.0	0.3	0.1
14	保险深度/%	2022	5.7	5.7	2.6	3.5	4.2	3.3	4.1	3.2	3.8	4.6	5.6	5.5	4.3
15	保险密度/（元/人）	2022	8694	10087	4326	6583	3448	6578	5548	4042	4241	6296	5633	5659	4064
16	本地法人商业银行数量/家	2022	11	9	11	6	14	4	8	7	8	4	9	7	3

续表

序号	四级指标	年份	东部沿海区域金融中心						中部区域金融中心						
			杭州	南京	宁波	苏州	温州	无锡	长沙	合肥	南昌	武汉	郑州	太原	呼和浩特
17	本地法人商业银行资产总规模/亿元	2022	57938	54574	31484	14027	11168	4978	17827	18420	6887	14300	21556	7868	2254
18	商业银行支行数量/家	2022	1655	1297	1439	1528	1092	1022	1283	872	952	1588	1399	933	492
19	本地法人信托公司数/家	2022	4	2	1	1	0	1	1	2	2	2	2	1	1
20	本地法人财务公司数/家	2022	7	3	1	3	1	5	4	1	3	5	3	2	2
21	汽车金融公司/家	2022	1	0	0	0	0	0	1	1	0	0	0	0	0
22	消费金融公司/家	2022	1	1	1	1	0	0	1	0	0	1	1	1	0
23	本地法人证券公司数量/家	2022	3	2	1	1	0	2	3	2	2	2	1	1	2
24	本地法人证券公司资产总规模/亿元	2022	2677	8982	67	1360	0	750	2696	2034	583	2572	502	829	489
25	证券营业部家数/家	2023H1	284	161	170	205	114	153	139	101	91	200	114	66	27
26	证券公司专项业务子公司/家	2022	2	0	0	0	0	0	0	0	0	0	0	0	0
27	本地法人公募基金数量/只	2022	1	0	1	0	0	0	0	0	0	0	0	0	0
28	公募基金资产管理规模/亿元	2022	526	0	2710	0	0	0	0	0	0	0	0	0	0
29	本地法人期货机构数量/个	2022	10	5	1	1	0	1	2	3	1	2	2	2	0
30	法人期货机构资产规模/亿元	2022	1809	124	114	90	0	0	57	120	23	77	24	0	0
31	私募基金管理人数量/只	2023H1	1312	419	679	453	43	148	244	138	53	354	132	38	28
32	私募基金数量/只	2023H1	9575	2185	5456	2314	451	551	1228	602	261	1225	475	132	80

续表

序号	四级指标	年份	东部沿海区域金融中心						中部区域金融中心						
			杭州	南京	宁波	苏州	温州	无锡	长沙	合肥	南昌	武汉	郑州	太原	呼和浩特
33	本地法人保险公司数量/家	2022	3	3	1	1	0	1	1	1	1	4	1	1	0
34	本地法人保险公司资产规模/亿元	2022	2071	1047	16	303	0	180	312	132	44	5012	62	39	0
35	保险类资产管理公司/家	2022	0	0	1	0	0	0	0	0	0	0	0	0	0
36	小额贷款机构数量/家	2023H1	51	66	33	93	41	63	44	45	34	105	50	10	23
37	融资租赁机构数量/家	2023H1	83	22	30	32	—	5	3	8	13	15	20	—	2
38	融资担保机构数量/家	2023H1	80	25	33	38	13	22	49	25	25	73	53	20	13
39	商业保理机构数量/家	2023H1	1	13	2	17	—	8	2	6	9	6	8	—	-
40	同业拆借成交金额/万亿元	2022	0	0	0	0	0	0	0	0	0	0	0	0	0
41	回购交易额/万亿元	2022	0	0	0	0	0	0	0	0	0	0	0	0	0
42	商业票据贴现总额/万亿元	2022	0	0	0	0	0	0	0	0	0	0	0	0	0
43	交易所上市公司家数/家	2022	0	0	0	0	0	0	0	0	0	0	0	0	0
44	交易所上市公司总市值/亿元	2022	0	0	0	0	0	0	0	0	0	0	0	0	0
45	股票市场成交金额/亿元	2022	0	0	0	0	0	0	0	0	0	0	0	0	0
46	股票发行筹资额/亿元	2022	0	0	0	0	0	0	0	0	0	0	0	0	0
47	银行间债券市场现券交易额/万亿元	2022	0	0	0	0	0	0	0	0	0	0	0	0	0
48	交易所债券市场现券交易额/亿元	2022	0	0	0	0	0	0	0	0	0	0	0	0	0

续表

序号	四级指标	年份	东部沿海区域金融中心						中部区域金融中心						
			杭州	南京	宁波	苏州	温州	无锡	长沙	合肥	南昌	武汉	郑州	太原	呼和浩特
49	黄金交易额/亿元	2022	0	0	0	0	0	0	0	0	0	0	0	0	0
50	外汇市场日均成交额/亿美元	2022	0	0	0	0	0	0	0	0	0	0	0	0	0
51	股指期货市场成交额/万亿元	2022	0	0	0	0	0	0	0	0	0	0	0	0	0
52	商品期货市场成交额/万亿元	2022	0	0	0	0	0	0	0	0	0	0	96.77	0	0
53	本地 A 股上市公司数/家	2022	215	118	114	197	35	112	84	75	29	76	37	18	8
54	新三板挂牌公司数/家	2022	187	117	85	259	52	132	73	64	22	162	98	46	13
55	年度新增 IPO 公司数/家	2022	15	14	8	25	7	9	6	8	1	5	4	0	1
56	本地 A 股市场累计融资额/亿元	2022	3922.5	4099.6	2373.6	3149.3	428.0	1724.5	2616.3	1297.7	706.7	2281.2	738.3	228.7	137.5
57	年度新增股票融资规模/亿元	2022	359.9	181.5	280.4	627.0	82.6	227.7	154.7	98.9	16.1	100.6	33.1	0.0	5.4
58	区域股权市场拥有的挂牌公司数/家	2023H1	1593	174	3707	0	0	0	1043	318	233	6389	856	1350	850
59	市场筹资金额/亿元	2019	8.5	48.3	3.2	0.0	0.0	0.0	90.2	153.9	228.8	185.5	21.2	0.0	0.0
60	普通高等学校在校学生数/万人	2022	61.4	97.3	19.1	29.3	14.7	16.6	84.9	73.9	81.5	133.3	139.6	57.6	26.3
61	普通高等学校数/所	2022	47	51	14	25	11	13	57	54	54	83	67	38	24
62	“双一流”高校数/所	2022	2	13	1	1	0	1	4	3	1	7	1	2	1
63	每名普通中学专任教师负担学生数/人	2022	11.4	10.7	12.4	11.4	12.3	11.3	13.6	12.6	9.8	11.9	11.9	11.2	10.9

续表

序号	四级指标	年份	东部沿海区域金融中心						中部区域金融中心						
			杭州	南京	宁波	苏州	温州	无锡	长沙	合肥	南昌	武汉	郑州	太原	呼和浩特
64	每名小学专任教师负担学生数/人	2022	16.9	15.2	18.2	16.9	16.7	16.6	18.9	17.5	25.4	19.3	19.6	17.7	20.1
65	具备器官移植资质的医院数/所	2023H1	7	3	2	1	1	1	5	3	3	7	6	5	1
66	每万人拥有医院病床数/张	2022	71.1	67.4	48.9	53.4	48.8	66.7	76.7	65.6	60.7	62.0	76.9	84.8	65.2
67	每万人拥有的执业医师数/人	2022	46.9	42.8	37.4	31.8	36.4	33.8	35.3	33.9	30.0	34.7	41.7	48.4	36.2
68	人均公园绿地面积/平方米	2020	8.2	11.7	5.0	4.1	3.1	5.5	5.1	6.4	5.9	14.0	8.3	8.7	11.8
69	空气质量优良率/%	2022	83.3	79.7	89.0	81.4	95.1	78.9	82.7	86.0	85.8	80.5	60.8	66.0	90.1
70	城市交通健康指数/%	2022	64.7	62.1	65.4	68.1	65.4	66.8	56.8	65.9	67.8	62.3	66.1	66.4	69.9
71	每百万人城市轨道交通里程/公里	2022	41.7	49.1	19.2	19.7	5.5	14.8	20.1	17.7	19.6	37.1	21.5	4.3	13.8
72	日航班次数/次	2022	522	345	154	103	145	103	313	156	135	315	259	151	136
73	金融业从业人员年均薪酬/元	2020	145804	160386	145804	230522	145804	128216	150223	96286	113374	170733	200535	123171	131683
74	城镇居民家庭人均消费支出/元	2022	50336	43629	42997	47451	49176	45298	42936	32964	32515	37418	28936	24948	31172
75	住宅房价收入比	2022	10.70	8.49	7.83	6.90	7.48	5.37	3.61	6.58	4.63	6.03	5.40	4.10	4.06
76	地区生产总值/亿元	2022	18753	16908	15704	23958	8030	14851	13966	12013	7204	18866	12935	5571	3329
77	人均地区生产总值/元	2022	151527	178144	163280	185565	82961	198254	134024	124695	110177	137320	100832	102505	93748
78	GDP 增速/%	2022	1.5	2.1	3.5	2.0	3.7	3.0	4.5	3.5	4.1	4.0	1.0	3.3	2.6
79	执业律师数/人	2022H1	11912	9795	3618	6368	2833	3436	10457	6625	3385	9376	13982	4034	1813

续表

序号	四级指标	年份	东部沿海区域金融中心						中部区域金融中心						
			杭州	南京	宁波	苏州	温州	无锡	长沙	合肥	南昌	武汉	郑州	太原	呼和浩特
80	注册会计师(CPA)数/人	2022	3427	2332	764	1227	312	703	1952	1471	716	2921	2310	—	—
81	专业保险中介机构数量/家	2022H1	448	460	121	223	128	177	303	268	154	408	403	155	94
82	金融业发展促进政策支持力度/分	2022	4.9	3.0	3.0	3.9	1.5	1.3	3.0	1.8	2.9	5.6	2.3	3.4	3.4
83	产业政策友好度/分	2022	7.6	8.1	6.9	7.1	4.6	7.4	6.9	7.9	6.4	6.8	3.6	5.7	5.7
84	地方政府负债率/%	2022	19.6	17.7	18.4	7.4	32.8	12.6	20.5	15.8	20.6	33.4	22.8	17.6	30.9
85	地方政府债务率/%	2022	154	173	167	71	401	156	241	225	306	399	241	232	449
86	近三年违约债券余额占比/%	2022	0.00	0.36	0.00	0.82	0.00	0.00	0.00	0.77	0.00	1.00	0.27	0.00	0.00
87	银行业不良贷款率/%	2022	0.63	0.70	0.98	0.70	0.65	0.70	1.18	0.76	1.32	1.31	1.37	1.60	5.97
88	外资金融机构营业性机构数/家	2022	39	48	14	29	0	8	15	17	9	32	22	7	3
89	外资金融机构驻华代表处数/家	2020	2	1	0	5	0	0	0	0	0	0	0	0	0
90	当年实际利用外资总额/亿美元	2022	78.1	48.5	37.3	74.2	6.1	38.3	35.3	12.1	4.2	20.4	12.0	3.1	4.1
91	当年进出口总额/亿美元	2022	1124.7	943.0	1883.9	3866.0	438.5	1106.5	497.6	542.8	200.1	525.2	902.4	218.1	27.2
92	当年国际旅游(外汇)收入/亿美元	2022	0.9	2.3	0.1	4.7	0.0	0.9	0.1	0.1	0.6	2.2	0.2	0.1	0.2
93	接待入境旅游者人数/万人次	2022	18.2	11.6	3.2	24.7	0.6	5.0	3.8	1.1	2.8	31.2	5.5	0.5	1.4
94	国际航班连通城市数量/个	2023Q3	38	21	16	7	12	7	18	9	7	18	20	7	6
95	金融中心国际知名度/分	2023	658	604	—	—	—	—	—	—	—	—	—	—	—

续表

序号	四级指标	年份	南部沿海区域金融中心						西部区域金融中心					
			广州	福州	厦门	海口	成都	重庆	昆明	西安	南宁	乌鲁木齐	贵阳	兰州
1	金融业增加值数额/亿元	2022	2596. 0	1269. 6	893. 8	243. 0	2445. 2	2491. 0	800. 6	1236. 9	653. 0	624. 4	540. 6	429. 8
2	金融业增加值三年平均增长率/%	2022	6. 9	5. 9	6. 0	4. 0	6. 8	3. 4	2. 2	6. 5	5. 2	3. 9	3. 8	0. 6
3	金融业增加值占当地 GDP 的比重/%	2022	9. 0	10. 3	11. 5	11. 4	11. 7	8. 6	10. 6	10. 8	12. 5	16. 0	11. 0	12. 9
4	金融从业人员总数/万人	2020	22. 3	6. 8	6. 1	6. 5	15. 0	28. 9	4. 1	15. 1	8. 5	4. 8	4. 0	5. 2
5	金融从业人员三年平均增长率/%	2020	22. 8	6. 2	17. 1	19. 3	5. 8	11. 2	4. 2	9. 6	13. 8	17. 6	12. 6	15. 7
6	金融从业人员占常住人口比重/%	2020	1. 19	0. 80	1. 15	2. 22	0. 71	0. 90	0. 47	1. 16	0. 95	1. 18	0. 65	1. 17
7	金融机构本外币存款余额/亿元	2022	80500	21259	16167	6399	53189	49567	17741	31763	13146	11967	14416	10109
8	金融机构本外币贷款余额/亿元	2022	68900	23048	17319	7073	53053	50052	23868	32247	19878	10603	19266	10109
9	本地股票基金交易量/万亿元	2022	16. 90	6. 77	5. 78	0. 83	10. 22	6. 27	1. 68	4. 37	1. 32	1. 36	0. 90	1. 14
10	保费收入/亿元	2022	1545	404	270	135	1061	981	282	573	299	218	183	145
11	存款余额与 GDP 之比/%	2022	279. 1	172. 7	207. 2	299. 8	255. 5	170. 2	235. 2	276. 5	251. 9	307. 4	292. 9	302. 4
12	贷款余额与 GDP 之比/%	2022	238. 9	187. 3	222. 0	331. 3	254. 8	171. 8	316. 5	280. 7	380. 9	272. 3	391. 5	302. 4
13	证券交易量在全国占比/%	2022	3. 4	1. 4	1. 2	0. 2	2. 1	1. 3	0. 3	0. 9	0. 3	0. 3	0. 2	0. 2
14	保险深度/%	2022	5. 4	3. 3	3. 5	6. 3	5. 1	3. 4	3. 7	5. 0	5. 7	5. 6	3. 7	4. 3
15	保险密度/(元/人)	2022	8246	4780	5095	4583	4991	3053	3277	4407	3362	5343	2946	3282
16	本地法人商业银行数量/家	2022	3	8	4	3	4	4	3	6	5	4	8	3

续表

序号	四级指标	年份	南部沿海区域金融中心						西部区域金融中心					
			广州	福州	厦门	海口	成都	重庆	昆明	西安	南宁	乌鲁木齐	贵阳	兰州
17	本地法人商业银行资产总规模/亿元	2022	54453	96940	15938	2670	17714	23544	3713	12731	4411	4060	14145	9276
18	商业银行支行数量/家	2022	2231	1155	584	351	2039	2440	900	1875	861	658	836	686
19	本地法人信托公司数/家	2022	3	1	1	0	2	2	1	3	0	3	1	1
20	本地法人财务公司数/家	2022	10	3	2	2	4	3	3	4	1	1	2	3
21	汽车金融公司/家	2022	1	0	0	0	0	1	0	1	0	0	0	0
22	消费金融公司/家	2022	1	0	1	0	2	3	0	1	0	0	0	0
23	本地法人证券公司数量/家	2022	4	2	2	2	4	1	2	3	1	1	1	1
24	本地法人证券公司资产总规模/亿元	2022	6989	3210	132	350	2120	810	615	1696	738	202	457	288
25	证券营业部家数/家	2023H1	288	133	109	29	213	202	71	145	54	40	51	46
26	证券公司专项业务子公司/家	2022	1	1	0	0	0	0	0	0	0	1	0	0
27	本地法人公募基金数量/只	2022	3	2	1	0	1	2	0	1	1	1	0	0
28	公募基金资产管理规模/亿元	2022	878	3546	328	0	0	586	0	200	820	189	0	0
29	本地法人期货机构数量/个	2022	6	3	2	2	3	4	2	3	0	2	0	1
30	法人期货机构资产规模/亿元	2022	1379	386	261	53	113	396	21	104	0	15	0	9
31	私募基金管理人数量/人	2023H1	818	155	338	122	334	160	57	223	54	39	53	33
32	私募基金数量/只	2023H1	5719	1283	2404	532	1475	654	158	1066	313	199	209	61

续表

序号	四级指标	年份	南部沿海区域金融中心						西部区域金融中心					
			广州	福州	厦门	海口	成都	重庆	昆明	西安	南宁	乌鲁木齐	贵阳	兰州
33	本地法人保险公司数量/家	2022	5	1	2	1	4	5	1	2	2	1	1	1
34	本地法人保险公司资产规模/亿元	2022	1234	21	69	57	4077	2581	100	196	159	25	120	43
35	保险类资产管理公司/家	2022	0	0	0	0	0	0	0	0	0	0	0	0
36	小额贷款机构数量/家	2023H1	111	12	18	53	70	239	33	32	108	13	15	19
37	融资租赁机构数量/家	2023H1	40	23	40	8	17	66	4	—	9	15	6	7
38	融资担保机构数量/家	2023H1	44	38	25	19	67	117	40	36	29	15	51	16
39	商业保理机构数量/家	2023H1	4	7	27	13	11	35	—	—	4	5	1	—
40	同业拆借成交金额/万亿元	2022	0	0	0	0	0	0	0	0	0	0	0	0
41	回购交易额/万亿元	2022	0	0	0	0	0	0	0	0	0	0	0	0
42	商业票据贴现总额/万亿元	2022	0	0	0	0	0	0	0	0	0	0	0	0
43	交易所上市公司家数/家	2022	0	0	0	0	0	0	0	0	0	0	0	0
44	交易所上市公司总市值/亿元	2022	0	0	0	0	0	0	0	0	0	0	0	0
45	股票市场成交金额/亿元	2022	0	0	0	0	0	0	0	0	0	0	0	0
46	股票发行筹资额/亿元	2022	0	0	0	0	0	0	0	0	0	0	0	0
47	银行间债券市场现券交易额/万亿元	2022	0	0	0	0	0	0	0	0	0	0	0	0
48	交易所债券市场现券交易额/亿元	2022	0	0	0	0	0	0	0	0	0	0	0	0

续表

序号	四级指标	年份	南部沿海区域金融中心						西部区域金融中心					
			广州	福州	厦门	海口	成都	重庆	昆明	西安	南宁	乌鲁木齐	贵阳	兰州
49	黄金交易额/亿元	2022	0	0	0	0	0	0	0	0	0	0	0	0
50	外汇市场日均成交额/亿美元	2022	0	0	0	0	0	0	0	0	0	0	0	0
51	股指期货市场成交额/万亿元	2022	0	0	0	0	0	0	0	0	0	0	0	0
52	商品期货市场成交额/万亿元	2022	0. 02	0	0	0	0	0	0	0	0	0	0	0
53	本地 A 股上市公司数/家	2022	146	54	63	24	113	69	32	56	15	32	23	20
54	新三板挂牌公司数/家	2022	230	64	90	19	132	79	41	108	24	19	26	14
55	年度新增 IPO 公司数/家	2022	15	3	3	0	15	6	2	9	0	3	1	1
56	本地 A 股市场累计融资额/亿元	2022	3694. 3	3269. 4	987. 9	1392. 7	2358. 1	2265. 2	1070. 1	2208. 2	334. 8	2146. 8	663. 4	510. 6
57	年度新增股票融资规模/亿元	2022	271. 8	146. 4	220. 9	122. 7	351. 1	172. 7	62. 2	155. 9	0. 0	119. 4	61. 9	20. 3
58	区域股权市场拥有的挂牌公司数/家	2023H1	17524	559	316	0	5835	2010	226	1671	207	66	460	259
59	市场筹资金额/亿元	2019	23. 4	5. 6	1. 3	0. 0	4. 1	102. 3	0. 0	23. 9	127. 4	2. 7	0. 0	0. 0
60	普通高等学校在校学生数/万人	2022	94. 0	45. 9	21. 2	18. 9	116. 4	117. 2	77. 7	101. 3	56. 9	25. 1	46. 9	61. 2
61	普通高等学校数/所	2022	83	35	16	13	58	70	52	63	35	24	35	28
62	“双一流”高校数/所	2022	7	1	1	1	7	2	1	7	1	1	1	1
63	每名普通中学专任教师负担学生数/人	2022	12. 4	14. 6	12. 7	14. 0	11. 8	13. 7	12. 4	13. 1	14. 3	13. 4	13. 3	9. 6

续表

序号	四级指标	年份	南部沿海区域金融中心						西部区域金融中心					
			广州	福州	厦门	海口	成都	重庆	昆明	西安	南宁	乌鲁木齐	贵阳	兰州
64	每名小学专任教师负担学生数/人	2022	17.9	18.3	18.3	17.3	16.9	15.2	16.6	17.6	17.5	20.1	19.6	17.7
65	具备器官移植资质的医院数/所	2023H1	15	5	4	2	4	6	5	3	6	3	2	4
66	每万人拥有医院病床数/张	2022	53.6	47.2	40.3	60.8	67.2	57.9	77.3	58.1	53.6	72.5	45.8	67.5
67	每万人拥有的执业医师数/人	2022	36.7	34.5	35.2	40.1	38.1	29.4	41.6	35.9	33.0	40.9	38.6	35.8
68	人均公园绿地面积/平方米	2020	17.2	6.2	10.2	8.5	5.9	9.2	5.8	6.1	5.3	10.8	7.4	6.6
69	空气质量优良率/%	2022	83.8	97.5	97.5	97.3	77.3	91.0	100.0	52.1	96.7	78.1	100.0	82.5
70	城市交通健康指数/%	2022	56.8	61.2	62.9	54.9	56.8	56.7	61.4	54.7	68.1	62.8	62.8	62.2
71	每百万人城市轨道交通里程/公里	2022	33.2	13.1	18.5	0.0	30.7	14.4	19.3	23.0	14.1	6.6	12.0	19.6
72	日航班次数/次	2022	730	159	274	290	767	520	531	345	182	246	231	159
73	金融业从业人员年均薪酬/元	2020	289767	144855	145888	107735	196160	125400	182110	108142	101962	148762	198013	105183
74	城镇居民家庭人均消费支出/元	2022	46825	37181	45165	26418	32171	30574	39231	27431	22438	33456	31347	29465
75	住宅房价收入比	2022	11.51	9.33	16.13	6.68	5.74	4.64	4.50	5.42	4.42	2.92	2.99	4.37
76	地区生产总值/亿元	2022	28839	12308	7803	2135	20818	29129	7541	11487	5218	3893	4921	3344
77	人均地区生产总值/元	2022	153939	145694	146998	72619	97882	90650	87690	88386	58688	95366	79113	75725
78	GDP 增速/%	2022	1.0	4.4	4.4	1.3	2.8	2.6	3.0	4.4	1.4	0.3	2.0	0.8
79	执业律师数/人	2022H1	18512	4859	4371	2416	18249	14580	7023	6712	3036	1978	5253	2395

续表

序号	四级指标	年份	南部沿海区域金融中心						西部区域金融中心					
			广州	福州	厦门	海口	成都	重庆	昆明	西安	南宁	乌鲁木齐	贵阳	兰州
80	注册会计师（CPA）数/人	2022	3465	970	952	—	3519	1794	1397	1745	801	595	—	—
81	专业保险中介机构数量/家	2022H1	747	162	126	102	686	410	303	459	140	114	71	46
82	金融业发展促进政策支持力度/分	2022	6.6	3.6	6.4	3.4	5.8	4.2	2.8	4.6	3.3	0.4	3.4	3.4
83	产业政策友好度/分	2022	7.0	2.4	9.8	5.7	9.1	6.1	4.6	6.1	5.6	0.7	5.7	5.7
84	地方政府负债率/%	2022	16.1	14.9	22.7	35.3	22.3	34.6	29.6	31.6	25.5	36.0	52.9	29.8
85	地方政府债务率/%	2022	247	245	201	361	273	441	324	424	339	371	610	360
86	近三年违约债券余额占比/%	2022	0.37	1.56	0.00	45.46	1.03	0.62	0.26	0.00	0.87	0.26	0.00	0.36
87	银行业不良贷款率/%	2022	1.07	1.15	1.00	5.39	1.19	1.48	1.40	1.73	1.40	1.15	1.43	4.50
88	外资金融机构营业性机构数/家	2022	70	27	22	3	42	30	10	22	11	2	1	0
89	外资金融机构驻华代表处数/家	2020	8	2	3	0	4	1	0	0	0	0	0	0
90	当年实际利用外资总额/亿美元	2022	85.4	11.0	22.1	20.3	25.9	18.6	4.8	11.7	7.5	0.4	2.3	0.3
91	当年进出口总额/亿美元	2022	1639.5	543.7	1371.6	90.0	1240.9	1228.3	297.0	665.2	224.5	76.4	88.3	25.1
92	当年国际旅游（外汇）收入/亿美元	2022	10.7	0.4	1.8	0.0	0.4	0.8	0.5	1.0	0.0	0.0	0.0	0.0
93	接待入境旅游者人数/万人次	2022	36.3	6.9	27.4	1.8	18.0	9.9	3.0	15.2	0.9	0.9	2.1	0.6
94	国际航班连通城市数量/个	2023Q3	66	18	27	17	49	26	36	29	14	18	7	8
95	金融中心国际知名度/分	2023	708	—	—	—	693	—	—	—	—	—	—	—

后　记

本期 CFCI 数据资料收集得到了相关城市地方金融职能部门的大力支持,综合开发研究院(中国·深圳)的刘国宏、余凌曲、胡彩梅、张祥、余鹏、张佩、肖钦、梁姣姣、陈材杰、余洋、陈珂、庄正、贾文凯等同事给予研究指导和创作支持,格拉斯哥大学杨仪斌同学、北京交通大学魏桢协助完成了相关数据收集和资料整理工作,在此一并致以衷心感谢。

在 CFCI 评价过程中,各城市统计数据的准确获得是编制工作的最大困难,一些城市统计年鉴出版时间滞后,也直接影响本指数发布时间的及时性。为了更及时地获取数据并听取社会各界对本指数的意见,CDI 特别建立了中国金融中心信息网(http://www.cfci.org.cn),衷心希望各城市的统计部门和金融主管部门能够积极参与指数评价工作,提供更及时准确的数据,并提出修正完善意见,同时也欢迎有关专业人士加入本指数的编委会,直接参与指数编制工作。

CFCI 课题组联系方式如下:

网站:http://www.cfci.org.cn

联系人:张祥

电话:0755-82470464

传真:0755-82470202

Email: zx@cdi.org.cn